价值成长周期股

寻找确定性的盈利机会

胡建波◎著

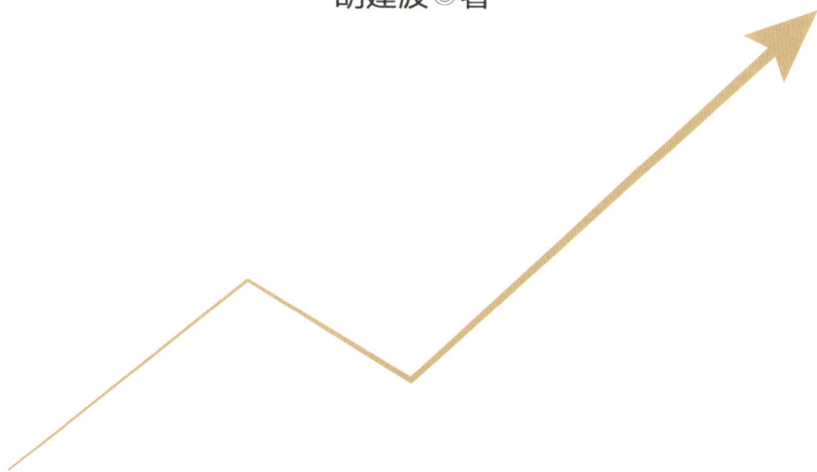

中国铁道出版社有限公司
CHINA RAILWAY PUBLISHING HOUSE CO., LTD.

内 容 简 介

本书从周期投资的角度出发，以大量长周期客观数据作为分析依据，为股民详细阐述了周期投资过程中的价值发现、风险识别、价值评估方法，帮助股民更好地识别周期拐点、控制周期投资风险。全书共七章，可分为三个部分，即价值、周期、模型。

书中大量使用图例方式讲解，并在图例上进行了充分标注说明，能帮助读者直观地理解案例所要表达的内容。本书既适合初入股市的股民，也适合有一定经验的股民。

图书在版编目（CIP）数据

价值成长周期股：寻找确定性的盈利机会 / 胡建波著 . —北京：中国铁道出版社有限公司，2022.5
ISBN 978-7-113-28836-5

Ⅰ. ①价⋯　Ⅱ. ①胡⋯　Ⅲ. ①股票投资-基本知识　Ⅳ . ① F830.91

中国版本图书馆 CIP 数据核字（2022）第 022489 号

书　　名：价值成长周期股：寻找确定性的盈利机会
　　　　　JIAZHI CHENGZHANG ZHOUQIGU：XUNZHAO QUEDINGXING DE YINGLI JIHUI
作　　者：胡建波

责任编辑：张亚慧　　　编辑部电话：（010）51873035　　　邮箱：lampard@vip.163.com
编辑助理：张　明
封面设计：宿　萌
责任校对：孙　玫
责任印制：赵星辰

出版发行：中国铁道出版社有限公司（100054，北京市西城区右安门西街 8 号）
印　　刷：北京柏力行彩印有限公司
版　　次：2022 年 5 月第 1 版　　2022 年 5 月第 1 次印刷
开　　本：700 mm×1 000 mm 1/16　印张：21.5　字数：328 千
书　　号：ISBN 978-7-113-28836-5
定　　价：88.00 元

前　言

　　我曾经就读于成都地区的一所财经类院校，因此比较早地接触到了投资。作为众多普通投资者中的一员，我曾经对K线技术分析和短线交易产生过浓厚的兴趣，对通过投资实现快速致富抱有过期待，对公司估值停留在市净率、市盈率这个层面。然而，我在大学期间的第一次投资尝试以大幅亏损告终。这段痛苦的投资经历促使我开始进行反思：我错在哪里？

　　多年以后我才逐渐意识到：

　　我高估了自己的认知水平。投资的主要风险并不来自资本市场，而是来自我自身的知识储备不足以及投资认知不足。我误以为什么都知道，但实际上几乎什么都不知道。

　　对取得投资收益抱有侥幸心理，对未来收益抱有不切实际的期望。

　　嫉妒心、虚荣心及自利性偏差在投资过程中助推了我的非理性。

　　错误地将公司短期几年的业绩表现当作公司的长期基本面。

　　不知道自己在做什么。没有认识到投机与投资的区别。

　　低估了投资的难度。投资的难度是高于大多数行业的。

　　混淆了公司的静态相对估值和公司的长期内在价值。

　　错误地认知股票，未把股票作为一家公司的股权。

　　追逐短期不确定性，而忽视了长期确定性。

　　情绪在投资过程中起了很大的负面作用。

　　盲从了他人观点，而忽视了自身不足。

　　…………

　　更有趣的是，我开始意识到，让别人给自己推荐股票或者自己给别人推荐股票是要极其谨慎小心的行为。如果自己没有深入了解某个行业及该行业中的某个公司，并且彻底读懂该公司的长期价值，即使该公司真的具备极大的长期投资价值并且当前估值水平也合理，我仍然是难以承受股价长期的大幅波动，甚至可能在持有该公司股票的过程中认亏出局。所以，即使对方是巴菲特，如果对方仅仅告诉我一个股票代码，我仍然可能遭受亏损。

通过大量的阅读、实践和回测，经过一轮又一轮痛苦反思，我恍然大悟：价值投资的基本理念可以在很大程度上帮助投资者规避投资风险，因为价值投资者追求的是极致确定性。

对自己的认知，大致经历了这样一个过程：不知道自己不知道，知道自己不知道，以为自己全都知道，知道自己仅仅知道一些，知道需要竭尽全力知道更多。

我的投资行为特征，大致经历了这样一个过程：从密切关注短期股价走势及短期市场消息且频繁交易，到深入了解行业特征及公司质地并长期持有。

我的投资心态，大致经历了这样一个过程：从欣喜若狂、恐慌万状到大喜不言、小悲不语。

本书旨在毫无保留地分享我对投资的一些理解，希望读者朋友们可以毫无保留地指出我的错误，因为，我知道我需要竭尽全力知道更多。

作　者

2022年2月

| 目 录 |

第 7 章 确 定 性 / 300

第1章

价　值

────○───────○────

　　"万物皆可周期"。以千年来看,一个王朝的兴衰是一轮周期;以百年来看,一个行业的更迭是一轮周期;以十年来看,资本市场的牛熊市交替是一轮周期;以数年来看,一个公司的困境反转是一轮周期。

　　"牛市重势、熊市重质",熊市是价值投资者的乐园,而聪明的周期投资者不会轻易错过熊市中的投资机会。

　　在注册制全面推进的宏观政策背景下,周期投资者不得不重新全面审视自己的投资体系:确定性在哪里? 价值和周期表面上看起来形同陌路,但价值投资的基本理念却可以在很大程度上帮助周期投资者规避投资风险、识别投资机会。同一个典型周期性行业的两家不同的公司,确定性高者具有更低的风险、预期差大者具有更多的机会。

　　谈周期,不妨先从价值说起。

1.1 发现价值

2009年7月末，上证指数收盘点位为3 412.06。2020年7月末，上证指数收盘点位为3 310.01。转眼11年过去了，上证指数看起来似乎仍然在原地徘徊。不仅如此，据说很多投资者账户长期来看仍然处于亏损状态。但市场上是否存在一些投资者，他们的长期业绩明显战胜了市场并且取得了大幅度的盈利呢？有的！这类投资者"蔑视"市场短期波动，而专注于挖掘企业内在长期核心价值。

巴菲特说，"投资"这个词的前面无须加上"价值"一词。可如果不是价值投资，难道我们要进行无价值投资吗？

价值这个词语听起来晦涩难懂。为了让我们对价值这个概念或者理念有一些初步的感性认识，下面举一些简单的例子（假设我们在股票上市首月末买入、期间所有分红所得资金立即全部买入该股票、持有至2020年底）：

（1）格力电器，从1996年底上市至2020年底，期间复合年化收益率约为25%。

（2）招商银行，从2002年4月上市至2020年底，期间复合年化收益率约为19%。

（3）云南白药，从1993年底上市至2020年底，期间复合年化收益率约为22%。

（4）万科A，从1991年初上市至2020年底，期间复合年化收益率约为22%。

（5）贵州茅台，从2001年8月上市至2020年底，期间复合年化收益率约为36%。

（6）五粮液，从1998年4月上市至2020年底，期间复合年化收益率约为22%。

（7）东阿阿胶，从1996年7月上市至2020年底，期间复合年化收益率约为17%。

（8）福耀玻璃，从1993年6月上市至2020年底，期间复合年化收益率约为18%。

（9）万华化学，从2001年初上市至2020年底，期间复合年化收益率约为26%。

（10）片仔癀，从2003年6月上市至2020年底，期间复合年化收益率约为29%。

（11）双汇发展，从1998年底上市至2020年底，期间复合年化收益率约为23%。

（12）大华股份，从2008年6月上市至2020年底，期间复合年化收益率约为28%。

（13）洋河股份，从2009年11月上市至2020年底，期间复合年化收益率约为20%。

（14）海康威视，从2010年5月上市至2020年底，期间复合年化收益率约为28%。

（15）华东医药，从2000年初上市至2020年底，期间复合年化收益率约为16%。

（16）苏泊尔，从2004年8月上市至2020年底，期间复合年化收益率约为29%。

（17）恩华药业，从2008年7月上市至2020年底，期间复合年化收益率约为22%。

将以上这17只股票的长期复合年化收益率由高到低进行排序，结果如下：

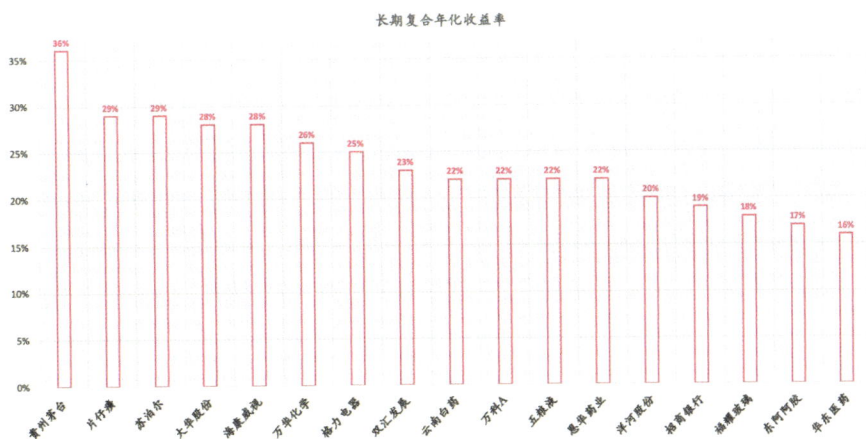

长期复合年化收益率

长期复合年化收益率由高到低排名前五的分别是：贵州茅台、片仔癀、苏泊尔、大华股份、海康威视。

这17只股票的长期复合年化收益率大概在16%～36%不等，那么这类长期复合年化收益率究竟属于什么水平呢？举几个例子：

（1）从1965年到2014年，在这50年间，巴菲特的复合年化收益率约为22%。

（2）1956—2002年，在这47年间，沃尔特·施洛斯复合年化收益率约为20%。

（3）1983—2009年，在这27年间，塞思·卡拉曼复合年化收益率约为19%。

（4）有"股神"之称的惠理集团，过去二十余年的复合年化收益率约为15%。

（5）全球最大对冲基金桥水，旗下的"全天候"对冲基金，在1996—2015年这20年间，复合年化收益率约为14%。

可以看出，这17只股票的长期复合年化收益率（16%～36%），在全球相当长的一段历史上来看，都属于是非常高的水平了。并且，这是完全忽略一切市场波动的情况下（市场给予极端高估值且股票并不具备明显的安全边际时仍然持有）取得的长期收益率。也就是说，纯粹从理论上来讲，在实际投资操作这17只股票的过程中，可以取得高于"16%～36%不等"的长期复合年化收益率。

我在这里并不是说这17只股票在未来仍然必定能够带来如此高水平的长期复合年化收益率。每只股票都代表一家公司的股权，投资的终极本质是买入公司的一部分所有权。而每家公司都不可能是完美的，每家公司都有其特有的风险。我在这里也不是说整个市场上只有这17只股票在历史上表现出了长期较高的复合年化收益率，只是恰好用了这17只股票来举例，仅此而已。

显然，列举这17只股票，是以"后视镜"的角度去审视的。但这种以"后视镜"的角度去审视的动作，并非完全没有意义。因为这17只股票有一个共同点，即上市以来至今所表现出的长期平均高ROE（净资产收益率），具体如下：

（1）格力电器，从1996年底上市至2020年底，长期平均ROE约为24.7%；

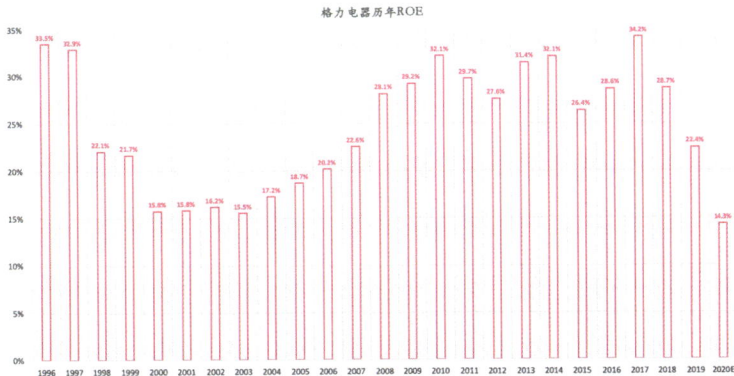

格力电器历年ROE

（数据来源：估算自格力电器财务报表其中，2020E对应数据是根据2020年季报或半年报数据主观粗略推算得到的2020全年估计值，本书中所列2020E对应数据均采用此类估算方法）

（2）招商银行，从2002年4月上市至2020年底，长期平均ROE约为17.2%；

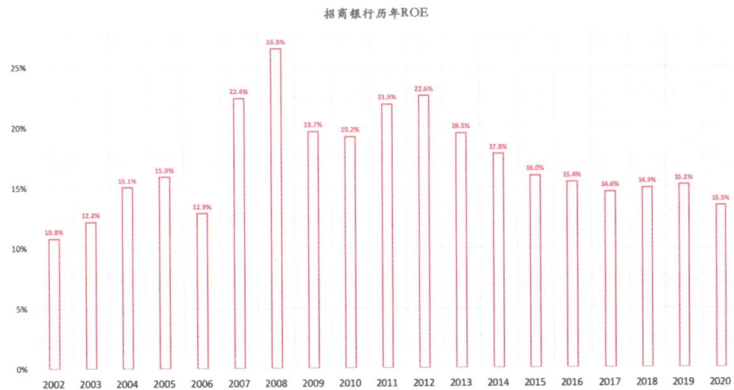

招商银行历年ROE

（数据来源：估算自招商银行财务报表）

（3）云南白药，从1993年底上市至2020年底，长期平均ROE约为17.7%；

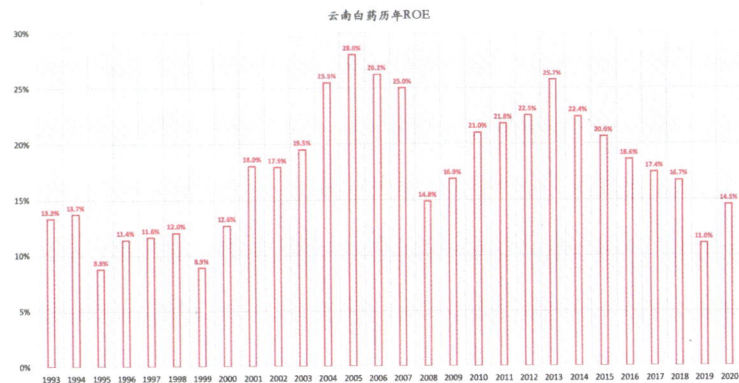

云南白药历年ROE

（数据来源：估算自云南白药财务报表）

（4）万科A，从1991年初上市至2020年底，长期平均ROE约为15.8%；

万科A历年ROE

（数据来源：估算自万科A财务报表）

（5）贵州茅台，从2001年8月上市至2020年底，长期平均ROE约为27.1%；

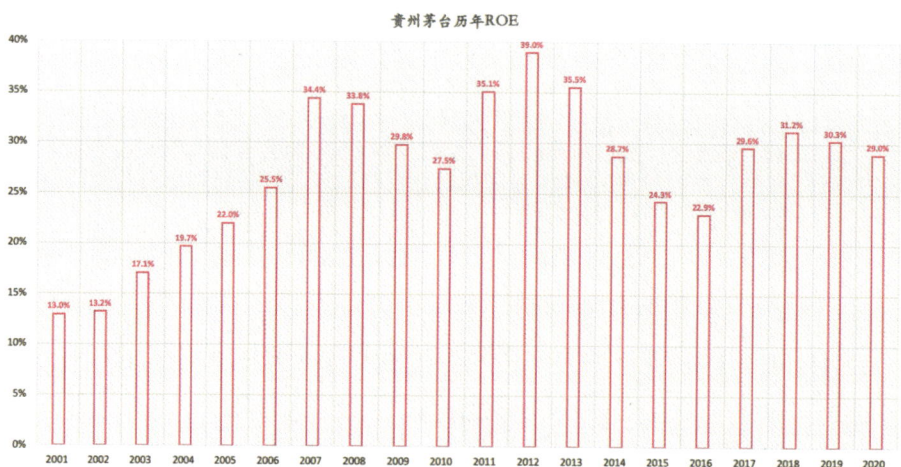

贵州茅台历年ROE

（数据来源：估算自贵州茅台财务报表）

（6）五粮液，从1998年4月上市至2020年底，长期平均ROE约为19.6%；

五粮液历年ROE

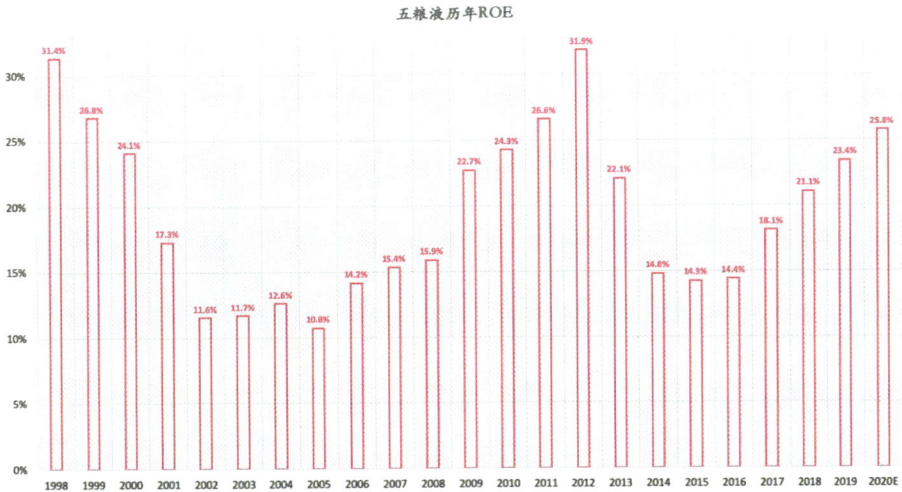

（数据来源：估算自五粮液财务报表）

（7）东阿阿胶，从1996年7月上市至2020年底，长期平均ROE约为15.5%；

东阿阿胶历年ROE

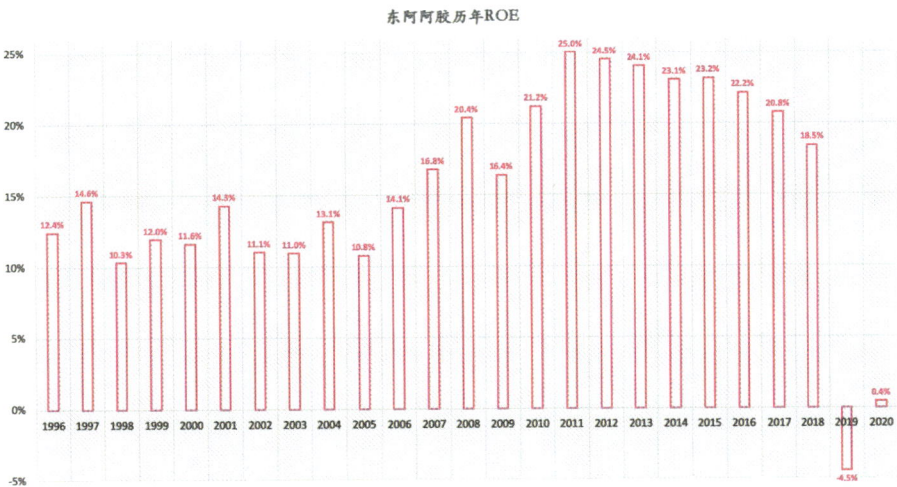

（数据来源：估算自东阿阿胶财务报表）

（8）福耀玻璃，从1993年6月上市至2020年底，长期平均ROE约为19.3%；

福耀玻璃历年ROE

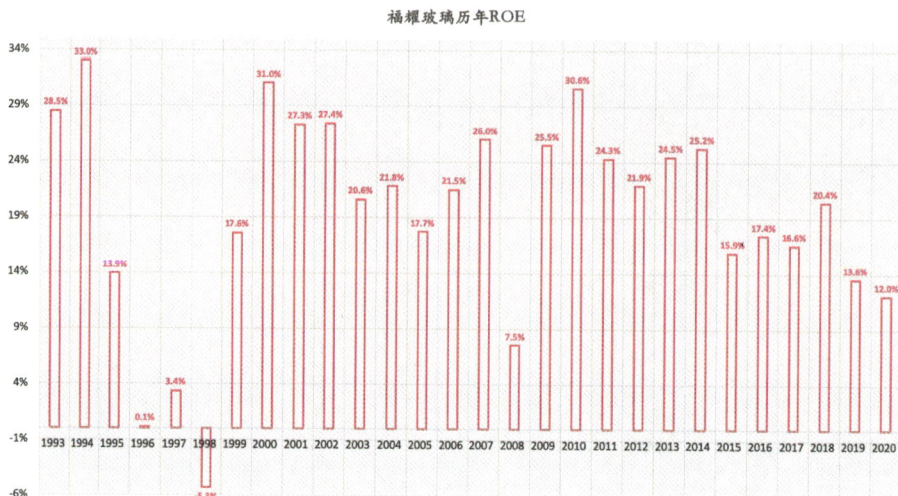

（数据来源：估算自福耀玻璃财务报表）

（9）万华化学，从2001年初上市至2020年底，长期平均ROE约为26.9%；

万华化学历年ROE

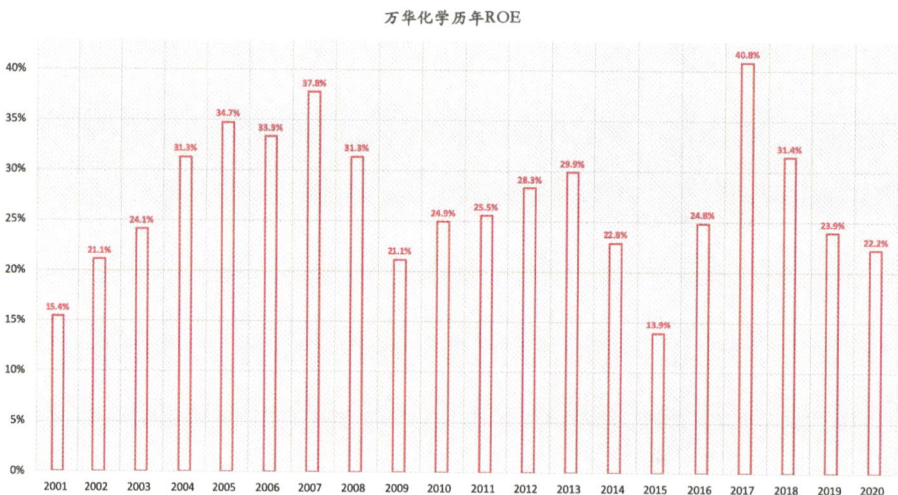

（数据来源：估算自万华化学财务报表）

（10）片仔癀，从2003年6月上市至2020年底，长期平均ROE约为17.1%；

片仔癀历年ROE

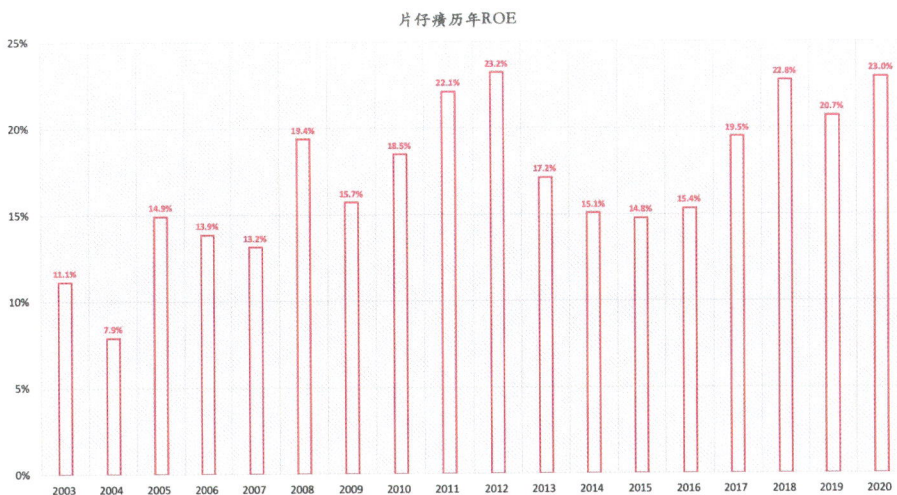

（数据来源：估算自片仔癀财务报表）

（11）双汇发展，从1998年底上市至2020年底，长期平均ROE约为24.2%；

双汇发展历年ROE

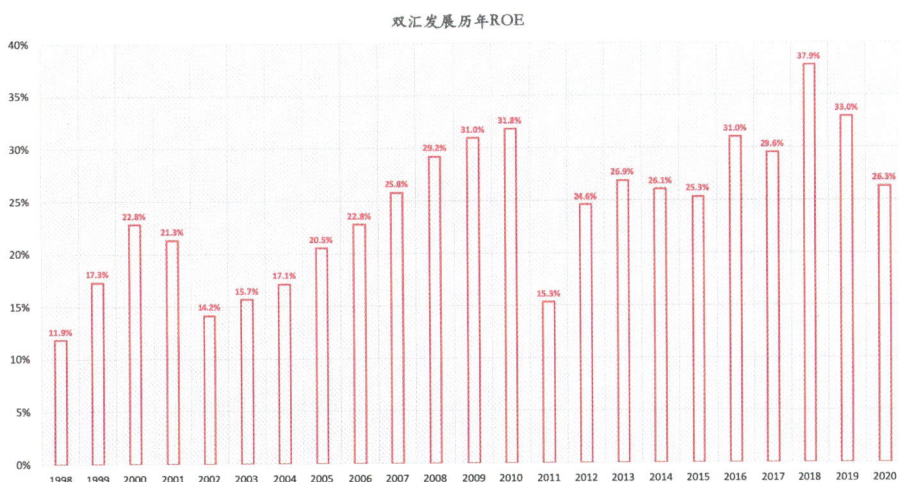

（数据来源：估算自双汇发展财务报表）

（12）大华股份，从2008年6月上市至2020年底，长期平均ROE约为21.8%；

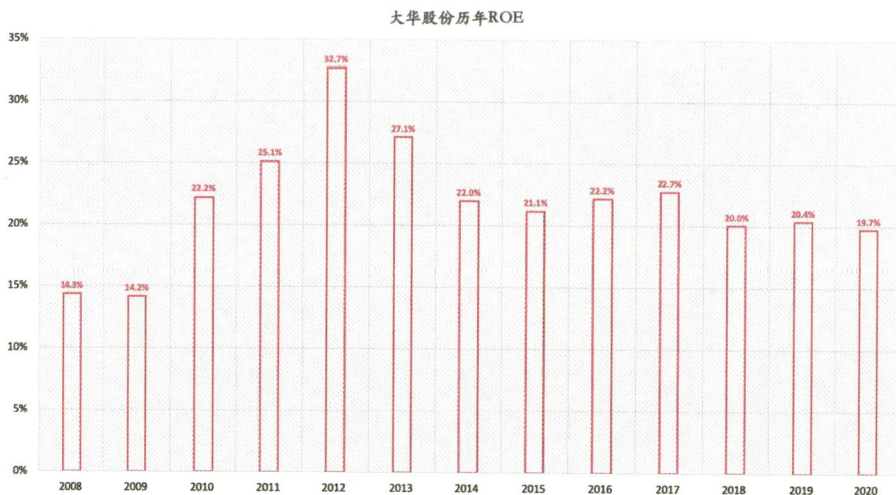

（数据来源：估算自大华股份财务报表）

（13）洋河股份，从2009年11月上市至2020年底，长期平均ROE约为27%；

（数据来源：估算自洋河股份财务报表）

（14）海康威视，从2010年5月上市至2020年底，长期平均ROE约为27.4%；

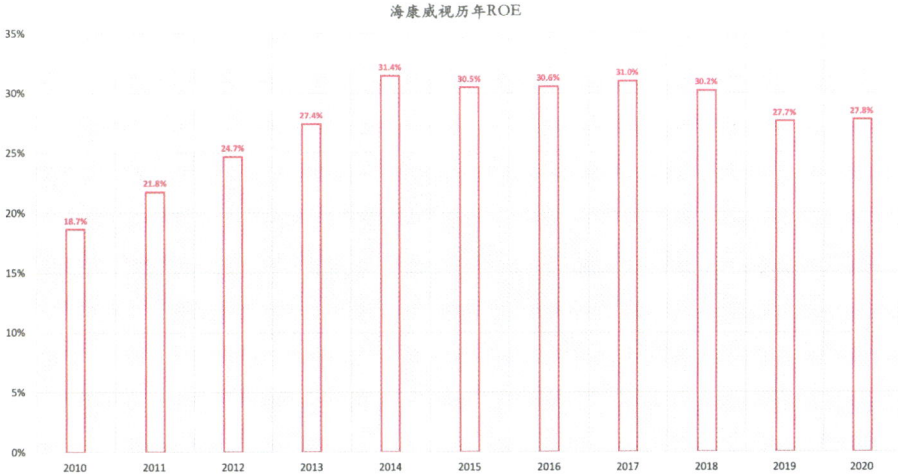

海康威视历年ROE

（数据来源：估算自海康威视财务报表）

（15）华东医药，从2000年初上市至2020年底，长期平均ROE约为20.1%；

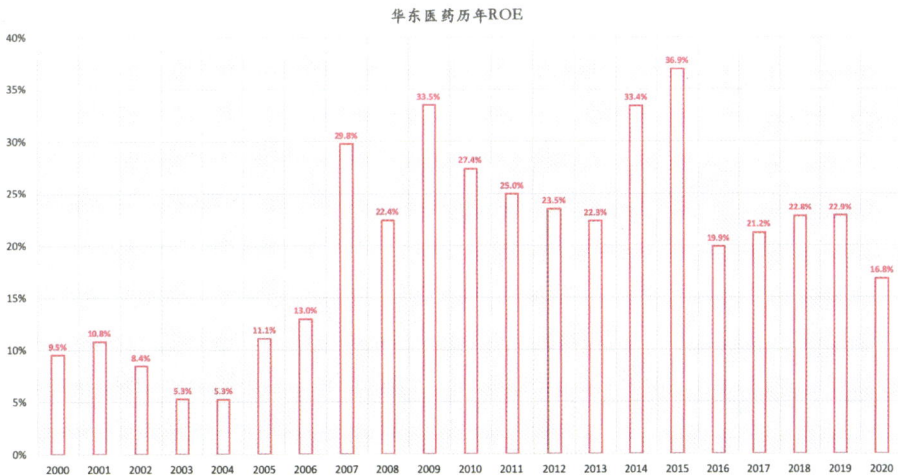

华东医药历年ROE

（数据来源：估算自华东医药财务报表）

(16)苏泊尔,从2004年8月上市至2020年底,长期平均ROE约为18%;

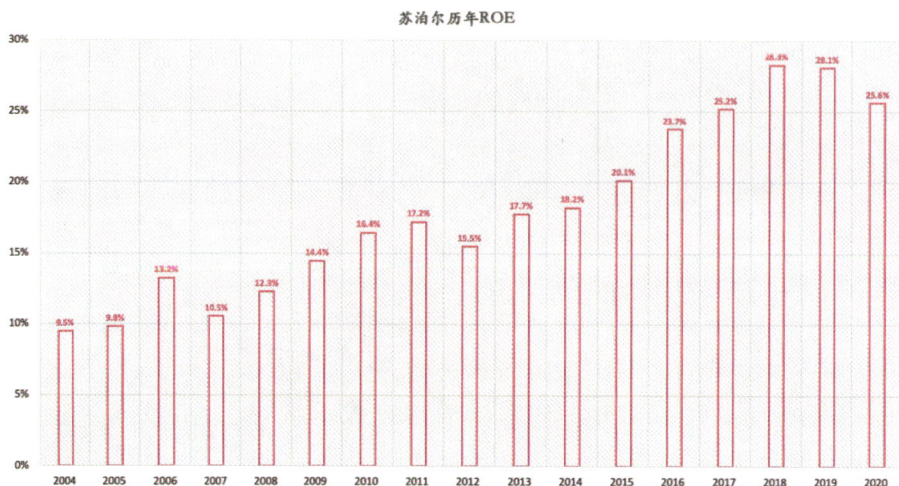

苏泊尔历年ROE

(数据来源:估算自苏泊尔财务报表)

(17)恩华药业,从2008年7月上市至2020年底,长期平均ROE约为17.2%。

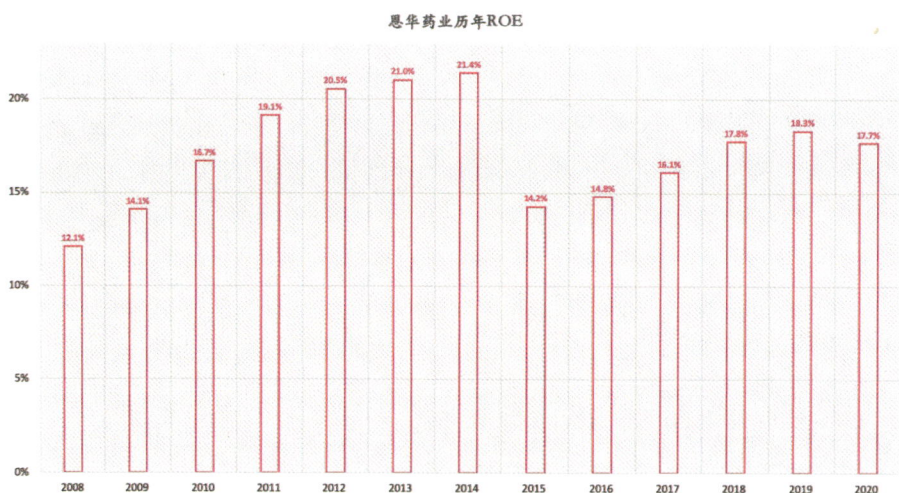

恩华药业历年ROE

(数据来源:估算自恩华药业财务报表)

将以上这17只股票的长期平均ROE由高到低进行排序,长期平均ROE排名前五的分别是:海康威视、贵州茅台、洋河股份、万华化学、格力电器。所有17只股票的长期平均ROE在15.5%~27.4%不等,具体如下图所示。

长期平均ROE

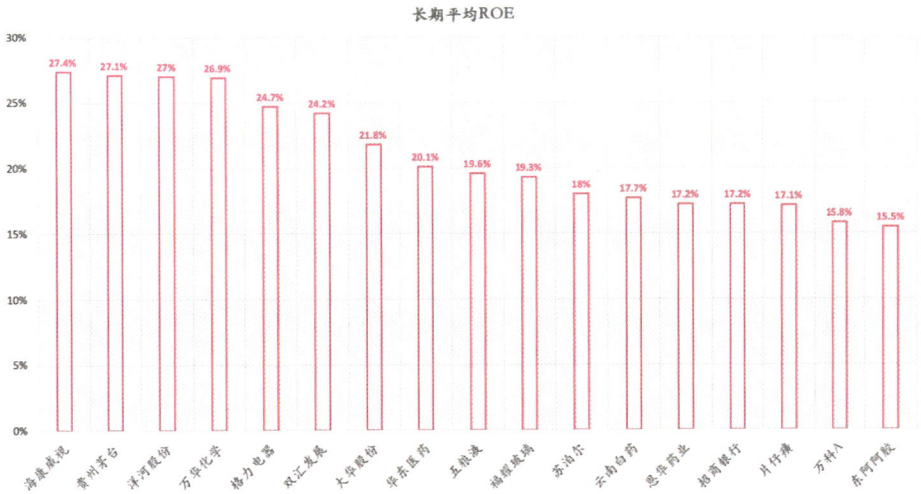

进一步，我们将这17只股票长期复合年化收益率、长期平均ROE统计到同一张图中：

长期平均ROE与长期复合年化收益率

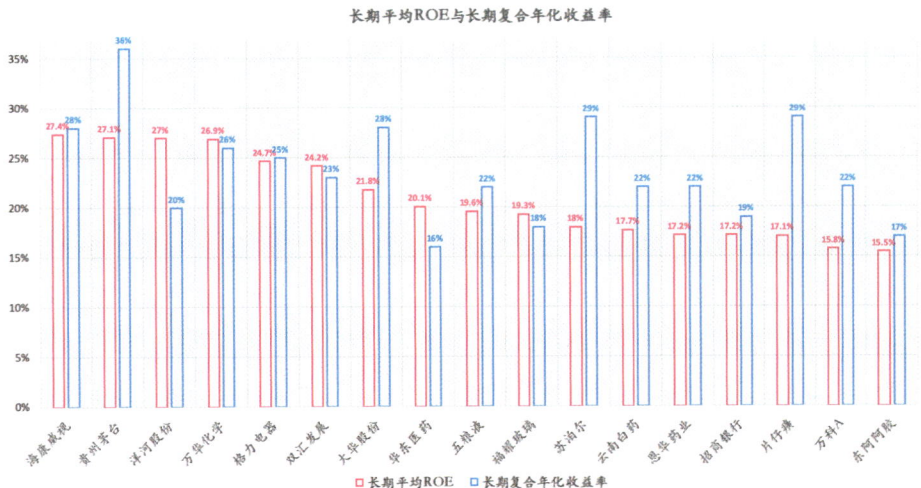

如果将这17只股票看作一个整体：长期平均ROE与长期复合年化收益率大致相当。查理·芒格说过，长期而言，一只股票的长期年化收益率约等于其ROE。据说有人做过统计：如果采用类似巴菲特的高ROE策略，即使在日本"失去的三十年"，也能够轻松取得"大师级"的长期复合年化收益率。之所以长期平均ROE与长期复合年化收益率大致相当，是因为ROE代表的是每单位净资产所创造的净利润，是企业内生性价值的重要体现，而股市在超长周期的视角下来看是台"称重机"。实际上，由于A股仍然很"年轻"，我们对以上17只股票采用的统计

周期还不够长。如果条件允许，采用更长的统计周期，长期平均ROE与长期复合年化收益率高度同步的特征将会更加明显。

巴菲特对ROE的看法：

（1）我宁愿要一家资本规模只有1 000万美元而净资产收益率为15%的小公司，也不愿意要一个资本规模高达1亿美元而净资产收益率只有5%的大公司；

（2）我们判断一家公司经营的好坏，取决于其ROE，我选择的公司，都是净资产收益率超过20%的公司；

（3）理想的企业是一个资本回报率很高的企业，并且在这种高回报率的情况下持续使用大量的资本，那就变成了一台印钞机；

（4）曾经有人问巴菲特，如果只能用一种指标去投资，会选什么？他毫不犹豫地说出了ROE；

（5）关注净资产回报率，而不是每股收益。

百度百科对ROE的定义：是净利润与平均股东权益的百分比，是公司税后利润除以净资产得到的百分比率，该指标反映股东权益的收益水平，用于衡量公司运用自有资本的效率。指标值越高，说明投资带来的收益越高。该指标体现了自有资本获得净收益的能力。

用大白话描述一下ROE的定义：净资产收益率，用于衡量公司在一年内用多少净资产挣到了多少的净利润。

如果一家公司有一万亿元的净资产，一年可以挣1亿元净利润，并且长期平均ROE维持在1/10 000，那么这家公司几乎可以说是不挣钱的；如果一家公司只有1 000万元的净资产，但一年赚到300万元的净利润，并且长期平均ROE维持在30%，那么可以说这家公司的盈利能力是非常强悍的。1亿元显然是大于300万元的，但这1亿元对应的净资产收益率只有1/10 000，而后者对应的净资产收益率高达30%。

静态ROE无意义。如果将目光锁定在近一年，即使公司近一年取得了100%的ROE，也不必为之欣喜。因为在未来的第二年，公司也有可能出现-50%的ROE。通过知识储备提高认知水平，以"永恒"的视角来看待当前，可以在一定程度上帮助我们规避那些未来长期基本面较差或者平庸的公司。

有意义的ROE是长期平均ROE：长期可以维持的ROE。如果一家公司能够在过去十年、二十年、三十年甚至五十年，取得较高的（个人偏好15%以上）长期平均ROE，那么这家公司的长期财务数据健康水平、商业模式、行业特征、公司文化、公司的"护城河"等, 就值得进一步深入关注。长期平均高ROE, 这个初步筛选标准本身就是严格的、苛刻的, 这类股票的数量占A股总股票数量的比例低于3%。若再将估值水平(安全边际)考虑进来, 该项比值可能还会大幅降低。

如果一家公司能够取得长期平均高ROE, 并且其各项财务指标长期表现得非常健康, 那么这家公司通常有其独特之处: 其独特之处就是我们要进一步深入挖掘并反复验证的核心要义。我们应该用"永恒"的视角去进一步审视: 公司的长期核心竞争力在哪里? 公司的独特之处和稀缺性体现在哪些方面? 公司的商业模式能否在未来"永久性"地支撑公司的高ROE? 公司的已知或未知的经营风险是否足以撼动公司的长期盈利能力? 简言之: 公司的确定性在哪里。价值投资虽然有难度, 但真正值得投资者长期关注的公司数量极其有限。许多有难度的事情, 在高度聚焦的状态下去面对, 也就变得容易了。

有意义的ROE是长期平均ROE, 这背后深层次的理性思维支撑是复利思维:

1.1的50次方是117.4

1.2的50次方是9 100.4

1.3的50次方是497 929.2

……

举个例子:

一家公司当前每股净资产是1元, 如果长期平均ROE为30%。那么理论上, 三年后该公司的每股净资产大概为1×1.3×1.3×1.3=2.197(元)。

这是一个动态的视角。这个视角的关键, 就是投资者如何去判断公司是否能够长期取得较高的ROE。

我们进一步将这个动态过程通过"慢镜头"解析如下:

一家公司当前每股净资产是1元, 长期平均ROE为30%, 那么:

一年后: 公司每股盈利=每股净资产×ROE=1×30%=0.3(元), 每股净资产=1元+每股盈利=1+0.3=1.3(元);

两年后: 公司每股盈利=每股净资产×ROE=1.3×30%=0.39(元), 每股净资产=1.3元+每股盈利=1.3+0.39=1.69(元);

三年后: 公司每股盈利=每股净资产×ROE=1.69×30%=0.507(元), 每股净资产=1.69元+每股盈利=1.69+0.507=2.197(元)。

一年后、两年后、三年后, 公司取得的每股盈利分别为: 0.3元、0.39元、0.507元。

每股盈利的值是以1.3作为基数的复利形式逐年放大的。刚刚说过："长期平均高ROE，这个初步筛选标准本身就是严格的、苛刻的。"我作出这样的评价是有依据的，公司要想维持长期平均高ROE，大体上必定需要让其净利润长期以复利的形式逐级放大。

如果我们经营一家公司，第一年实现0.3亿元净利润，但在第三年要实现0.507亿元净利润，并且未来几十年要维持这类复利形式的增长态势，琢磨一下其中的难度……换句话说，仅仅通过ROE这一个指标，巴菲特初步筛选出来的就已经是稀缺的潜在投资标的。稀缺性越高，通常意味着未来长期确定性越大。虽然我未必能够创造一家"伟大"的公司，但我可以尽量去发现一家"伟大"的公司，进而成为这家公司的股东之一。

相比ROE，扣非ROE这个指标在计算过程中进一步将非经常性损益剔除掉了。长期平均扣非ROE比长期平均ROE更能够清晰地反映公司的长期盈利表现。另一方面，ROE或扣非ROE都只是一个表面盈利指标，具有较大的局限性：不能直观地反映自由现金流状况，优秀的创业公司未必具备优秀的长期ROE或扣非ROE表现。再者，ROE也并非巴菲特唯一偏爱的筛选工具。一般来说，巴菲特比较偏爱高毛利率、高净利率、低负债率、货币资金充足、现金流良好、轻资产、低研发投入的公司。

ROE是价值的表面体现，自由现金流才是价值的最终归宿。相比典型的价值投资，周期投资对公司内在长期价值通常并没有那么高的要求。但通过追求相对更高的内在长期价值，可以显著降低周期投资的风险系数。

1.2 识别风险

我所理解的投资，不是盲目地追求价值最大化，而是通过强悍的风控手段去取得相对有限的收益。价值投资、周期投资，皆是如此。而建立风控手段的基石就来自对财务报表的深入理解。

巴菲特对财务报表的看法：

（1）会计是商业语言；

（2）经营不善的直观体现往往是不良的财务数据；

（3）你必须了解会计，你必须了解会计的细微差别。这是一种商业语言，也是一种不完美的语言，但是除非你愿意努力学习会计——如何阅读和解释财务报表，否则你真的不应该自己选择股票。

风险主要来自投资者自身知识储备不足。财务报表分析，是投资者的入门级投资工具。阅读财务报表具有难度，于是，我们可以看到，高达80%的投资者"痴迷"于短线交易，许多投资者并不能在市场中长期取得投资收益。

个人认为，仅仅通过财务报表分析，就可以成功地提前规避90%以上的业绩"雷区"。规避风险，就是规避不确定性。投资，就是长期专注于低风险领域的高度确定性。

查理·芒格说："如果我知道我会在哪里死去，那么我就永远不会去那里。"这句话的潜台词是：我们应该尽可能多地去了解我们可能会在哪里遇到风险。一家公司的各个财务指标长期表现，综合到一起来看，是一个有机的、动态的生态系统。这个系统的动态平衡一旦被打破，则可能意味着较大的风险。股价上涨并不意味着公司不存在较大风险，公司短期业绩良好并不意味着公司业绩能够长期维持。优秀的公司都是类似的，而平庸公司所具备的风险却可能来自四面八方。

下面我们来简单地尝试着识别6家上市公司可能具有的潜在风险。

1.2.1 上海莱士

商誉占收入比：

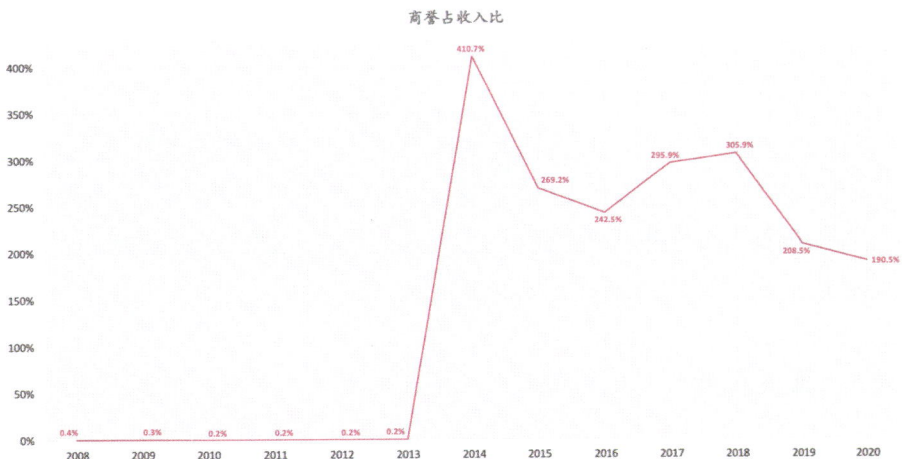

商誉占收入比

（数据来源：估算自上海莱士财务报表）

　　商誉的形成，就是收购时付出成本与按比例享有的可辨认净资产份额的差额。举个例子，A公司收购B公司，B公司净资产公允价值为3亿元（一般是评估作价），但是A公司支付了8亿元购买B公司，那么就需要确认8−3=5亿元的商誉。

　　再简单一点来说，商誉就是收购时，交易价格超过被收购标的净资产的部分。收购往往会产生商誉，并且商誉一般都是正数，因为被收购公司的市场估值往往大于其净资产。商誉是可能减值的。当B公司能够为A带来的经济效益低于入账时的账面价值的时候，资产就会减值。

　　2014年上海莱士商誉占收入比超过400%，2020年上海莱士商誉占收入比为190%左右。尽管上海莱士上市以来仅在2018年出现了账面亏损，商誉也并不必然意味着风险，但如此大规模的商誉金额为上海莱士带来了较大的不确定性。

　　存货占收入比：

存货占收入比

（数据来源：估算自上海莱士财务报表）

　　2016年上海莱士存货占收入比仅为34.5%，但2018年上海莱士存货占收入比上升至93.2%，2020年上海莱士存货占收入比为78%左右。一般来说（个别行业除外），存货占收入比持续维持在相对高位可能意味着企业经营出现困难，但也可能意味着公司管理层持续看好公司产品市场景气度。

1.2.2　康美药业

　　2018年12月28日晚间康美药业发布公告，公司收到中国证监会《调查通知书》。我们现在仅看2017年及之前的年份。之所以这么看，是因为在企业的风险已经彻底显现的情况下，我们再去尝试识别企业所存在的风险为时已晚。

2001—2017年，康美药业存货占收入比（追溯调整或重述前的数据）：

存货占收入比

（数据来源：估算自康美药业财务报表）

早在2014年，康美药业存货占收入比已经大幅走高，并且在随后的2015—2017年持续创下历史新高。2017年，康美药业存货占收入比高达59.3%。如果我暂时无法为这个现象找到合理的解释，这对于我个人而言就是一种高度的不确定性。

1.2.3　亚太药业

2010—2018年，亚太药业除了在2012年出现过小幅亏损以外，其余年份均维持盈利。但到了2019年，亚太药业出现上市以来最大亏损，净利润为−19.2亿元。这直接使亚太药业的每股净资产由2018年的4.68元陡降至2019年的0.8元，几乎亏光了所有净资产。

亚太药业的风险其实早在2015年就已经埋下，现在我们仅仅看亚太药业2018年及之前的商誉占收入比（追溯调整或重述前的数据）：

商誉占收入比

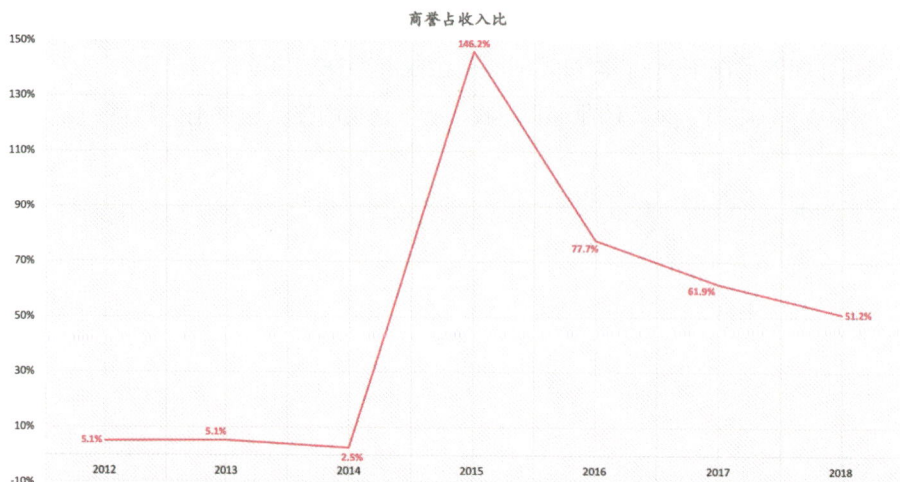

（数据来源：估算自亚太药业财务报表）

2015年，亚太药业商誉占收入比高达146.2%。2019年，亚太药业出现巨亏，在一定程度上就是由于亚太药业计提商誉减值。商誉是可能减值的，但不是必然会减值的。这是一种可能性，但也是一种不确定性。当商誉占收入比大到一定程度时，商誉带来的不确定性就被放大了。

1.2.4　长城影视

2014年，长城影视通过上市公司江苏宏宝实施的重大资产重组而间接上市。长城影视，现名长城退。2014—2017年，长城影视持续盈利。但2018—2020年，长城影视遭遇连续三年巨亏。每股净资产由2017年的1.24元，快速下滑至2018年的0.45元、2019年的−1.47元。也就是说，仅仅上市四年后，长城影视就出现了连续巨亏。

长城影视2014—2017年，应收账款占收入比：

长城影视在出现巨亏的2018年之前，在2014—2017年应收账款占收入比一直高于70%。自长城影视上市以来到长城影视出现巨亏之前的年份，长城影视应收账款占收入比一直居高不下，存在一定的坏账风险。

应收账款占收入比

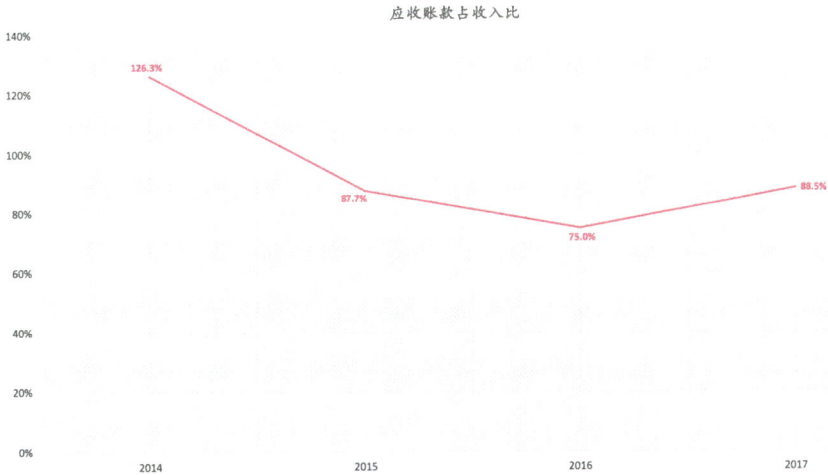

（数据来源：估算自长城影视财务报表）

长城影视2014—2017年，商誉占收入比：

商誉占收入比

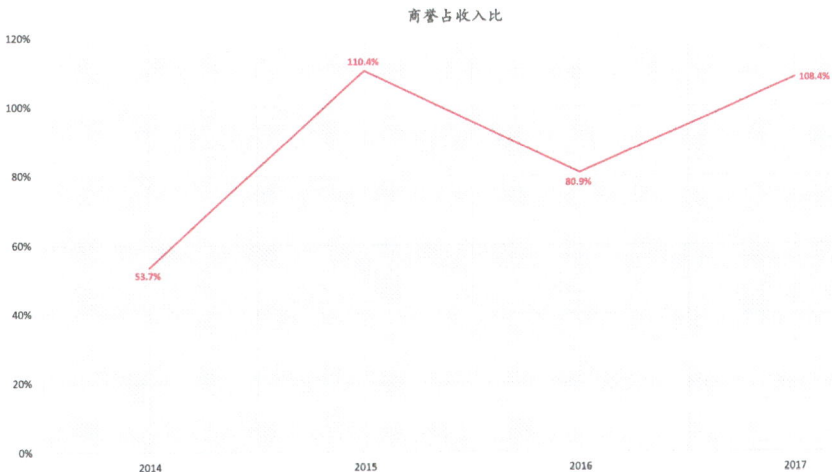

（数据来源：估算自长城影视财务报表）

自长城影视上市以来到长城影视出现巨亏之前的年份，长城影视商誉占收入比一直高于50%，并且在2015年大幅上升至110.4%。商誉是可能减值的，但不是必然会减值的。当商誉占收入比大到一定程度时，商誉带来的不确定性就被放大了。

1.2.5　中信国安

2001—2019年，中信国安存货占收入比（追溯调整或重述前的数据）：

存货占收入比

（数据来源：估算自中信国安财务报表）

财务报表是一个有机的、动态的整体，正所谓牵一发而动全身，我们现在看到的中信国安存货占收入比在近几年大幅攀升或许仅仅是表象。但对于风险识别来说，能够看到表面上的疑似异常波动，就足以引起高度的心理戒备。

2020年5月16日，中信国安被中国证券监督管理委员会进行立案调查。2018年中信国安存货占收入比高达50.2%，在2019年攀升至63.6%。随着中信国安逐步推进业务多元化，中信国安存货中与地产相关的存货账面余额显著上升。中信国安的存货占比显著上升，似乎得到了合理的解释，但业务多元化可能会增加不确定性。

根据中信国安追溯调整或重述前的财务报表数据，中信国安自1997年上市以来至2019年，每一年都实现了账面盈利。但有趣的是，中信国安2011—2019年长期平均扣非ROE为负值，并且上市以来至2019年长期平均扣非ROE仅为5%左右。或许可以这么说，实际上，中信国安最大的风险来自于此。这就是通过财务数据可以读出来的部分信息。

1.2.6　全通教育

全通教育在2018、2019年连续遭遇巨亏，因此我们仅查看2017年以及之前的情况。2014—2017年，全通教育净利润均为正。

2015—2017年，全通教育商誉占收入比：

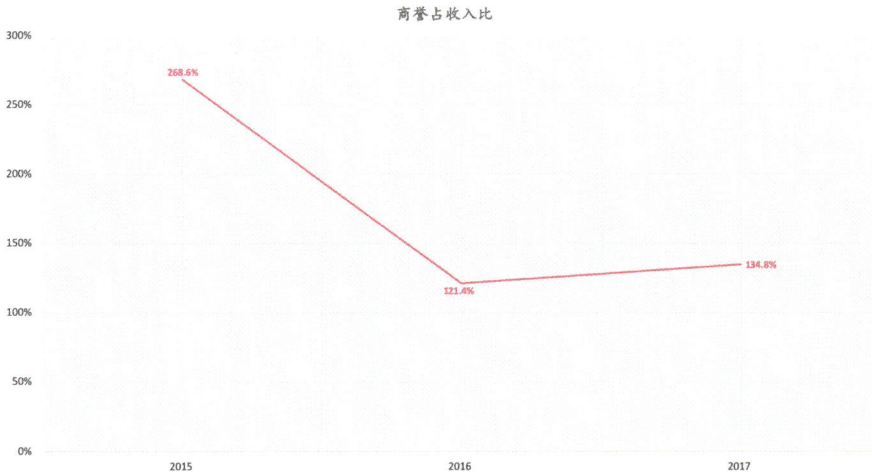

（数据来源：估算自全通教育财务报表）

2015—2017年，全通教育商誉占收入比均高于120%。在我对公司所收购的对象不甚了解的情况下，我能够容忍的商誉占收入比最多也就是5%，我期望的理想状态当然是0%。由于对公司所收购对象不甚了解，商誉占比越大，不确定性也就越大。

2014—2017年，全通教育应收账款占收入比：

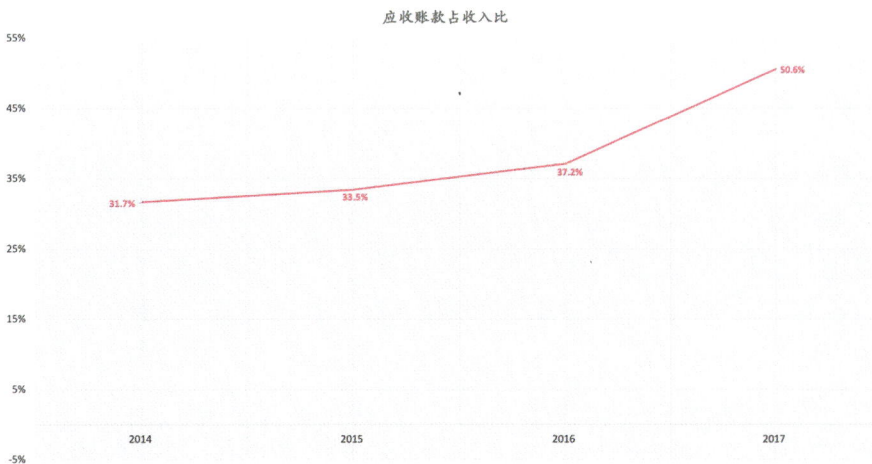

（数据来源：估算自全通教育财务报表）

2017年，全通教育应收账款占收入比为50.6%。虽然相比之下并不属于严重偏高，但已经属于比较高的范畴了。应收账款偏高，会带来潜在的坏账风险。

通过对以上6家上市公司某些财务指标的表面观察，我们是可以很容易识别其中的潜在风险的。我用"潜在风险"来进行描述，是因为我并不能仅仅通过以上这些简单的表面分析去判断任何一家公司是否真的具有什么实质性的风险。我对以上6家公司都没做更多了解，所以我对这6家公司的基本面并没有什么发言权，切勿以此作为任何评价依据或投资依据。

1.3　价格与价值

周期票通常具有相对较大的业绩"弹性"以及股价"弹性"。对于周期投资来说，风险识别是风控手段的核心之一，而对估值水平的把握则是风控手段的重中之重。

芒格说："在工程上，人们有很大的安全边际。但在金融界，人们根本不在乎安全。他们让它膨胀、膨胀、膨胀……"

巴菲特说："投资中最重要的一个词——安全边际。"

格雷厄姆说："高估值意味着高风险。"

1.3.1　价　　值

评估企业的价值，大致涉及三层思维。

第一层思维通过我们肉眼可见的净利润表现，如ROE（净资产收益率），去大致了解企业历史盈利表现，再通过企业的各项商业特征去预估企业持续保持盈利水平的能力。ROE是净利润与净资产相除的结果，ROE长期表现反映的是公司持续盈利的能力。ROE有较大的局限性：若现金流不自由，则净利润无意义。

第二层思维通过自由现金流折现模型，大致判断企业在未来整个生命周期中的价值总量。企业的价值，就是现在和未来全部自由现金流的折现总和。从净利润里减去维持经营要投入的额外的钱，剩下的才是自由现金流。在重资产行业，企业的长期自由现金流表现与长期净利润表现，往往有较大差别。相比净利润，自由现金流抓住了企业价值的本源，毕竟没有谁希望自己投资的一家长期盈利表现优秀的企业最终拥有的却是一堆"破铜烂铁"般的机器设备。

第三层思维在ROE和自由现金流折现模型失效的情况下发挥作用。我们通常很难预估创业公司的长期ROE、长期自由现金流表现。对创业公司进行估值，我们需要立足当前（财务状况是否健康？企业的核心竞争力是什么？企业文化是怎样的？创业团队是否优秀？），着眼于未来（商业模式是否合理？成长性如何？企业能否长期保持竞争优势？），以未来企业的潜在规模、企业创造自由现金流的潜力等去评估企业价值。

关于第一层、第二层思维，关键的问题是：我们能够看到的仅仅是企业的历史盈利表现、自由现金流表现、成长表现。如果我们通过企业经营的历史表现去预估企业的未来，这是不是"刻舟求剑"？

未来的发展看似无迹可寻，但实际上有据可依。一个简单的道理：如果一个人十年如一日遵纪守法、守纪奉公、爱岗敬业、诚实守信、正直无私，那么这个人突然走上投机取巧的道路这件事的概率有多大？如果一个人在过去几十年品行不端、不务正业、唯利是图、不讲信用、徇私舞弊，那么这个人某天成为大慈善家这件事的概率有多大？

同样的道理：如果一家企业十年如一日专注于主业、诚实守信、稳定盈利、自由现金流强劲、成长性良好，那么这家公司在未来出现长期业绩一蹶不振的概率有多大？如果一家企业上市以来主营业务经常变更、不讲信用、盈利平庸、自由现金流极差、收入水平停滞不前，那么这家公司未来出现长期业绩稳定高速增长的概率有多大？

我们要做的就是通过极端苛刻的标准，去层层筛选出最有可能实现长期稳定高盈利、高盈利增长、自由现金流强劲的"明星企业"，抑或是财务状况良好且具有自由现金流"爆发性"成长潜力的优秀企业。理论上，这类企业在未来出现长期业绩坍塌的概率是偏小的，因为这类企业通常具有垄断性质的市场地位，轻松驾驭的商业模式，持续传承的企业文化，优秀的管理层。这就是我们要寻找的确定性，这就是我们苦苦追寻的价值。当我们意识到了这一点，思路就显得格外清晰。我们身处的投资世界中，真正具备明显长期投资价值的公司，寥若晨星。

关于价值，巴菲特说："我们把内在价值定义为在企业剩余的生命周期里从一个公司所能拿出的所有现金的折现。任何人对内在价值的计算都必然是一个高度主观的数字。这个数字会随着对未来现金流的重新估计和利率的变化而变化。即便有模糊性，但内在价值仍然是评估投资和业务吸引力的一个最重要和唯一合理的方式。"

为了对价值有一个初步感性认知，下面列举一些简单的例子：

1. 贵州茅台

第一层思维：贵州茅台长期平均ROE高达27.1%。

第二层思维：贵州茅台不仅长期净利润表现强劲，并且长期自由现金流表现同样强劲。

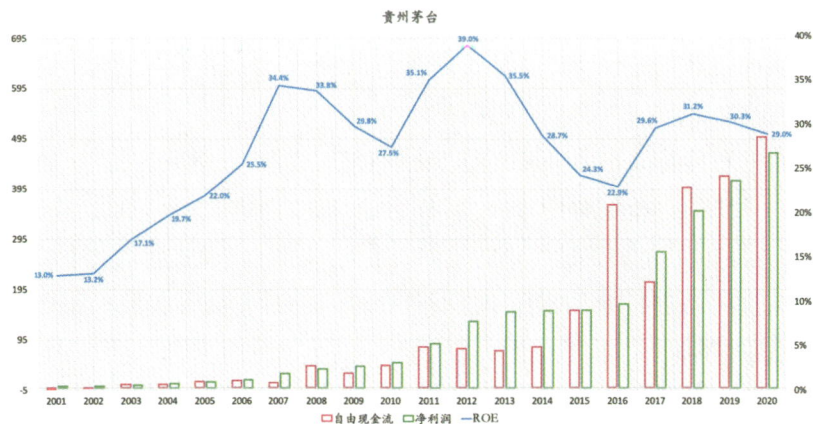

（数据来源：估算自贵州茅台财务报表。本书呈现的所有自由现金流数据均采用极简估算方法，具体情况可参照6.4.1小节。）

2. 格力电器

第一层思维：格力电器长期平均ROE高达24.7%。

第二层思维：虽然格力电器长期净利润表现强劲，但长期自由现金流表现偏弱。

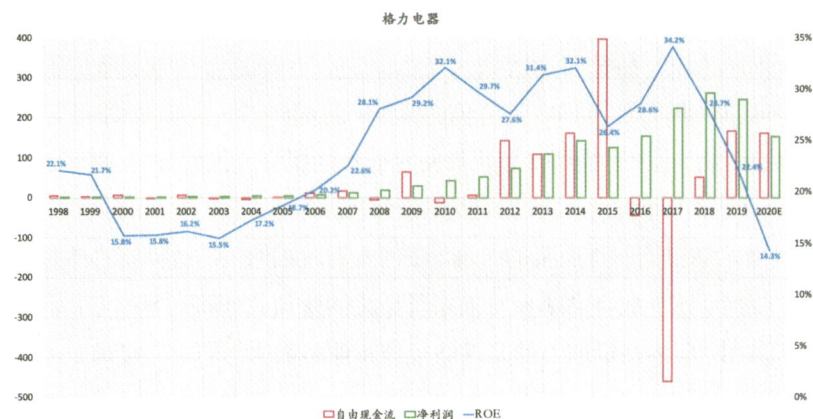

（数据来源：格力电器财务报表、主观粗略估算）

3. 仁东控股

第一层思维：仁东控股长期平均ROE仅为0.4%，价值"毁灭"特征明显。

第二层思维：仁东控股不仅长期净利润表现较差，并且长期自由现金流表现同样差劲。

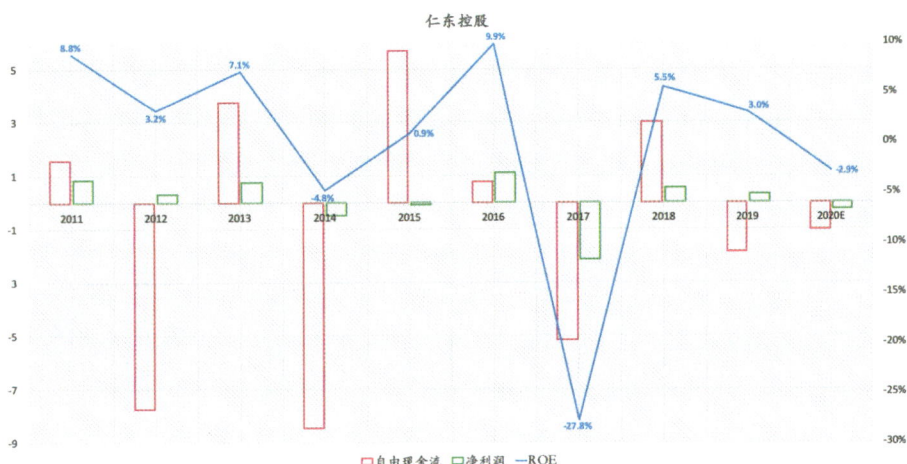

（数据来源：仁东控股财务报表、主观粗略估算）

　　贵州茅台、格力电器、仁东控股，分别代表了三类价值。如果我们不看自由现金流表现，就很有可能将同样具有长期平均高ROE的贵州茅台与格力电器的内在价值混为一谈。

1.3.2　价　　格

　　巴菲特认为，芒格帮助他实现了从"大猩猩"到"人类"的进化：以合理的价格买入优秀的公司胜过以低价格买入一般的公司。

　　以低价格买入一般的公司。这是一个静态的思维模式（公司当前账面价值几许？），并没有用"永恒"的视角来审视当前的投资标的。这种思维模式过于强调安全边际，从而可能错失以合理的价格买入优秀公司的机会，因为那些极端优秀的公司的估值很难出现严重偏低的情况。这个思维模式更大的缺陷在于，即使买入的基本面尚可的公司股票价格极端便宜，难免会碰到公司在未来某年出现基本面进一步坍塌的情况（例如：巴菲特曾经买入的纺织企业、制鞋企业等）。

　　以合理的价格买入优秀的公司，是重点去筛选极少数当前静态估值水平合理

（估值偏低更好）、长期基本面非常优秀、具备深深的"护城河"的公司。这是一个动态的思维模式（公司在未来整个生命周期价值几许？），是以"永恒"的视角来审视当前投资标的。表面上，这个思维模式在安全边际（买入价格）这个维度进行了一定的妥协。实质上，这是一种先胜而后求战的前瞻性策略：追求高确定性。

以合理的价格买入优秀的公司。这个投资策略的确在安全边际（买入价格）这个维度进行了妥协。但妥协并不意味着完全摒弃。巴菲特仍然非常重视买入或持有的价格是否足够便宜。价值投资的核心要义之一，就是格雷厄姆提出的安全边际。安全边际直接就体现在买入或持有的价格上。

举个例子，伯克希尔哈撒韦，2010—2020历年持有现金及现金等价物与短期国库券总金额：

2020年三季度末，巴菲特现金及现金等价物与短期国库券持仓占净资产比例上升至35%左右，创下自2008年以来的新高。巴菲特手握如此之多的现金及现金等价物与短期国库券，是因为公司不再"伟大"了，还是因为在这一轮美股长牛之后许多公司已经不再便宜了？

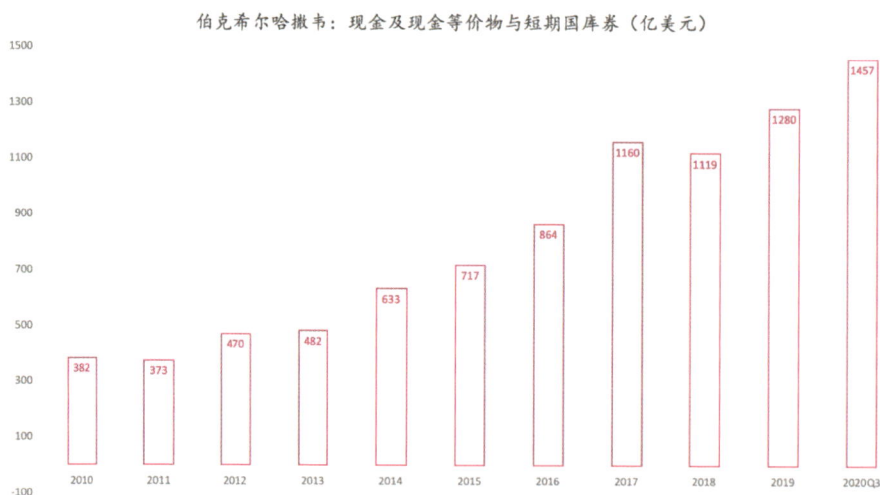

伯克希尔哈撒韦：现金及现金等价物与短期国库券（亿美元）

（数据来源：整理自伯克希尔哈撒韦财务报表）

再举个例子，美股在20世纪70年代陷入狂热。1969年，由于美股全面高估，巴菲特痛下决心，解散了全部合伙公司，因此成功避开了1973—1974年的全球大幅下跌。查理·芒格却没能幸免于难，在1973—1974年连续两年遭遇约31%的大幅账面亏损。与此同时，空仓了6年的巴菲特手握巨额资金，大肆抄底建仓。看着巴菲特远超自己的长期年化收益率以及过往16年无一亏损的投资纪录，芒格突然意识到了巴菲特的超常人之处。在1975年股市反弹约75%后,芒格清仓且关闭了自己的投资公司,并将资金投入了巴菲特的伯克希尔公司。

巴菲特曾经多次说过,芒格让他实现了从"大猩猩"到"人类"的进化。但从上面这个故事中,我们可以看出,芒格对于巴菲特具备的极高的安全边际意识是高度认同的。所以,"巴菲特不再重视安全边际"这类认知,是错误的。我们不能将巴菲特的谦逊错误地理解为拥抱"伟大"、无视"价格"。

反观A股,近年来我国资本市场出现了价值投资热潮,这是非常好的现象。但同时,也有一个不好的现象:投资者过分关注公司是否"伟大",过度解读巴菲特所谓的"永久性持有",而几乎完全忽略了公司股价是否足够便宜或者足够合理。巴菲特说:"市场先生是个醉酒的疯子。有些日子他变得非常热情,有些日子他变得非常沮丧。当他真的很有热情的时候,你就卖给他;如果他情绪低落,你就从他那里买。这没有道德上的污点。"

买入的价格并非不重要,而是非常重要。我们买入企业时,对应的估值是否合理或者是否足够便宜,可以在很大程度上影响我们的投资收益率。例如:

1. 可口可乐

可口可乐1983—2020年平均ROE高达33.4%左右,1998—2020年平均ROE高达29.9%左右。但如果在1998年以当年最高估股票价格买入并长期持有可口可乐,则要等到2012年左右才能解套,整个时间跨度长达十四年左右。

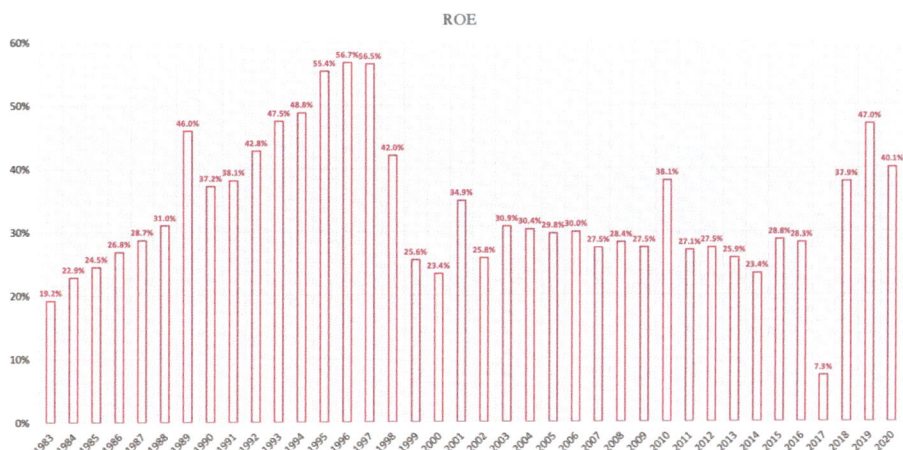

（数据来源：估算自可口可乐财务报表）

2. 宁波银行

2007—2020年，宁波银行平均ROE约为16%，良好。但如果我们以宁波银行上市首月月末收盘价买入并长期持有（分红重新买入），即从2007年7月上市首月月末长期持有至2020年底，期间复合年化收益率仅为6%左右。

查理·芒格说过，长期而言，一只股票的长期年化收益率约等于其ROE。根据我们在1.1小节中的统计结果，许多企业的确如查理·芒格所说，长期年化收益率约等于其ROE。但为什么宁波银行长期平均ROE约为16%，而长期持有宁波银行复合年化收益率仅为6%左右？显然，买入时的估值水平起了关键作用。宁波银行上市首月收盘价对应PB高达8.8倍左右，而2020年末收盘价对应PB仅为2.05倍。在这长达十三余年的时间跨度中，宁波银行的PB值由2007年7月末的8.8倍大幅"缩水"至2020年末的2.05倍，宁波银行2007年上市首月月末收盘价对应的相对估值是偏高的。

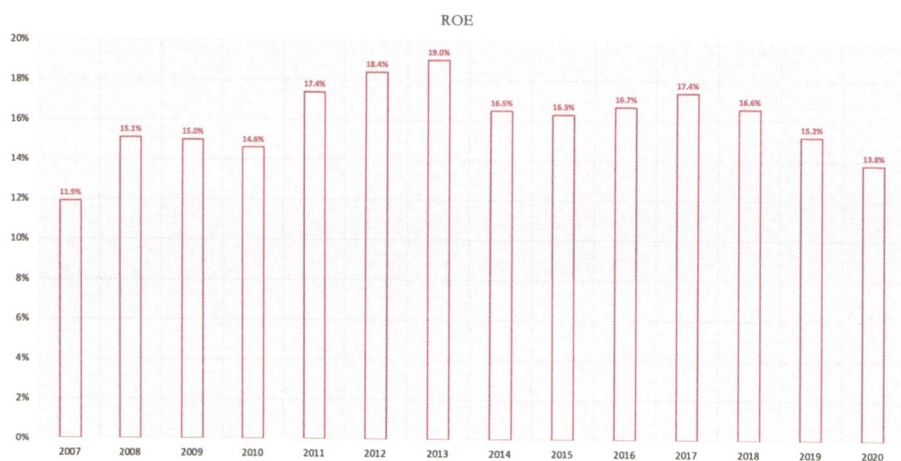

（数据来源：估算自宁波银行财务报表）

查理·芒格并没有说错，长期而言，一只股票的长期年化收益率约等于其ROE。只不过查理·芒格是将时间跨度拉到"无限长"来进行这番评价。如果时间跨度仅仅为五年、十年，甚至是十五年，我们都可以明显地感受到买入价格过高对长期复合年化收益率所造成的重大负面影响。

3. 荣盛发展

2007—2020年，荣盛发展平均ROE高达20%左右。但如果我们以荣盛发展2007年8月上市首月月末收盘价买入并长期持有（分红重新买入），从2007年8月上市至2020年底，期间复合年化收益率仅为5%左右。

为什么在长达十三余年的时间中，长期持有荣盛发展复合年化收益率仅为5%左右，而期间平均ROE却高达20%左右？根本原因同样来自估值水平。荣盛发展2007年8月上市首月月末收盘价对应PB约为9.3倍，2020年底PB大幅"缩水"至0.61倍左右。

ROE

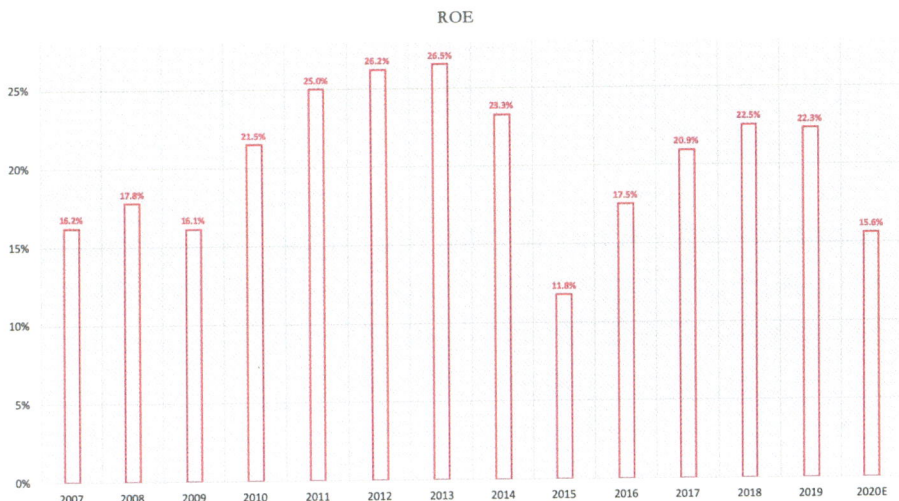

（数据来源：估算自荣盛发展财务报表）

类似的案例，还可以列举很多。那么现在，我们应该如何看待近几年被市场热捧的"核心资产"？

1.3.3 价格与价值

"有效市场假说"是由尤金·法玛于1970年提出并深化的。"有效市场假说"起源于20世纪初。有效市场假说认为，在法律健全、功能良好、透明度高、竞争充分的股票市场，一切有价值的信息已经及时、准确、充分地反映在股价走势当中，其中包括企业当前和未来的价值，投资者不可能通过分析以往价格获得高于市场平均水平的超额利润。

个人感觉，"有效市场假说"这个名字就起得挺有内涵的："有效市场"这种观点的确是"假"的说法。这种说法忽略了人类天生具备的现实本能。即使一切有价值的信息已经及时、准确、充分地披露，投资者未必具备客观、理性地消化这些公开信息的能力，而很可能仍然会受到短期股价走势的影响。人的本能都是现实的，更愿意去相信这一分、这一秒股价波动所带来的收益或亏损。所以，我们经常能够看到"追涨杀跌"这种非理性行为蔚然成风。

关于价格与价值，巴菲特说："股票的市场价格围绕内在价值波动幅度很大，但从长期来看，内在价值实际上总是反映在市场价格的某一点上。"放眼全球，无论在哪个资本市场，价格与价值之间的长期背离、短暂融合都是一种常态。在实际投资的过程中，市场上充斥着各类纷繁复杂的信息。这些信息，部分是有价值的，但部分是无价值的。无价值的这部分信息，助推了市场的无效性。

本质上，主要使得股票价格大幅度脱离基本面的，还是投资者大众的本能。股价明显上涨的过程中，快速分泌的多巴胺带来明显的舒适感、安全感、愉悦感。这种感觉与实际发生的客观情况存在较大偏差，因为随着股价的上涨，估值上升所带来的风险是在逐步积累的。股票明显下跌的过程中，某种肾上腺素分泌，激发投资者的危机意识。投资者在这个过程中能够充分体会到痛苦和无助，期望寻求解脱。这种感觉与实际发生的客观情况也可能存在较大偏差，因为随着股价的下跌，估值下降所带来的风险释放是在逐步积累的。但是由于股价明显上涨、明显下跌所带来的两种不同的感受是如此之强烈，以至于，这直接或者间接地导致了"追涨杀跌"这种普遍的投资现象。不具备明显投资价值的股票，则可能在这类群体性的心理定势下涨到离谱。而真正具备明显投资价值的股票，也可能在这类群体性的心理定势下跌到让人自我怀疑。

以十年以上的长周期来看，不具备长期投资价值的股票，无论其在某个阶段涨势有多么迅猛，题材有多么地耀眼，市场热度有多么地高，其股价的最终归宿往往还是价值原点。而具备长期投资价值的股票，无论其在某个阶段跌势有多么地惨烈，利空看起来有多么地可怕，有多么地被市场先生嫌弃，其股价的最终归宿往往还是其内在长期价值。这种以长周期来审视当前投资标的的动作，就是寻找确定性。

1.4　身在万物之中，心在万物之上

对估值水平的把握是周期投资风控手段的重中之重。然而，对估值水平进行把握并非易事，因为你会遇见一只巨大的拦路虎：欲望。

约翰·邓普顿说："如果你不是自大狂，你将会迎接机会并学到更多东西。"

查理·芒格说："让世界疯狂的不是贪婪，而是嫉妒。"

瑞·达里奥说："当有疼痛时，动物的本能是'战斗或逃跑'（即要么反击，要么逃跑）——条件反射。当你能让自己平静下来时，反思造成你痛苦的困境。这会把你带到一个更高的层次，启发你，取得进步。"

1.4.1　本　　能

根据已发现的古猿和古人类化石材料，最早的人类可能出现在距今300万年或400万年之前。本质上来说，人类也是动物的一种。身在万物之中，人类也具有许多本能：求生本能、传宗接代、社会交往、求胜欲、求知欲、表现欲、猎奇欲……

人类的起源、人类的欲望，跟投资有很大的关系，因为投资是"反人性"的。下面来看两组数据：

（1）2005—2015年单月新增开户数、上证综指走势：

（数据来源：整理自中国结算）

2015年牛市顶部区域某些月份，单月新增开户数连续破千万。

2014年整体估值底部区域的单月新增开户数量，仅仅为2015年估值顶部区域的单月新增开户数量的2%左右。也就是说，以单个月份区间来对比，股票买入价格最贵的新增投资者数量是股票买得最便宜的新增投资者数量的50倍左右。

2005年整体估值底部区域的单月新增开户数量，仅仅为2007年估值顶部区域的单月新增开户数量的0.8%左右。也就是说，以单个月份区间来对比，股票买入价格最贵的新增投资者数量是股票买得最便宜的新增投资者数量的125倍左右。

（2）2015—2021年，单月新增投资者数量、上证综指走势：

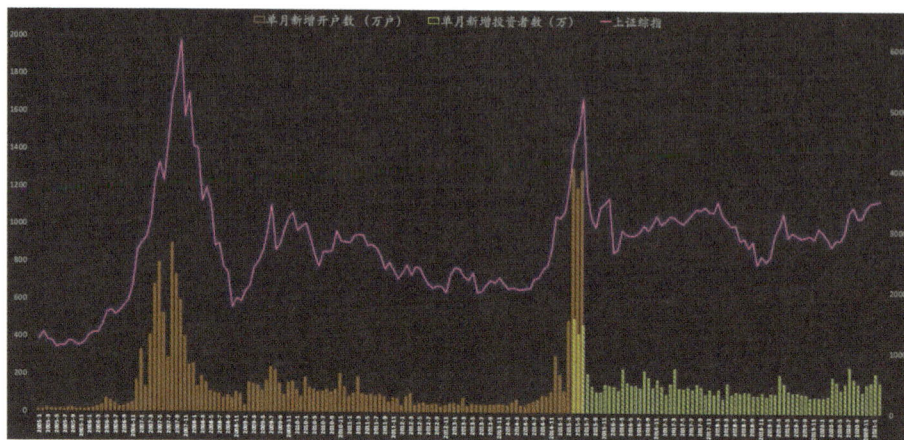

（数据来源：整理自中国结算）

2015年牛市顶部区域某些月份，单月新增投资者数量近500万。之所以将以上第1、2两条分成2005—2015年、2015—2020年来统计，是因为官方统计的口径在2015年发生了变化：统计对象由单月新增开户数，变更为单月新增投资者数量。为了避免统计口径所造成的视觉不连贯性，现在我们将统计对象变更前后的数据统计在同一张图上。

2005—2021年，单月新增开户数、单月新增投资者数、上证综指走势：

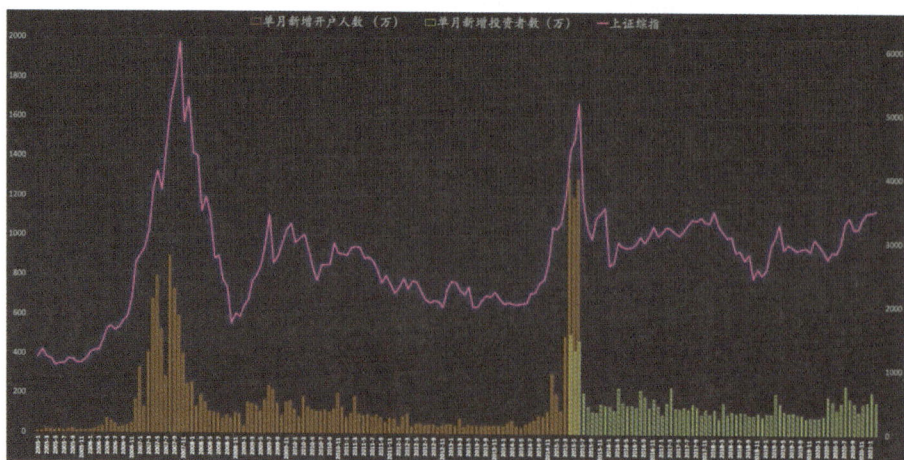

（数据来源：整理自中国结算）

可以看出,"赚钱效应"在2007、2015年两轮牛市中,吸引了大批新增投资者。人性中贪婪的成分在牛市中得到了放大。

投资者在股价涨停时体验到的愉悦程度,大概只有股价跌停时体验到的痛苦程度的一半。而无论在股价上涨周期中还是在股价下跌的周期中,傲慢(遍地"股神")、嫉妒(攀比)和贪婪("黄金十年")贯穿始终。上涨过程中喜欢比谁赚得多(无论投资的标的是否具有价值),在下跌过程中比谁跑得快(无论投资标的的估值水平是否存在明显低估)。人类天性中的嫉妒成分,往往使得那些发誓永远不会买入股票的人,在大盘疯狂上行并接近顶部的阶段,拼命买入、唯恐赚得比别人少。股票是一种有趣的商品,许多人只喜欢买贵的。

1.4.2　身在万物之中

人类哲学的三大终极问题:我是谁?从哪里来?到哪里去?那么,我们目前所具有的本能是如何进化而来的?到底是什么在左右着我们的情绪?

人类的情绪,是数百万年漫长的进化过程中形成的,与进化过程中的环境相匹配。在人类漫长的进化过程中,有利于生存的能力被选择,不利于生存的能力被淘汰。"利"往往意味着生存,"害"往往意味着淘汰。因此我们都天生自带趋利避害的本能:远离痛苦、拥抱快乐。我们都喜欢股价上涨、厌恶股价下跌。趋利避害的本性,驱使部分投资者本能地"追涨杀跌"。

情绪本身具备动物性。丛林时代,恐惧情绪是我们得以生存的关键,恐惧让我们警惕,避免成为丛林中的猎物。我们在面临突发情况时,外界信息会通过两条通道进行传递:"快速通道"直达杏仁核(我们的恐惧中心)、"悠闲通道"传送至大脑额叶皮层(理性脑)。

举个例子,某天我正兴致勃勃地盯着所持股票的价格走势,股票突然快速暴跌。这个视觉信息会首先通过一条"快速通道"直达我的杏仁核(我的恐惧中心),杏仁核会命令神经网络释放相应的激素(如肾上腺素),瞬间引发我的恐慌。与此同时,下丘脑收到的视觉信息也"悠闲地"传送到大脑额叶皮层(理性脑),理性脑会调取历史经验来对信息源进行判断:到底需不需要恐惧?再向杏仁核发出继续恐惧或者终止恐惧的信号。这是一条长的信息传递路线。这个分析判断的过程更加漫长。

动物经历了爬行动物、哺乳动物、高级灵长类这些进化阶段,大脑也经历了只有原始的反射模块、拥有初步的情感区域、拥有高级认知能力这些进化阶段。人类大脑的进化，是在人类漫长的进化过程中逐步完善的。人类成功地进化到现阶段，是一个美丽的奇迹，但我们的大脑仍然保留着人类漫长的进化过程中所留下的进化痕迹：我们的理性大脑（高级认知模块）在许多情况下并不能轻易地说服我们的情绪大脑。

在这个理性脑进行分析判断的漫长的过程中，我们所拥有的历史经验和知识储备就显得格外重要。查理·芒格说过："你必须拥有足够多的知识，才能知道赌局的赔率是不是标错了，这就是价值投资的秘密。"如果我们在股价突然快速暴跌的情况下，不具备足够多的知识储备，那么我们的理性脑通过历史经验来进行分析所得出的判断结果则很可能是错误的，并且很可能作出错误的应急反应。相反，如果我们在股价突然快速暴跌的情况下，具备足够多的知识储备，那么我们则可以很轻易地去判断公司的基本面到底有没有发生实质性的变化，恐慌终止。

大自然给我们天然配置的，通过各类激素分泌实施的内在"赏罚机制"，让我们能够更好地生息繁衍。但在资本市场上，这类"赏罚机制"却往往放大了投资者的非理性。成功的投资往往是逆着某些人性的，因为它要求我们克服与生俱来的恐惧与贪婪。

1.4.3　心在万物之上

查理·芒格所说："任何一年，如果你不毁掉你最喜欢的一个想法，那很可能是浪费的一年。"

克服本能，我们需要了解情绪的本质，强制性地从情绪那里夺回控制权，再对信息进行漫长分析和判断；我们需要承认情绪的强势地位，挑战情绪的权威，再否定我们的直观感受。这是一个反本能的、痛苦的、漫长的、高耗能的逻辑推导过程，保持理性并非易事。

阅读是一件痛苦的事，思考是一件痛苦的事，自我否定也是一件痛苦的事。因此，真正能够调动大智慧的人并不多。我们在彻底理解情绪的来源、情绪的运行机制、情绪的本质后，可以更好地挖掘和利用智慧。

身在万物之中，我们具有情绪。

心在万物之上，我们调动智慧。

1.5　极限围猎

我所读到的巴菲特，是具有"狼性"的。巴菲特是一个"极限玩家"，这个"极限"大致体现在三个方面：安全极限、回报率极限、平衡极限。参照巴菲特追求的极致确定性，我们可以在周期投资过程中追求相对确定性。

1.5.1　安全极限

安全极限，部分体现在回报率上。首先，巴菲特主要"围猎"的是极其稀缺的投资标的。这类"明星"企业本身自带较高的安全系数。以A股为例，针对历史上出现过的业绩"爆雷"公司，我进行过一些局部的统计：许多"爆雷"的公司，其长期财务数据中的某些财务指标在多年前就出现了明显的异常波动。但少部分"爆雷"公司，无论我通过何种财务数据分析，均找不到明显的财务指标异常波动，我唯一能够察觉的就是这类公司的长期ROE明显偏低。所以，在我看来，长期表现出高ROE的公司，其综合安全系数相对来讲要高很多。作为投资者，如果想要在A股以最轻松的姿态长期存活，那么最简单的方法就是避开长期ROE表现平庸的企业。

放眼全球，能够在过去20年、30年、50年……长期维持20%以上ROE的公司寥若晨星。能够做到这一点，至少说明公司具备长期高速成长、稳定高盈利的能力或者潜力。既然这类公司能够通过专注于主业获取较高的长期净利润，那么这类公司在财务数据可靠性这方面就具备相对较高的确定性。一般来说，财务数据"不可靠"这类可笑的游戏不会持续超过五年（之后大概率会以各种形式显露端倪）。通过分析一家公司超长周期的历史财务数据，可以避免很多麻烦。

我还做过另一项局部统计：选取A股所有已经上市的企业作为样本，统计结果显示，这数千家A股上市公司，其上市后的前三年平均ROE是显著高于其上市后第4至10年平均ROE的。也就是说，纯粹从统计结果来看，上市公司普遍存在择时上市的倾向：倾向于在公司经营业绩相对较好的阶段去寻求上市，以获得相对较高的市场估值。这就是超长周期财务数据分析的价值所在，关键词是"超长周期"。而巴菲特通过极其苛刻的选股标准，追求的是安全系数最高，追求的是确定性。

安全极限，还体现在买入和卖出的价格上。在估值水平偏低或者合理的时候买入，在估值水平严重偏高的时候减持或者卖出。这一点，巴菲特总体上是拿捏得非常好的。

1.5.2　回报率极限

回报率有没有极限？

能够在过去10年、20年、30年……长期维持20%以上ROE的公司寥若晨星。但不可否认的一点是，在短期几年内，ROE能够维持在100%以上的公司也是存在的。凭什么说长期维持20%以上的ROE就是回报率的极限？20%、100%，这两个数据之间的差别是巨大的，那么20%怎么会跟"极限"这类词语挂钩？因为以"永恒"的视角来看待当前："永久性"维持100%以上的ROE是不现实的，"永久性"维持20%以上的ROE则是可能的，但也是非常稀缺的。

20%这个指标是巴菲特个人的偏好，也是巴菲特表述的一个大概范围。我们可以根据自身的实际情况，所处资本市场的实际情况，对ROE这个选股指标进行适当调整。而巴菲特这个ROE偏好的来源，我主观上猜测是基于庞大的股票样本、超长周期的数据统计得来的。为什么巴菲特不将长期ROE这一偏好设定在30%？因为从统计结果来看，按照巴菲特选股习惯，层层过滤后，达到30%的公司几乎不存在。这部分内容是我的主观猜测，但我的猜测也有迹可循，因为我也做过类似的统计。也就是说，随着时间的无限推移，对于巴菲特自身来说，20%这个数值也未必是永恒不变的。但巴菲特追求高ROE的极限，这个背后的深层次的思维模式是固定不变的，就是去寻找资本市场中长期财务数据可靠、长期财务数据没有风险特征、具备深深的"护城河"、能够维持"永久性"高ROE、自由现金流持续表现强劲的投资标的。

主观猜测，巴菲特追求高回报率极限的背后，是巨量的数据统计、深厚的财务分析功底、极致深入的商业模式分析功底。这要求投资者具备无比坚毅的持续储备投资分析相关知识的耐力，以及追求极致"完美"投资标的的决心。巴菲特做投资，具有明显的"狼性"。当被问到为何在投资领域如此成功时，巴菲特回答说："我们每年都会阅读成百上千份年报。"

其次，以A股为例，大部分优秀的企业都已经上市。当前A股的组成：上市保险企业约7家、上市白酒企业多达20家、上市银行多达40家、上市医药企业多达上百家、上市地产企业多达上百家……我们熟知的一些"明星"企业、百年老店等，其中大部分均已上市。因此，大致可以这么概括：A股+港股+B股，基本上，在资本这个维度，可以很大程度上地代表我国经济的总体发展水平。有人做过统计：即使在日本"失去的三十年"，以巴菲特的投资策略进行长期投资，仍然能够实现令人瞩目的长期复合年化收益率。那么在经济快速崛起的中国，符合巴菲特严格的现代价值投资标准的公司，我相信一定存在，并且这类公司的数量相对于其他国家来说会更多。这也是一种确定性。

同样的，美国的资本市场在很大程度上也代表着美国经济的总体发展水平。我们做一个大胆而荒诞的假设：如果以巴菲特极端苛刻的选股标准在美国进行投资，不能取得长期相对较高的复合年化投资回报率，这意味着什么？这是否意味着美国经济出现了比日本那"失去的三十年"更加严重的衰退？这是否意味着美国根本找不到一家具备"护城河"的规模较大的优秀企业？那么，从巴菲特从事投资至今，这个大胆而荒诞的假设成为现实的可能性有多大？这个事件发生的概率无限地接近于零。

所以，巴菲特在一开始下注时，"赌"的就是一个极限。而这个极限，就是整个美国经济的下限。这场"赌局"的赢面有多大？如果你在一开始就瞄准了整个国家的经济下限作为你投资体系的安全边际，那么你追求的就是安全的极限。正如巴菲特所说："先胜而后求战。"

1.5.3　平衡极限

我听说过物极必反这个成语，也听说过"事出反常必有妖"这句俗语。"极限玩家"需要极限的平衡来寻求符合常识的确定性。反常的东西总是难以长久。

安全极限，在表面上看，似乎是极端低廉的股价。但这是一种错觉。极端低廉的股价背后，很可能存在一家基本面平庸甚至基本面彻底坍塌的公司。回报率极限，在表面上看，似乎是极端的高ROE。但这也是一种错觉。短期几年所表现出的极端高ROE的背后，很可能存在一家周期性的、（或者）阶段性的、（或者）财务数据有瑕疵的、（或者）暂时走大运的公司。极端的、惊人的高ROE，往往是不可持续的。

安全的真正极限来自公司未来长期的内在价值暂时性地被市场严重低估。回报率的真正极限来自对真正具备未来长期内在价值的公司、寥若晨星的极端稀缺投资标的的深入挖掘。

平衡的艺术在于：放弃那些短期几年表现出极端高ROE、长期业绩缺乏"护城河"的公司；放弃那些股价极端低廉、基本面平庸的公司；折中选择那些长期ROE水平优秀、自由现金流充沛、长期业绩表现符合常识、商业模式具备"护城河"、股价（估值）合理的公司。

在我看来，巴菲特是一个具有"狼性"的"极限玩家"。巴菲特在制定"围猎"计划的过程中就已经拼尽全力，尽最大可能性地去规避了潜在的各种风险，锁定了较高且合理的长期投资收益率。巴菲特在"下注"之前就已经赢了。要制订一个"完美"的"围猎"计划，所需的，是持续地经历超过常人的艰辛。巴菲特说："工作强度是卓越的代价。"芒格说："赢的唯一方法就是工作，工作，工作，工作……"

1.6　巴菲特近二十年持仓深度分析

曾经有人问巴菲特，如果只能用一种指标去投资，会选什么？他毫不犹豫地说出了ROE。

巴菲特看重ROE，到底是随口一说，还是肺腑之言？认识一个人，别看他怎么说，而要看他怎么做。下面我们就来深度透视巴菲特近20年排名靠前的股票持仓特征。

1.6.1　长期持仓总览

巴菲特近20年（2000—2019年）历年持仓一览（持仓权重较高的股票）：

（数据来源：整理及估算自《巴菲特致股东的信》）

我们根据股票名称将每一只股票在20年中每一年的仓位权重全部罗列如下：

可口可乐 32.9%	美国运通 22.7%	富国银行 24.2%	吉列 11.4%	傅迪 6.3%	美国合众银行 4.3%	沃尔玛 5.0%	薯涤菲 3.4%	华盛顿邮报 4.5%
可口可乐 32.4%	美国运通 22.1%	富国银行 22.6%	吉列 11.2%	傅迪 6.1%	美国合众银行 3.9%	沃尔玛 3.6%	薯涤菲 2.9%	华盛顿邮报 3.2%
可口可乐 30.9%	美国运通 20.7%	富国银行 22.6%	吉列 10.0%	傅迪 4.1%	美国合众银行 3.8%	沃尔玛 3.5%	薯涤菲 2.9%	华盛顿邮报 3.2%
可口可乐 28.8%	美国运通 18.9%	富国银行 18.7%	吉列 9.2%	美国合众银行 3.7%	沃尔玛 3.5%	薯涤菲 2.9%	华盛顿邮报 2.8%
可口可乐 21.4%	美国运通 16.7%	富国银行 18.1%	宝洁（吉列）12.4%	美国合众银行 3.6%	沃尔玛 3.4%	薯涤菲 2.1%	华盛顿邮报 2.2%
可口可乐 19.3%	美国运通 14.9%	富国银行 17.8%	宝洁（吉列）10.4%	傅迪 2.4%	美国合众银行 3.3%	沃尔玛 3.0%	薯涤菲 2.0%	华盛顿邮报 1.8%
可口可乐 18.5%	美国运通 11.7%	富国银行 12.6%	宝洁 9.9%	傅迪 2.2%	美国合众银行 3.3%	沃尔玛 2.3%	薯涤菲 2.1%	华盛顿邮报 1.8%
可口可乐 17.3%	美国运通 10.5%	富国银行 14.3%	宝洁 8.5%	傅迪 2.2%	美国合众银行 3.2%	沃尔玛 1.5%	薯涤菲 1.5%
可口可乐 16.5%	美国运通 10.5%	富国银行 12.8%	宝洁 7.6%	美国合众银行 2.9%	沃尔玛 1.3%
可口可乐 16.4%	美国运通 9.9%	富国银行 12.6%	宝洁 5.9%	美国合众银行 2.8%
可口可乐 15.7%	美国运通 9.3%	富国银行 12.0%	宝洁 4.2%	傅迪 4.1%
可口可乐 15.3%	美国运通 9.2%	富国银行 12.0%	宝洁 4.0%
可口可乐 14.4%	美国运通 9.4%	富国银行 9.4%	宝洁 3.6%
可口可乐 13.6%	美国运通 9.2%	富国银行 8.9%
可口可乐 13.6%	美国运通 8.8%	富国银行 8.8%
可口可乐 11.0%	美国运通 8.4%	富国银行 8.4%
可口可乐 10.8%	美国运通 7.6%	富国银行 8.1%
可口可乐 8.9%	美国运通 5.7%	富国银行 7.5%
合计 可口可乐 375.4%	美国运通 258.5%	富国银行 289.9%	宝洁 134.7%	傅迪 46.2%	美国合众银行 44.8%	沃尔玛 33.6%	薯涤菲 23.3%	华盛顿邮报 27.0%

潼项钢铁 3.5%	特斯购 2.9%	高盛 2.2%	IBM 15.3%	康菲石油 9.0%	Phillips 66 5.3%	特许通讯公司 1.6%	卡夫食品 7.1%	强生 5.7%
潼项钢铁 3.2%	特斯购 2.7%	高盛 2.0%	IBM 14.9%	康菲石油 3.3%	Phillips 66 4.4%	特许通讯公司 1.2%	卡夫食品 3.6%	强生 4.5%
潼项钢铁 2.8%	特斯购 2.6%	高盛 2.0%	IBM 12.6%	康菲石油 4.0%	Phillips 66 1.3%	特许通讯公司 1.2%	卡夫食品 3.5%	强生 3.7%
潼项钢铁 2.6%	特斯购 2.6%	高盛 2.1%	IBM 12.5%	康菲石油 2.1%	Phillips 66 1.3%	特许通讯公司 1.1%	卡夫食品 3.3%	强生 3.1%
潼项钢铁 1.9%	特斯购 2.4%	高盛 1.7%	IBM 10.5%	康菲石油 2.0%	宇华食品 3.8%	强生 2.7%
潼项钢铁 1.6%	高盛 1.9%	IBM 9.9%	康菲石油 1.0%
合计 潼项钢铁 16.6%	特斯购 17.0%	高盛 12.9%	IBM 72.5%	康菲石油 22.0%	Phillips 66 16.4%	特许通讯公司 6.3%	卡夫食品 27.3%	强生 19.7%

M&T bank 1.9%	慕尼黑再保险 4.0%	苹果 29.7%	Delta航空 3.0%	白山保险 3.0%	中国石油 5.4%	西南航空 1.8%	H&R block 2.5%	比亚迪 9.8%
M&T bank 1.9%	慕尼黑再保险 4.1%	苹果 23.3%	Delta航空 1.9%	白山保险 2.1%	中国石油 4.1%	西南航空 1.8%	H&R block 2.3%	比亚迪
M&T bank 1.9%	慕尼黑养保险 3.9%	苹果 16.5%	Delta航空 1.3%	白山保险 2.1%	中国石油	西南航空 2.3%	H&R block	比亚迪
M&T bank 1.6%	慕尼黑再保险 3.9%	苹果 5.8%	Delta航空 1.2%	白山保险 1.4%	H&R block	比亚迪
M&T bank 1.3%								
合计 M&T bank 8.6%	慕尼黑再保险 15.9%	苹果 75.3%	Delta航空 7.5%	白山保险	中国石油 16.6%	西南航空 5.9%	H&R block	比亚迪 9.8%

美国银行 13.5%	纽约梅隆银行 2.3%	DirecTV 1.6%	联合大陆 1.6%	幸福斯 4.0%	USG 1.1%	摩根大通 3.4%	DaVita 1.2%	迪尔公司 1.5%
美国银行 13.1%	纽约梅隆银行 1.3%	DirecTV 1.3%	联合大陆 1.9%	幸福斯 2.1%	USG 1.0%	摩根大通 2.9%	DaVita 1.1%	迪尔公司 1.2%
美国银行 12.1%	纽约梅隆银行 1.3%	DirecTV 1.3%	联合大陆	幸福斯	USG 1.0%	摩根大通
合计 美国银行 38.7%	纽约梅隆银行 5.7%	DirecTV 4.4%	联合大陆 3.5%	幸福斯	USG	摩根大通 6.3%	DaVita 2.3%	迪尔公司 2.7%

通用汽车 1.1%	HCA inc 1.9%	埃克森美孚 3.5%	VISA 0.8%	AT&T 1.4%	Ameriprise 2.7%	伯林顿铁路 6.8%
通用汽车 1.1%	HCA inc 1.1%	埃克森美孚 3.5%	VISA 0.8%	AT&T 1.4%	Ameriprise 2.7%	伯林顿铁路 6.8%
合计 通用汽车 1.1%	HCA inc 1.1%					

然后我们在每一只股票下方（上图金色字体中）加总该股票近20年中每一年的仓位权重，得到每只股票在近20年中的曝光率，具体如下：

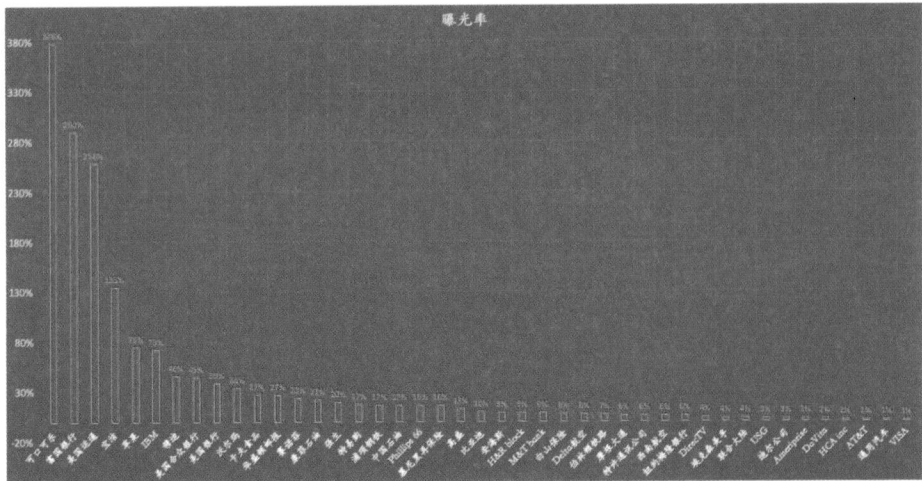

曝光率

现在我们将上图中所有百分比数据再次加总，得到合计总曝光率1 673.5%。

然后我们用上图中单只股票的百分比数据分别除以刚刚加总得到的合计总曝光率1 673.5%，得到每只股票在过去20年中的合计曝光率占比（权重占比）：

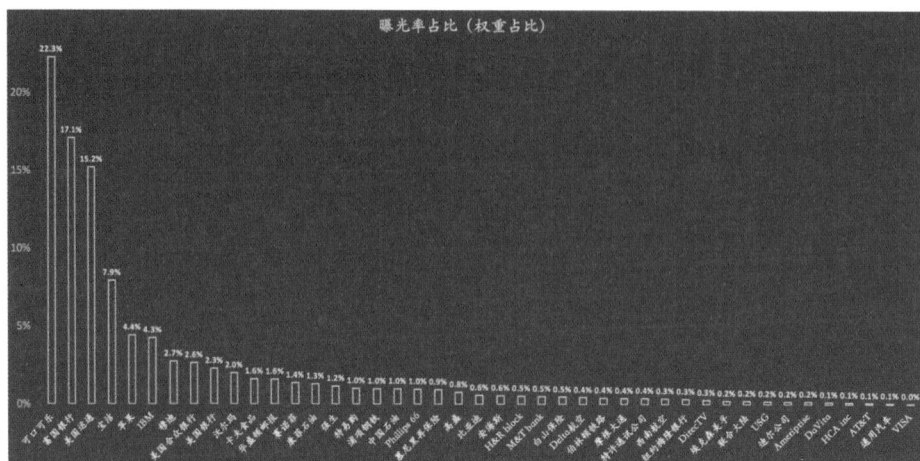

现在我们得到的这个单只股票曝光率占比（权重占比），就是从宏观层面上把巴菲特过去20年所有投资活动看作一个整体之后，单只股票所占仓位权重。图中这43家公司合计曝光率占比（权重占比）为100%。其中，特易购、安海斯、伯林顿铁路、特许通讯公司、联合大陆、USG、迪尔公司、Ameriprise、VISA这9家公司的合计曝光率占比仅为3%左右，且这些公司的财务数据相对难以查询，因此我进一步将这9家公司人为地从我们后续的统计中剔除：

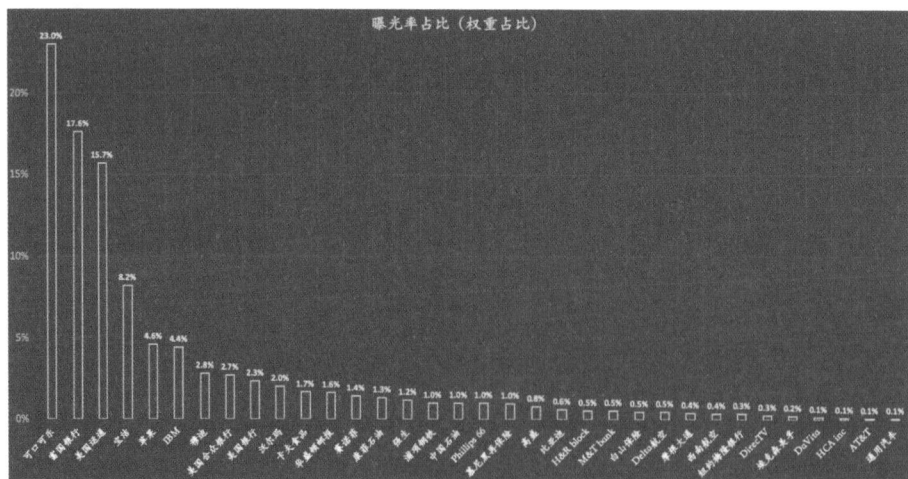

经过重新计算后，图中剩下的这34家公司合计曝光率占比（权重占比）仍然为100%。我们将巴菲特过去20年持仓靠前的这34只股票罗列如下：

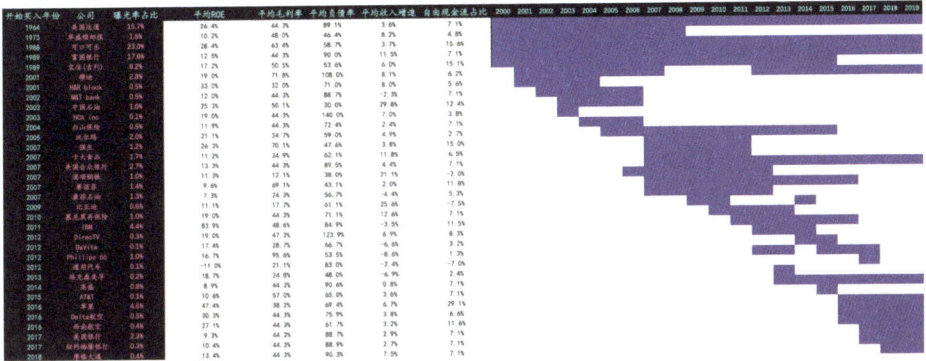

（1）第三列就是我们刚刚计算出来的曝光率占比（权重占比）。

（2）第四、五、六、七、八、九列分别为每只股票对应的长期平均ROE、毛利率、负债率、收入增速、自由现金流占比、筹资现金流占比数据（数据整理自相关公司财务报表、Wind、主观粗略估计；数据尽可能地选取巴菲特在2000—2019年期间持有该股票年份所对应财务数据的平均值）。某列少量缺失的数据我们用该列所有已知数据平均值代替。

（3）图中右侧紫色填充部分，即是巴菲特持有该股票且该股票仓位权重靠前的年份。

1.6.2　统计结果

紧随上图，我们进一步将各股票的长期平均ROE、毛利率、负债率、收入增速、自由现金流占比、筹资现金流占比数据，乘以第三列该股票近20年（将20年看作一个整体）的曝光率占比（权重占比），得到以下总计结果：

在图中第五、七、九、十一、十三、十五列：我们将所有股票的长期平均ROE、毛利率、负债率、收入增速、自由现金流占比、筹资现金流占比数据，乘以近20年仓位权重（第三列），得出紫色字体黑底的结果。

然后，在图片最下方，将第五、七、九、十一、十三、十五列乘后结果，按照长期平均ROE、毛利率、负债率、收入增速、自由现金流占比、筹资现金流占比这些项目类别，分别加总。得到的结果，就是将近20年巴菲特持仓靠前的所有股票看作一只股票后，巴菲特的选股特征。具体如下：

（1）巴菲特近20年持仓整体加权平均ROE高达24.2%左右。

（2）加权平均毛利率高达49.7%左右。

（3）加权负债率约为73.3%。这里需要注意的是，这个数据是部分失真的。巴菲特近20年金融类股票权重较高，而金融类股票的负债率往往高于90%。剔除金融类股票后重新统计，整体加权平均负债率粗略估计应该在60%左右，这是一个相对较低的资产负债率水平。

	合计
ROE	24.2%
毛利率	49.7%
负债率	73.3%
收入增速	5.8%
自由现金流占比	10.7%
筹资现金流占比	-8.9%

（4）加权平均收入增速5.8%，一般。

（5）加权自由现金流占比为10.7%，良好。

（6）加权筹资现金流占比为负。长期分红累计金额大于长期融资累计金额，几乎完全依靠自身盈利"造血"实现长期对外扩张。

一句话总结巴菲特近二十年股票持仓特征：高ROE、高毛利率、低负债率、自由现金流充裕、不依赖对外融资。

我们用于统计的数据存在一些主观粗略估计值，我们这个统计结果仅能够大致反映一些情况，与实际情况必然存在偏差。我们统计的这几个财务指标并不足以充分反映一家公司的基本面，并且抛开商业模式来谈财务指标也是愚蠢的。一般来说，巴菲特比较偏爱高ROE、高毛利率、高净利率、低负债率、货币资金充足、自由现金流充裕、轻资产、低研发投入……的公司。在一轮又一轮筛选之后，最终能够进入我们视野的潜在价值投资标的少之又少。

周期投资者可以部分借鉴巴菲特的长期持仓特征，去寻找长期基本面具有相对确定性的投资标的，以提升投资过程中的风险控制水平。

1.7　与熊共舞

以史为鉴，A股市场有一个特点：牛市重势、熊市重质。牛市中，基本面平平的有时候反而涨幅惊人；熊市中，基本面极其优秀的有时候能够走出独立行情。如果不具备在熊市中发现投资机会的能力，那么这类投资者暂时不适合进行投资。牛熊交替是一轮周期，聪明的周期投资者不会轻易错过熊市中的投资机会。

1.7.1　2016—2020年

2016年1月至2020年6月，上证指数累计上涨仅仅9%左右。

有投资者认为A股从2018年底开始就已经走牛，还有人认为截止到2020年6月，A股仍然属于熊市。这个比较具有争议。但普遍达成共识的是，2016年1月到2018年底，A股属于熊市。

2016年1月至2020年6月，无论期间是熊市还是牛市，我们暂时将其勉强地当作熊市来看待。我们下面来看看这段时期股价累计涨幅排名前100的股票有哪些（仅统计2009年及之前上市的股票、重大资产重组视为重新上市）：

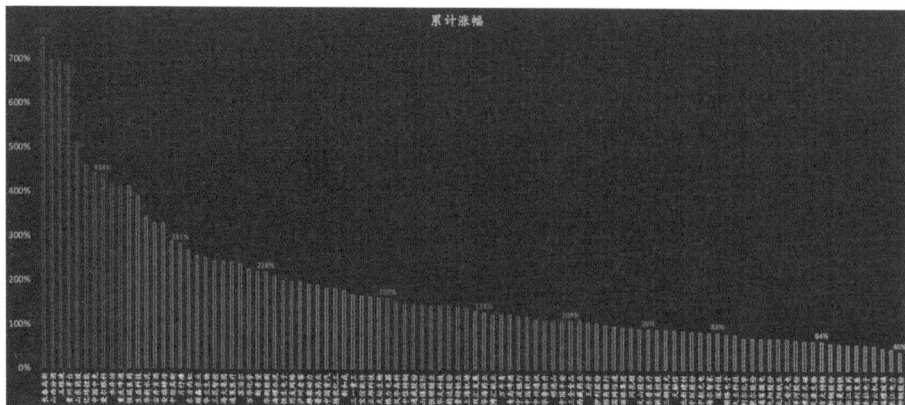

（数据来源：同花顺条件搜索结果、主观粗略统计。数据具有较大的模糊性、主观性，仅大致反映总体情况）

其中，累计涨幅排名前十的有：长春高新747%、山西汾酒699%、五粮液694%、贵州茅台687%、山东药玻512%、亿纬锂能461%、中国中免442%、爱尔眼科438%、水井坊416%、重庆啤酒413%。

涨得好的，基本面未必好。但在A股的熊市中，涨得好的股票中，基本面好的股票的比例，要比在牛市中高得多。就以刚刚我们罗列出来的涨幅排名前十来说，主观感觉长春高新、山西汾酒、五粮液、贵州茅台、中国中免、爱尔眼科、水井坊、重庆啤酒这八家公司在2015—2019年总体盈利表现是相对较好的，占这排名前十只股票的比例高达80%。

熊市重质，这个规律并不仅仅存在于2016年1月至2020年6月，而是几乎存在于历史上的每一轮熊市中。

现在我们来统计这涨幅排名前100的股票具有哪些特征：

1. 行业分布

数量由多到少，排名前五的分别为：酒类、制药、电子元件及设备、建材、食品。"吃药喝酒"行情特征明显。

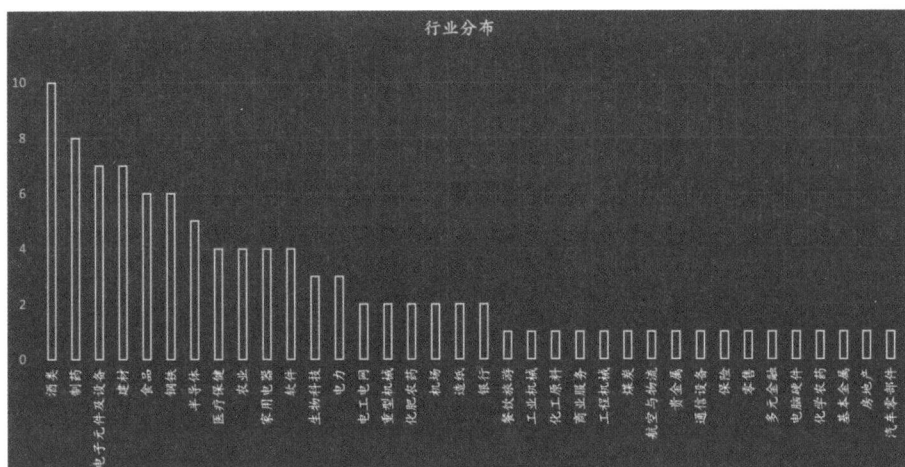

（数据来源：主观粗略统计）

2. 上市后至2019年平均扣非ROE

在这涨幅排名前100的股票中，上市后至2019年平均扣非ROE，大于或等于20%的有7只、大于或等于15%且小于20%的有22只。这两类总计29只，占这100只股票的比例为29%。不要小看29这个数字，在整个A股4 000多只股票中，上市后（重大资产重组视为重新上市）至2019年平均扣非ROE大于或者等于15%且上市满五年的股票才多少只？我目前数出来是102只左右。

在整个A股4 000多只股票中，上市后（重大资产重组视为重新上市）至2019年平均扣非ROE大于或者等于20%且上市满五年的股票有多少只？我目前数出来是17只左右。而在我们之前讲的涨幅排名前十的股票（长春高新、山西汾酒、五粮液、贵州茅台、山东药玻、亿纬锂能、中国中免、爱尔眼科、水井坊、重庆啤酒）中，上市后平均扣非ROE大于或者等于15%的股票一共有6只。显然，在熊市中，基本面相对较好的股票，相对于在牛市中，获得了明显更多的市场青睐。

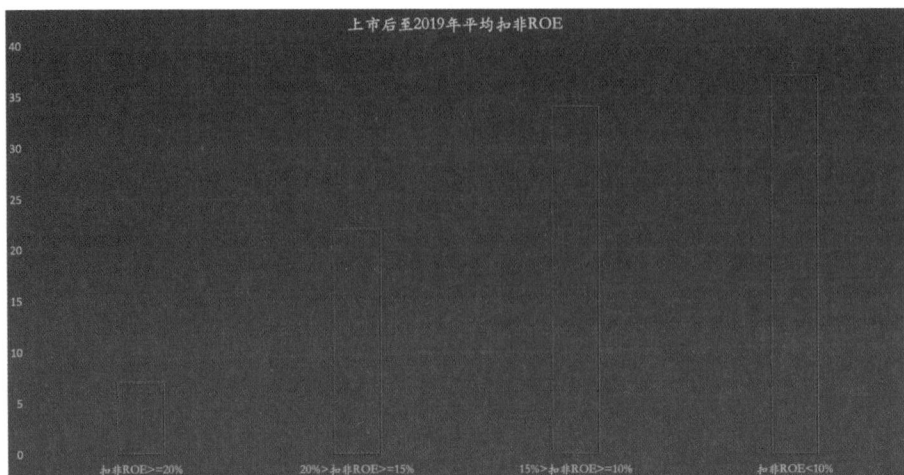

上市后至2019年平均扣非ROE

（数据来源：主观粗略统计）

3. 近五年平均扣非ROE

在这涨幅排名前100的股票中，近五年平均扣非ROE，大于或等于20%的有13只、大于或等于15%且小于20%的有30只。这两类总计43只，占这100只股票的比例为43%。同样，43%这个数字不可小觑。而在我们之前讲的涨幅排名前十的股票（长春高新、山西汾酒、五粮液、贵州茅台、山东药玻、亿纬锂能、中国中免、爱尔眼科、水井坊、重庆啤酒）中，近五年平均扣非ROE大于或者等于15%的股票一共有8只。还是那个观点，在熊市中，基本面相对较好的股票，相对于在牛市中，获得了明显更多的市场青睐。

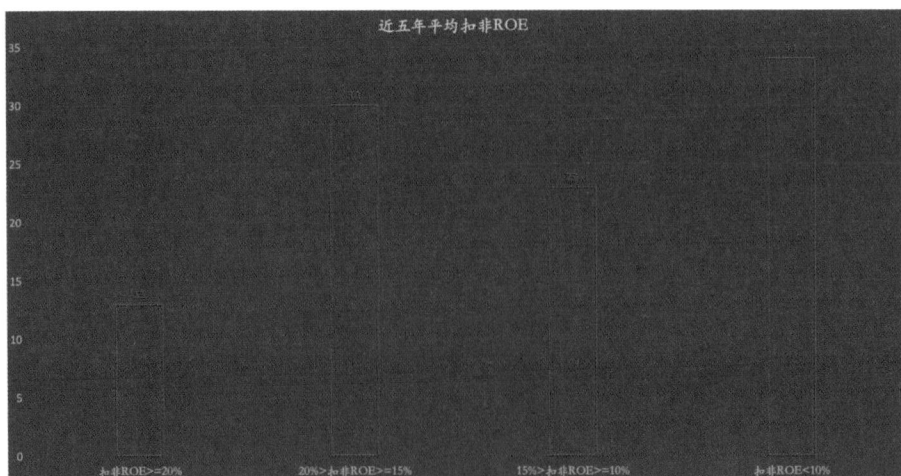

近五年平均扣非ROE

（数据来源：主观粗略统计）

4. 2019年扣非ROE

在这涨幅排名前100的股票中，2019年扣非ROE，大于或等于20%的有29只，大于或等于15%且小于20%的有25只。这两类总计54只，占这100只股票的比例为54%。这个54%相比我们在上面第2、3条统计出的29%、43%有了大幅度提升。而在我们之前说的涨幅排名前十的股票（长春高新、山西汾酒、五粮液、贵州茅台、山东药玻、亿纬锂能、中国中免、爱尔眼科、水井坊、重庆啤酒）中，2019年扣非ROE大于20%的股票一共有7只，2019年扣非ROE大于15%的股票一共有8只，从这个视角我们可以看出，市场先生暴露出了其现实的一面，也是具有投机性的一面：业绩的短期大幅度改善，吸引了主流资金的热捧。

综上1~4条，我们可以看出，在2016年1月至2020年6月期间：市场先生明显更加青睐有业绩支撑的公司，"吃药喝酒"行情特征明显。

（数据来源：主观粗略统计）

1.7.2　2010—2013年

看完市场先生在2016年1月至2020年6月期间的表现，现在我们穿越到2010年1月至2013年12月那一轮熊市，看看这段时期股价累计涨幅排名前100的股票有哪些（仅统计2007年及之前上市的股票、重大资产重组为重新上市、剔除长期停牌后复牌的股票）：

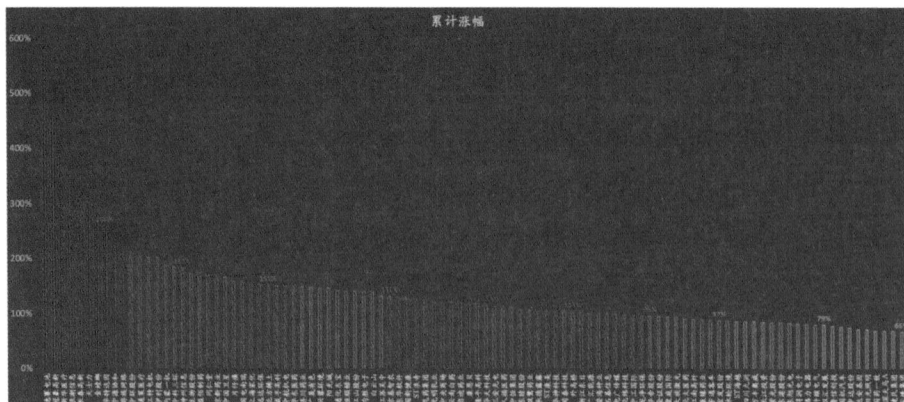

（数据来源：同花顺条件搜索结果、主观粗略统计。数据具有较大的模糊性、主观性，仅大致反映总体情况）

其中，累计涨幅排名前十的有：德赛电池574%、冠豪高新461%、新华医疗388%、浪潮信息347%、长春高新308%、天士力301%、金螳螂268%、华特达因258%、中源协和218%、游族网络218%。

2010年1月至2013年12月，期间上证指数累计下跌约29%，悲观氛围很浓。站在2013年的视角来进行审视：在累计涨幅排名前十的股票中，长期盈利表现相对较好的只有三只左右，具有一定的"炒题材"的特点。从这个层面来看，虽然是熊市，但市场先生依然透露出了明显的浮躁气息。不过这仅仅是10只股票的情况，并不具有较高的代表性，我们继续往下看。

现在我们来分析这涨幅排名前100的股票具有哪些特征：

1. 行业分布

数量由多到少，排名相对靠前的有：制药、电工电网、生物科技、软件、食品等。"吃药"行情特征明显。为什么不是"吃药喝酒"行情？在这一轮熊市中，白酒似乎淡出了我们的视线。这或许与其间出现的"塑化剂风波"等有关。

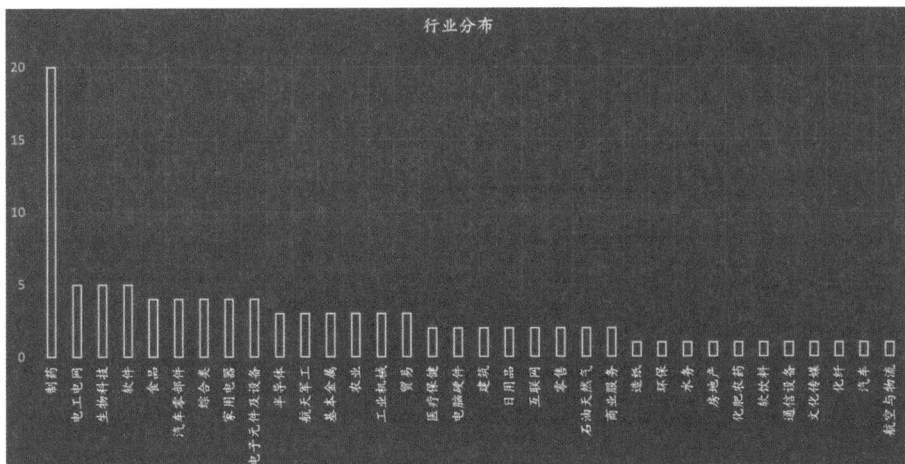

行业分布

（数据来源：主观粗略统计）

2. 上市后至2013年平均扣非ROE

在这涨幅排名前100的股票中，上市后至2013年平均扣非ROE，大于或等于20%的有5只，大于或等于15%且小于20%的有10只。这两类共计15只，占这100只股票的比例为15%，这个比例看起来似乎很小。

2020年，在整个A股4000多只股票中，上市后平均ROE大于或者等于15%的仅仅只有2.5%左右。如果我们将15%与这个2.5%进行对比，就会发现其中的乐趣。

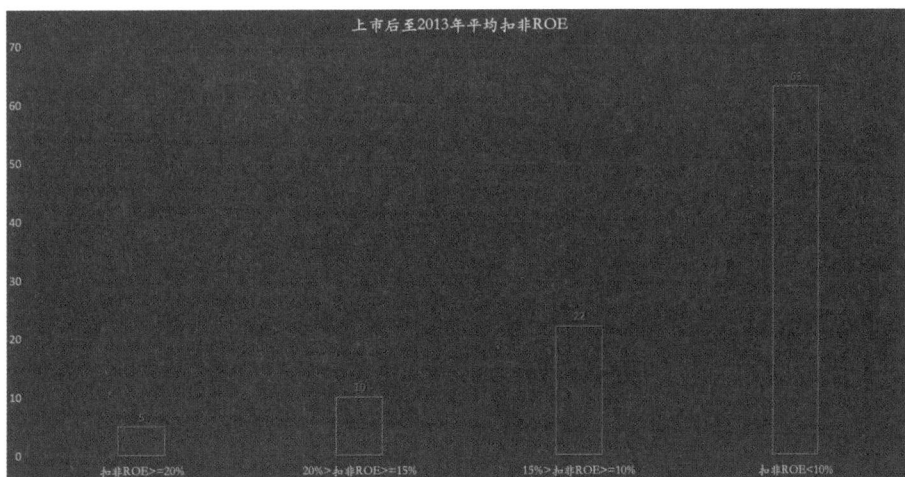

上市后至2013年平均扣非ROE

（数据来源：主观粗略统计）

3. 2009—2013年平均扣非ROE

在这涨幅排名前100的股票中，2009—2013年平均扣非ROE，大于或等于20%的有17只，大于或等于15%且小于20%的有12只。这两类总计29只，占这100只股票的比例为29%。同样的，29%这个数字不可小觑。

（数据来源：主观粗略统计）

4. 2013年扣非ROE

在这涨幅排名前100的股票中，2013年扣非ROE，大于或等于20%的有18只，大于或等于15%且小于20%的有15只。这两类总计33只，占这100只股票的比例为33%。

（数据来源：主观粗略统计）

综上1~4条，我们可以看出，在2010年1月至2013年12月期间："吃药"行情特征明显，存在局部题材炒作行情。

1.7.3　2001—2005年

现在我们穿越到2001至2005年那一轮熊市。

2001年6月至2005年6月，累计涨幅排名前35（2001年及之前上市）：

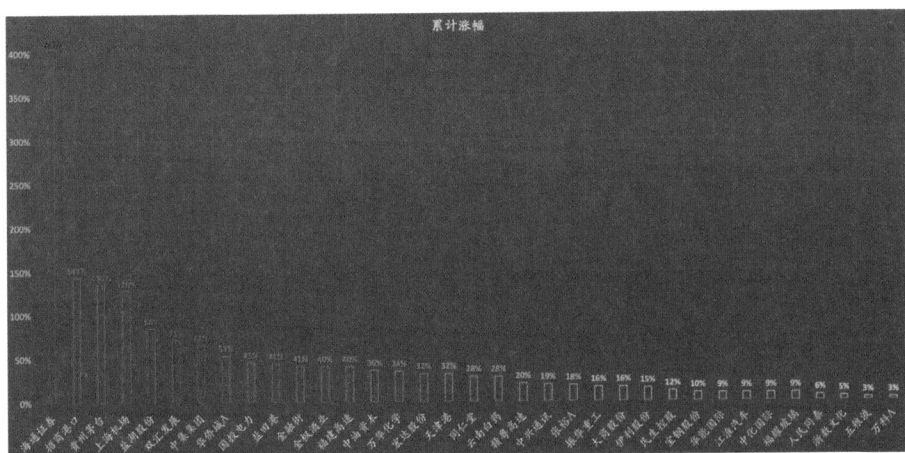

（数据来源：同花顺条件搜索结果、主观粗略统计。数据具有较大的模糊性、主观性，仅大致反映总体情况）

其中，涨幅排名前十的分别是：海通证券405%、招商港口144%、贵州茅台136%、上海机场128%、盐湖股份84%、双汇发展71%、中集集团65%、华侨城A53%、国投电力45%、盐田港44%。在涨幅排名前十的股票中，2005年扣非ROE大于15%的股票多达10只，2005年扣非ROE大于20%的多达7只，2001—2005年平均扣非ROE大于15%的多达8只；10只股票2005年扣非ROE均大于15%，10只股票2001—2005年平均扣非ROE均大于10%。

同时我们还注意到，这是我们第二次在涨幅排名前十的名单中看到贵州茅台，巧合？还值得一提的是涨幅排名第一的海通证券，我们都知道券商一般具有较强的周期性：在熊市中交易量明显下滑，券商业绩往往也会出现周期性下滑，从而股价萎靡不振。而在2001—2005年这一轮熊市中，据说有多达17家券商倒闭。但海通证券2001—2005年扣非ROE分别为8.3%、7.7%、18.9%、34%、21.6%，呈现阶梯性上升态势并且股价表现惊艳四座。这实属难得。在那个遥远的岁月，券商的佣金率相对于现在来说要高得多，这可能也是其业绩亮眼的原因之一。

2001—2005年这一轮熊市直接或间接地引发了券商的倒闭潮、收购潮。以中信证券为例，2004年底，中信证券控股万通证券；2005年，中信证券联手建银投资重组华夏证券，成立中信建投证券公司；2006年，中信证券通过收购金通证券成立中信金通证券。中信证券营业部数量由2004年的45家增加到2006年的165家，总资产从2003年底的118亿元左右暴增至2007年底的1 897亿元左右。海通证券在此期间业绩亮眼，可能也与其间发生的券商业务迅速向头部企业集中有关。因为年代久远，很难考证。

2005年，A股总计只有一千多只股票。而上市时间稍微长一些的就更加少了。因此，这里我们仅仅选出35只勉强具有一定代表性的股票来进行统计。2001年6月至2005年6月，上证指数累计下跌幅度高达51.3%左右。在此期间，还能够取得累计上涨的股票少之又少。我们来看看这35只涨幅靠前的股票到底具有哪些特征。

1. 行业分布

数量由多到少，排名相对靠前的有：酒类、港口、制药、重型机械、电力等。具有一定的"吃药喝酒"行情特征。

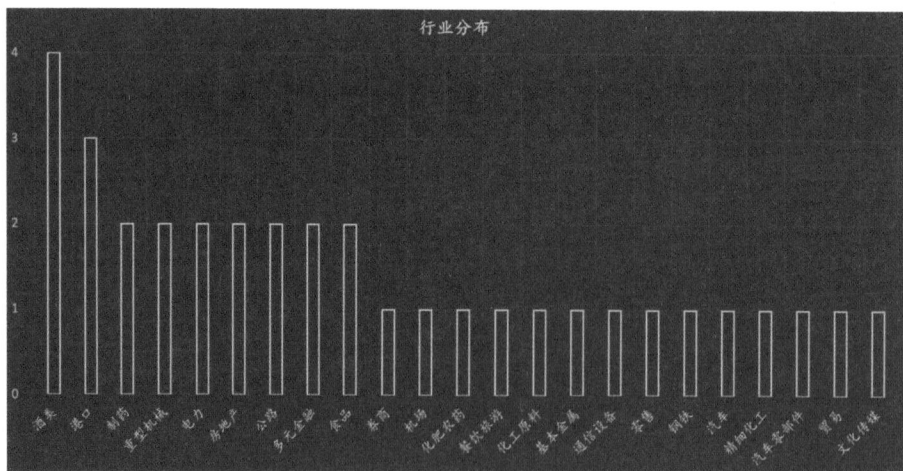

（数据来源：主观粗略统计）

2. 2001—2005年平均扣非ROE

在这涨幅排名前35的股票中，2001至2005年平均扣非ROE，大于或等于20%的有8只，大于或等于15%且小于20%的有9只。这两类共计17只，占这35只股票的比例高达49%。2020年，在整个A股4 000多只股票中，上市后平均ROE大于或者等于15%的仅仅只有2.5%左右。如果我们将49%与这个2.5%进行对比，就会发现："熊市重质"这个特征在2001—2005年这一轮熊市中体现得更加充分。

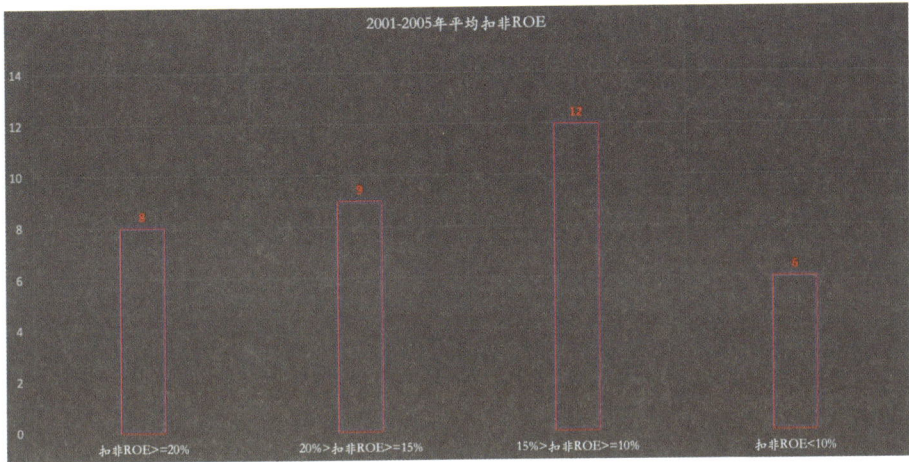

（数据来源：主观粗略统计）

3. 2005年扣非ROE

在这涨幅排名前35的股票中，2005年平均扣非ROE，大于或等于20%的有12只，大于或等于15%且小于20%的有12只。这两类共计24只，占这35只股票的比例高达68.6%。市场先生在这一轮熊市中，对业绩相对优秀的部分公司表现出了偏爱。

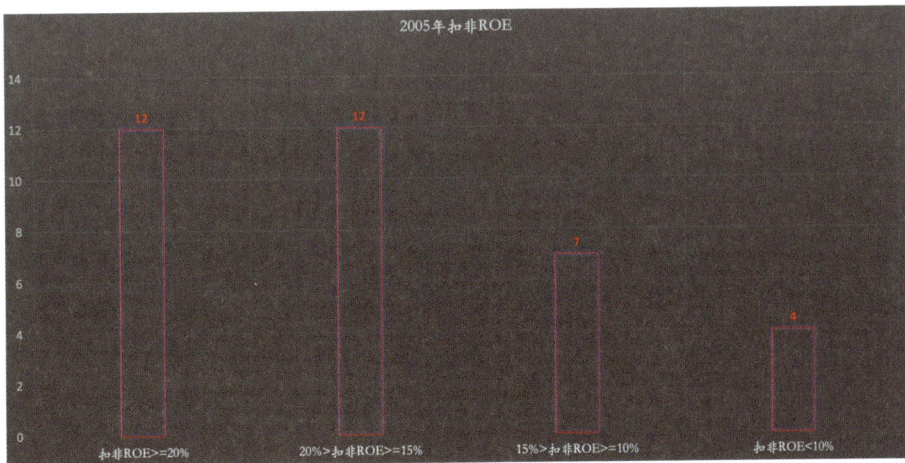

（数据来源：主观粗略统计）

1.7.4 对　　比

2016年1月至2020年6月、2010年1月至2013年12月、2001年6月至2005年6月，在这三轮行情中涨幅排名前100或者涨幅排名前35的股票清单中，我们还可以发现一些有趣的现象：

（1）格力电器、片仔癀、双汇发展、伊利股份、恒顺醋业、长春高新、通策医疗、中环股份、华天科技、三安光电，这10只股票不仅仅出现在2016年1月至2020年6月涨幅排名前100的清单上，还出现在2010年1月至2013年12月涨幅排名前100的清单上。两轮行情涨幅排名前100清单的重复率高达10%。

（2）贵州茅台、五粮液、双汇发展、伊利股份、万华化学、上海机场、中兴通讯、福耀玻璃，这8只股票不仅仅出现在2016年1月至2020年6月涨幅排名前100的清单上，还出现在2001年6月至2005年6月涨幅排名前35的清单上。对于2001年6月至2005年6月这35只股票来说，两轮行情涨幅排名靠前的股票重复率高达23%左右。

（3）双汇发展、伊利股份、云南白药、同仁堂，这4只股票不仅仅出现在2010年1月至2013年12月涨幅排名前100的清单上，还出现在2001年6月至2005年6月涨幅排名前35的清单上。对于2001年6月至2005年6月这35只股票来说，两轮行情涨幅排名靠前的股票重复率高达11%左右。

（4）双汇发展、伊利股份，同时出现在2016年1月至2020年6月、2010年1月至2013年12月、2001年6月至2005年6月这三轮行情涨幅排名前100或者涨幅排名前35的股票清单中。

以上4条提到的在涨幅排名清单上重复出现过的股票有：格力电器、片仔癀、双汇发展、伊利股份、恒顺醋业、长春高新、通策医疗、中环股份、三安光电、贵州茅台、五粮液、万华化学、上海机场、中兴通讯、福耀玻璃、云南白药、同仁堂、华天科技，共计18只。在这18只股票中，2015—2019年平均扣非ROE大于15%的多达10只，占比高达55.6%。以行业分布来看，在这18只股票中，医药相关的有3家、白酒2家、食品及调味料3家、家电1家。"吃药喝酒"及消费的特征明显。

1.7.5 寻找确定性

虽然我们通过以上三轮熊市行情的分析，总结出了一些有趣的规律，但我们以涨幅排名前100或者涨幅排名前35的眼光来审视历史上的熊市行情，是有较大局限性的。因为在每一轮熊市行情中，涨幅排名靠前的大多数股票，并不具备足够好的基本面支撑，它们具有一定的题材炒作特征。热点题材在每一轮行情中都会根据当时的市场消息出现巨大的变化，这个很难把握，具有极高的不确定性。我们能够相对比较容易把握的就是公司的基本面。

巴菲特说，如果只看一个指标，那就是ROE。相比ROE，扣非ROE更加严格。所以，为了在一定程度上弥补上述所有分析中存在的局限性，现在我们从一个全新的视角去看待这三轮熊市行情：上市后至今（重大资产重组视为重新上市），平均扣非ROE大于20%的17只股票（仅统计上市满五年的股票），在历史上的这三轮熊市行情中，股价表现如何？

长期平均ROE大于20%并非巴菲特选股的硬性条件。我们在这里选择长期平均扣非ROE大于20%作为首要筛选条件，是为了简化思考路径。扣非ROE仅仅是我们查看公司基本面的关键指标之一。为了大致且粗放地模拟巴菲特在A股熊市中的收益表现，现在我们来对这17只股票进行层层过滤，看最终会剩下来多少只股票。层层过滤的目的是，尽量选出我本人在那些极端悲观的熊市氛围中（例如2001—2005年）大概率也能够长期持有、毫不动摇的股票。在熊市的悲观氛围中，上市公司的任何一个瑕疵都可能被数倍放大，我们在心理层面，会遭遇重重挑战。我们在买入前对上市公司越挑剔，那么在持有的过程中面对的心理冲击越小。

1. 初步过滤

上市后至今（重大资产重组视为重新上市），平均扣非ROE大于20%的17只股票（仅统计上市满五年的股票），它们分别是：贵州茅台、洋河股份、格力电器、双汇发展、信立泰、方大特钢、华夏幸福、万华化学、福耀玻璃、美的集团、盛达资源、上峰水泥、金螳螂、荣盛发展、大华股份、海康威视、老板电器。这是初步过滤。

现在我们剔除在整个财务历史上多次出现过下面这些现象的股票（根据不同行业的具体特征及我个人的主观喜好判断高低）：应收账款占比过高、资产负债率过高、存货占比过高、三费占比过高、在建工程占比过高、商誉占比过高、股权质押比例过高等。剔除后还剩下8只股票：贵州茅台、洋河股份、格力电器、双汇发展、方大特钢、福耀玻璃、美的集团、老板电器。

2. 二次过滤

现在我们用长期自由现金流表现作为筛选工具，对剩下的8只股票进行第二次过滤。价值投资，很难绕开的一个话题就是自由现金流折现模型，这涉及估值。

　　若现金流不自由，则净利润无意义。从净利润里减去维持经营要投入的额外的钱，剩下的才是自由现金流。巴菲特特别关注了一个最本质的东西：剩下的现金有多少？没人希望自己所投资的企业，苦心经营多年，最终换来了一大堆机器设备。真正具备长期投资价值的成熟企业必然是长期能够体现出较多的自由现金流的，自由现金流对于企业就像血液对于人的身体一样重要。

　　自由现金流与净利润的差别有多大？举个例子，万华化学是上市后至今（重大资产重组视为重新上市），平均扣非ROE大于20%的17只股票（仅统计上市满五年的股票）之一。我们从4 000多只股票中选了17只，可谓"大海捞针"，而万华化学正是其中之一。万华化学上市以来的长期盈利表现宛如明星般耀眼，但万华化学的长期自由现金流表现如何呢？具体如下：

　　2001—2020年，万华化学净利润累计总额为696.8亿元左右，但期间自由现金流累计总额仅为107.1亿元左右。我们用自由现金流累计总额107.1亿元，除以净利润累计总额696.8亿元，得到自由现金流占净利润比值为15.4%。虽然万华化学长期盈利能力非常强悍，但万华化学将绝大部分净利润用于了维持现有业务或者再投资，没有较多的盈余。

　　我们从万华化学身上可以非常明显地看出，自由现金流、净利润这两个指标长期呈现出"分道扬镳"的态势。从这个例子我们可以初步感性认识一下自由现金流与净利润之间的差别。

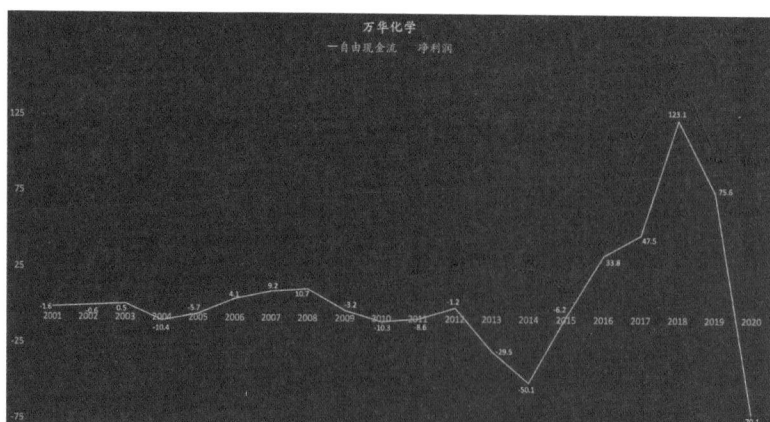

（数据来源：万华化学财务报表、主观粗略估算）

　　讨论过了自由现金流的重要性、自由现金流与净利润之间的差别，现在我们来看一下这剩下的8只股票，长期自由现金流表现如何。

（1）贵州茅台

2001—2020年，贵州茅台净利润累计总额为2 547亿元左右，期间自由现金流累计总额为2 483亿元左右。我们用自由现金流累计总额2 483亿元，除以净利润累计总额2 547亿元，得到自由现金流占净利润比值为97.5%。近二十年，贵州茅台几乎所有的净利润都转化为了自由现金流，很明显，这是一匹非常容易骑的马。

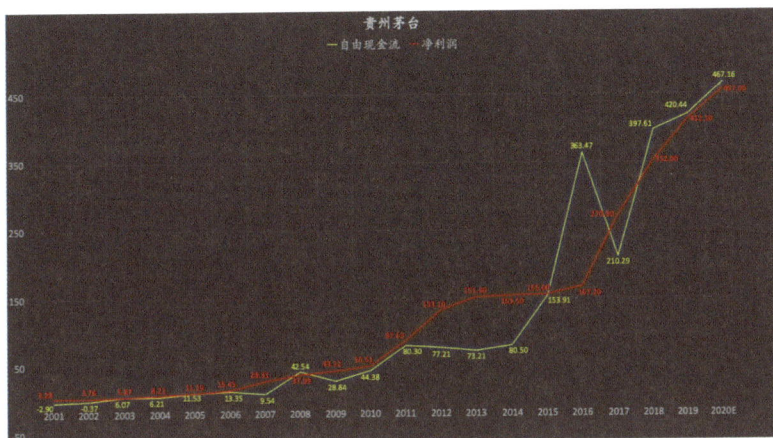

（数据来源：贵州茅台财务报表、主观粗略估算）

（2）洋河股份

2009—2020年，洋河股份净利润累计总额为642亿元左右，期间自由现金流累计总额为336亿元左右。我们用自由现金流累计总额336亿元，除以净利润累计总额642亿元，得到自由现金流占净利润比值为52%。同样经营白酒业务，洋河股份长期自由现金流总额占长期净利润总额的比值，仅仅为贵州茅台的一半左右。

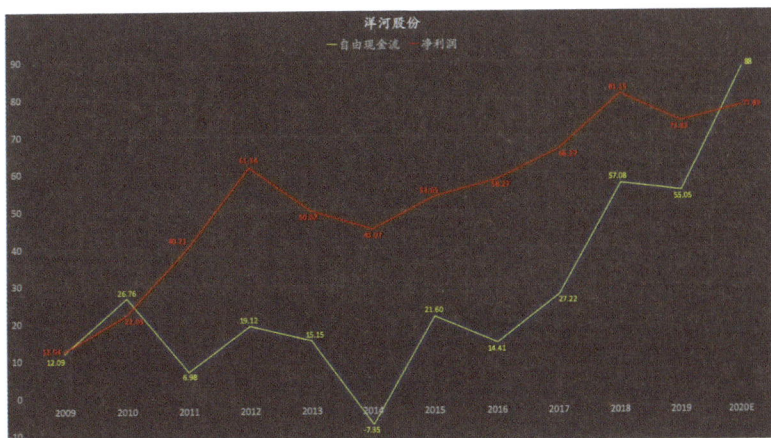

（数据来源：洋河股份财务报表、主观粗略估算）

洋河股份于2009年登陆A股，上市时间不算长。洋河股份是否能够在未来长期维持强势态势，还有待观察。

（3）格力电器

1998—2020年，格力电器净利润累计总额为1 679亿元左右，期间自由现金流累计总额为781亿元左右。我们用自由现金流累计总额781亿元，除以净利润累计总额1 679亿元，得到自由现金流占净利润比值为46.5%，这个比值明显低于贵州茅台的97.5%，但大幅度高于万华化学的6%。粗略来看，格力电器自由现金流长期表现还算是不错的。

（数据来源：格力电器财务报表、主观粗略估算）

（4）双汇发展

1998—2020年，双汇发展净利润累计总额为477亿元左右，期间自由现金流累计总额为323亿元左右。我们用自由现金流累计总额323亿元，除以净利润累计总额477亿元，得到自由现金流占净利润比值为67.7%。这个比值高于格力电器、大幅度低于贵州茅台。双汇发展、贵州茅台均属于快销品行业，格力电器属于制造业，行业与行业之间的差别，在长期自由现金流表现这个维度得到了一定体现。

（5）方大特钢

2010—2020年，方大特钢净利润累计总额为126亿元左右，期间自由现金流累计总额为149亿元左右。我们用自由现金流累计总额149亿元，除以净利润累计总额126亿元，得到自由现金流占净利润比值高达118%。我们都知道，钢铁企业普遍具有明显的周期性，但方大特钢像是一个例外。

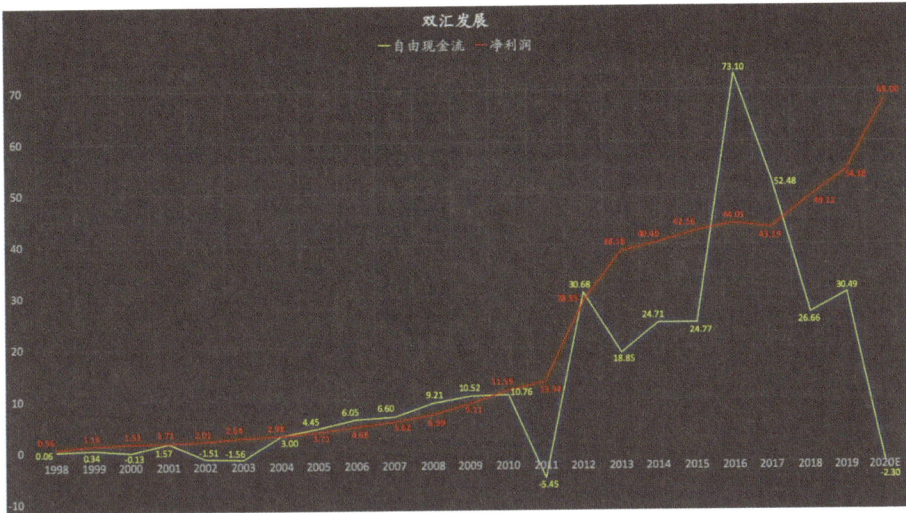

（数据来源：双汇发展财务报表、主观粗略估算）

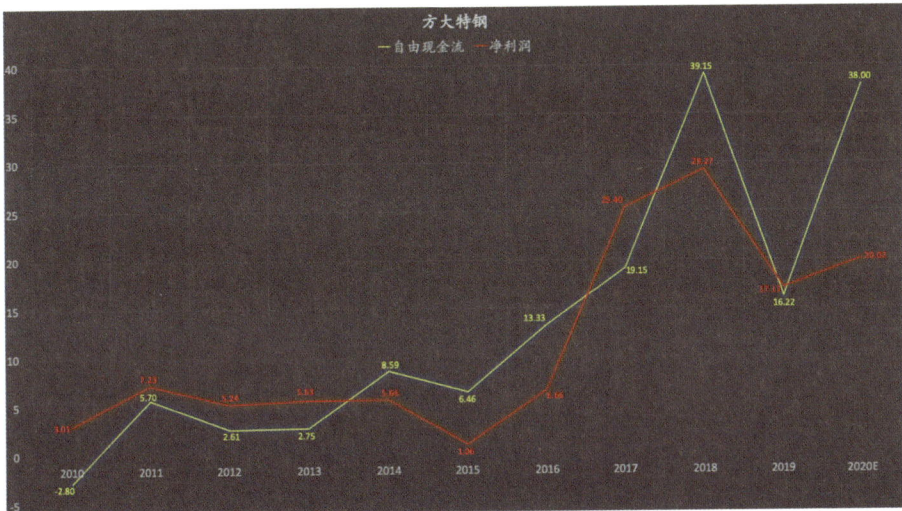

（数据来源：方大特钢财务报表、主观粗略估算）

　　方大特钢主要产品有螺纹钢、汽车用弹簧扁钢、汽车板簧等。方大特钢的前身是南昌长力钢铁，2009年，经过重大资产重组，南昌长力钢铁更名为方大特钢。重组前，例如2005—2009年，南昌长力钢铁的平均扣非ROE仅仅为5%左右。重组后，例如2010—2020年，我们看到方大特钢扣非ROE一路高歌猛进。重大资产重组，我将其视为公司重新上市，因为公司的资产结构发生了实质性的重大变化，因此，我们这里仅仅统计了方大特钢2010—2020年的数据。

以目前我看到的方大特钢部分财务数据来看，方大特钢盈利能力非常强悍。但由于方大特钢实施重大资产重组仅仅过去了10年左右，方大特钢是否能够在未来长期维持强势态势，还有待观察。

（6）福耀玻璃

1998—2020年，福耀玻璃净利润累计总额为315亿元左右，期间自由现金流累计总额为135亿元左右。我们用自由现金流累计总额135亿元，除以净利润累计总额315亿元，得到自由现金流占净利润比值为42.9%，略低于格力电器。对于制造业来说，福耀玻璃、格力电器的长期自由现金流表现已经算不错了。

（数据来源：福耀玻璃财务报表、主观粗略估算）

（7）美的集团

2013—2020年，美的集团净利润累计总额为1 298亿元左右，期间自由现金流累计总额为285亿元左右。我们用自由现金流累计总额285亿元，除以净利润累计总额1 298亿元，得到自由现金流占净利润比值为22%。与格力电器长期自由现金流表现进行对比，美的集团的情况就要逊色很多。在这个环节，我将美的集团过滤掉。

（8）老板电器

2010—2020年，老板电器净利润累计总额为102亿元左右，期间自由现金流累计总额为67亿元左右。我们用自由现金流累计总额67亿元，除以净利润累计总额102亿元，得到自由现金流占净利润比值为66%，这个比值超过了格力电器。

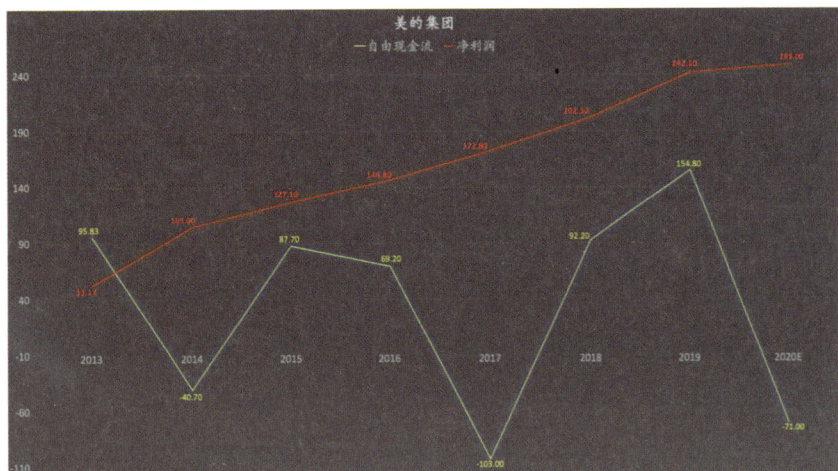

（数据来源：美的集团财务报表、主观粗略估算）

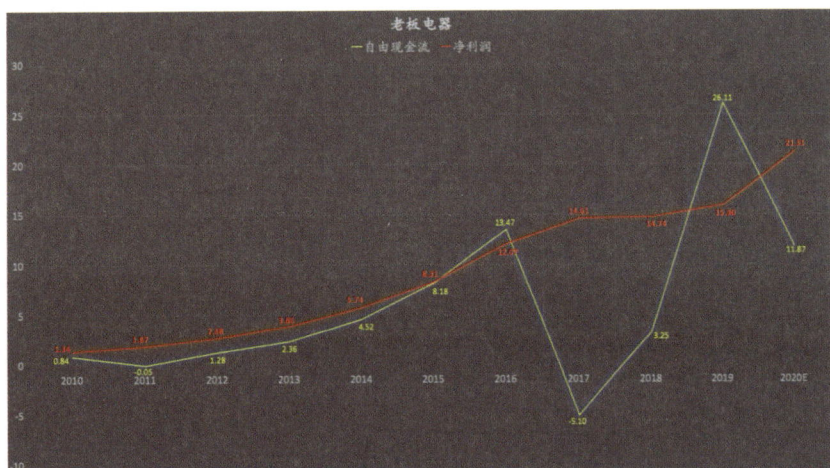

（数据来源：老板电器财务报表、主观粗略估算）

　　老板电器于2010年登陆A股，上市时间不算长。老板电器是否能够在未来长期维持强势，还有待观察。

　　经过以上简单分析，我们过滤掉长期自由现金流表现欠佳的美的集团，重组后至今时间跨度不长的方大特钢，上市至今时间跨度不长的洋河股份、老板电器。现在还剩下4只股票在我们的视野中，分别是：贵州茅台、格力电器、双汇发展、福耀玻璃。

　　我知道我这个"山寨"过滤系统是非常粗放的，远不是一个完整的价值投资选股步骤，请切记这一点。

现在我们将目光聚焦在这仅存的4只股票：贵州茅台、格力电器、双汇发展、福耀玻璃。看看它们在2001年6月至2005年6月、2010年1月至2013年12月、2016年1月至2020年6月，这三轮熊市行情中的累计涨幅（根据后复权价格估算）：

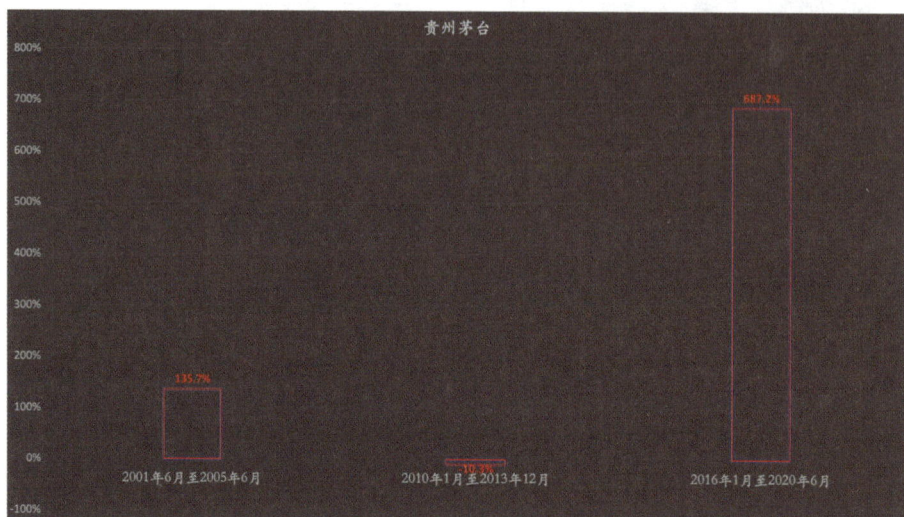

（数据来源：主观粗略统计）

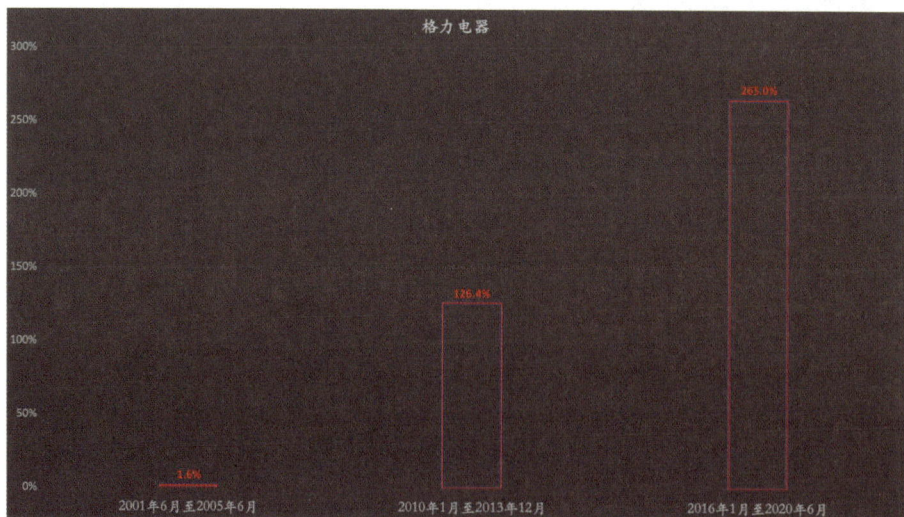

（数据来源：主观粗略统计）

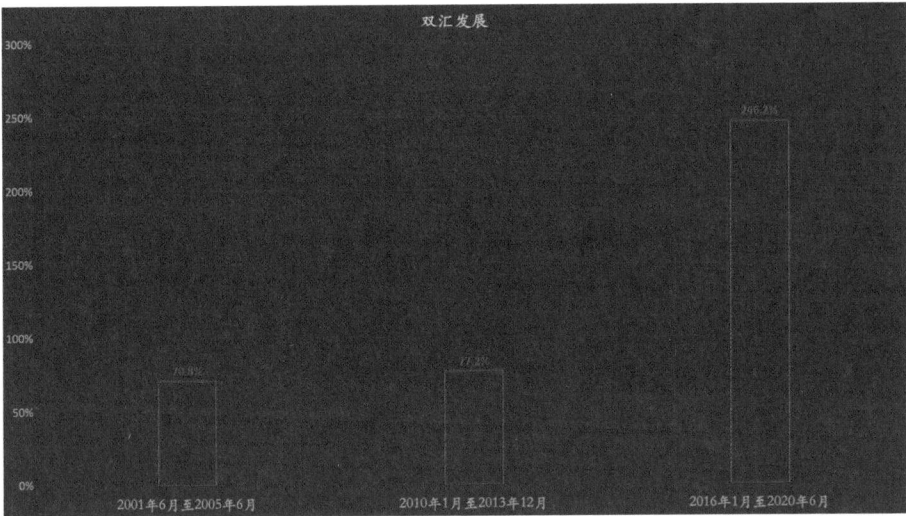

双汇发展

（数据来源：主观粗略统计）

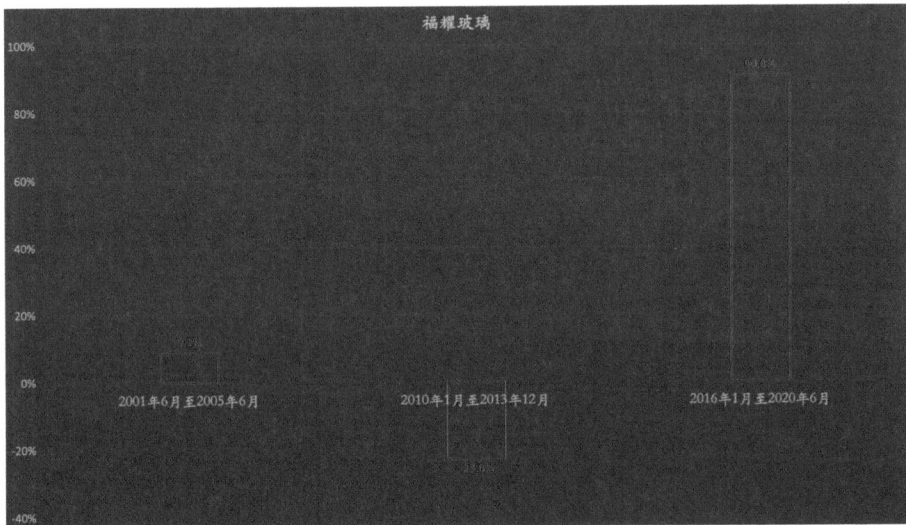

福耀玻璃

（数据来源：主观粗略统计）

以上图形中的12个数据，其中只有两个是负数，并且负的幅度并不大。这组统计结果试图说明一个观点：将基本面具有明显支撑的极少数股票建立组合，有可能在熊市中取得不错的收益。

假设我们将资金平均分配到这四只股票中，并且以全仓持有（分红重新买入）的姿态经历2001年6月至2005年6月、2010年1月至2013年12月、2016年1月至2020年6月这三轮熊市。在这个假设下，我们可以在这三轮熊市中取得的累计收益率分别为：54.3%、42.6%、322.3%，经历完所有三轮熊市后的总收益率为830%。这三轮熊市累计时间跨度为11.5年。通过总收益率、累计时间跨度，进一步计算可以得出，理论上的长期复合年化收益率约为20%。

在全球范围内来看，这个理论上的高达20%的长期复合年化收益率已经属于"大师级"水平。与其苦盼牛市，不如坚守价值，与熊共舞。

第 2 章

周　　期

以千年来看，一个王朝的兴衰是一轮周期；

以十年来看，资本市场的牛熊市交替是一轮周期；

以数年来看，一个公司的困境反转是一轮周期。

如果国家崛起＋牛市＋困境反转这些因素共振，是否意味着更好的周期性投资

机会？

2.1 周期的乐趣

关于市场情绪，本杰明·格雷厄姆有过如下评价：

（1）市场是一个钟摆，永远在不可持续的乐观情绪（这使得股票太贵）和不合理的悲观情绪（这使得股票太便宜）之间摇摆。聪明的投资者是一个现实主义者，他向乐观主义者推销，向悲观主义者购买。

（2）市场总是小题大做，把平凡的沧桑夸大为重大的挫折。

（3）一定要在冬天买草帽。

（4）要在包括专家在内的大多数人悲观时买进，在他们积极乐观时卖出。

而市场情绪的剧烈波动，又在周期票身上得到了进一步放大。周期票往往带给投资者"过山车"般的感官刺激：在业绩下行周期，股价往往出现严重超跌，投资者感受到极致的失望与恐惧；在业绩上行周期，股价往往一路狂飙，投资者感受到极致的喜悦与享受。市场先生的情绪波动，在周期投资中体现得淋漓尽致。在市场先生主办的这场声势浩大的派对上，投资者们感受到了无穷的乐趣。

周期投资，在一定程度上满足了投资者们与生俱来的冒险欲望。极致的感官享受，其背后隐藏着风险。相比价值投资，周期投资所具备的投资风险系数明显偏高。

提起周期，我们很容易联想到券商板块。整体上，券商业绩的上升或下降周期通常与资本市场的走牛或走熊叠加。牛市周期中，成交量逐步放大、账面投资收益增多、券商板块整体业绩逐步改善，券商板块的股价整体表现也往往随之快速提升；熊市周期中，成交量逐步萎缩、账面投资收益减少、券商板块整体业绩逐步下滑，券商板块的股价总体上也往往随之逐步下行。

以中信证券为例，每一轮牛市中的涨幅：

2005—2007年、2009年、2013—2015年，三轮牛市最高累计涨幅分别高达3 787%、156%、330%。

从一轮熊市周期的底部，到一轮牛市的顶部，券商板块所表现出来的估值"弹性"让人印象深刻，也让部分投资者为之着迷。聊起估值"弹性"，还有一个板块不容忽视,那就是汽车板块。

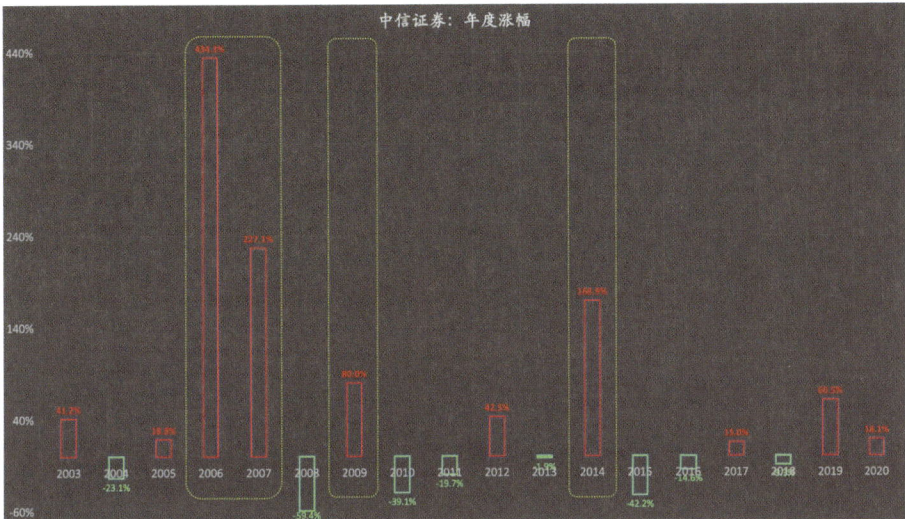

（数据来源：整理自Wind后复权价格涨幅）

以长安汽车为例,每一轮上涨行情中的涨幅:

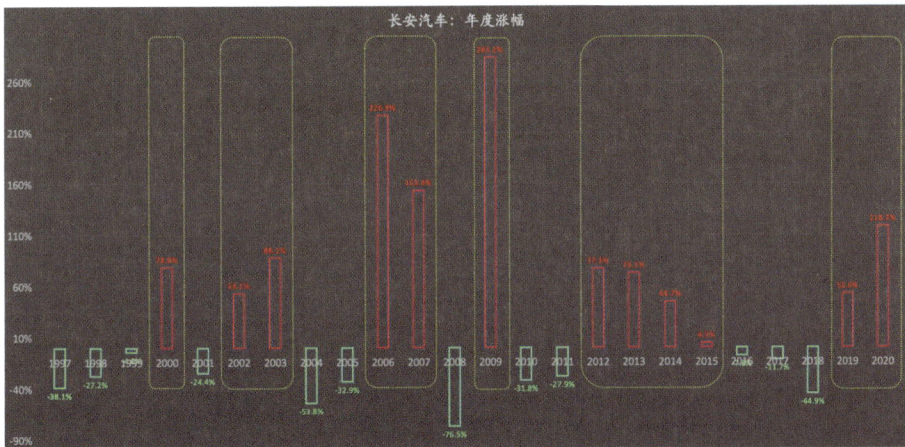

（数据来源：整理自Wind后复权价格涨幅）

　　2000年、2002—2003年、2005—2007年、2009年、2012—2015年、2019—2020年,六轮行情最高累计涨幅分别高达156%、363%、1 076%、381%、727%、413%。主观判断:其中,2000、2005—2007年这两轮行情主要由宏观牛市氛围带动,2002—2003年这一轮行情主要由自身业绩表现带动,2009、2012—2015年这两轮行情由自身业绩表现叠加宏观牛市氛围带动,2019—2020年这一轮行情主要由美股特斯拉行情间接影响叠加中国车市消费复苏带动（很难判断这期间是否属于牛市）。

整车制造这类投资标的在发动行情的时候，未必有券商那样潜在的惊人爆发力，但整车制造这类投资标的更有趣的地方是，即使身处熊市中，只要车企自身业绩明显大幅改善，往往也能够在让人"绝望"的熊市中异军突起。

与整车制造有些许关联的，是有色金属。

以中金黄金为例，每一轮上涨行情中的涨幅：

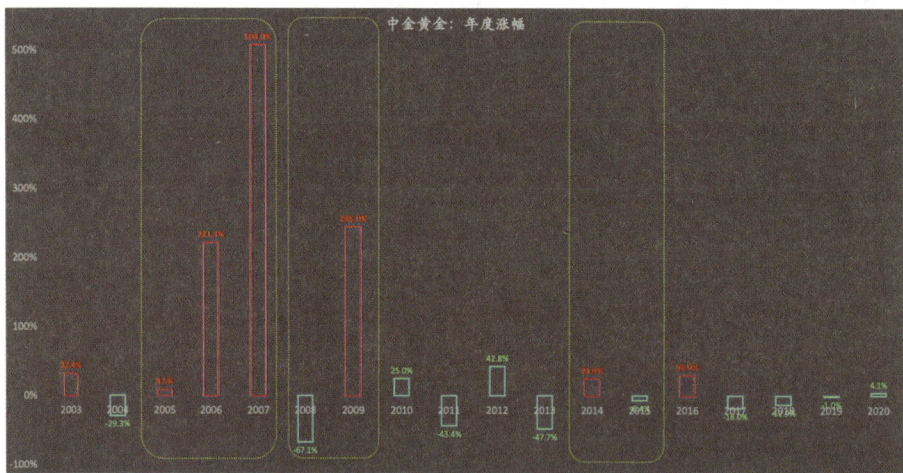

中金黄金：年度涨幅

（数据来源：整理自Wind后复权价格涨幅）

在2005—2007年、2008—2009年两轮行情中，中金黄金最高累计涨幅分别高达3 674%、584%。

从2013年开始，中金黄金业绩明显开始滑坡，2013—2019年中金黄金平均扣非ROE仅为1.76%。2014—2015年这一轮行情，中金黄金最高累计涨幅仅为137%左右，而同期上证指数最高累计涨幅为180%左右。

市场对周期股"炒作"的背后，往往可以隐隐约约看到公司业绩这个重要因素的影子。在周期股业绩大幅反转的过程中，周期股获得资金青睐的概率会相对增大。

回顾2005—2007年这一轮大牛市，中信证券、中金黄金分别取得了近38倍、近37倍的最高累计涨幅。远远跑赢同期上证指数的涨幅。可以用极度"疯狂"来形容当时这两只周期票的市场热度。可以想象当时提前幸运"押注"了这两只票的投资者，应该是心花怒放、喜气洋洋的。

在运气不错的情况下，周期票在行情中所具备的潜在爆发力一旦释放，其惊人的上涨速度与幅度所带来的乐趣就是那酣畅淋漓的愉悦体验。市场先生是让人敬畏的。

用积极乐观的视角来看待现阶段的资本市场：高速发展的经济带来投资者捕捉较高的阿尔法收益（收益来自上市公司内生性的价值创造）的机会，市场的非理性带来投资者捕捉超额贝塔收益（收益来自市场极端高估值与极端低估值中间的差额）的机会。周期投资的乐趣，主要来自潜在的贝塔收益。

相比价值投资，周期投资所具备的确定性明显更小。价值投资，"押"的是一个极限：国家经济的下限。在成千上万的公司中，选择其中为数不多的"明星"企业，赢面很大。价值投资主要追求具有较高确定性的阿尔法收益，先胜而后求战，主要"赢"在投资之前的制订投资计划过程中。价值投资往往不需要在择时卖出这件事上花费太多的心思。

周期投资捕捉相对确定性，周期投资本身在风险控制这个层面具有难以逃脱的风险系数。周期投资主要追求具有较高不确定性的贝塔收益，往往更加倾向于估值"弹性"更大的公司，而对长期基本面并没有那么高的要求。周期投资，需要重点考察买入时机、卖出时机，具有明显的投机成分。在买入后、卖出前，还需密切跟踪公司所处行业的宏观变化、公司基本面的变化、买入公司的估值水平变化等。周期投资并不省心，用一个成语来形容：苦中作乐。再用一个成语来形容：惊心动魄。

成功的投资方式不止一种，但未必每个人都知道什么才是最适合自己的投资策略。在充分认识到周期投资所具备的潜在风险的情况下，投资者会显得更加理性。毕竟，知道自己在做什么，要比侥幸取得短期收益重要得多。

2.2 认知偏差与预期差

周期投资的乐趣，还体现在相对较大的预期差。我们需要通过深度思考去发现投资者普遍忽视的客观事实，进而识别预期差。

2.2.1 认知偏差

投资过程中的不良心态，很容易让我们对投资标的产生认知偏差。下面列举一些典型的认知偏差：

1. 错误解读PE（市盈率）

2015年，因为业绩表现强劲，长安汽车在牛市鼎盛时期最高PE也仅仅只有12.7。如果我们就此认为长安汽车这个PE偏低并持有到2018年底，遭受的账面损失将高达76%左右。

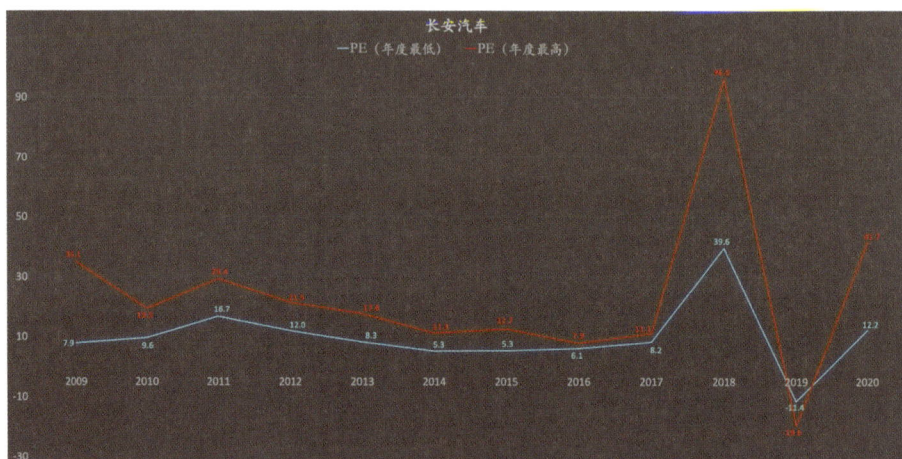

（数据来源：主观粗略估算）

通常，我们认为高PE对应高估值、低PE对应低估值。但对于周期股来讲，却有可能是刚好相反的：高PE对应低估值，低PE对应高估值。因为在景气周期，盈利强劲，即使股价已经大幅上扬，其PE看起来仍然是比较低的。在萧条周期，盈利下滑甚至出现亏损，尽管股价持续下跌，其PE看起来也会高得离谱甚至因为亏损而出现负数。

我们现在换一个思路。图中我们可以看出，长安汽车2018年PE最高达到96倍，属于长周期中的明显高位。如果我们在长安汽车2018年底，以5.53元的前复权价格买入，也就是在高PE的年份买入，持有至2020年底，将会获得最高累计投资收益率413%左右。

可以看出，周期票的安全边际未必来自低PE，却反而可能来自高PE。周期票的风险未必来自高PE，却反而可能来自低PE。总体上来说，因为周期性行业的业绩不稳定且具有较大的波动性，PE在相对比较关键的投资时刻，告诉我们的直观信息是存在偏差的，PE是失效的。对周期票进行简单估值，相比之下，PB（市净率）要比PE（市盈率）可靠得多。

2. 随意套用价值投资

由于长安汽车自上市以来长期平均ROE表现尚可,长安汽车曾经一度被许多投资者奉为长期价值投资标的,但这是一种认知偏差。长安汽车不仅处于快速迭代的科技赛道,还处于充分竞争的重资产周期性的汽车行业。在自主车企普遍所处的创业阶段,长安汽车这类投资标的所具备的不确定性不容小觑。自主车企到底属于轻资产还是重资产,这个具有争议。有投资者从资产周转率、产业链分工的角度去分析,认为自主车企相比之下属于轻资产运作。但从产品迭代频率、固定资产折旧、研发强度、自由现金流表现等所具有的综合风险系数这个角度去审视,我个人认为自主车企具有明显的重资产特征,并且是这个行业难以"逃脱"的基本属性。然而,在持续多年业绩相对比较稳定的情况下,部分投资者会不由自主地认为,这类业绩可以持续,但事实并非如此。

在长安汽车近几年出现业绩调整、股价持续暴跌后,又有不少投资者将其视为"价值陷阱",这也是一种认知偏差。"价值陷阱"的前提是该公司符合价值投资的特征,而长安汽车并不符合。如果业绩出现调整,这就成了"陷阱",那类似的"陷阱"可能就多了去了。对于周期性行业来说,业绩调整在所难免,这不是所谓的"陷阱",而是周期性行业的正常业绩波动。只要我们将视野放宽、周期拉长,就可以很明显地认识到长安汽车的周期性,从而认识到"价值陷阱"这类说法的荒谬性。

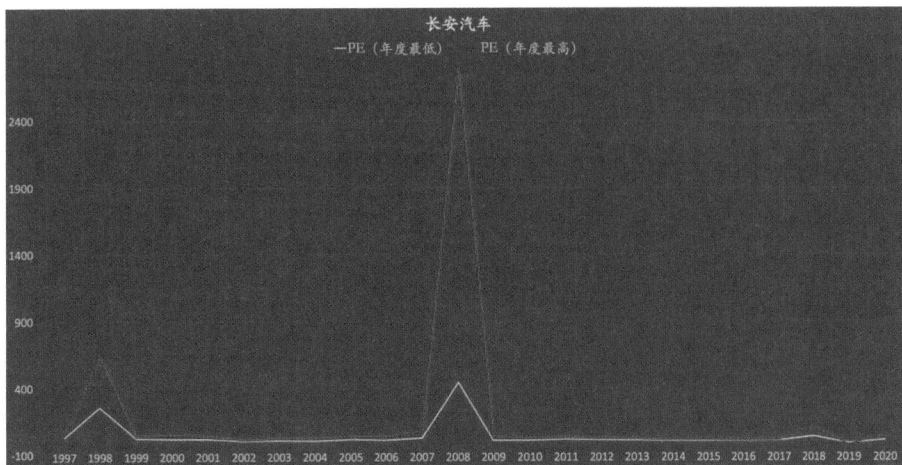

（数据来源：主观粗略估算）

上图是长安汽车1997—2020年的PE走势。其周期性是显而易见的。整车制造行业的周期性是广泛存在的。整车制造行业的周期性主要来自三个方面：宏观消费政策具有周期性，宏观消费市场具有周期性，整车制造商具有内生性的周期性。

整车制造商内生性的周期性主要来自其内生性研发周期、内生性新车型推出周期。整车制造商研发一款或者一批新车型所需要的时间往往是好几年，并且研发投入巨大，也具有高风险特征，因为并非每一款新车型都能够如愿成为"爆款"。以吉利汽车为例，吉利汽车从2008年开始多品牌战略，至2014年，吉利汽车快速增加了12个全新车型。由于品牌战线拉得过长，焦点过于分散，在2014年，吉利汽车销量同比大幅下滑24%左右，净利润同比下滑46%左右。为了应对暂时出现的困境，吉利汽车快速收缩品牌战线、进行渠道重组、借力沃尔沃品牌、聚焦产品力提升，在2015年开启了一轮新品周期，诸多车型成为"爆款"。

3. 过度理解股价走势

2017—2019年我国车市销量持续下行，主要受新能源补贴退坡、购置税优惠减半等影响。随着各大自主车企股价持续大幅度下跌、个别车企逐步被汽车消费市场边缘化，市场上出现了大量认为整车制造是夕阳产业的看法。

但投资者们普遍忽视的客观事实是：

（1）我国汽车人均保有量仍然不高；

（2）我国汽车消费者中，首次购车的消费者比例仍然高达70%左右；

（3）美国、德国、日本等国家在历史上出现的首次国内车市销量调整后，都出现了车市销量的反弹或反转；

（4）我国GDP增速在全球范围内看依然居前；

（5）我国最大规模的自主车企，其自主品牌销售金额占全球汽车市场销售金额的比例仅为1%左右（家电行业的格力电器，已经连续十几年全球市场占有率排名第一）；

（6）总体上，我国自主车企在海外市场的份额仍然非常小；

（7）我国自主车企至今仍然没有通过激烈竞争明显决出市场中的龙头企业；

（8）相比合资车企的产品迭代频率、产品力提升幅度，我国自主车企进步更快；

（9）我国制造业普遍具有成本优势、效率优势。

显然，我国自主车企仍然普遍处于创业期，整车制造是一个正在快速崛起的新兴行业,而不是所谓的"夕阳产业"。尽管有如此之多的客观事实存在,在股价持续下跌的过程中,很少有人会将这些客观事实当回事,许多投资者乐此不疲地为股价下跌找到更多的看空理由。如果你总是认为市场先生是对的,那么你很容易陷入"追涨杀跌"的怪圈。当然,我也并非认为整车制造这类投资标的让人省心,这是一个比较艰难的行业。相比价值投资,整车制造这类周期投资标的其综合风险系数是不低的。

4. 错误估计"破产"概率

2018—2019年,由于连续出现扣非净利润亏损,资本市场上关于长安汽车"破产"的讨论此起彼伏。然而被市场淹没的客观事实是:

(1)根据国家发改委公布的国家认定企业技术中心评价结果,长安汽车研发实力曾经连续五届十年位居中国汽车行业第一;

(2)2019年底,长安汽车推出产品力超预期的SUV新品CS75 Plus,成为"爆款",这看起来似乎有开启长安汽车内生性新品周期的征兆;

(3)通过引入战略投资者、剥离不良资产,长安汽车优化了资产结构。

在我看来,尽管长安汽车在2019年底业绩仍然处于萧条周期中,但长安汽车的长期基本面存在一定的反脆弱性特征,并且短期基本面也出现了些许改善迹象。紧接着,在2020—2021年,长安汽车连续推出多款新品,并且其中有不少成为"爆款",一场"困境反转"的"大戏"就此拉开。

2.2.2　预　期　差

市场共识与实际情况存在的明显偏差,就是预期差。纯粹从理论上来讲,预期差可以带来超额贝塔收益。认知偏差所造就的过度悲观的预期,往往可以带来极端低估的估值水平,这就是在该类情况下贝塔收益的主要来源。

2014年,吉利汽车销量大幅下滑,期间股价累计下跌超过30%。2015—2017年,随着吉利汽车终端销量表现持续大幅改善,吉利汽车的股价开启了持续大幅上涨的行情,期间累计最高涨幅超过10倍。

2019年,在一片悲观预期的氛围中,长安汽车最低下探至6.27元(除权)。但在随后的2020年,随着多款新品成为"爆款",长安汽车最高上涨至28.38元(除权),期间累计最高涨幅高达3.5倍左右。

2014年,在"塑化剂风波"的影响下,贵州茅台股价(除权)最低下探至

118.01元。但随着时间的推移，价值投资"热潮"的到来，贵州茅台股价（除权）在2021年初最高上涨至2 627.88元。这对应的是高达20多倍的惊人累计涨幅。

在吉利汽车、长安汽车、贵州茅台这三个例子中，贵州茅台所体现的预期差是最容易提前进行判断的。从2012年底"茅台酒塑化剂事件媒体见面会实录"贵州茅台管理层对外交流的信息中，就可以看出个大概：

（1）茅台酒是目前中国白酒行业唯一融合国家相关部门认证的绿色食品和有机食品；

（2）从11月19日酒鬼酒塑化剂风波以来，茅台的生产经营没有受到任何影响，茅台的生产运营一切正常，公司产品的市场表现也很稳定；

（3）国家并没有针对塑化剂的标准，但是茅台将十项塑化剂指标也纳入了出厂产品的监控体系；

（4）根据公司自查以及与权威检测机构比对，公司出厂产品的塑化剂指标均符合国家相关监管部门的限定要求；

（5）有人想借大众对食品安全的重视和关切心理，对此事进行放大和利用。

贵州茅台从2012年至今，无论是净利润还是营业收入都是保持增长的。并且，这期间没有任何一年的扣非ROE是低于23%的。但由于市场普遍对贵州茅台基本面长期"走衰"这件事达成了错误的共识，并且贵州茅台的股价在2012—2014年表现不佳，投资者的认知偏差被股价走势进一步强化了。

理论上，认知偏差导致的预期差，可以带来超额收益。周期票业绩波动幅度相对较大，容易出现较大的预期差，进而导致相对估值水平出现大幅波动。能否把握预期差带来的潜在超额收益，认知水平及投资心态是关键。

2.3 周期拐点

周期投资的乐趣还来自对周期拐点的猜测。周期拐点对于周期投资来说具有不小的吸引力，因为每个投资者都不希望自己买贵了。在浓厚的悲观氛围中，猜测周期拐点具有较大难度，我一般会从以下三个方面去进行尝试。

2.3.1　参照短期业绩

2002Q2—2020Q3，长安汽车单季度区间扣非净利润走势：

（数据来源：估算自长安汽车财务报表）

　　注意看图中最右侧（金色虚线方框所示），长安汽车于2020Q3实现了单季度扣非净利润扭亏为盈，这是长安汽车连续九个季度持续出现扣非亏损后实现的首次单季度扣非盈利。

　　至于这到底是不是一个周期拐点，很难判断。但至少看起来不再让人感到那样"绝望"。根据中金公司某份研报的测算：如果剔除长安汽车2020Q4减值计提及新能源积分支出的影响，2020Q4长安汽车单季度扣非净利润在10亿元左右（环比2020Q3增长近100%）。

　　由于缺少信息，无法判断2020Q3到底是不是周期拐点，只能靠猜。我们"肉眼可辨"的周期拐点往往是滞后的，因为市场普遍能够识别到的周期拐点所对应的股票价格往往不属于极端低估水平。

　　例如：2020Q3末，尽管长安汽车B股股价相对于前期低点仅小幅上涨，但此时长安汽车A股股价相对于前期低点已经大幅上涨。如果我们严重依赖上市公司季度业绩走势去猜测周期拐点并以此作为"抄底"的依据，那么我们买入的价格所对应的估值水平未必是极端偏低的。

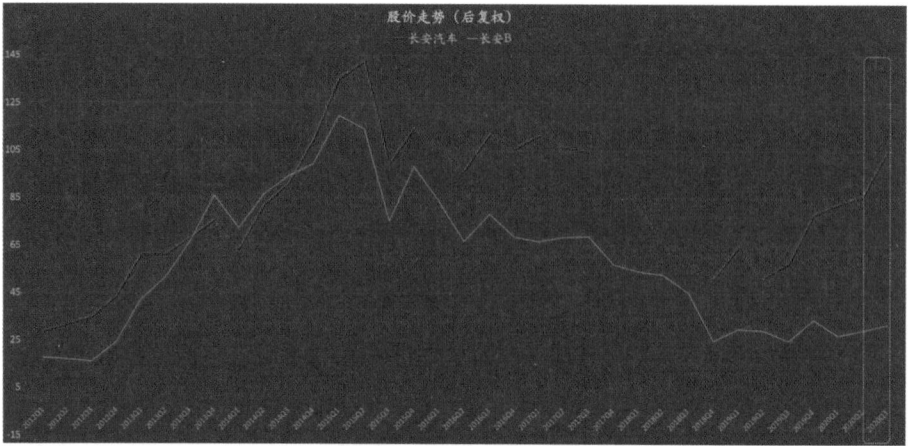

（数据来源：整理自Wind）

2.3.2 参照公开信息

如果我们通过参照季度业绩报表或者季度业绩预告，去大致预估整车制造企业短期业绩走向，这通常是滞后的。比季度业绩报表或业绩预告，更具前瞻性的信息来源是整车制造企业披露的月度产销快报：

（数据来源：整理自长安汽车产销快报）

2019年12月，长安汽车主车厂单月批售量创下自2018年4月以来的最高纪录。这个时间点比我们在2.3.1小节中讨论的2020Q3这个时间点提前了9个月左右。

长安汽车2019年12月末股价:

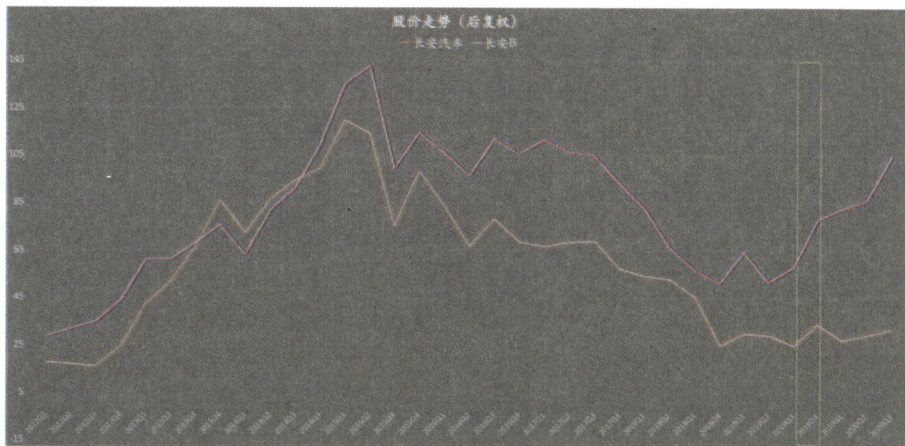

（数据来源：整理自Wind）

长安汽车2019年12月末A股的股价是要比2020Q3末低一些的。整车制造具有规模效应,车企的终端销量表现与业绩表现通常具有一定的关联性。虽然我们无法判断长安汽车2019年12月主车厂的销量反转能否持续下去,但该月的销量表现至少给了我们一些有限的积极信号。

比月度产销快报更具前瞻性的信息来源是车企官方自媒体如微博、微信公众号等对外公布的新车型相关信息。例如,2019年9月初上市的全新车型长安CS75 Plus,上市后销量快速攀升:

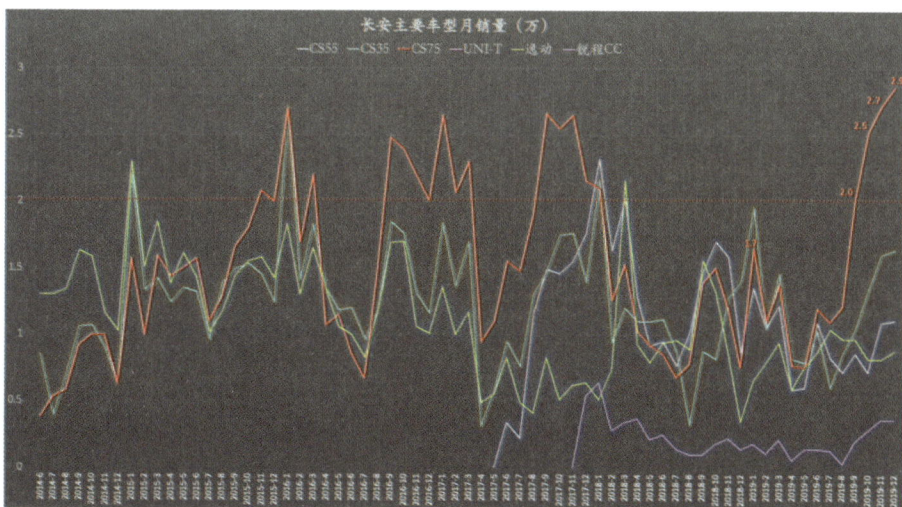

（数据来源：整理自盖世汽车）

图中长安CS75系列车型用红色线条进行表示，CS75系列车型销量包括了CS75 Plus的销量。CS75系列车型是长安汽车主销系列之一。2019年9月，长安CS75系列车型销量主要在CS75 Plus的"助攻"之下创下了2018年2月以来的新高。由于新一代车型的研发通常需要数年并且研发投入巨大，车企通常具有内生性的研发周期、新品上市周期。在某家车企销量表现连续多年出现颓势之后，如果某款重要的新车型成为"爆款"，我会猜测该家车企可能进入了新品周期：积累多年的研发成果面世。

长安汽车2019年9月末股价：

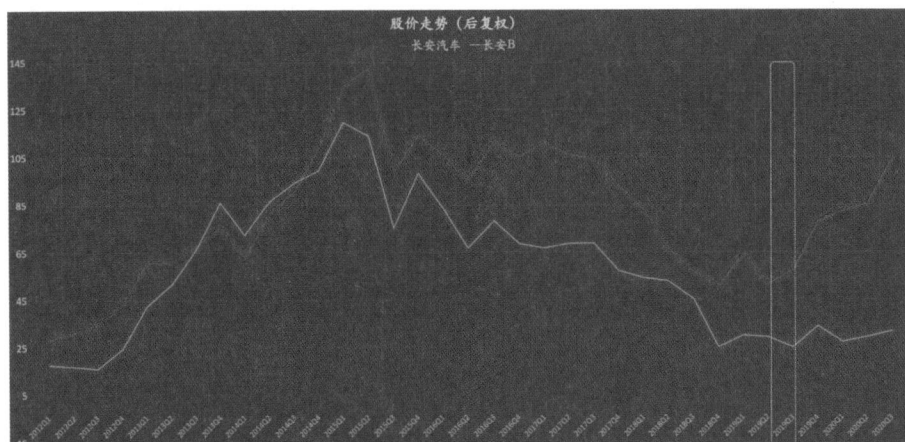

（数据来源：整理自Wind）

这个时间点比上面提到的2019年12月提前了3个月左右。长安汽车A股在2019年9月末的股价要比2019年12月末低一些。

实际上，早在2019年4月的上海车展上，长安CS75 Plus就已经首次亮相。更为激进的投资者甚至可以在这段时期关注长安CS75 Plus首次亮相后的各类媒体报道（亲自去看车展也行），通过对比长安CS75 Plus、长安CS75新旧两款车型或者将长安CS75 Plus与其他主要竞争车企同级别的SUV如吉利博越、长城哈弗H6的外观、内饰、科技配置做对比等，大致猜测长安汽车是否有进入新品周期的可能性。这个时间点比我们在2.3.1小节中讨论的2020Q3这个时间点整整提前了17个月左右。

2.3.3 参照估值走势

业绩拐点我们很难判断，但估值水平的高低则相对容易把握。我更倾向于以更长的周期（十年以上，越长越好）来审视周期票的各个经营维度，以大致判定其长期基本面是否具备足够强悍的反脆弱性。在此基础上，进一步去把握其相对估值水平。关于周期票，主观认为：反脆弱性（公司能否在未来行业竞争中长期存活？）、估值水平（买入价格是否对应一个"破产"估值水平？），远远要比所谓的"周期拐点"重要。

换句话说，我眼中真正的"周期拐点"并不是来自终端销量的大幅度逆转或者公司经营业绩的实际改善，而是来自一片看似无边的"黑暗"。市场的恐慌情绪往往在公司经营业绩相对较差的时期被放大，公司的业绩看起来越是差劲，市场先生就越是可能给出一个极端低估的估值水平。在这种普遍存在的恐慌氛围中，我们不得不去寻找一些得以让公司在行业竞争中继续存活下去的积极因素，用于对冲我们的恐慌情绪。这些积极因素汇总到一起，就是反脆弱性。例如：研发实力、产品力、创业精神、公司业绩亏损的极限波动范围等。

对周期股进行估值，最简单粗暴的方法就是PB（市净率）：

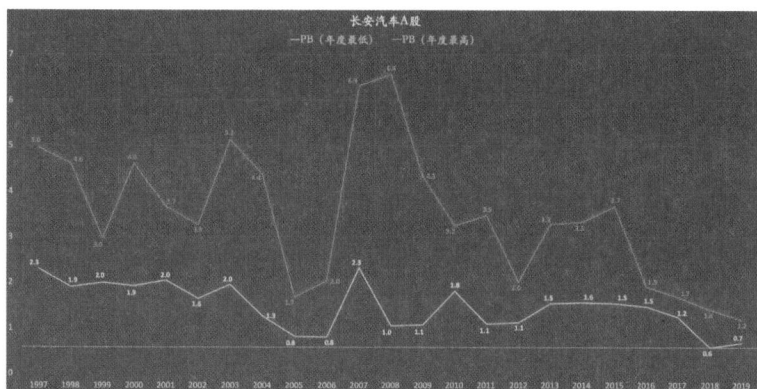

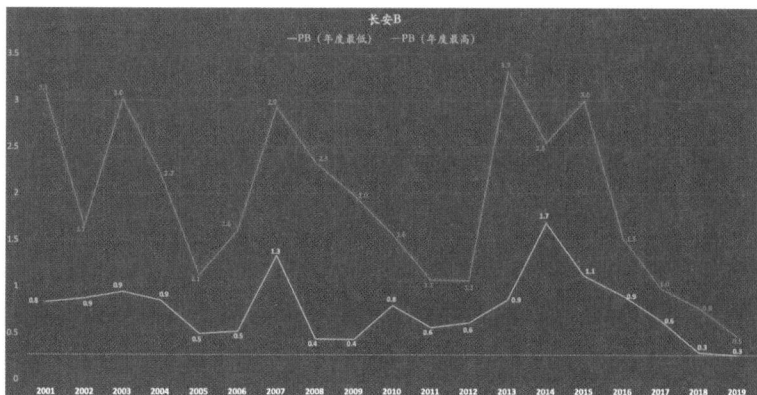

（数据来源：主观粗略估算）

这是长安汽车A股、B股历年的年度最高PB、年度最低PB。2018年，长安汽车A股、B股的PB双双跌破上市以来的历史最低值。2019年长安汽车B股的PB进一步创下历史新低。在这段漫长的岁月（尤其是2018年），我们是很难找到任何长安汽车经营好转的迹象。但通过评估公司的长期反脆弱性进而把握股票的相对估值水平，这个寻找"周期拐点"的方式更具前瞻性。

综上，无论参照短期业绩走势、公开信息还是估值走势，我们都面对了较大的不确定性：只能去猜。但如果我们根据自身的具体情况，将这三类参照物结合到一起来进行密切跟踪，我们面对的不确定性可能就会相对降低。

2.4　以宏观视角去审视微观变化

周期拐点很难猜测。在公司产品出现短期改善迹象的时候，我们最难以判断的是该类短期改善是否具有持续性。但如果我们结合宏观经济或产业政策、宏观消费市场走向，就可以看到不同的风景。

以长安汽车为例。2019年下半年，长安汽车推出新品长安CS75 Plus，并且很快成为"爆款"。在新车型畅销的帮助下，2019年12月长安汽车自主乘用车单月销量（批售量）创下近20个月新高：

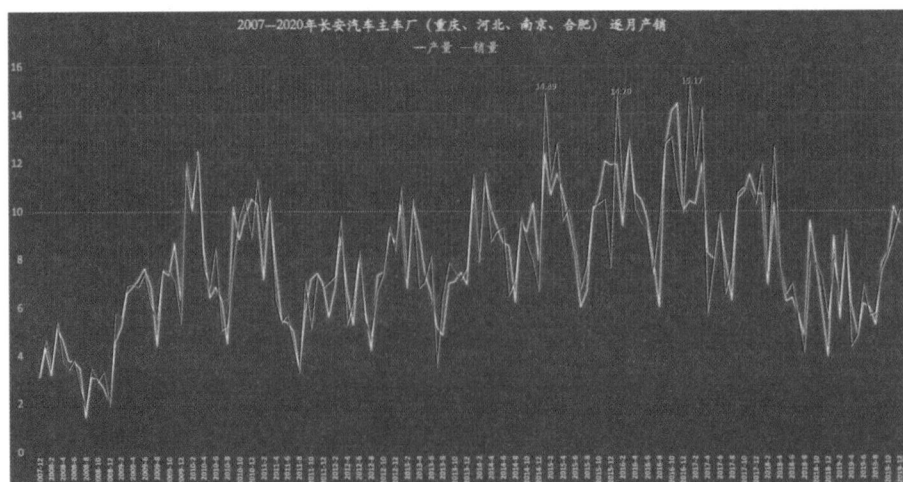

（数据来源：整理自长安汽车产销快报）

此处以长安汽车主车厂销量来粗略估计自主乘用车销量。那么，这个短期销量的有限幅度的逆转是否具有可持续性呢？要对此进行猜测和判断，是一件非常让人头痛的事情。为此我不得不考虑更多的影响因素。

2.4.1　国内整体车市销量表现

这是长安汽车2019年年报中所统计的2001—2019年我国汽车销量表现走势。从图中我们可以看出，2018—2019年我国车市经历了历史上的首轮销量调整。参照日本、美国、德国历史上首次出现的车市销量整体下滑，销量首次出现下滑后仍会上扬。而我国的总体消费能力，近几年的GDP增速，总体上来看都还不错。因此，我大致有这么一种感觉：国内车市大概率依然会再次上扬。如果这么粗略一看并不能消除我们的顾虑，那么我们就再仔细地琢磨琢磨彼得·林奇当年是如何"抄底"美国汽车股票的。

（图片来源：长安汽车2019年年报）

下图是美国1951—2017年历年轿车、卡车销量走势。1982年（图中绿色虚线方框所示），彼得·林奇大举建仓美国主要汽车公司股票。从1978到1982年这一轮美国车市调整中我们可以看出，这并不是美国车市历史上的首轮调整，而是第N轮车市调整了。因此，彼得·林奇在1982年大举"押注"美国汽车股票实际上承受了更大的不确定性：第N轮车市调整必然要比首轮车市调整具有更大的风险系数，因为越往后人均汽车保有量越高。

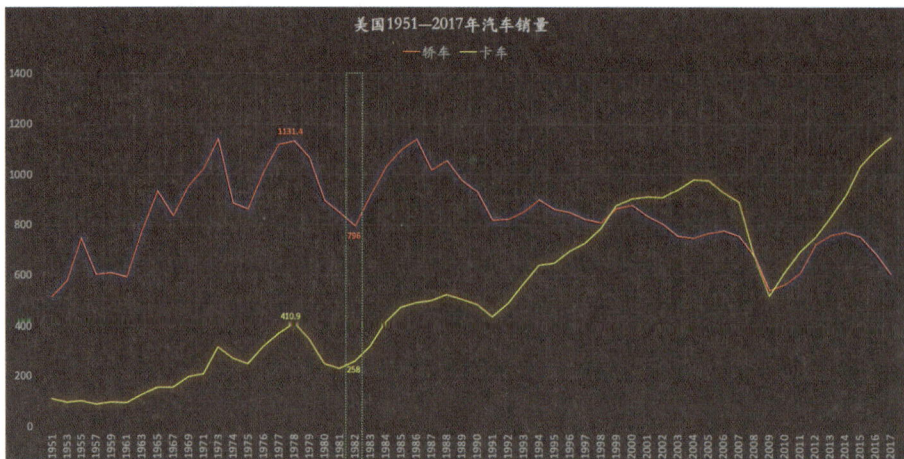

美国1951—2017年汽车销量

（数据来源：整理自WardsAuto）

　　1982年上半年开始，彼得·林奇大量买进克莱斯勒的股票，占整个麦哲伦基金的5%，这也是当时SEC所允许的最大持股比例。除了克莱斯勒外，林奇还不断加仓福特和沃尔沃、绅宝和丰田，整个汽车板块一度占到基金资产的10.3%。最终，彼得·林奇依靠"抄底"汽车股盈利超过三亿美元（其中，克莱斯勒累计上涨了近50倍、福特汽车累计上涨了约17倍）。

　　相比彼得·林奇在20世纪80年代投资汽车股，从宏观上来看，在国内车市出现首轮调整的阶段"押注"处于低估值水平且具备较强研发实力的汽车股，似乎风险相对更低。于是，我们有幸看到了长安汽车2020—2021年初乘用车销量的表现：

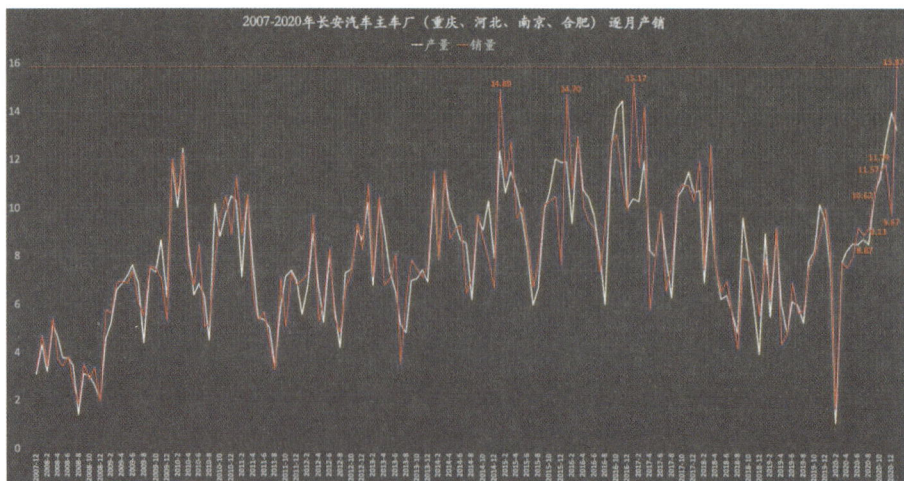

2007-2020年长安汽车主车厂（重庆、河北、南京、合肥）逐月产销

（数据来源：整理自长安汽车产销快报）

此处以长安汽车主车厂销量来粗略估计自主乘用车销量。受到疫情短暂影响，尽管长安汽车在2020年初出现了短暂的自主乘用车销量大幅下滑，长安汽车在2020年整体上呈现出自主乘用车明显持续攀升的态势，并且在2021年单月销量创下历史新高。

2.4.2　全球车企竞争格局

2020年，全球汽车销量总计7 803万辆，同比下降13个百分点。中国市场占全球市场份额为32%。由于缺少部分车企2020年的财务报表数据，现在我们主要通过2019年的数据来对全球车企竞争格局有个大致了解。

2019年全球市场占有率：

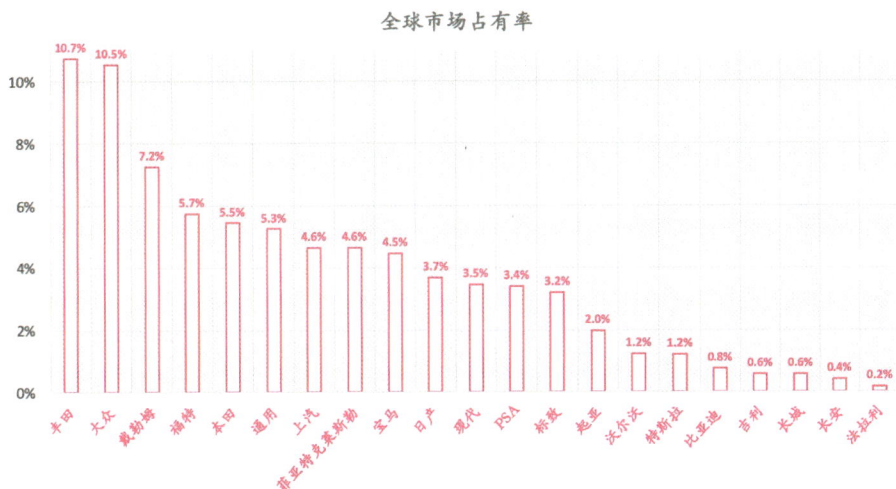

全球市场占有率

（数据来源：根据Global Database、Statista、Wheelsjoint、相关车企财务报表、相关车企产销快报主观拟合粗略估算，必然存在偏差）

这里的市场占有率是根据2019年全球汽车营业收入总额进行的粗略估算，而2019年全球汽车营业收入总额这个数据是根据丰田、大众、戴勒姆、福特、本田等2019年全球销量市场占有率以及每家车企期间营业收入所主观拟合粗略估算得出的。全球销量市场占有率与全球营业收入市场占有率这两者显然具有差别，所以我们这个估算结果必然存在一定偏差。由于缺乏大量数据，这里的统计结果仅仅反映一个大致情况。

根据这个粗略估算结果，抛开营业收入"虚胖"的上汽集团来看（上汽集团将上汽通用、上汽大众这些合资公司的营业收入进行了并表），我国单个自主车企2019年营业收入占全球汽车营业收入总额的比例甚至连1%都不到。显然，我国自主车企仍然普遍处于创业阶段，还没有进入成熟期，更谈不上进入衰退期。汽车产业是我国仅次于房地产的第二大支柱产业，我国自主车企仍然有较大的成长空间，我国自主车企未来最大的增长机会或将来自海外市场。

另一方面，我国国家债务率在全球范围内来看都属于显著偏低的，而我国国民储蓄率长期位列全球第一。整车制造这类资本密集型行业，行业发展通常离不开政府的引导和扶持。以德国大众为例，德国大众的发展与政府扶持力度高度相关，德国大众自诞生之日起就是一家地地道道的"国企"。我们从保时捷计划并实施收购德国大众却最终被德国大众反向收购的案例中，就可以很明显地看出：直到2007年，德国大众依然是一家国有企业。

纵观全球汽车行业发展史，无论是地地道道国有企业出身的德国大众，还是曾经"举全国之力"大力发展汽车行业的日本、韩国等，其汽车工业的发展都离不开密集的资本投入以及政府的大力扶持。我国在整车制造领域具有明显的资金优势。除此以外，我国制造业还具有明显的效率优势、成本优势、国内市场需求等方面的优势。显然，盲目看衰我国整车制造业是非理性的。

2.4.3 "汽车下乡"政策影响

2009年，我国推出首轮"汽车下乡"刺激汽车消费的政策。根据中国汽车工业协会统计数据，2009年我国国产汽车销量同比大幅增长46.15%。根据长安汽车产销快报，2009年长安汽车主车厂（重庆、河北、南京）销量同比大幅增长94.5%、长安福特马自达销量同比大幅增长54.5%、长安铃木销量同比增长20.9%、总销量同比大幅增长64.1%。

时隔十年，2019年历史上的第二轮"汽车下乡"政策开始启动。在刺激汽车消费的相关政策影响之下，国内车市回暖的概率会相对提升。

2.4.4 货币政策

存款准备金率：

2019年，大型金融机构存款准备金率下降至2007年以来的最低水平。通常来讲，存款准备金率持续下降往往意味着货币政策逐步走向宽松；存款准备金率持续上升往往意味着货币政策逐步收紧。

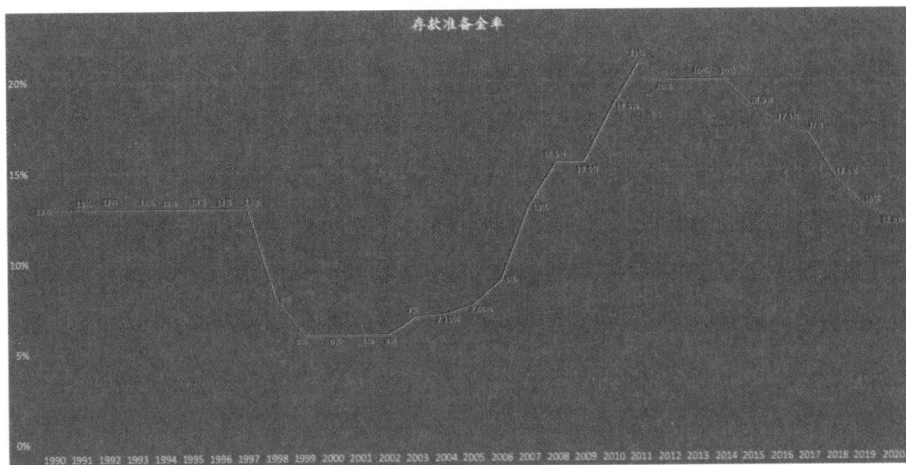

（数据来源：百度百科、中国经济网。所列数据仅用于大致反映总体趋势）

贷款利率：

2019年，一年期央行基准贷款利率处于近二十余年的最低水平。通常来讲，综合贷款利率越低，货币政策越宽松；综合贷款利率越高，货币政策越紧缩。

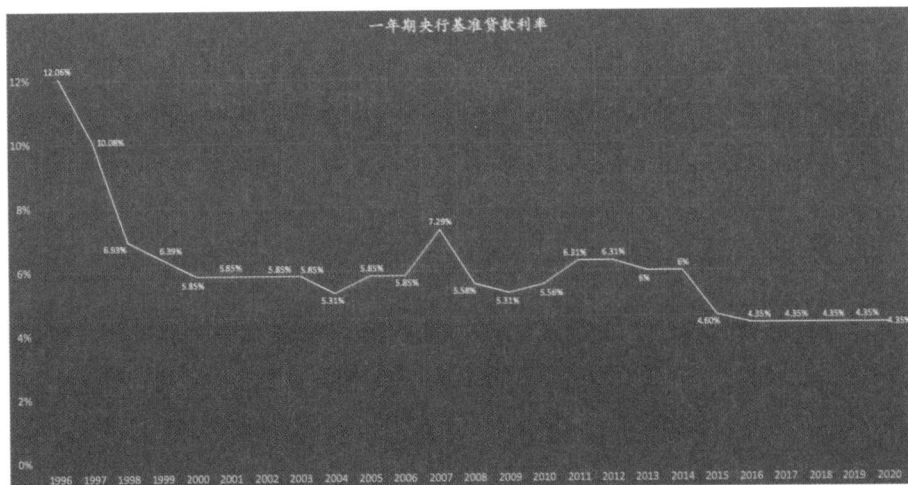

（数据来源：百度百科、中国人民银行官网。所列数据仅用于大致反映总体趋势）

逐步向下调整的存款准备金率，处于历史低位的贷款利率，仿佛在告诉我们货币政策正在逐步走向宽松。相对宽松的货币政策在一定程度上可以刺激经济发展，因为企业的贷款利率更低并且找银行贷款也相对更加容易。

2.4.5 财政政策

积极的财政政策：

（1）2018年全年减税降费规模达到1.3万亿元以上；

（2）2019年全年我国实现新增减税降费超过2万亿元；

（3）2020年全年我国新增减税降费超过2.5万亿元。

这是我国最大规模的一轮"减税降费"。此外，本轮周期中，我国基建投资计划总规模占GDP的比例、占全国财政收入的比例都创下了历史新高。

聊了一些宏观层面的影响因素，现在将视线拉回长安汽车。2019年12月长安汽车自主乘用车单月销量创下近20个月新高，但销量回暖的幅度仍然有限。这种销量回暖的能否持续，很难判断。但在相对宽松的货币政策、积极的财政政策的双重呵护下，以及第二轮"汽车下乡"政策的指引下，我们大致可以感觉到诸多积极的影响因素。并且，我们通过对比部分国家历史上出现过的国内首轮车市调整，也大致会猜到我国车市大概率会出现回暖。

进一步，我们通过简单复盘彼得·林奇始于1982年的"抄底"汽车股票的投资案例，发现彼得·林奇逆向投资汽车股票的时机其实并不比我国车市出现首次调整这个时机要好多少。最重要的是，我国自主车企当前普遍处于创业阶段，在全球汽车市场依然没有多少存在感，我国自主车企仍然有较大的成长空间。

所以，通过种种宏观层面影响因素的对比和分析，长安汽车2019年底出现的销量回暖能否持续这个问题其实已经不那么重要了。因为我们大致可以判断：即使长安汽车2019年底出现的这个销量回暖在未来短期几个月内不能持续，长安汽车在未来稍微更长的周期内大概率也能够实现相对明显的、相对持续的销量回暖。这就是在宏观视角下审视微观变化所能得出的大致判断。用"判断"这个词还显得稍微牵强了，实际上，这里仅仅是一种主观猜测而已。不管怎样，用宏观视角来辅助我们进行猜测，总比瞎猜要好吧。

2.4.6 自主品牌崛起

以上，我仅仅谈及了长安汽车的自主销量表现，对长安汽车的合资车企销量表现闭口不谈，这也是基于宏观层面的考虑。大国崛起，意味着科技的进步，民族品牌的崛起。我们看到华为、宁德时代、格力等诸多中国品牌已经在全球市场上崭露头角。未来，部分中国品牌乘用车大概率也能够在全球市场上强势角逐，而外资品牌或合资品牌乘用车将不得不面对自主品牌乘用车的强势竞争。

我国汽车行业正在发生一个不容忽视的变化。通过5年过渡期，汽车行业将全部取消外资持股比例限制：2018年取消专用车、新能源汽车外资股比限制；2020年取消商用车外资股比限制；2022年取消乘用车外资股比限制，同时取消合资企业不超过两家的限制。以特斯拉为例，特斯拉是我国首个100%外资持股的车企。在全面放开乘用车外资股比限制这个趋势之下，合资车企的股权比例在未来可能会发生变化。因此，对于长安汽车来说，合资车企的重要性远远不如其自主业务。

在全面放开乘用车外资股比限制这个趋势之下，华晨中国受到的潜在负面影响相对较大。宝马曾在2018年表示将考虑在2022年收购华晨宝马25%的股份，将持股比例由50%提升至75%。这对于宝马这家全球知名车企来说其实影响不大，但对于华晨中国来说，则属于实质性影响。先看看华晨中国长期扣非ROE表现：

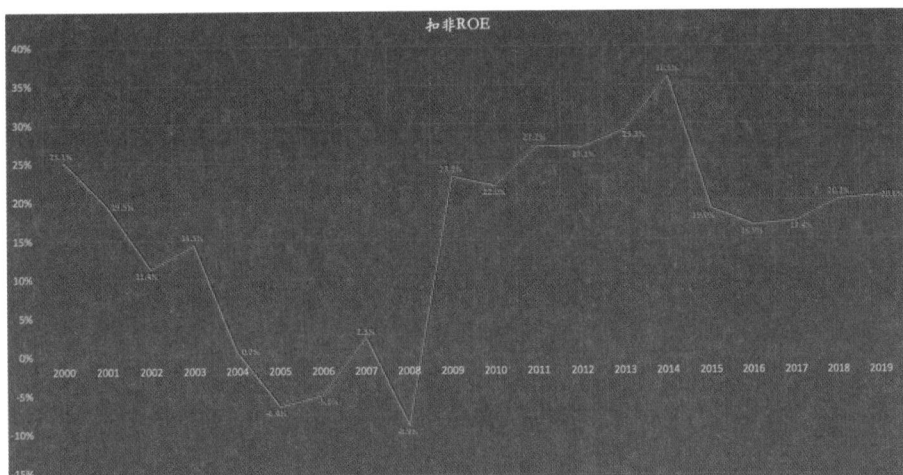

（数据来源：华晨中国财务报表）

2009—2019年，华晨中国平均扣非ROE高达23.5%。看起来似乎华晨中国近些年日子过得相当滋润。但这应该又是一个高ROE造成认知偏差的典型案例。

大致分析华晨中国的利润结构：

可以看出，华晨中国的主要利润来源是合营公司。华晨中国的主要利润来源是华晨宝马这家合资公司，而华晨中国的自主业务在近几年是连续亏损的。以2019年为例，华晨中国主营业务收入仅仅只有40亿元左右，而自主业务亏损金额高达13.2亿元左右。

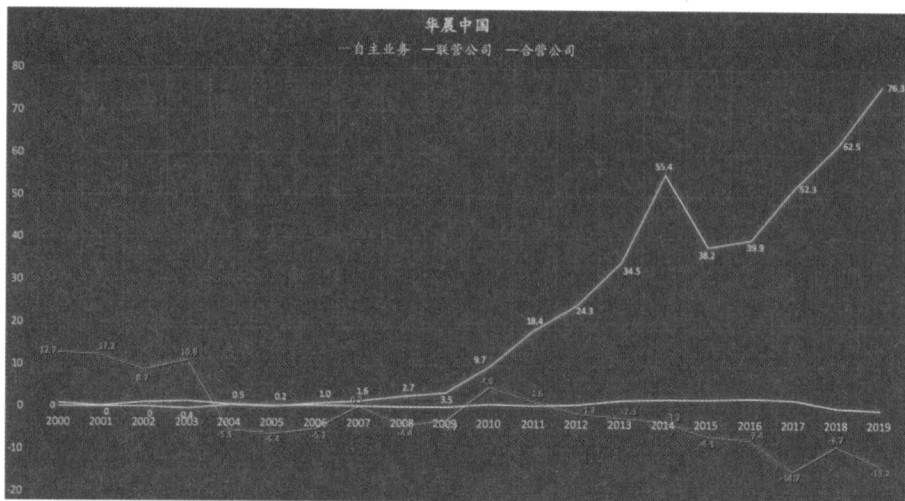

（数据来源：华晨中国财务报表）

如果宝马增持华晨宝马至75％，华晨中国持有华晨宝马的股权比例将下降至25％。华晨中国持有华晨宝马的比例由50％下降至25％，意味着华晨中国的主要利润来源华晨宝马所带来的投资收益将会减半。一旦此类事件发生，华晨中国的基本面将发生实质性变化。以2019年为例，假设（这纯粹只是一种假设）华晨中国持有华晨宝马的股权比例仅为25％而不是50％，那么理论上扣非ROE将由20.6％大幅下降至9.5％左右。这就是自主业务缺乏核心竞争力，严重依赖合资企业的车企所要面对的一些潜在变化。

如果我们抛开宏观政策的变化来审视华晨中国，我们可能会将其视为盈利表现强劲的车企。但如果我们将全面放开乘用车外资股比限制这个在2022年很有可能实施的政策考虑进来，华晨中国的长期基本面看起来似乎就没有那么美好了。

以宏观视角去审视微观变化，我们可以看到不同的风景。

2.5 美国经济周期

以宏观视角去审视微观变化：如果在结合宏观经济或产业政策、宏观消费市场走向去审视周期变化之后仍然感觉这还不够宏观，那么现在我们就从国家宏观经济的层面来进一步审视。接下来（2.5、2.6小节）我们将从宏观经济层面对美国、日本、中国进行一番对比，以大致了解我国经济当前处于何种周期。

巴菲特在2019年致股东信中再次表示，回顾他77年的投资历史，他和芒格高兴地承认，伯克希尔的成功在很大程度上只是搭了美国经济的"顺风车"。货币、信贷、债务、经济……这些变量持续循环，也就有了周期。我们需要思考的是：美国经济循环到现阶段，仍然是值得追赶的一趟"顺风车"吗？

2.5.1 美国230年经济简史

（1）1790—2020年，美国历年GDP增速、通胀率、国家债务占GDP比率：

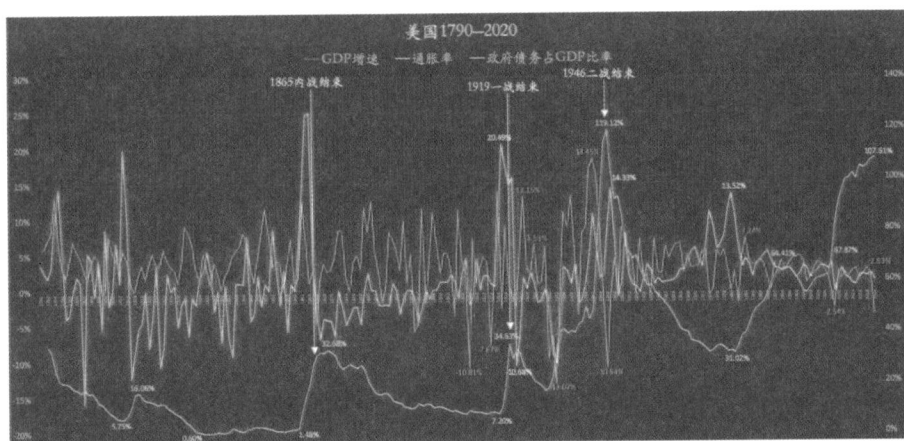

（数据来源：Trading Economics、Longtermtrends、UsGovernmentspending、Macrotrends、Statista、主观粗略估算）

无论是美国内战、"一战"还是"二战"，都极大地推动了美国的国家债务率。

（2）1792—2020年，美国历年政府赤字占GDP比率、国防开支占GDP比率、医保占GDP比率、社会福利占GDP比率：

无论是美国内战、"一战"还是"二战"，都极大地推动了美国的政府赤字、国防开支。"二战"后，社会福利开支稳步上升，医保开支水平加速上升。

通过以上介绍，我们首先对美国近230年的经济历史有一个感性的认识。

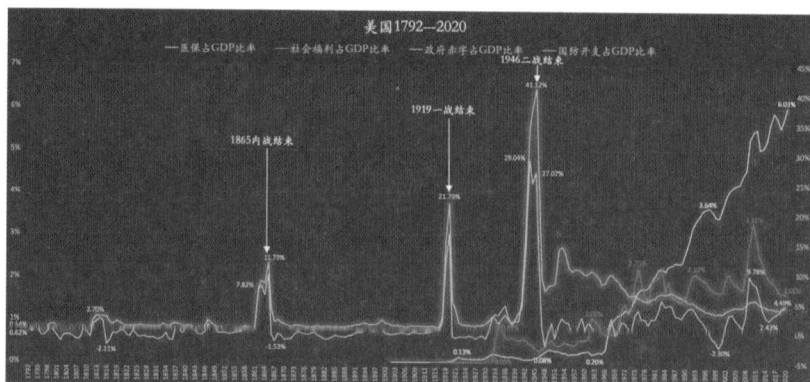

（数据来源：Trading Economics、Longtermtrends、UsGovernmentspending、Macrotrends、Statista、主观粗略估算）

2.5.2 美国历史上的六轮金融危机

1. 1907年

道琼斯距离最高点跌幅45%，次年开始反弹。

美国第三大信托公司尼克伯克举债收购联合铜业公司失利，传言尼克伯克将破产，华尔街陷入恐慌，银行纷纷收回贷款，民众挤兑，数家大型银行濒临倒闭。摩根出手稳定市场。美国财政部动用3 500万美元救市，这导致了1914年美联储系统的诞生。

2. 1929年

道琼斯距离最高点跌幅89.3%，四年后开始反弹。

在这一年的大萧条中，美国股市崩盘，约有9 000家银行倒闭。

3. 1984年

道琼斯距离最高点跌幅15.6%，当年开始反弹。

当时的全美第七大银行伊利诺伊银行由于资产大面积恶化而濒临破产。

4. 1986—1989年

道琼斯距离最高点跌幅40.9%，当年即开始反弹。

20世纪80年代中后期，随着地产和能源行业的调整，房地产贷款违约率和工商业贷款违约率快速上升。美国众多金融机构因不良房地产贷款或商业贷款而濒临倒闭。

5. 1998年

道琼斯在该年度上涨16.1%，并于随后一年继续上涨25.2%。

该年8月，俄罗斯政府宣布卢布贬值，并宣布冻结281亿卢布（当时约合135亿美元）国债的偿还。由于投资接连失利，美国对冲基金长期资本管理公司遭受了巨额损失，濒临破产。

6. 2008年

道琼斯在该年度下跌54.4%，并于随后一年开始反弹。

美国"次贷危机"从2006年春季开始逐步显现，2007年8月开始席卷美国。

以上六轮危机中，破坏性最大的两轮危机分别是：

（1）1929年美国经济大萧条：重大负面经济影响持续长达10年之久；

（2）2008年美国金融危机：重大负面经济影响持续约5年之久。

2.5.3　1929年、2008年、2020年

美国大萧条爆发于1929年，但直到1940年，美国的失业率依然高达约14.9%，期间平均GDP增速仅为1.9%，期间总计有5年的GDP增速为负。

2008年金融危机后，直到2013年，美国的失业率依然高达约8%，期间GDP平均增速仅为0.9%。2020年，受到疫情影响，美国失业率快速上升。

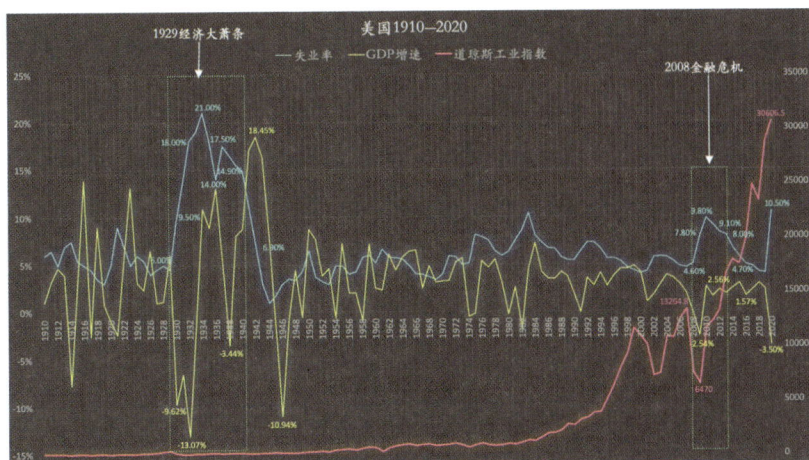

（数据来源：Trading Economics、Longtermtrends、UsGovernmentspending、Macrotrends、Statista、主观粗略估算）

下面，我们将重点针对美国历史上破坏力最强的两轮经济危机，即1929年大萧条和2008年金融危机，进行剖析。并将这两轮重大经济危机产生的主要原因与2021年美国面对的最新形势进行对比。

1. 1929年经济大萧条

1900—2020年，美国家庭债务、企业债务、国家债务及总债务，分别占GDP的比率：

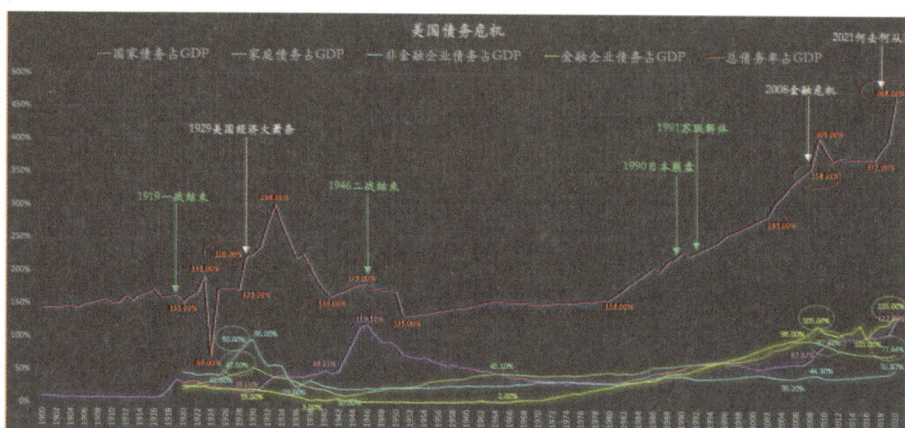

（数据来源：Trading Economics、Longtermtrends、UsGovernmentspending、Macrotrends、Statista、主观粗略估算）

"一战"结束后，1922—1928年美国经历了一轮低通胀、高增长的经济繁荣期。从1922年初至1927年底，美国股票投资者收益率超过150%。人们通过杠杆（杠杆不仅来自金融系统，还来自大量的非金融渠道的借款）加注股票投资，泡沫化加重。1928年，美联储开始收紧货币政策，到1929年8月，美联储将利率从1.5%迅速提升至6%，泡沫破灭。

1929年金融企业总体债务占GDP比例其实并不高，但非金融企业债务、家庭债务占GDP比例分别高达约90%、47%，而美国的总债务率在1929年也创下了历史新高。这一场加杠杆的"赌博"所累积的泡沫，最终在美联储迅速提升利率后瞬间刺破。

2. 2008年"次贷危机"

2008年美国非金融类企业债务占GDP比率并非明显偏高，但随着房价的持续上涨、金融衍生品的杠杆助力，美国家庭债务、金融类企业债务占GDP比率分别达到了"疯狂"的97.4%、109%,美国总债务率创下历史新高且达到了358.2%左右,远超1929年泡沫破灭前夕以及美国历史上绝大多数时期。

类似1929年,2007年随着货币政策收紧,利率上升,房价开始下跌。止赎率、违约率开始上升,泡沫破裂。

2008年金融危机彻底解决了吗?2020年,美国家庭债务占GDP比率由2008年的97.4%左右下降至75%左右,出现杠杆率缓慢下降的较好趋势。但与此同时,美国国家债务占GDP比率由2008年的67.87%飙升至2020年的107.61%(近年,标准普尔将美国主权评级由AAA降级为AA。降级是因为其还债能力有所削弱)。美国金融类企业债务占GDP比率由109%左右上升至129%左右;非金融类企业债务占GDP比率呈现出缓慢上升态势;美国总债务率继续上升至历史新高。也就是说,2020年美国无论是债务结构还是总体债务水平都比2008年的债务风险系数更高。为什么会出现这种情况?这与美国近10来年的持续货币"注水"有关。

1900—2020年,美国通胀率、美联储利率:

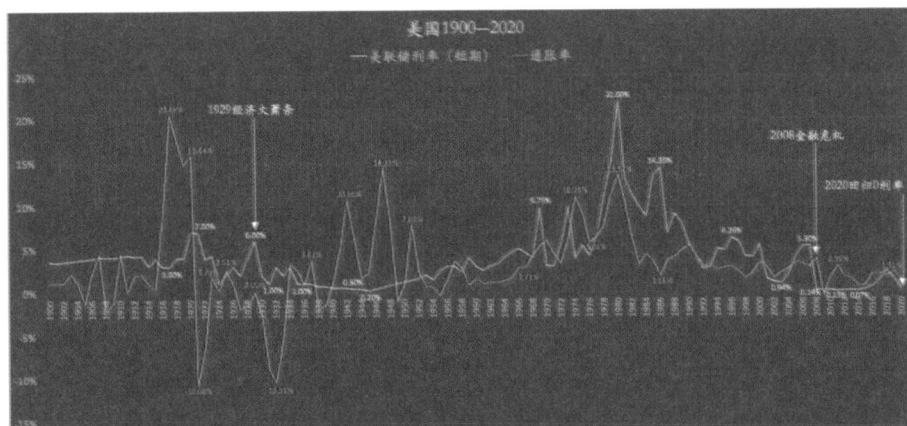

(数据来源:Trading Economics、Longtermtrends、UsGovernmentspending、Macrotrends、Statista、主观粗略估算)

2008年金融危机爆发后,美国采取了类似1929年后大萧条期间的低利率持续货币注水方式,以重新激活经济。美国2008—2016年,美联储平均利率仅为0.15%,接近0利率,向市场注入大量流动性并滋生了大量杠杆。

2017—2019年,美联储试图针对美国货币政策进行软着陆,将平均利率提升至1.76%。2020年,美联储重新将利率调整至0利率水平。那么0利率是否能够再次激活市场呢?

3. 2020年美国流动性危机

2020年，美国家庭的债务水平仍然处于相对高位。2020—2021年，美国家庭的储蓄率出现了相对短暂的大幅反弹。

消费能力薄弱，就难以带动企业盈利，也就难以帮助企业逐步削弱杠杆。这还不是核心问题。核心问题是，近些年美国整体和结构化的高杠杆带来的高危状态。

与其说美股本轮十年大牛市的宏观因素是基于经济基本面大周期的驱动，不如说是基于低通胀环境下，持续宽松政策刺激下，政府、企业、居民资产负债表持续扩张所形成的"注水牛"。

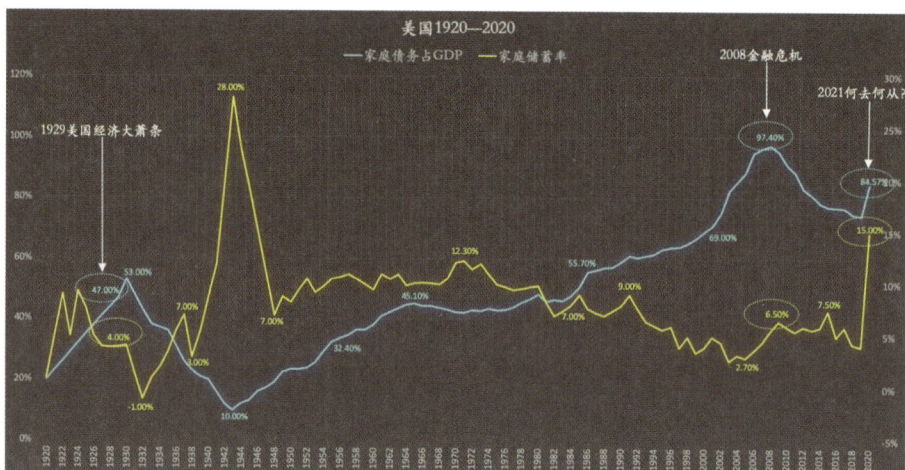

（数据来源：Trading Economics、Longtermtrends、UsGovernmentspending、Macrotrends、Statista、主观粗略估算）

2004—2019年，美国上市公司的每股盈利年复合增长率约为11%，而企业利润复合增长率仅为8%，两者间3%的差值来自哪里？一方面可能来自上市企业举债回购，另一方面则可能来自宏观货币"注水"。

美国上市企业加杠杆直接通过二级市场回购股票，而不是举债扩大企业经营。当宏观环境出现黑天鹅事件时，伴随着股价下跌，企业的资产负债表会看起来相当脆弱，并可能引发企业债务危机。另一方面，当宏观经济出现问题时，高杠杆率企业信用质量的下行，可能会使得最近几年快速增长的BBB级债券被降级为垃圾债。如果机构投资者被动清仓（风控要求），这将进一步加速债券价格下跌，放大企业债券市场风险。

4. 综上

2020年美国流动性危机，表面上来看是黑天鹅事件冲击下，杠杆资金集中"踩踏"所引发的流动性危机。本质上来看则是在过去十年宏观低利率环境中，美国企业、居民和政府的资产负债表扩张下长期积累风险的集中暴露。

2021年，美国国家总负债率再创新高。以很长的周期来看，未来美国或将走上长期高额举债的发展道路。

2.6　中国经济周期

巴菲特说："19世纪属于英国，20世纪属于美国，21世纪属于中国。人们应该按此进行相应投资。"

（1）中国、日本、美国的国民储蓄率（国家、企业和个人的储蓄总量占GDP比率）：

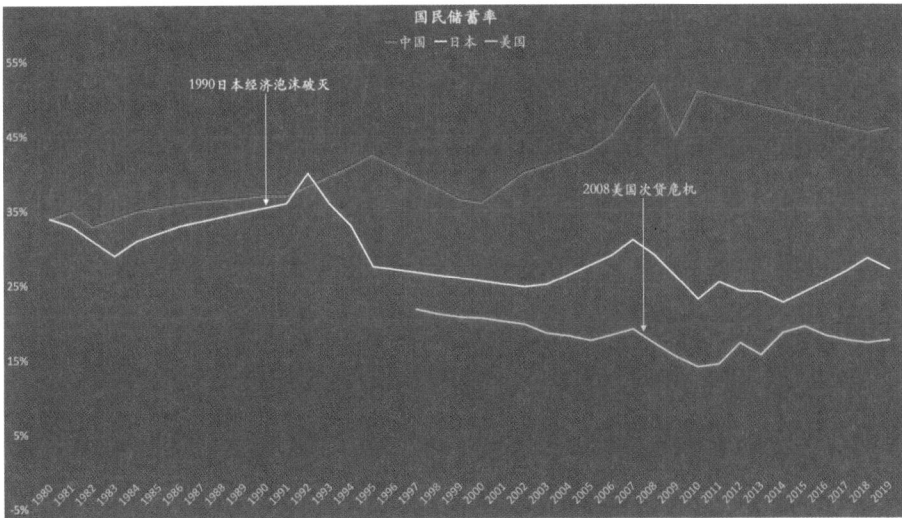

（数据来源：Trading Economics、Longtermtrends、UsGovernmentspending、Macrotrends、Statista、主观粗略估算）

中国国民储蓄率全球排名第一。尽管中国某些层面的债务率有些高，但中国宏观层面的储蓄率仍然很高，具有更强的抵御风险的能力。

（2）中国、日本、美国的居民储蓄率：

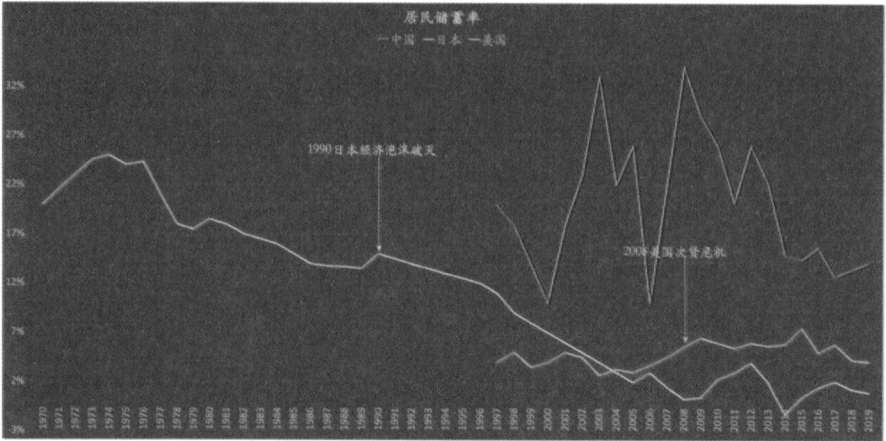

（数据来源：Trading Economics、Longtermtrends、UsGovernmentspending、 Macrotrends、Statista、主观粗略估算）

居民储蓄率下滑会导致内需潜力下降。日本近年来长期处于居民零储蓄边缘。由于房地产市场过热，中国居民储蓄率近年来也有所下降。

（3）中国、日本、美国长期GDP增速：

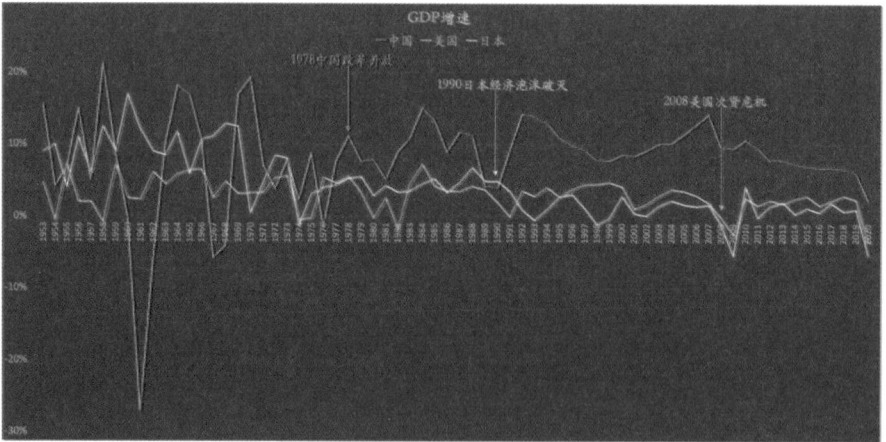

（数据来源：Trading Economics、Longtermtrends、UsGovernmentspending、 Macrotrends、Statista、主观粗略估算）

对比日本历史上的经济增速，可以说，日本1990年的大泡沫形成并非是完全由于经济繁荣导致的。泡沫之所以成为泡沫，就是因为其飘浮在空中：缺乏后续明显的经济增长作为支撑。虽然我国近年GDP增速放缓，但对比日本历史上的某些时期，我国当前的GDP增速仍然处于显著较高水平。

（4）中国、日本、美国的金融企业债务率：

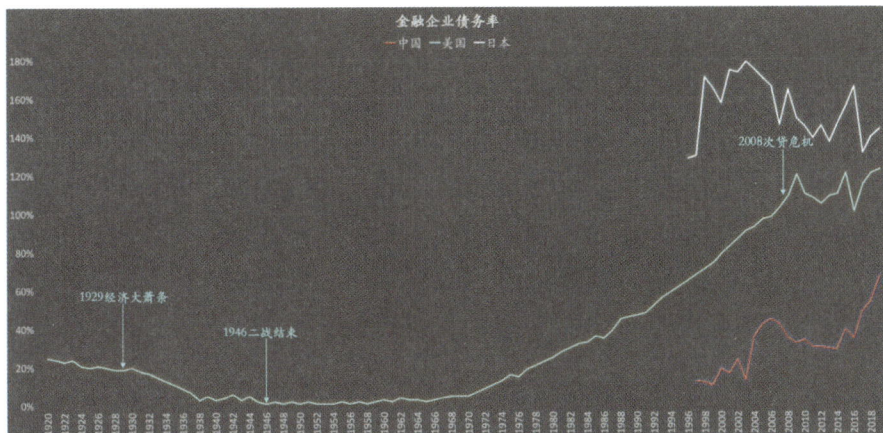

（数据来源：Trading Economics、Longtermtrends、UsGovernmentspending、 Macrotrends、Statista、主观粗略估算）

近些年，我国金融企业债务率明显上升，但大幅低于美国、日本。

（5）中国、日本非金融企业债务率：

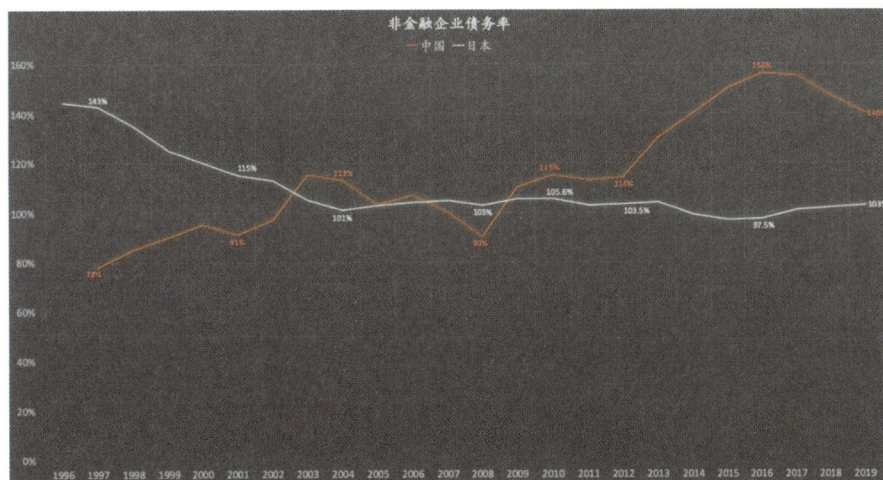

（数据来源：Trading Economics、Longtermtrends、UsGovernmentspending、 Macrotrends、Statista、主观粗略估算）

由于中国部分地方债务规模扩张，我国非金融企业债务率高于国际平均水平。2015年，我国开始有针对性地降杠杆。2017—2019年，我们看到了中国非金融企业债务率的缓慢下滑趋势。

（6）中国、日本、美国的国债占GDP比率：

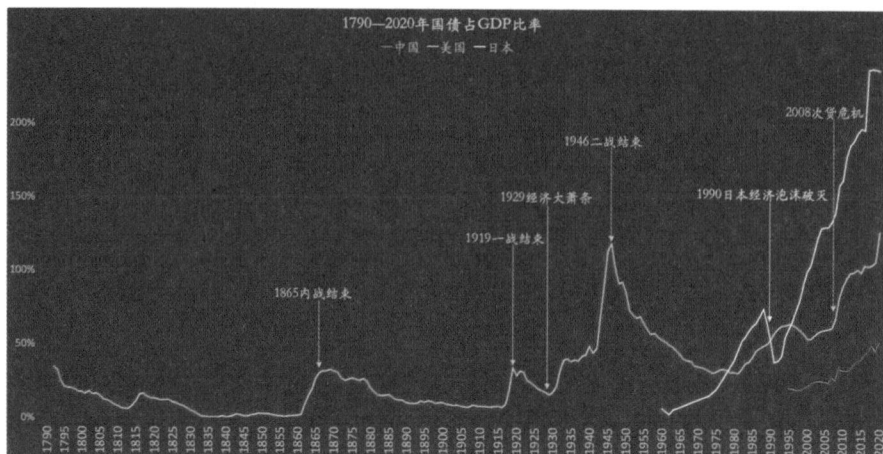

（数据来源：Trading Economics、Longtermtrends、UsGovernmentspending、Macrotrends、Statista、主观粗略估算）

美国国债债务率已经超过"二战"后期、创下历史新高，而日本国债债务率水平远超美国，全球第一。中国国债债务率在全球范围内来看都属于显著偏低的水平。

（7）中国房屋施工面积同比增速、住宅施工面积同比增速：

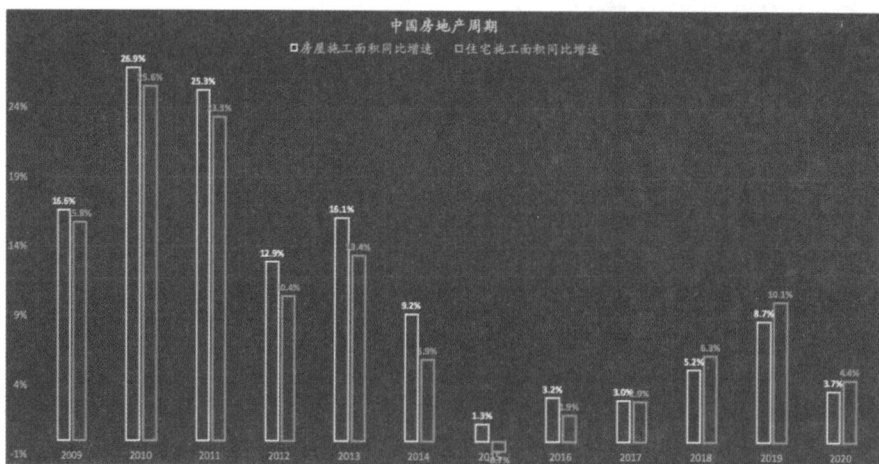

（数据来源：根据国家统计局公布的房屋施工面积、住宅施工面积相关数据进一步计算得到）

2015—2020年，房屋施工面积同比增速、住宅施工面积同比增速明显放缓。

（8）2010—2020年，中国住宅新开工面积、住宅销售面积、年末住宅待售面积：

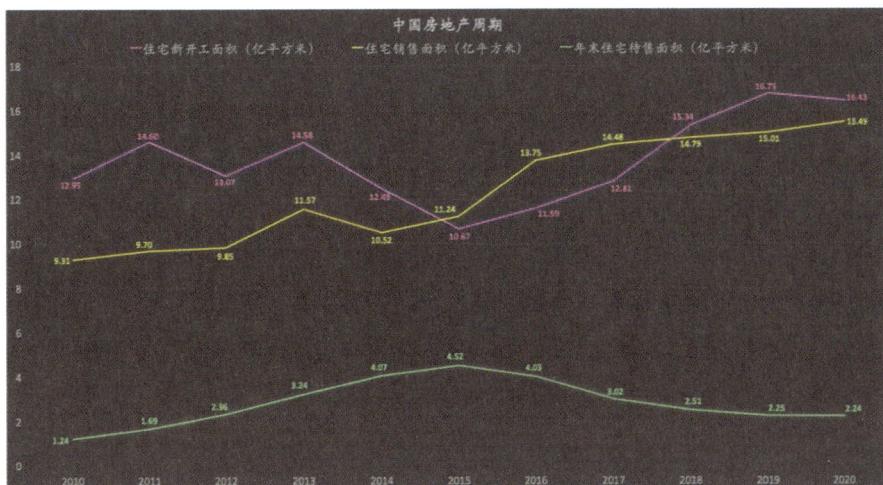

中国房地产周期

—— 住宅新开工面积（亿平方米）　—— 住宅销售面积（亿平方米）　—— 年末住宅待售面积（亿平方米）

（数据来源：国家统计局）

2015—2020年，年末住宅待售面积由2015年的4.52亿平方米下降至2020年的2.24亿平方米；2020年末，住宅待售面积已经下降至略低于2012年末的水平。我国针对房地产行业的宏观调控效果显著。

现阶段，我国房地产行业的确存在暂时的、局部的过热，但短期风险正在逐步通过宏观调控进行释放。具体来看，在地产行业持续受到宏观政策严格调控的情况下，我会规避那些资金链相对脆弱的房地产公司。整体上来看，我国房地产行业具备宏观层面的反脆弱性。

（9）1949—2020年，中国城镇化率长期走势：

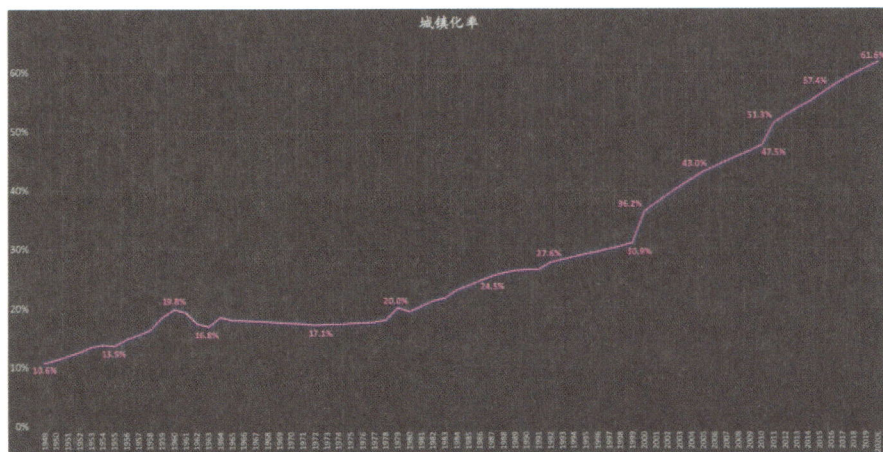

城镇化率

（数据来源：山川网、国家统计局）

1949—2020年，我国在这72年中，年均城镇化率提升幅度仅为0.7个百分点。我们以1999—2020年这22年城镇化率提升速度相对较快的周期来统计，期间年均城镇化率提升幅度仅为1.4个百分点。近20年，我国年均城镇化率提升幅度仅为1.2个百分点。按照近20年年均城镇化率提升速率来估计，我国还有大概15年才会达到80%的城镇化率。而实际情况，却可能是远远不止15年。

根据联合国预测，我国至2030年城镇化率有望达到70.6%，对应2021—2030年均提升约0.9个百分点。根据多国城镇化历史经验来看，城镇化率低于30%或者高于70%的时候，城镇化增长较慢。而处于城镇化率30%到70%区间的时候，往往增速较快。我国城镇化率提升速率当前可能仍然是处于相对较快的阶段。一旦城镇化率超过70%，我国城镇化率提升速率有可能下降。

粗略估计，我国要达到80%的城镇化率，可能经历的时间跨度不是15年，而是30年甚至更久。中国房地产市场仍然有一定的增长空间，盲目看衰整个中国房地产行业或过度放大潜在系统性风险都是非理性的。

综上：

我国家庭债务率快速升高、地方债规模相对较大。但相比日本1990年，我国在国民储蓄率、国债债务率、GDP增速、经济宏观调控效率等方面，都显著体现出了更强的抗风险特征。

通过市场机制激发市场活力，通过宏观调控化解潜在风险，显然，中国正在快速崛起。

2.7 中国资本市场周期

经济长期向好并不必然意味着资本市场短期走牛。市场具有情绪，在各种纷繁复杂的因素影响之下，资本市场短期走向变得让人难以琢磨。

1998、2008、2018年是A股市场表现较差的三个年份。下面对这三个年份的一些基本情况进行简单对比。

1. 平均ROE（净资产收益率）

与1998、2008年进行对比，2018年A股整体平均ROE略低。

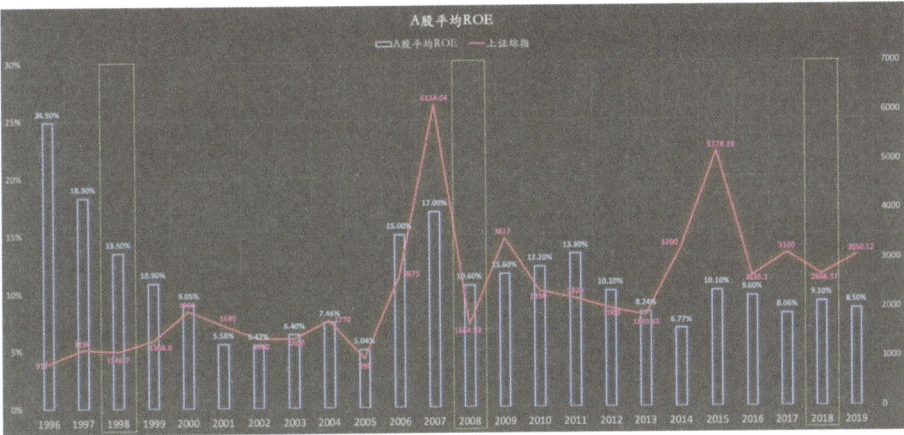

（数据来源：整理自网络碎片信息、主观粗略估计）

2. 平均PB（市净率）

2018年A股整体平均PB跌破历史最低水平。

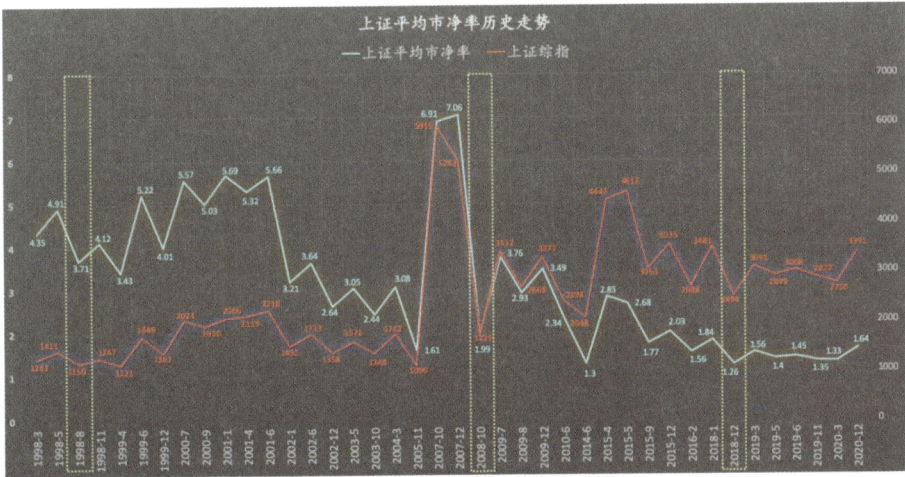

（数据来源：乐咕乐股网、主观粗略估计）

3. 平均PE（市盈率）

相比1998、2008年，2018年A股整体平均PE更低。

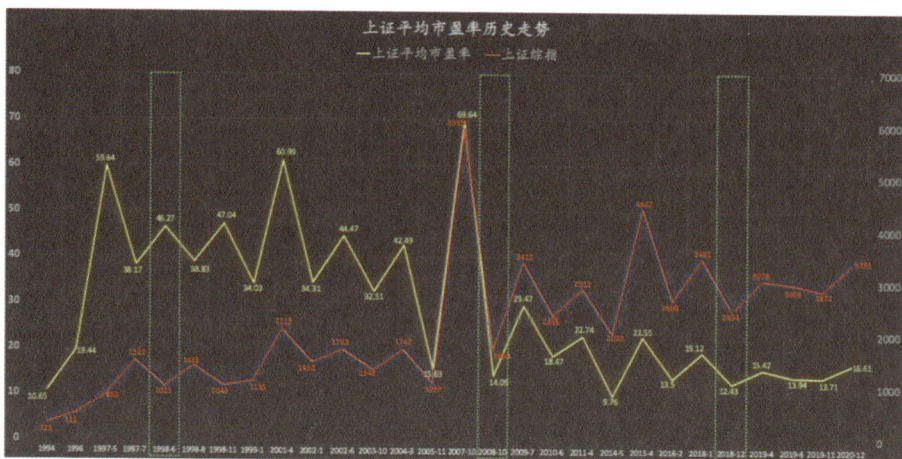

（数据来源：乐咕乐股网、主观粗略估计）

4. IPO数量及融资金额

在注册制加速推进的背景下（IPO硬性门槛相对降低），2020年IPO数量及IPO融资规模都相对较大。

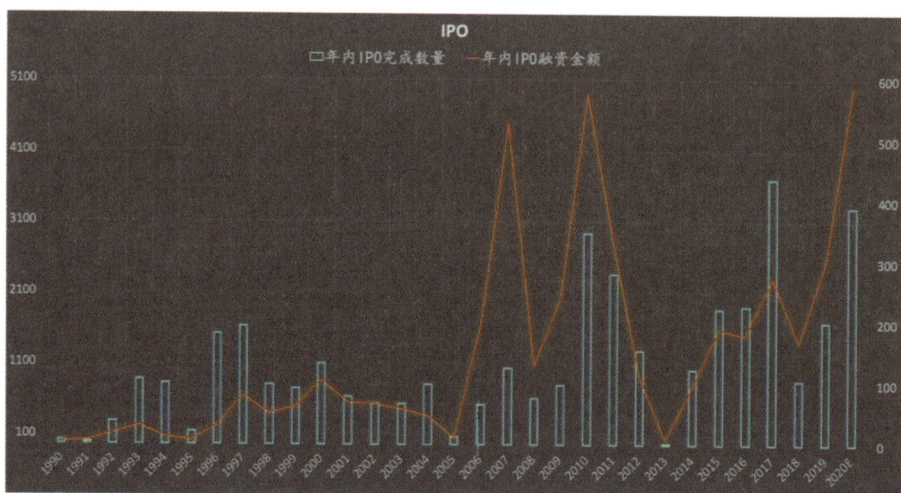

（数据来源：整理自网络碎片信息、主观粗略估计）

5. 跌破净资产的股票数量

2018年，A股破净股票数量创历史新高。2019年，破净数量大幅下滑。2020年破净数量再次上升。

破净股票数量历史走势

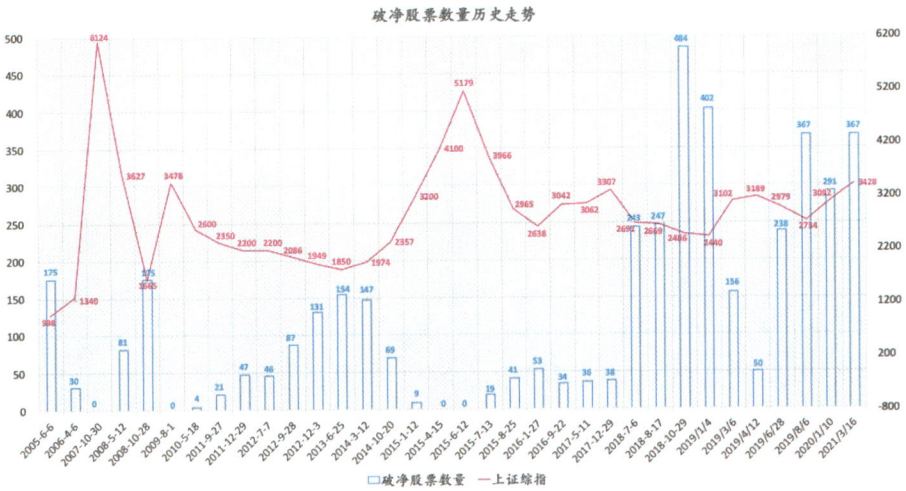

（数据来源：整理自网络碎片信息、主观粗略估计）

6. 跌破净资产的股票比例

2018年，A股破净股票比例逼近历史最高。2020年破净比例处于相对高位。

破净股票比例历史走势

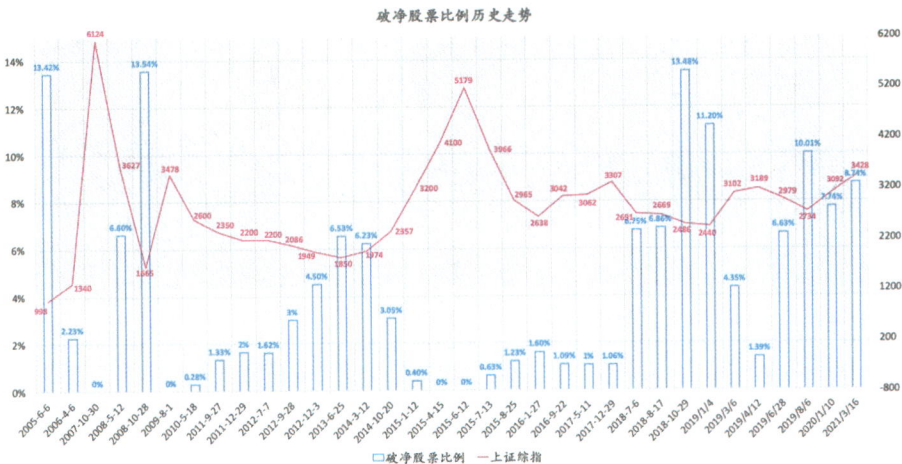

（数据来源：整理自网络碎片信息、主观粗略估计）

7. 存款准备金率

2018年我国大型金融机构存款准备金率高于1998年，但低于2008年。这里实际上应该忽略1998年的数据，下面进行解释。

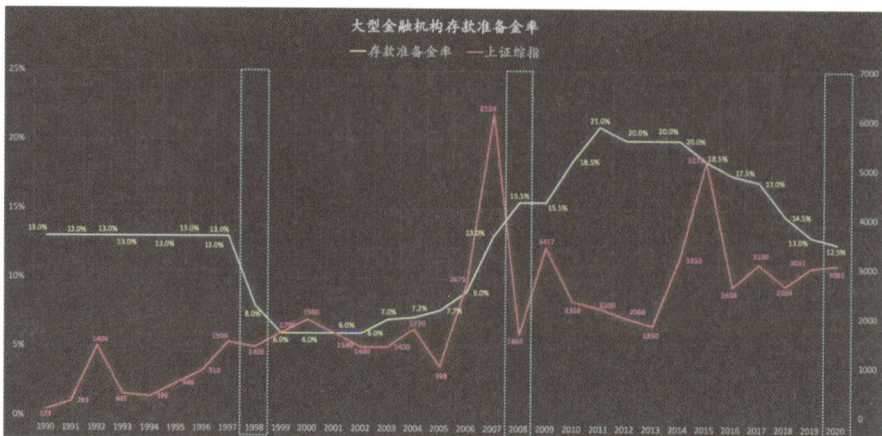

（数据来源：百度百科、中国经济网。所列数据仅用于大致反映总体走势）

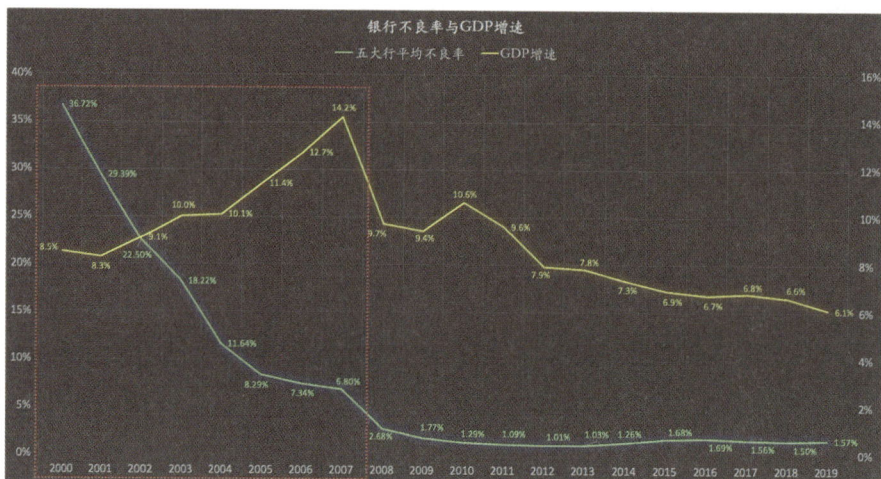

（数据来源：上市银行年报、国家统计局）

我国银行业在20世纪90年代末、21世纪之初完成了巨大而快速的金融制度改革：银行监管制度更加完善、金融法律法规更加健全、银行业管理理念更加现代化。于是，我们看到2000—2007年银行平均不良率持续大幅下降。因此，我国银行业在1998年所处的特殊时期决定了：1998年的存款准备金率水平不具备太多的可比性。

8. 贷款基准利率

2015年开始至2020年，央行一年期基准贷款利率跌破历史最低水平。结合存款准备金率、贷款基准利率的走势来看，2018年的宏观货币政策相比2008年更为宽松。

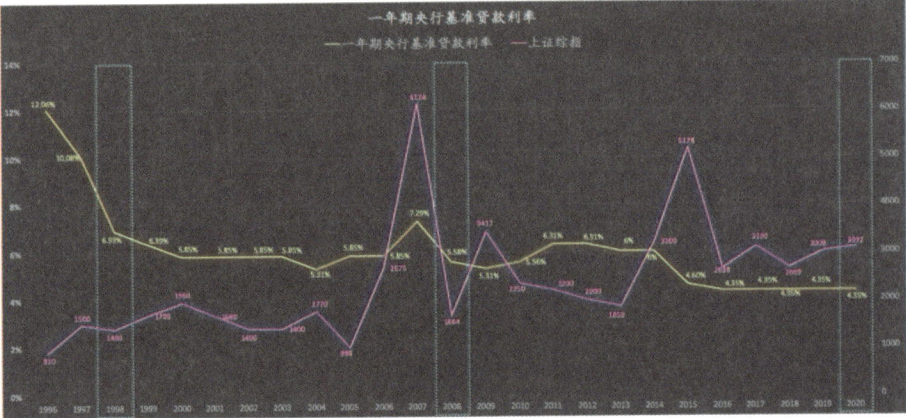

一年期央行基准贷款利率

（数据来源：百度百科、中国人民银行官网。所列数据仅用于大致反映总体走势）

9. 基建刺激计划

本轮（2019年）基建刺激规模远超1998、2008年。

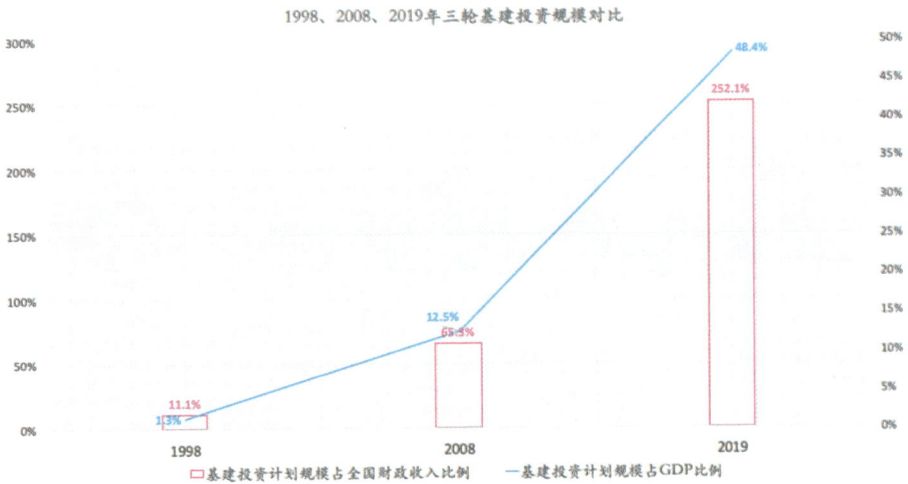

1998、2008、2019年三轮基建投资规模对比

（数据来源：整理自网络碎片信息、主观粗略估计）

10. GDP增速

2018年GDP增速低于1998、2008年。

1998—2020年中国GDP、GDP增速

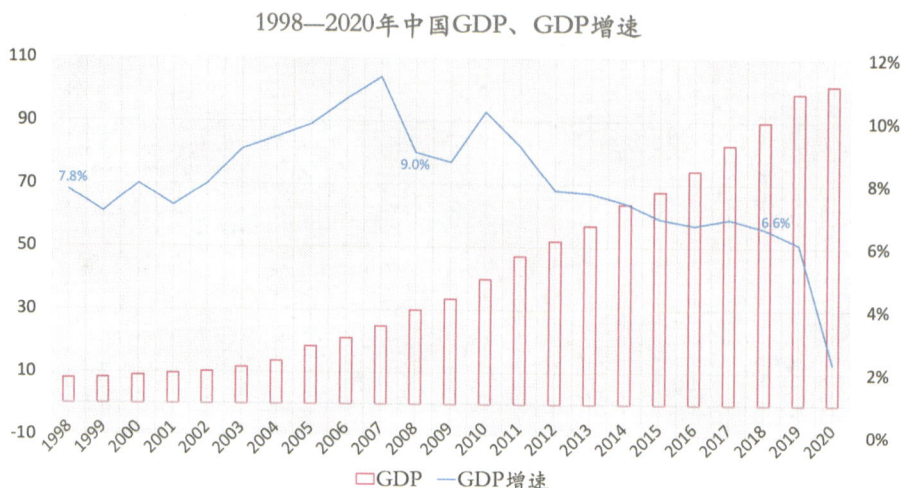

（数据来源：国家统计局《全国年度统计公报》）

11. 总市值占GDP比率

这是巴菲特喜欢看的一个宏观指标。由于A股持续扩容、退市数量暂时较少，这个指标的参考意义相对较小。

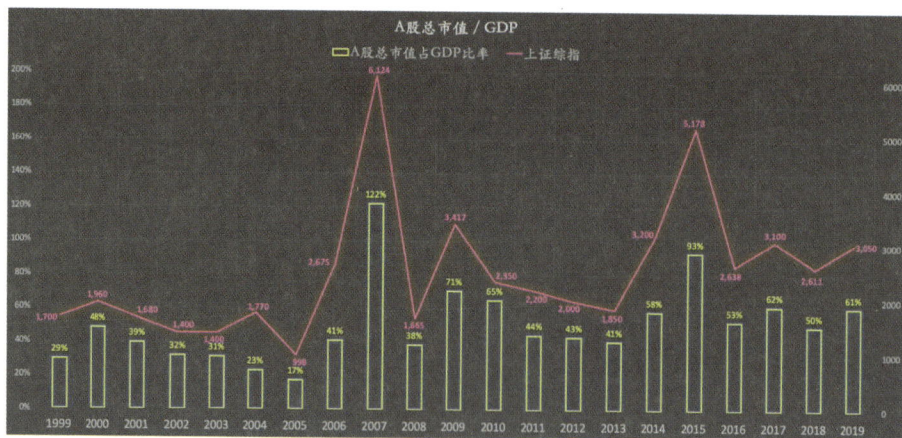

（数据来源：整理自网络碎片信息、主观粗略估计）

综上：

（1）我国当前（2021年）宏观货币政策相对宽松；

（2）本轮周期中，A股整体PB、PE估值处于历史最低水平或附近；

（3）经济层面的变化：相对更高的宏观债务率，相对更少的内需挖掘潜力，但GDP增速依然维持在全球相对较高水平；

（4）我国当前正处于史上最大力度减税降费周期中。

（5）近几年我国国际声誉快速上升，并且推出了史上最大程度的金融市场对外开放政策。

2.8 与牛共舞

牛熊交替时间跨度较长，我们很难去预估市场即将走牛还是走熊，预测之类的事情还是不要做比较好。但我们或许可以在资本市场较"绝望"的阶段提前做好一些准备工作，迎接或将到来的牛市。

在中国经济长期持续向好的宏观经济背景下，参照A股历史表现：如果周期票恰好遇到业绩反转叠加牛市行情，其市场表现通常是不错的。

2.8.1 板块累计涨幅

分别统计四轮周期，2005年5月至2007年10月、2008年11月至2009年7月、2014年6月至2015年5月、2019年1月至2021年2月，各个行业板块的区间涨幅。

其中，2005年5月至2007年10月、2008年11月至2009年7月、2014年6月至2015年5月是历史上的三轮牛市。2019年1月至2021年2月，到底是牛市还是熊市，我不知道，暂且将其勉强看作牛市。

在这个统计结果中，我将上证指数在各个统计区间内的涨幅罗列到最下方。下图中，我们看到的亮绿色的数据，就是涨幅跑输了该统计区间内上证指数涨幅的数据；我们看到的粉红色的数据，就是涨幅跑赢了该统计区间内上证指数涨幅的数据。

	2005.5—2007.10	2008.11—2009.7	2014.6—2015.5	2019.1—2021.2
有色金属	1097.9%	209.3%	114.1%	100.1%
采掘	629.8%	187.2%	94.5%	4.5%
钢铁	464.4%	103.3%	191.6%	5.9%
地产	866.9%	134.6%	158.1%	2.3%
商业贸易	577.1%	87.4%	172.7%	1.8%
纺织服装	350.0%	103.9%	194.2%	-4.6%
通信	265.7%	80.9%	170.8%	2.6%
交通运输	330.3%	75.9%	195.1%	17.8%
化工	485.5%	84.5%	141.1%	99.6%
建筑装饰	463.1%	53.3%	236.1%	-10.4%
非银金融	1180.9%	130.1%	176.8%	33.6%
传媒	285.7%	75.2%	164.1%	35.9%
计算机	269.4%	99.8%	237.4%	56.2%
公用事业	320.8%	59.0%	154.4%	4.1%
银行	649.2%	126.8%	74.1%	26.3%
综合	358.9%	131.5%	157.2%	47.1%
轻工制造	327.6%	99.8%	166.9%	54.5%
建筑材料	545.9%	106.0%	133.5%	94.4%
机械设备	616.8%	98.1%	195.8%	73.2%
汽车	501.9%	165.7%	124.4%	80.5%
国防军工	911.0%	165.0%	203.7%	74.7%
电子	189.1%	118.7%	121.9%	137.3%
农林牧渔	332.8%	68.6%	148.1%	84.0%
休闲服务	455.0%	134.2%	142.3%	251.8%
电气设备	604.9%	87.6%	158.8%	161.7%
医药生物	312.9%	75.4%	118.1%	127.9%
食品饮料	503.2%	66.9%	86.5%	224.7%
家电	365.7%	95.2%	131.1%	82.8%
上证	461.4%	82.3%	125.1%	28.8%

（数据来源：主观粗略估算）

根据这个统计结果，简单总结：

（1）连续四轮牛市周期，期间累计涨幅四次都跑赢了上证指数的行业板块（图中深红色填充）有：非银金融、建筑材料、机械设备、国防军工、电气设备。其中，非银金融、建筑材料、机械设备、电气设备这四个行业具有一定的周期性，占比为80%。

（2）在总计四轮牛市周期中，期间累计涨幅三次跑赢了上证指数的行业板块（图中紫色填充）有：有色金属、钢铁、地产、商业贸易、化工、计算机、综合、轻工制造、汽车、休闲服务、家电。其中，有色金属、钢铁、地产、化工、轻工制造、汽车、家电这七个行业具有一定的周期性，占比为63.6%。

（3）在总计四轮牛市周期中，期间累计涨幅三次跑输了上证指数的行业板块有：通信、交通运输、建筑装饰、公用事业、医药生物。其中，交通运输、公用事业、医药生物这三个行业，不具有明显的周期性，占比为60%。

无论进行这类统计与否，我都大致有一种主观印象：周期性行业板块在牛市中的胜算偏大，并且非银金融中的券商往往是牛市中的"常胜将军"。在牛市中，如果我们"押"对了板块，往往可以避免许多盲目"折腾"。周期性板块之所以在牛市中涨幅表现相对来说比较高调，其中一个重要的原因就是周期性公司的业绩波动、估值波动通常幅度较大。

略微调整一下统计区间，回顾历史上的几轮牛市：

（1）2000年1月至2001年6月：涨幅最大的板块是建筑材料、采掘、休闲服务；股价表现最差的板块是计算机、家用电器、银行。

（2）2006年1月至2007年10月：涨幅最大的板块是非银金融、有色、房地产；股价表现最差的板块是通信、传媒、电子。

（3）2009年1月至2009年7月：涨幅最大的板块是有色金属、采掘、汽车；股价表现最差的板块是农林牧渔、医药生物、建筑装饰。

（4）2014年7月至2015年5月：涨幅最大的板块是计算机、建筑装饰、国防军工；股价表现最差的板块是采掘、食品饮料、银行。

每一轮牛市都有一个不同的主题，但几乎在每一轮牛市中券商的表现都不错，并且券商往往先于市场整体启动上涨行情。每一轮牛市行情的启动，几乎都离不开宏观经济政策、金融政策的影响，例如1999年鼓励资本市场发展的意见获批、2007年股权分置改革的落地、2009年大部制改革和刺激政策的落地、2015年"一带一路"。一般来说，改革是历次市场走牛的主基调，货币政策在整个过程中扮演着助推或者调节的角色。每一轮牛市，涨幅较大的板块，我们可以在一定程度上去结合当时的宏观经济、金融政策、货币政策、行业或者公司业绩走向、热点经济话题等去进行一定猜测，例如，2009年，在货币政策逐步宽松、汽车下乡政策影响下，有色、煤炭和汽车板块涨幅较大；2015年，在"一带一路"的影响下，"中字头"板块涨幅较大；2019—2020年，历史上的第二轮汽车下乡政策启动、注册制改革逐步推进，整车制造板块、"核心资产"从2019年1月到2021年2月涨幅较大；受到"塑化剂风波"的后期影响，2015年白酒整体股价表现一般；受到"房住不炒"的影响，2019—2020年房地产板块表现较差。既然是猜测，必然有错判的可能性。所以我们不能完全脱离基本面分析去为我们的猜测结果"买单"。

除了改革，扩大内需相关政策，也在牛市中扮演着一定的角色。三次"扩大内需+扩大投资"对应三轮牛市：

（1）1998年2月首提扩大内需之后，货币政策走向宽松，财政政策趋于积极，1998—2001年迎来估值业绩双升行情；

（2）2008年11月提出"双扩"之后，货币政策走向宽松，财政政策趋于积极，2009年出现业绩估值双升行情；

（3）2014年7月明确"双扩"之后，政策宽松+改革发力，促成2014—2015年迎来一轮牛市行情。

上面我们对四轮行情中各行业板块的涨幅进行了统计。现在我们分别按照2005年5月至2007年10月、2008年11月至2009年7月、2014年6月至2015年5月、2019年1月至2021年2月这四个统计区间，将各行业板块期间涨幅进行排序。

2005年5月至2007年10月，涨幅排名前五分别是：非银金融、有色金属、国防军工、地产、银行。

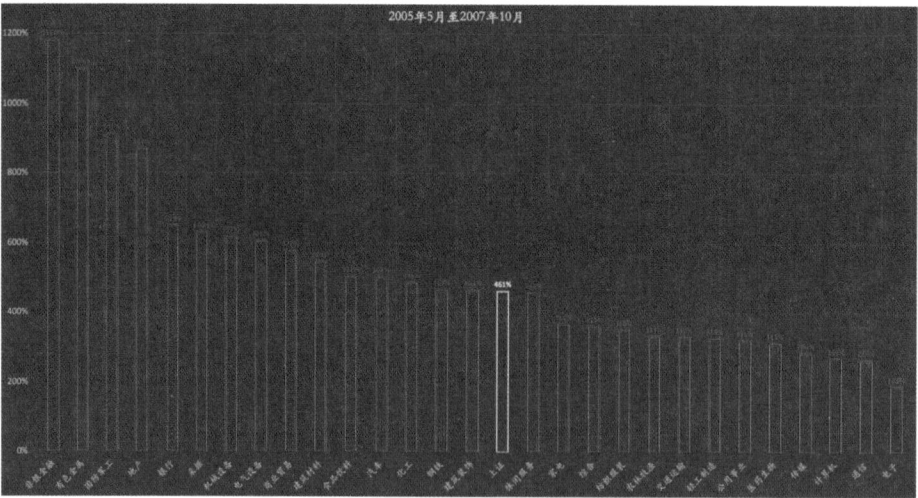

2008年11月至2009年7月，涨幅排名前五分别是：有色金属、采掘、汽车、国防军工、地产。

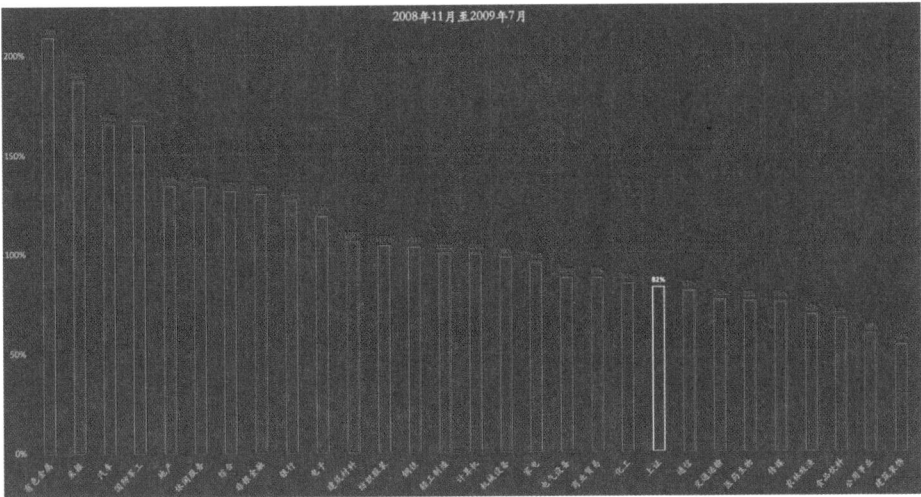

2014年6月至2015年5月, 涨幅排名前五分别是: 计算机、建筑装饰、国防军工、机械设备、交通运输。

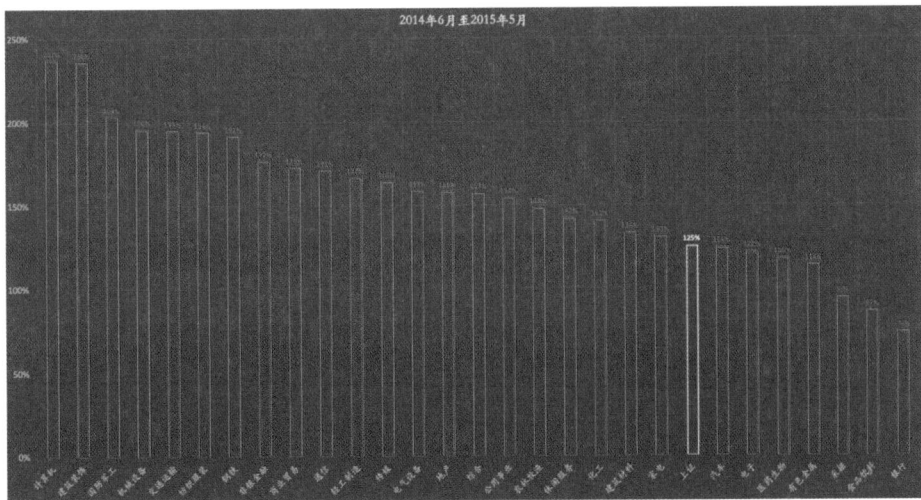

2019年1月至2021年2月, 涨幅排名前五分别是: 休闲服务、食品饮料、电气设备、电子、医药生物。

以上统计是按照一级行业分类进行的粗略统计。现在我们进一步地将非银金融、汽车、家电、采掘、计算机、通信、电子这些看起来比较笼统的行业分类进一步细分, 并选择细分行业中那些印象相对更加深刻的几个进行重新统计。

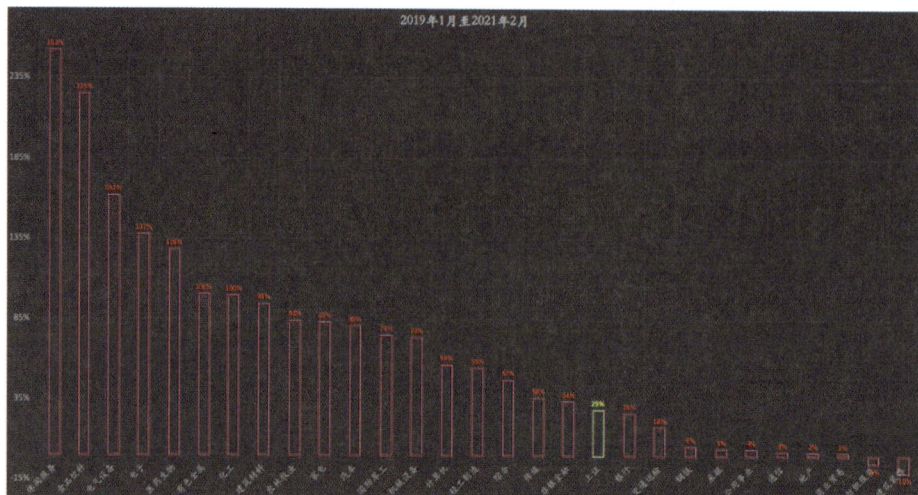

非银金融板块，包括证券、保险及多元金融板块；汽车板块，包括汽车整车、汽车零部件、汽车服务及其他交运设备板块；家电板块包括白色家电及视听器材板块；采掘板块，包括石油开采、煤炭开采、其他采掘及采掘服务板块；计算机板块，包括计算机应用及计算机设备板块；通信板块，包括通信运营及通信设备板块；电子板块，包括半导体、元件、光学光电子、其他电子及电子制造板块。

将非银金融板块中的证券和保险、汽车板块中的汽车整车、家电板块中的白色家电、采掘板块中的煤炭开采、计算机板块中的计算机应用、通信板块中的通信设备、电子板块中的半导体这些细分板块，全部进行重新统计：

	2005.5—2007.10	2008.11—2009.7	2014.6—2015.5	2019.1—2021.2
采掘	629.8%	187.2%	94.5%	4.5%
煤炭开采		440.3%	71.9%	-8.9%
通信	265.7%	80.9%	170.8%	2.6%
通信设备		338.2%	197.2%	-61.1%
非银金融	1180.9%	130.1%	176.8%	33.6%
证券		162.6%	286.9%	61.2%
保险		76.1%	159.0%	58.9%
计算机	269.4%	99.8%	237.4%	56.2%
计算机应用		147.9%	386.3%	48.3%
汽车	501.9%	165.7%	124.4%	80.5%
汽车整车		157.5%	82.9%	517.4%
电子	189.1%	118.7%	121.9%	137.3%
半导体		119.3%	315.1%	23.3%
家电	365.7%	95.2%	131.1%	82.8%
白色家电		104.2%	162.3%	61.5%
上证	461.4%	82.3%	125.1%	28.8%

（数据来源：主观粗略估算）

由于部分细分板块指数推出较晚，这里缺失部分数据。一级行业名称及上证指数我们用黑色填充，进一步细分出来的行业名称我们用白色填充。可以看出：

（1）2008年11月至2009年7月，煤炭开采板块的涨幅是惊人的，大幅度超越石油开采板块；

（2）2008年11月至2009年7月，通信设备板块的涨幅是惊人的，大幅度超越通信运营板块；

（3）2008年11月至2009年7月、2014年6月至2015年5月、2019年1月至2021年2月，证券板块的涨幅都超越了保险板块；

（4）2008年11月至2009年7月、2014年6月至2015年5月，计算机应用板块的涨幅都超越了计算机设备板块；

（5）2019年1月至2021年2月，汽车整车板块涨幅是惊人的，大幅度跑赢汽车零部件、汽车服务及其他交运设备板块。

统计数据并不能反映整个市场全貌，统计数据也可能存在偏差。无论我进行这类统计与否，大致都有这么一种印象：牛市中，周期票的胜算较大；周期票中券商的胜算较大；在宏观政策的刺激下，有色、煤炭、汽车整车这类周期票的胜算较大；在行业景气度转暖的情况下，化工、建筑材料、机械设备、电气设备这类周期票的胜算较大；军工这类典型题材票，似乎在每一轮牛市中都有所表现。

无论是券商、有色、煤炭、汽车整车、化工、建筑材料、机械设备、电气设备还是军工板块，我们都很难找到严格符合现代价值投资"永续经营"特征的投资标的。我们在参与到牛市的贪婪中时，内心依然有忐忑的成分。内心越是忐忑，越难以承受股价短期波动带来的风险。

在牛市中，股价表现最好的股票未必是基本面最好的，所以，我们都应该去追逐基本面差而人气高的？我不这么认为。如果足够理智，牛市中反而会更加缺乏安全感。基于我对自身的了解：我需要足够多的安全感，用于对抗内在的剧烈情绪波动。基本面如果很差，在持有的过程中，我会处于焦虑的状态。短期股价如果剧烈调整，市场上出现利空消息，我就很有可能认亏出局。当然，每个人对自己的认知不同，每个人对投资标的的把握能力也不同，应该根据自己的具体情况来看待这个问题。

我的安全感部分来自概率思维：一个普通行业所有公司的基本面"全军覆没"的概率有多大？在我看来，在这个经济快速崛起的年代，除非整个行业不再被时代需要（例如：马车、煤油灯），一个普通行业中的所有玩家彻底退出历史舞台的概率是很小的。那么，我只需要抓住行业板块中的龙头企业即可。这就是在我个人能力范围内，可以寻找到的安全感的极限。龙头企业是大致可以锁定的，但具体行业中哪些票能够涨幅最大，几乎没有人可以把握。

2.8.2 板块轮动

我们在上面统计的是板块累计涨幅，看的是起点和终点，这是一个非常静态的视角。为了沉浸式体验几轮牛市的动态演绎过程，现在我们在起点和终点之间进行分段，并重新统计区间涨幅：

	2005.5—2007.3	2007.3—2007.10	2008.11—2009.4	2009.4—2009.7	2014.6—2015.1	2015.1—2015.5	2019.1—2020.1	2020.1—2021.2
有色金属	348.9%	166.8%	88.8%	63.8%	37.9%	55.3%	25.8%	59.1%
采掘	140.7%	203.2%	70.5%	68.5%	36.8%	42.2%	-0.3%	4.9%
钢铁	203.5%	86.0%	20.8%	68.3%	87.7%	55.4%	-11.4%	19.6%
地产	297.3%	143.3%	62.8%	44.1%	66.1%	55.4%	10.4%	-7.4%
商业贸易	302.0%	68.4%	59.6%	17.4%	51.1%	80.5%	4.9%	-3.0%
纺织服装	201.6%	49.2%	64.2%	24.2%	48.1%	98.6%	7.5%	-11.3%
通信	142.0%	51.1%	51.8%	19.2%	32.6%	104.3%	21.7%	-15.7%
交通运输	150.1%	72.1%	40.7%	25.0%	75.0%	68.7%	8.4%	8.7%
化工	230.2%	77.3%	40.9%	31.0%	38.6%	74.0%	23.5%	61.6%
建筑装饰	250.6%	60.6%	21.6%	26.0%	87.6%	79.2%	-3.3%	-7.4%
非银金融	415.5%	148.5%	49.8%	53.6%	120.6%	25.5%	28.2%	4.2%
传媒	173.6%	41.0%	58.6%	10.4%	28.0%	106.3%	29.3%	5.1%
计算机	191.0%	27.0%	66.5%	20.0%	44.3%	133.8%	58.1%	-1.2%
公用事业	149.0%	69.0%	24.7%	27.5%	60.1%	59.0%	4.9%	-0.7%
银行	280.2%	97.1%	44.0%	57.5%	49.8%	16.2%	8.5%	16.4%
综合	212.2%	47.0%	82.6%	26.8%	39.2%	84.8%	34.4%	9.5%
轻工制造	195.6%	44.7%	61.7%	23.6%	29.9%	105.5%	21.5%	27.2%
建筑材料	255.0%	82.0%	76.3%	16.8%	44.3%	61.8%	36.4%	42.5%
机械设备	289.8%	83.9%	57.8%	25.1%	51.9%	94.7%	21.6%	42.5%
汽车	266.5%	64.2%	99.0%	33.6%	39.1%	61.3%	17.5%	53.6%
国防军工	401.1%	101.8%	91.6%	38.3%	56.3%	94.3%	28.7%	35.8%
电子	132.6%	24.3%	76.7%	23.8%	17.7%	88.6%	03.0%	22.4%
农林牧渔	217.8%	36.2%	39.2%	21.1%	43.1%	73.3%	34.9%	36.4%
休闲服务	236.5%	64.9%	74.6%	34.2%	33.5%	81.5%	25.1%	181.2%
电气设备	298.4%	76.9%	64.3%	14.2%	35.4%	91.2%	25.7%	108.3%
医药生物	175.4%	49.9%	53.4%	14.4%	23.4%	76.8%	47.0%	55.0%
食品饮料	260.4%	67.4%	24.5%	34.0%	25.0%	49.3%	48.3%	118.9%
家电	176.2%	68.6%	68.0%	16.1%	42.5%	62.2%	35.2%	35.2%
上证指数	200.2%	87.0%	32.4%	37.7%	56.7%	43.7%	15.2%	23.5%

（数据来源：主观粗略估算）

现在我们将2005年5月至2007年10月，2008年11月至2009年7月，2014年6月至2015年5月，2019年1月至2021年2月，这四个统计区间分成了：2005月至2007年3月，2007年3月至2007年10月，2008年11月至2009年4月，2009年4月至2009年7月，2014年6月至2015年1月，2015年1月至2015年5月，2019年1月至2020年1月，2020年1月至2021年2月，这八个统计区间。也就是说，我们将这四轮牛市中的每一轮行情都大致分为了牛市上半场、牛市下半场。其中，期间跑赢上证指数的涨幅数据我们用粉红色标记，期间跑输上证指数的涨幅数据我们用亮绿色标记。

在这八个统计区间中，各行业板块总计跑赢上证的次数如下：

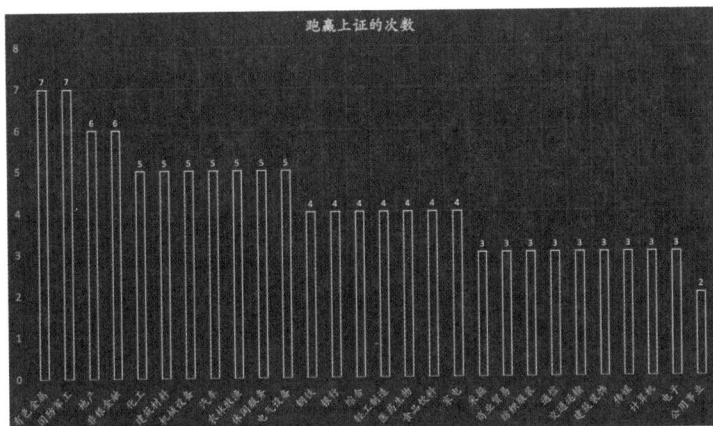

跑赢上证的次数排名前十一名由高到低分别为：有色金属7次、国防军工7次、地产6次、非银金融6次、化工5次、建筑材料5次、机械设备5次、汽车5次、农林牧渔5次、休闲服务5次、电气设备5次。也就是说，仅仅从历史表现上来看，有色金属、国防军工、地产、非银金融这些板块，不仅仅在牛市上半场常常跑赢上证指数，在牛市下半场表现通常也是不错的。这是过去发生的大致情况，并不必然代表未来。

进一步将这八个统计区间内的涨幅进行排序：

（1）2005年5月至2007年3月（牛市上半场）

牛市上半场，涨幅排名前十分别为：非银金融、国防军工、有色金属、商业贸易、电气设备、地产、机械设备、银行、汽车、食品饮料。绝大多数行业板块都跑赢了上证指数。

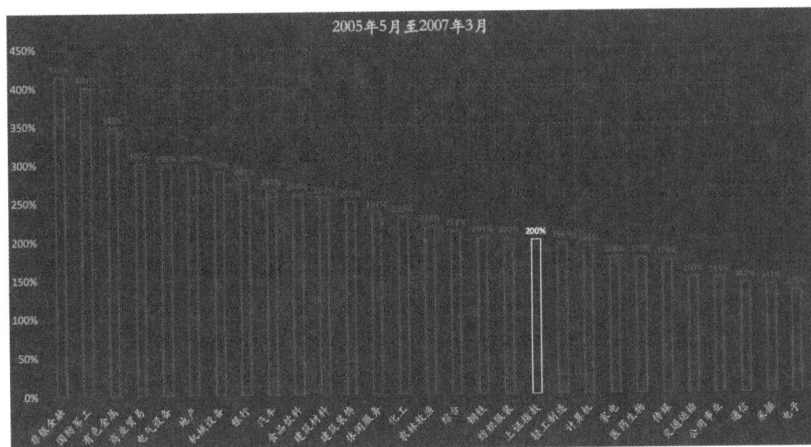

（2）2007年3月至2007年10月（牛市下半场）

牛市下半场，涨幅跑赢上证指数的只有：采掘、有色金属、非银金融、地产、国防军工、银行。有趣的是，除了采掘，其他的如有色金属、非银金融、地产、国防军工、银行这些行业板块，不仅仅在牛市下半场表现抢眼，它们在牛市上半场涨幅同样靠前。这给我一种"强者恒强"的感觉。

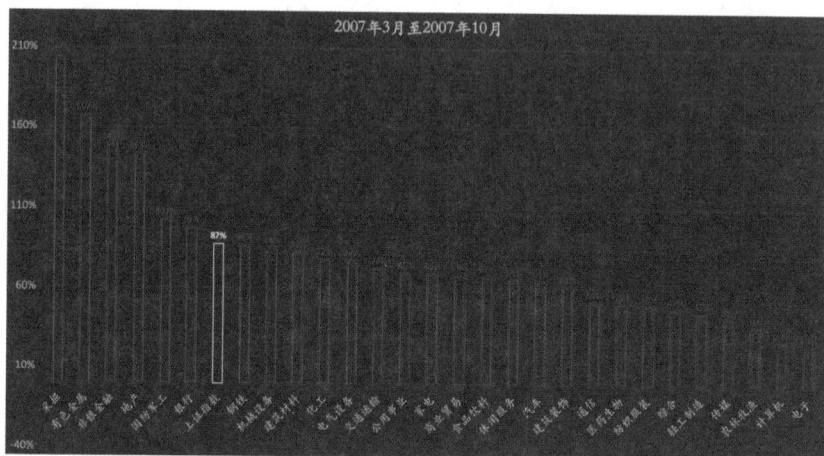

（3）2008年11月至2009年4月（牛市上半场）

牛市上半场，涨幅排名前十分别为：汽车、国防军工、有色金属、综合、电子、建筑材料、休闲服务、采掘、家电、计算机。绝大多数行业板块都跑赢了上证指数。

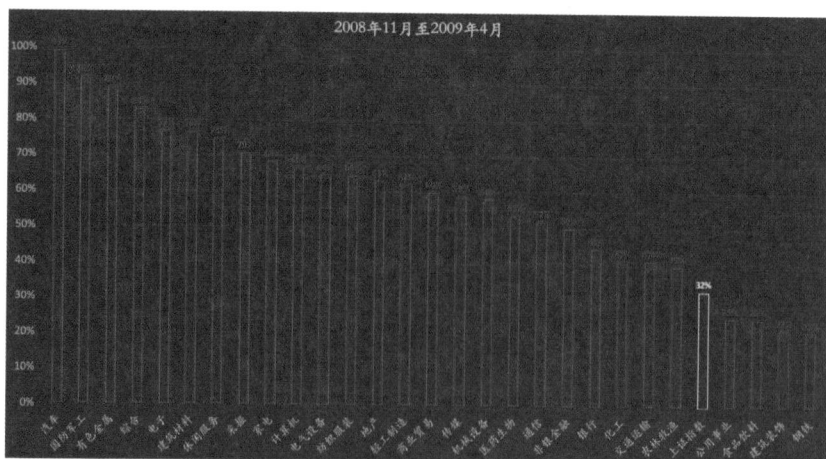

（4）2009年4月至2009年7月（牛市下半场）

牛市下半场，涨幅排名前十分别为：采掘、钢铁、有色金属、银行、非银金融、地产、国防军工、休闲服务、食品饮料、汽车。涨幅跑赢上证指数的只有：采掘、钢铁、有色金属、银行、非银金融、地产、国防军工这七个行业板块。有趣的是，采掘、有色金属、国防军工、休闲服务、汽车这五个行业板块，不仅在牛市下半场表现抢眼，它们在牛市上半场涨幅同样靠前。如果我们将券商单独从非银金融板块拿出来看，券商在牛市下半场是跑赢了上证指数的。总体上，仍然有那么一些"强者恒强"的感觉。

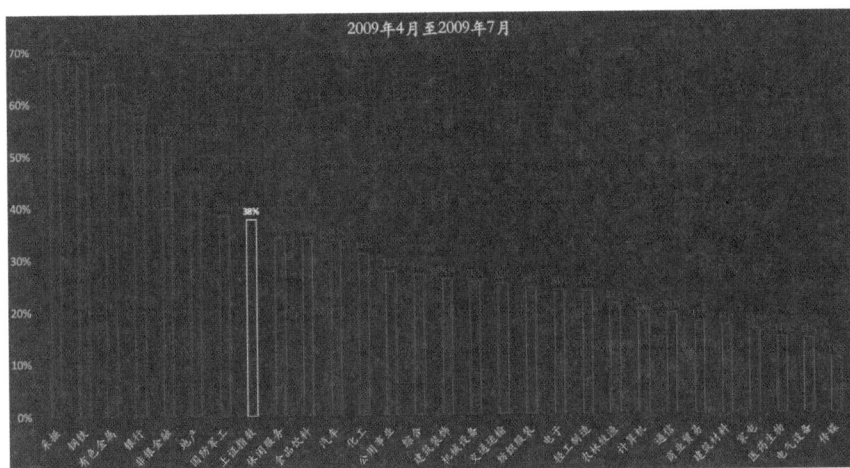

2009年4月至2009年7月

（5）2014年6月至2015年1月（牛市上半场）

牛市上半场，涨幅排名前十分别为：非银金融、钢铁、建筑装饰、交通运输、地产、公用事业、国防军工、机械设备、商业贸易、银行。其中，跑赢上证指数的只有非银金融、钢铁、建筑装饰、交通运输、地产、公用事业这六个行业板块。

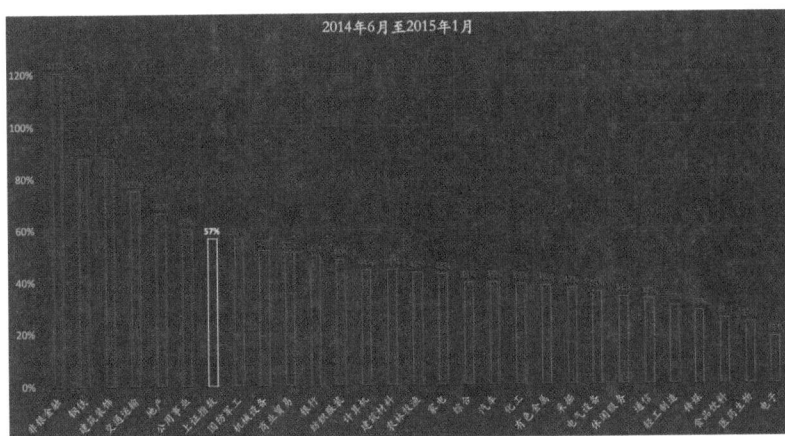

2014年6月至2015年1月

（6）2015年1月至2015年5月（牛市下半场）

牛市下半场，涨幅排名前十分别为：计算机、传媒、轻工制造、通信、纺织服装、机械设备、国防军工、电气设备、电子、综合。绝大多数行业板块都跑赢了上证指数。其中，国防军工、机械设备跑赢上证指数的上涨行情贯穿了牛市上、下半场。在这一轮牛市中，在牛市上、下半场涨幅排名前十的行业板块变化较大，板块轮动的特征相对比较明显。看到这里，我估计国防军工板块应该给我们留下比较深刻的印象了，因为国防军工这几个字出现的频率是比较高的。

（7）2019年1月至2020年1月（牛市上半场）

首先声明的非常重要的一点是，我并不知道这一轮周期到底算不算牛市，更不知道2019年1月至2020年1月能不能算是牛市初期。至于2019年1月至2021年2月这段时间到底是不是牛市，我也不会去猜测。判断牛熊这个事情最好还是交给专业人士去做。现在我仅仅是假设这段时期是牛市，注意了，这仅仅是毫无根据的假设，千万请记住这一点。

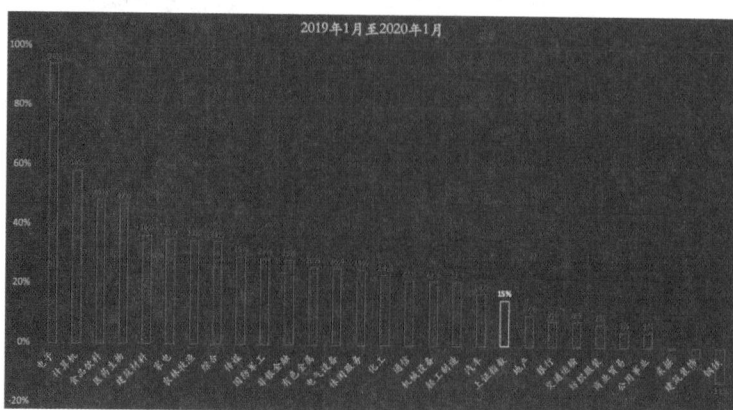

在假设2019年1月至2021年2月这段时间是牛市的前提下：

牛市上半场，涨幅排名前十分别为：电子、计算机、食品饮料、医药生物、建筑材料、家电、农林牧渔、综合、传媒、国防军工。绝大多数行业板块都跑赢了上证指数。值得注意的是，这期间，有三个行业板块是下跌的：采掘、建筑装饰、钢铁。

（8）2020年1月至2021年2月（牛市下半场）

2020年1月至2021年2月

我并不知道这一轮周期到底算不算牛市。更要额外强调的一点是，我更不知道2020年1月至2021年2月到底属不属于牛市下半场。我甚至在感觉上都不会发表任何意见，因为我的确看不懂。只是为了统计方便，现在假设这一轮周期是牛市，并且非常勉强地假设2020年1月至2021年2月是牛市下半场。

在假设2019年1月至2021年2月这段时间是牛市的前提下：

牛市下半场，涨幅排名前十一分别为：休闲服务、食品饮料、电气设备、化工、有色金属、医药生物、汽车、机械设备、建筑材料、农林牧渔、国防军工。这里我们将涨幅排名扩大到了前十一名，主要原因是我看到了国防军工这四个字。非常有趣的是，期间下跌的板块多达七个：公用事业、计算机、商业贸易、地产、建筑装饰、通信。所以，如果有人说现在是牛市，估计会有不少人反对。如果有人说现在是牛市下半场，估计会有更多的人反对。

在我们假设的这个牛市上、下半场中，食品饮料、医药生物、建筑材料、农林牧渔、国防军工这五个行业板块股价表现都相对强势。

综上1~8条中统计的八个区间：

（1）板块轮动这个现象是存在的，但在每一轮牛市中，板块轮动的显著程度是有差异的。板块轮动这个视角，实际上就是追逐市场先生的视角。在这个维度，我并不具有很强的把握能力。

（2）部分行业板块具有"强者恒强"的特征。如果我们能够提前预估哪些行业具备"强者恒强"的潜质，那么这会帮助我们省不少事。

（3）仅仅从这四轮周期的历史表现来看：如果在牛市上半场，跑赢上证指数的行业板块是绝大多数，那么在牛市下半场，跑赢上证指数的行业板块往往是少数；如果在牛市上半场，跑赢上证指数的行业板块是少数，那么在牛市下半场，跑赢上证指数的行业板块往往是多数。

（4）注册制的背景下，本轮周期中出现了很多不同以往的现象："核心资产"受到追捧，股价表现两极分化明显，部分行业板块出现了下跌，部分热点题材板块仍然受到追捧。

（5）仅仅从历史表现来看，从我的主观视角出发：券商、军工在牛市中跑赢上证指数的概率最大。券商在牛市中必然处于景气周期。而军工属于典型的题材票、非周期票，军工在以往牛市中的表现主要就是来自其自身的特殊题材，跟公司业绩走势关系不大。其次，仅仅从历史表现来看，在牛市中跑赢上证指数可能性相对较大的板块有：建筑材料、机械设备、电气设备、汽车、有色、煤炭、化工，不过这些周期性行业板块还应该具体结合各行业的景气度、相关政策走向等去揣摩。

无论是券商、军工，还是建筑材料、机械设备、电气设备、汽车、有色、煤炭、化工，我们都不能完全脱离基本面分析去盲目"下注"。即使是参与牛市博弈，我仍然会尽量关注行业龙头。不管我们自认为自己有多聪明，终究还是会与我们把握不住的东西说再见。

格雷厄姆曾经说过："牛市是普通投资者亏损的主要原因。"牛市未必是介入周期股的最佳时机，熊市末期才是。

第3章

新能源汽车行业

以百年来看，一个行业的更迭是一轮周期。在一个全新行业快速崛起时，先发优势至关重要。

根据工信部《新能源汽车产业发展规划（2021—2035年）》（征求意见稿），到2025年我国新能源汽车目标渗透率为25%。据此粗略估算，我国新能源汽车销量在2021—2025年间将有望实现高达40%的复合年增长率。

3.1 特斯拉

2003年，马丁·艾伯哈德和马克·塔彭宁共同创立"特斯拉汽车"，以纪念物理学家尼古拉·特斯拉。2004年，埃隆·马斯克进入公司并领导了A轮融资，担任公司董事长。2010年，特斯拉登陆纳斯达克。特斯拉主营业务有：产销电动汽车、太阳能板、储能设备等。

3.1.1 交付数量

1. 全球交付总量

图中所示为特斯拉历年全球销量（亮绿色柱子）、全球Model S及Model X总销量（白色线条）、全球Model 3及Model Y总销量（红色线条）。

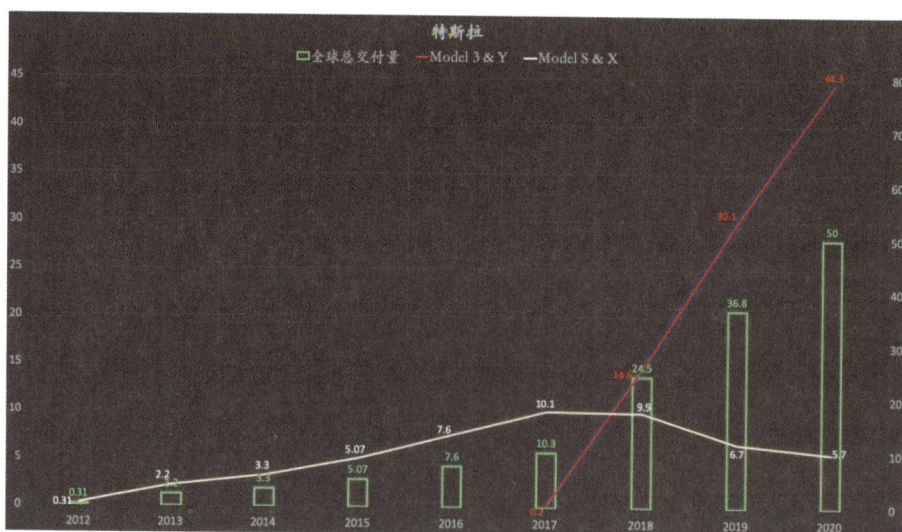

（数据来源：整理自特斯拉财务报表）

2003年，由于汽车行业不景气，特斯拉以较低的代价获得了通用合作伙伴AC propulsion的核心技术。2008年特斯拉将其首款车型两门运动跑车Roadster推向市场, 2012年推出第二款车型四门纯电动轿跑Model S, 2015年开始交付第三款车型Model X, 2017年末开始交付第四款车型Model 3, 2020年开始交付第五款车型Model Y。

特斯拉Model 3于2016年上市。据说, 上市后三天便斩获27.6万台订单, 一周便斩获32.5万台订单。受制于产能, 特斯拉2018全年全球交付数量并未充分体现终端消费需求量。2018年7月, 特斯拉与上海相关部门签订了纯电动车项目的投资协议。特斯拉中国工厂在短短10个月左右建成, 并于2019年底正式开始生产, 这极大地缓解了特斯拉的产能压力, 并为特斯拉进一步降低综合制造成本、打开利润空间或降价空间提供了帮助。

2. 特斯拉中国销量

对于特斯拉来说, 无论是生产制造还是终端消费市场, 中国都是至关重要的。2020年, 特斯拉全球累计交付50万台, 其中中国市场销量约15万台, 中国市场销量占特斯拉全球总销量约30%。并且, 随着国产Model Y的逐步交付, 2021年中国市场销量占特斯拉全球总销量的比例继续攀升。

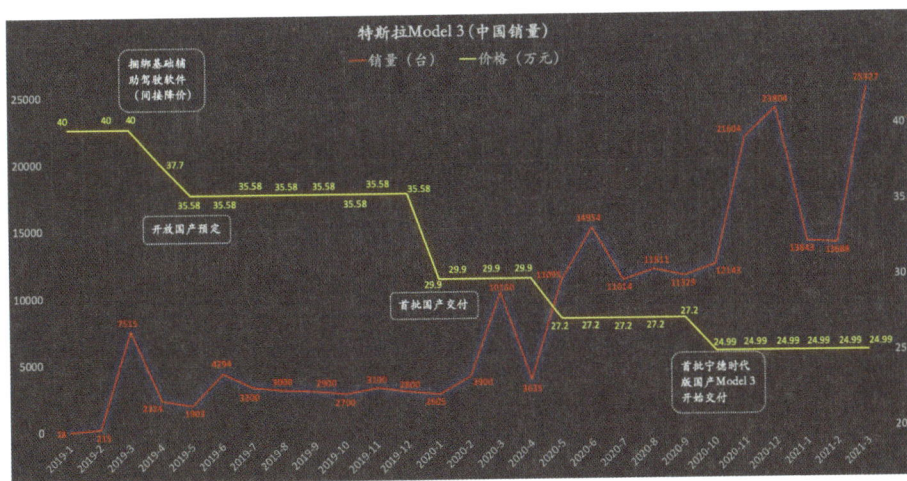

（数据来源：整理自第一电动网、盖世汽车、腾讯网、主观粗略估计）

上图是特斯拉Model 3在2019—2021年中国市场售价与月销量走势。因为早期销售的Model 3版本中缺少基础续航版, 为了对标当前Model 3（标准续航升级版）, 在图中我对特斯拉Model 3早期国内售价作了主观的模拟处理。因为早期销售的Model 3版本没有捆绑基础辅助驾驶软件, 为了对标当前Model 3

（标准续航升级版），对某段时期的售价作了主观的模拟处理。

随着产能提升、国产化推进，特斯拉Model 3国内售价出现了几次调整。2019年3月左右至2020年10月左右，特斯拉Model 3中国市场售价降幅高达37.5%左右。2020年，首批国产特斯拉Model 3开始交付，随后出现了单月销量过万的情况。特斯拉在中国市场销量表现显著提升始于2020年5月左右的售价调整：由29.9万元下调至27.2万元，自此特斯拉Model 3销量稳定在月销1万辆以上。而月销量突破2万辆则是从2020年10月左右开始的，进一步降价（电池供应商国产化：更换为宁德时代）：由27.2万元下调至24.99万元。由于电池成本占了特斯拉Model 3综合制造成本的40%左右，而宁德时代电池可以帮助特斯拉降低约25%电池成本，特斯拉因电池供应商国产化而进行的销售价格下调并未导致其单车毛利率明显下降，却带来了终端销量表现的大幅改善。

特斯拉国产化的步伐并未止步于Model 3，下调14.8万元售价后的国产Model Y入门版售价为33.99万元。2021年1月特斯拉开始交付国产Model Y。2021年2月，特斯拉国产Model Y交付数量为4 630辆，环比大增近3倍。2021年3月特斯拉国产Model Y交付数量为15 101辆，环比大增2.3倍。随着产能逐步提升，单月交付数量有望进一步上升。Model Y与Model 3共享零件比例高达75%左右。整车制造行业具有明显的规模效应，随着Model Y销量逐步走高，特斯拉的单车综合制造成本有望继续走低。

3.1.2　特斯拉的"黑科技"

1. 电气架构

特斯拉的电子电气架构更加激进：软件定义汽车。以Model 3为例，整个电子电气架构划分为三个部分：中央控制DCU（驾驶辅助、信息娱乐、外部连接、车内通信）、左车身控制DCU、右车身控制DCU（车身控制模块涵盖便利系统、底盘与安全系统、部分动力系统）。其中信息娱乐系统采用了X86构架的intel Atom A3950处理器，运行特斯拉自己打造的linux系统。

2. 线束长度

Model S线束长度约3km，Model 3线束长度减半至约1.5 km。根据报道，特斯拉于2019年7月公布了一项专利技术，计划将Model Y的车内线束长度缩短到100 m。将线束长度由3 km缩短至只有100 m，并在线束内部设置"结构件"，将线束变成一系列固定的零件，使得机械手臂组装线束成为可能。线束缩短可以提高生产效率、降低人工成本。

3. 芯片

特斯拉自主研发的芯片处理器速度达到2 300 帧/秒，是英伟达Drive PX2芯片处理器速度的21倍，是英伟达下一代Drive Xavier芯片处理速度的7倍。

4. 特斯拉OTA

特斯拉于2012年开始投入使用OTA进行系统升级，并率先在固件上应用OTA技术。特斯拉蜂窝网络收费类似SaaS企业会员费，每月付费，OTA升级收费类似于产品升级。特斯拉的软件升级功能并没有销售费用，所有车型都已经预装。马斯克曾说过，汽车行业未来的利润增长点不在于卖车，而是基于自动驾驶技术的出行服务和基于用户终端的软件付费两个方面。

5. 无人驾驶

特斯拉似乎对L3级无人驾驶不感兴趣。在2020世界人工智能大会上，特斯拉CEO马斯克通过视频演讲称："在特斯拉，我们感到已非常接近L5级无人驾驶了，我有信心将在今年完成L5级的基本功能。"马斯克认为，实现L5级别自动驾驶并不存在底层的根本性挑战，但存在很多细节问题，目前特斯拉专注于处理L5级别自动驾驶的细节问题。

6. 特斯拉与苹果的相似之处

两家企业均投入大量时间和资金用于技术创新与产品研发，推出新技术、新产品以引领行业发展趋势，并迫使业内其他竞争对手重新思考，改变传统产品设计方案。垂直整合资源，快速迭代产品，硬件商过渡至服务商。汽车的未来：移动的计算机。

3.1.3　财务数据

1. 相对估值

市销率（PS），就是总市值与主营业务收入的比值。由于创业型公司诸多财务

指标（如每股盈利、每股净资产等）波动幅度较大，市销率相对来说比较具有一定
参考价值。

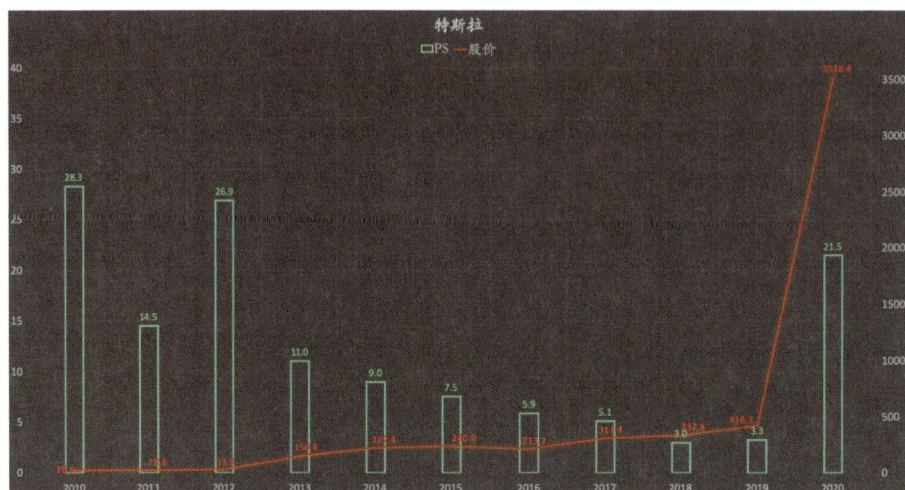

（数据来源：雪球、主观粗略估计）

上图是特斯拉2010—2020年市销率、股价（后复权价格）走势。2013年，尽
管特斯拉股价累计上涨超过3倍，但由于同期营业收入同比暴增，市销率是同比大
幅下降的。2014—2019年，尽管特斯拉股价整体上呈现出逐步横盘震荡上涨态
势，但由于特斯拉期间营业收入持续增长，市销率是逐步走低的。2020年，特斯
拉营业收入同比增长28.3%，期间股价同比暴增7倍以上（股价涨幅远超收入增
幅），市销率同比暴增。

虽然2013—2019年特斯拉股价（后复权价格）呈现出震荡上涨态势（表面上
看起来风险在逐步跟随股价上涨而积累），但部分投资机构可能反而会认为特斯
拉的风险在逐步释放：市销率明显逐步走低。

2. 自由现金流、净利润

可以隐隐约约看出特斯拉自由现金流、净利润这两者之间的些许关联性。
2019—2020年，特斯拉自由现金流金额持续超过净利润金额。

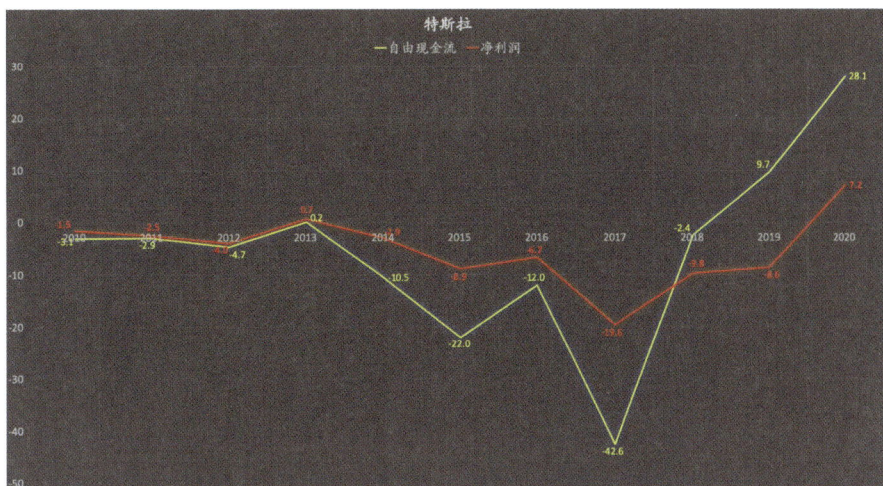

（数据来源：特斯拉财务报表、主观粗略估算）

3. 筹资现金流占收入比、负债率

总体上，对于一家创业公司来说，基于特斯拉长期大规模"烧钱"的运营模式，特斯拉的资产负债率算是控制得相对不错的。在特斯拉"疯狂"对外融资+"疯狂"烧钱+急速扩张的运营模式下，要想长期在资产负债表上取得平衡，其实并不容易。所以我并不认为特斯拉曾经逼近90%负债率水平属于表现较差的情况，相反，我认为管理层的"平衡术"施展得不错。这就好比在赛车场上，车速越快，对赛车的操控就越难。2020年，特斯拉负债率下探至较低水平，部分得益于经营改善，部分得益于对外融资活动。

（数据来源：估算自特斯拉财务报表）

4. 毛利率、净利率

2010—2013年，特斯拉净利率持续大幅改善，长期毛利率趋于稳定。

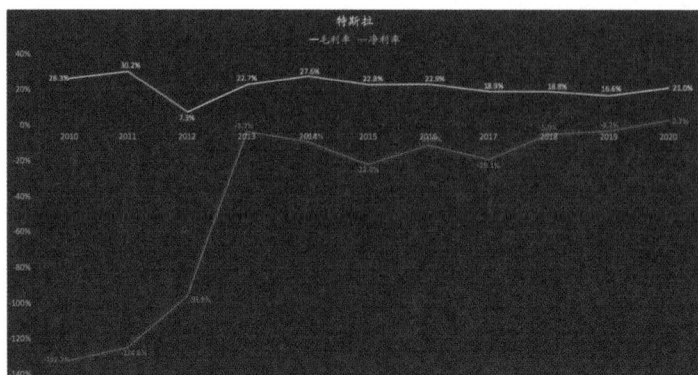

（数据来源：估算自特斯拉财务报表）

5. 研发强度、销售费用率、净利润

特斯拉的经营史上净利润为正的只有两年：2013、2020年，这两年特斯拉股价分别暴增超过3倍和7倍。而这两年的研发强度、营销费用占收入比都处于阶段性相对低位：费用率越低，越容易挤出净利润。长期来看，特斯拉的研发费用率、营销费用率是非常高的。特斯拉在电动车领域，现阶段暂时没有真正意义上的竞争对手，其当前实质性的竞争来源于豪华品牌燃油车，例如宝马、奔驰、奥迪（三者简称"BBA"）。不过，以近些年特斯拉、"BBA"在北美市场的终端销量表现来看，与其说是竞争，不如说是逐步替代。未来，特斯拉能否长期在适当的研发强度、适当的营销费用率的情况下依然保持其技术领先、市场领先，这个具有一定的不确定性。

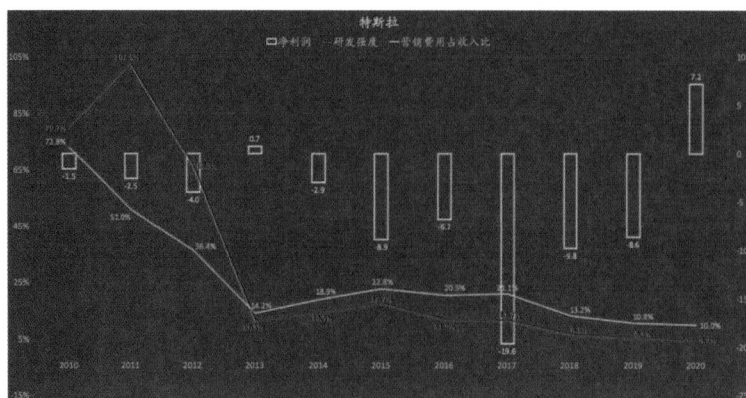

（数据来源：特斯拉财务报表、主观粗略估算）

6. ROE、收入增速

2011—2018年，收入增速相对较高，期间ROE表现较差。2019-2020年，收入增速明显放缓，ROE表现逐步改善。

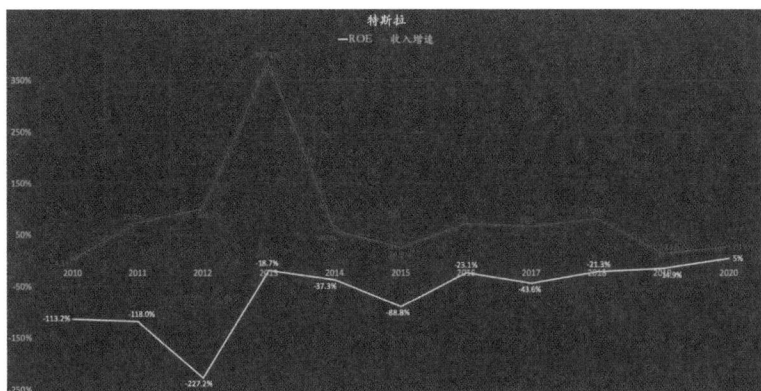

（数据来源：估算自特斯拉财务报表）

3.2　比 亚 迪

比亚迪成立于1995年，当前业务布局涵盖电子、汽车、新能源和轨道交通等领域。2003年，比亚迪成长为全球第二大充电电池生产商，同年组建比亚迪汽车。2016年，比亚迪进入轨道交通领域。2021年，比亚迪汉EV获得2021德国IF设计奖。

3.2.1　为什么巴菲特买入并长期持有了比亚迪

2008年的特斯拉，正经历着至暗时刻。虽然推出了首款车型Roadster，但成本和售价居高不下，特斯拉的财务状况让人感到担忧。在金融危机的影响下，特斯拉的财务状况更是雪上加霜。2008年的比亚迪，综合财务状况依然趋于稳定。巴菲特曾经在接受专访时，谈到了他最欣赏的4个CEO，包括亚马逊的杰夫·贝佐斯、精密机件的马克·多尼根以及苹果的蒂姆·库克，还有一位就是王传福。尽管比亚迪具有重资产属性，也并非巴菲特偏爱的典型投资标的，但比亚迪优秀的管理层可以在很大程度上降低投资风险。比亚迪的核心竞争力部分也体现在媒体对比亚迪的评价上：

（1）比亚迪曾经在美国《财富》杂志"2019年改变世界企业名单"中名列第三。

（2）曾经有媒体认为，比亚迪彼时是全球唯一掌握核心三电技术的车企。尽管比亚迪并非在电池、电机、电控领域全方位超越所有竞争对手或零部件供应商，但比亚迪对核心技术掌握得比较全面，并不存在明显的短板。

（3）比亚迪从2009年开始涉足光伏产业，并连续多年获得bloomberg tierl全球一级组建制造商列名，同时也是DNV GL（美国）选出的性能最好的制造商。

许多投资者朋友仅仅因为巴菲特买入并长期持有了比亚迪，就将比亚迪当作价值投资"永续经营"投资标的，这是一种认知偏差。比亚迪作为新能源汽车龙头具有的是先发优势，在高速增长的新能源市场需求中可能会逐步体现出成长的"爆发性"，这是风险投资者普遍喜欢的特征。巴菲特之所以长期持有了比亚迪，是因为比亚迪的"爆发性"暂时还没有在营业收入、ROE等方面有所体现，而不是因为比亚迪值得"永久性"持有。比亚迪的新能源汽车业务始终脱离不了快速迭代、重资产、激烈竞争的行业属性，这应该就是巴菲特对比亚迪的持仓权重始终保持在比较小的范围的主要原因。

在比亚迪的"爆发性"部分体现或者充分体现之后，在新能源汽车行业的竞争明显加剧（现有或潜在的竞争对手有：特斯拉、Lucid Motors、苹果、蔚来、小鹏、理想、威马、零跑、法拉第、华为、百度、阿里巴巴、腾讯、小米、恒大、宝能、高合、格力、索尼、富士康、传统燃油车企转型新能源等）之后，在比亚迪的合理估值被市场认可或者甚至出现估值泡沫之后，我主观上认为巴菲特未必会仍然继续长期持有比亚迪。这就是我个人眼中的比亚迪，一个兼具阶段性确定性和永久性行业属性的比亚迪。

3.2.2　为什么巴菲特持有比亚迪的仓位权重始终很小

查理·芒格在2021年初谈论比亚迪，就从侧面反映出一些他的想法：

（1）我们在持有比亚迪前五年的时候，公司股价基本没什么涨幅。过去几年股价涨幅很快，因为它处在非常有利的行业地位，抓住了汽油车向电动车转型的先机。

（2）对于一些数字化公司，我们投资了比亚迪，比亚迪实际上当时也不是一个初创企业，发展得也并非很大，而且已经上市了。另外，我觉得红杉也做得非常好，而红杉很难用纯粹的传统估值方法，不同的人可能会有不同的估值方法。

（3）我其实是很少持有像比亚迪这样的股票，（估值）已经高到让你流鼻血的地步。我也是不断在学习。我非常喜欢这家公司，也喜欢管理层，这就是我的想法，所以我还是非常忠诚于自己的想法。

一个新的行业出现，尤其是一个潜在产业规模巨大的新的行业出现，总能够吸引一大批"敢为天下先"的创业者参与其中，竞争加剧。以美国为例，奥兹莫比尔是美国历史上以及全球历史上首家大批量生产燃油汽车的公司，于1901年建立了第一条生产线。但美国在1900—1929年期间先后涌现了数百家车企。充分竞争或者过度竞争，带来的可能是大面积倒闭或兼并。截至2018年，据相关统计，美国历史上倒闭的车企数量超过1 500家。到2021年，美国仅剩下几家车企。

新能源汽车逐步替代燃油车，燃油车逐步替代马车，这两者在本质上是有相似之处的。芒格先生也曾说过，我们应该以"永恒"的视角来审视当前。那么，我们现在就试着从历史的角度出发，仅仅从表面上大致看一看：那些曾经具有先发优势的车企，首次面对经营困境是什么时候。然后我们再回过头来重新审视比亚迪。

在特定历史时期，电动汽车技术实际上是与燃油汽车技术交错发展和演变的。只是因为续航与制造成本等问题，电动汽车的技术革新在历史上出现了长期相对停滞。

进一步，提炼出关于燃油汽车的关键词：奔驰、戴姆勒、迈巴赫、保时捷、奥兹莫比尔、福特。除了奥兹莫比尔，这些车企的名字我们应该都比较熟悉。其实，奥兹莫比尔也不是那么陌生。早在1908年，奥兹莫比尔就被通用汽车收购。直到2000年，通用汽车才让奥兹莫比尔品牌彻底退出历史舞台。无论是奔驰、戴姆勒、迈巴赫、保时捷、奥兹莫比尔还是福特，其生命周期都长达百年之久或者超过百年，而在这百年之中绝大多数车企都已经被"淹没"在了历史长河中。看到这里，隐隐约约可以感受到车企先发优势所带来的反脆弱性。

另一方面，在这百年之中，各大车企的发展并非一帆风顺。由于迈巴赫与保时捷主要定位高端小众市场、奔驰与戴姆勒在早期进行了合并、奥兹莫比尔在早期被通用汽车收购，我们暂时将目光聚焦在奔驰、福特这两家历史脉络相对更加清晰且更具代表性的车企身上。奔驰、福特，它们分别是推出全球第一款量产燃油汽车，全球第一款在生产线上大批量生产的燃油汽车的企业。

先看奔驰。1888年，奔驰推出了全球第一款量产燃油汽车。1890年，戴姆勒公司成立并拥有自己开发的燃油汽车。1920年，由于宏观经济环境欠佳，奔驰提出了收购戴姆勒的邀约以共渡难关，但被戴勒姆拒绝。1926年，为了寻求生存，奔驰与戴姆勒合并为一家公司。

再看福特。1908年，福特汽车推出了"现象级爆款"T型车。1921年，仅仅福特T型车这一款车型的产量就占据了全球汽车总产量的56.6%。1928年，在通用汽车持续多年的步步紧逼之下，福特汽车全球市场占有率第一的位置让给了通用汽车，该年通用汽车市场占有率超过30%。1929—1940年，福特汽车市场占有率由31.3%大幅下滑至18.9%。

也就是说，从福特汽车1908年通过T型车快速崛起到福特汽车1928年明显出现颓势，仅仅用了20年时间。而从奔驰1888年推出首款量产燃油汽车到1920年迫于经营压力提出收购戴姆勒，用了32年时间。

为什么我们要耗费精力去了解奔驰、福特从开始崛起到进入下滑周期所用的时间？因为处于重资产行业的车企，在终端销量表现进入下滑周期的过程中是比较可怕的。这中间涉及大笔的落后生产线折旧费用、新车型开发费用、新车型营销费用等。以福特汽车在中国与长安汽车的合资公司长安福特为例，2018—2019年长安福特营业收入分别同比下滑约50.1%、43.5%，同期净资产分别同比减少约12.8%、52%。长安福特的综合基本面可以用"断崖式"下滑来形容。而处于轻资产行业的东阿阿胶则明显不同。2019年东阿阿胶营业收入同比减少59.7%，期间净资产同比仅仅减少约4.5%。尽管东阿阿胶2020年前三季度收入同比减少27.9%，期间净资产仅同比减少约0.2%。2020年全年东阿阿胶营业收入同比增长14.8%，净利润由负转正。

同样是遭遇终端销量"断崖式"下滑，长安福特出现巨亏，而东阿阿胶几乎毫发无损。其根本原因就是，东阿阿胶并不需要像长安福特那样大规模地更新生产线并且大力推出新产品，东阿阿胶也不需要像长安福特那样大手笔地投入研发以维持正常运营。在企业处于上升周期中，我们仅仅通过表面的些许盈利指标是难以察觉重资产、轻资产行业之间的差别的。但在企业明显处于终端销量表现下滑的周期中时，重资产、轻资产之间的差别就明显地体现出来了。

而一旦处于重资产行业的车企遭遇类似长安福特这样的终端销量"断崖式"下滑，并且基本面出现快速"坍塌"，即使车企能够东山再起、再创辉煌，我们对这家车企的理性估值也会发生重大改变。在重估这家车企长期价值的时候，我们也许做的不是减法，而是除法。琢磨一下，为什么长安汽车2018年收购日本铃木及铃木中国总计持有的长安铃木50%股权仅仅只花了1元钱？为什么雷诺集团2017年收购华晨中国持有的华晨金杯49%股权仅仅只花了1元钱？为什么一汽夏利2018年转让全资子公司天津一汽夏利100%股权的挂牌价格仅仅为1元钱？换句话说，如果我们不能够在车企遭遇可能出现的基本面"坍塌"之前提前脱身，那么我们将遭遇的则可能是重大价值损失。投资重资产企业，择时退出显然是必要的，择时退出的难度系数也是很高的。这就是重资产企业可能具备的风险：择时退出的必要性所带来的高度不确定性。

现在我们回过头来重新审视比亚迪。从福特汽车1908年通过T型车快速崛起到福特汽车1928年明显出现颓势，用了20年时间。从奔驰1888年推出首款量产燃油汽车到1920年迫于经营压力提出收购戴姆勒，用了32年时间。这是否意味着比亚迪在未来从快速崛起到遭遇可能出现的经营困境所用的时间在20~32年呢？非也。

在这个大量风险资本加速企业成长和加剧行业竞争，互联网信息技术高度发达，科技迭代频率大幅度提升，国际间技术交流日益频繁，国际科技人才流动日益加快，国内外资本流动更加高效的年代，比亚迪所要面临的潜在强有力的竞争可能会来得更快。具体有多快？这个没法估计。但可以大致看到的是，一旦比亚迪在未来遭遇强有力的竞争并且进入业绩下滑周期，比亚迪的基本面并不能像可口可乐、贵州茅台、片仔癀等轻资产企业那样小幅波动，而将面临的很可能是长期价值的重大重估。这就是为什么巴菲特买入并长期持有了比亚迪（成长的"爆发性"还未体现）但却从不重仓比亚迪（始终脱离不了重资产行业的基本属性）的主要原因。当然这些都是我的主观猜测。

3.2.3　财务数据

1. 收入结构

营业总收入：

先对比亚迪营业总收入走势有个大致初步了解。比亚迪在2019年出现了营业收入下滑，但在随后的2020年收入同比大幅增长了22.6%。

营业总收入

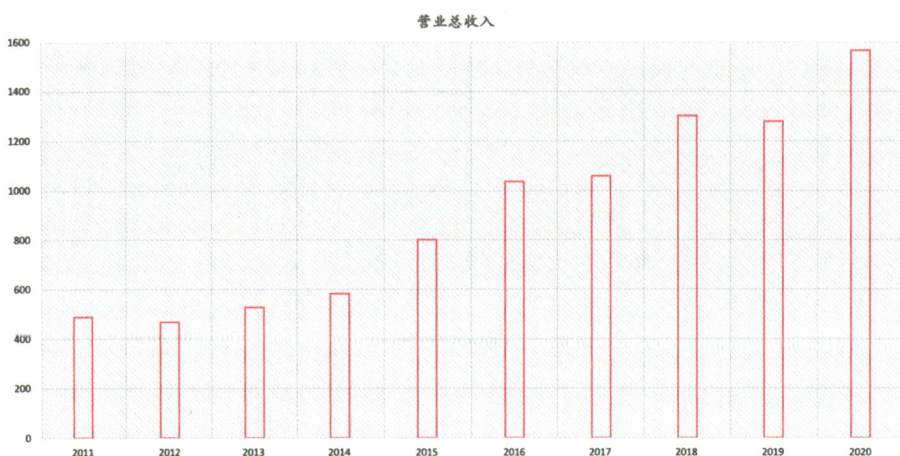

（数据来源：比亚迪财务报表）

收入结构：

因为比亚迪的汽车相关业务做得出色，在我们的印象中，汽车相关业务似乎是比亚迪的绝对收入来源。但这是一种错觉，比亚迪的手机相关业务所带来的营业收入与比亚迪的汽车相关业务所带来的营业收入相比，两者的差距并不算太大。

比亚迪

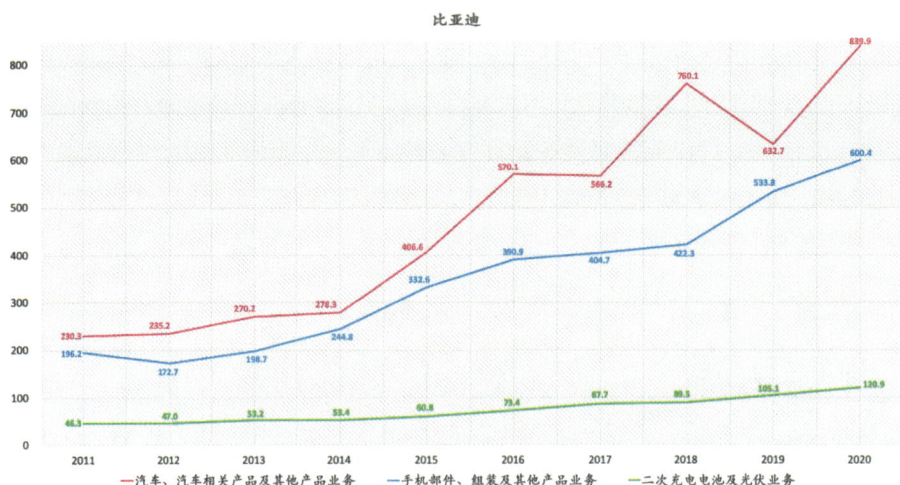

（数据来源：比亚迪财务报表）

上图是比亚迪2011—2020年汽车及相关产品等业务、手机部件及组装等业务、二次充电电池及光伏业务的营业收入走势。比亚迪的营业总收入主要来自这三大业务板块，其中汽车及相关产品等业务、手机部件及组装等业务所带来的营业收入占了比亚迪营业总收入的绝大部分。比亚迪的汽车相关业务高度垂直整合,具有一定的成本优势。根据我国"到2025年新能源汽车渗透率25%"的目标,预计中国新能源汽车销量在2021—2025年间将有望实现高达40%的复合年增长率。作为新能源汽车的龙头企业,比亚迪的新能源汽车业务无疑具备较大的成长空间。

各项收入占比:

下图是比亚迪2011—2020年汽车及相关产品等业务收入占总收入比例、手机部件及组装等业务收入占总收入比例、二次充电电池及光伏业务收入占总收入比例的长期走势。

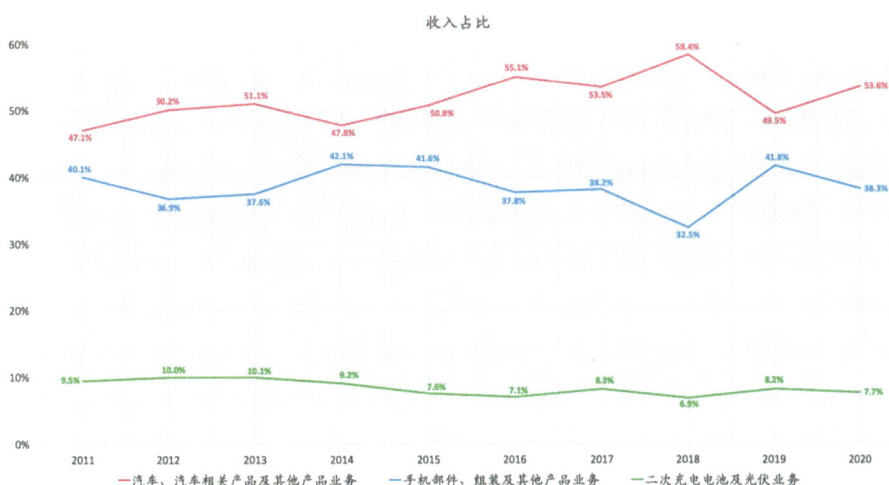

收入占比

（数据来源: 估算自比亚迪财务报表）

这三块业务占总收入的比例长期走势趋于平稳,并没有出现汽车及相关产品等业务收入占总收入比例明显大幅上升的态势。但我们看到比亚迪近一两年推出的刀片电池、高端新能源车型比亚迪汉等的产品力和市场表现都是不错的。所以,我大致可以这么片面地猜测:主要受新能源汽车高企的制造成本和消费者对新能源汽车偏高的售价有限的承接意愿这两方面因素影响,比亚迪在新能源汽车领域近几年主要侧重于技术积累和创新,并不急于追求短期几年内终端汽车市场销量表现。这个片面的观点,可以通过比亚迪稳健的财务数据来进行一定佐证。

比亚迪近几年并不亮眼的终端汽车市场销量表现是过去的、暂时的表现。这种过去的、暂时的表现可能主要来自新能源汽车盈利的难度（看看蔚来汽车近几年亏了多少钱吧）。作为新能源汽车的龙头企业,比亚迪在过去几年却在燃油车方面下了一些功夫,可见燃油车比新能源汽车更容易实现盈亏平衡。然而,随着新能源产业链日趋成熟，新能源汽车的制造成本（尤其是电池的制造成本）会逐步走低，这会大幅降低新能源汽车的盈利难度。而比亚迪的"爆发性"可能就会在新能源汽车盈利难度大幅降低之后有所体现。

2. 毛利率

2011—2020年，汽车及相关产品等业务、手机部件及组装等业务平均毛利率分别为22%、11.4%。低毛利率的手机部件及组装等业务显然并不能支撑比亚迪的长远发展，而二次充电电池及光伏业务当前收入占比还很小，比亚迪在未来多年的发展主要还得看汽车及相关产品等业务具体发展如何。

毛利率

（数据来源：比亚迪财务报表）

3. 研发强度

这是假设比亚迪每年研发费用资本化率为零的情况下所统计的研发强度。这个统计结果与直接通过比亚迪财务报表上研发费用统计的研发强度有所区别，因为比亚迪历年研发费用的资本化率都不是零。

在假设比亚迪每年研发费用资本化率都为零的情况下，2011—2020年比亚迪平均研发强度为5.6%。在自主车企中属于相对较高的水平。如果比亚迪的研发投入更加侧重于整车制造业务，而不是手机配件业务，那么比亚迪整车制造业务的研发强度会比我们这个统计结果还要高一些。

研发强度

（数据来源：估算自比亚迪财务报表）

比亚迪研发费用资本化率：

2011—2020年，比亚迪平均研发费用资本化率为41.3%。资本化的这部分研发费用并未直接计入当期费用项目之下，而是计入了无形资产进行长期摊销。

比亚迪

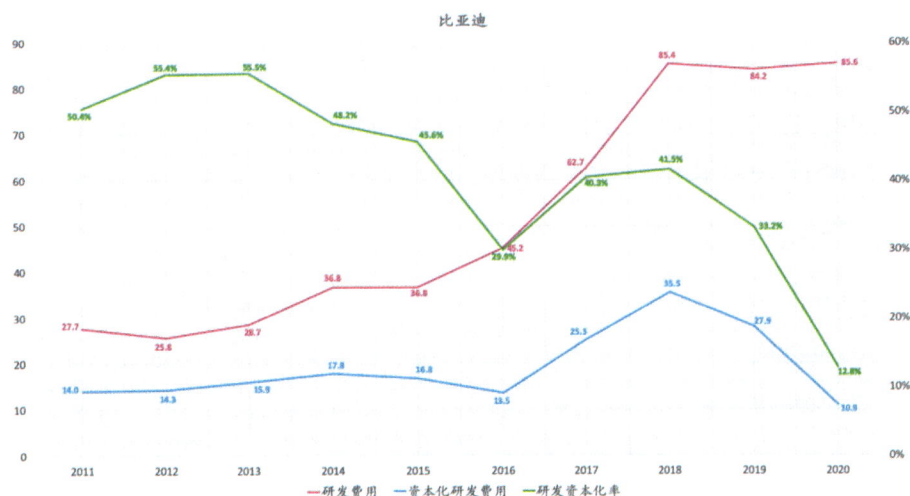

（数据来源：估算自比亚迪财务报表）

近些年比亚迪的研发费用资本化率在逐步走低，研发费用中直接计入当期费用项目之下的这部分比例在逐步增大。

4. 收入增速

2002—2020年，比亚迪平均收入增速为31.5%。近5年、近10年，比亚迪平均收入增速分别为15.1%、13.1%。

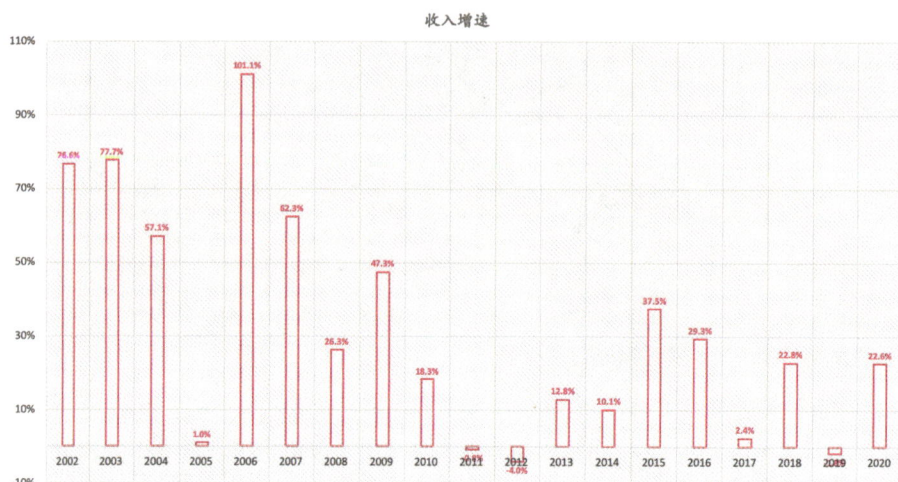

收入增速

（数据来源：估算自比亚迪财务报表）

2003年，比亚迪收购了西安秦川汽车有限责任公司、北京吉驰汽车模具有限公司，正式向整车制造行业（尤其是新能源汽车制造）转型。2005年，比亚迪首款新车F3正式下线。2006年，比亚迪汽车销量达到6.3万台。2002—2020年，比亚迪大致经历了一个由极速增长到快速增长的过程。

5. 自由现金流、净利润

自由现金流是检验净利润"质地"的一个关键指标。2020年，比亚迪自由现金流大幅度由负转正。但如果我们抛开2020年来看，比亚迪的长期自由现金流表现是相对较差的。

2002—2020年，比亚迪净利润累计加总金额、自由现金流累计加总金额分别为：427.3亿元、–375亿元。所以，即使我们将比亚迪自由现金流表现大幅度改善的2020年统计进来，比亚迪的长期自由现金流表现也是明显弱于其长期净利润表现的。

比亚迪具有如此差劲的长期自由现金流表现，显然并不符合巴菲特的主要投资偏好。

比亚迪

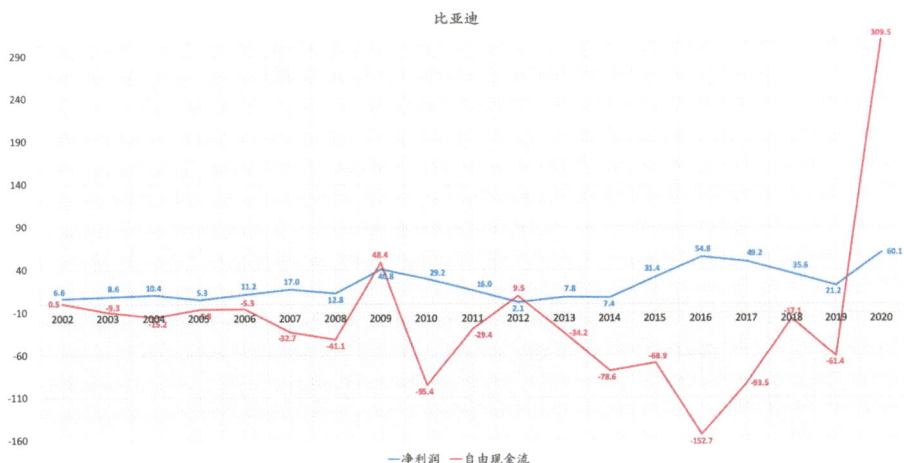

（数据来源：估算自比亚迪财务报表）

如何看待比亚迪的长期自由现金流表现？如果我们以传统的估值方式来看待比亚迪的长期自由现金流表现，应该就直接一票否决掉了比亚迪。但如果我们以风险投资的视角来看待比亚迪，我们会发现相对于特斯拉、蔚来、理想、小鹏等新能源创业企业来说，比亚迪的自由现金流长期表现就好了太多。实际上，对于一家创业公司来说，在长期持续投入大量费用用于研发、更新生产线等的情况下，比亚迪的长期自由现金流表现相对来说算是比较稳健的。如果我们进一步结合比亚迪的核心技术优势、比亚迪的长期收入增速表现来看，比亚迪在创业阶段所体现出来的综合质地其实并不差。

6. 自由现金流占比、筹资现金流占比

2002 年，比亚迪在港股上市，该年对外融资规模占收入比较大很正常。2003—2020 年，比亚迪平均筹资现金流占收入比为 8.5%，偶尔有一些明显的对外融资活动。2002—2020 年，比亚迪平均自由现金流占收入比为 -7.4%，相比传统企业来说属于较差水平，相比新能源汽车创业公司来说属于比较稳健的长期自由现金流表现。

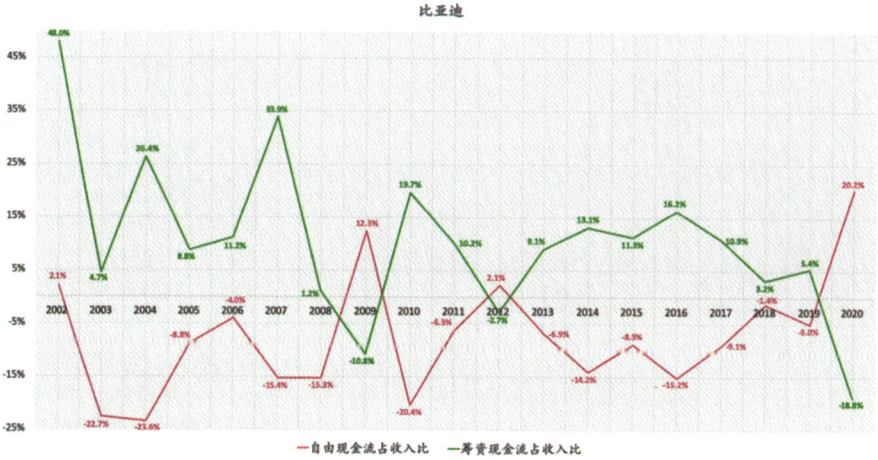

比亚迪

（数据来源：估算自比亚迪财务报表）

7. PB-ROE

2020年，比亚迪ROE表现一般，收入增速大幅改善，自由现金流大幅度由负转正。2020年下半年，比亚迪A股及港股的相对估值开始出现快速大幅提升。

比亚迪A股：

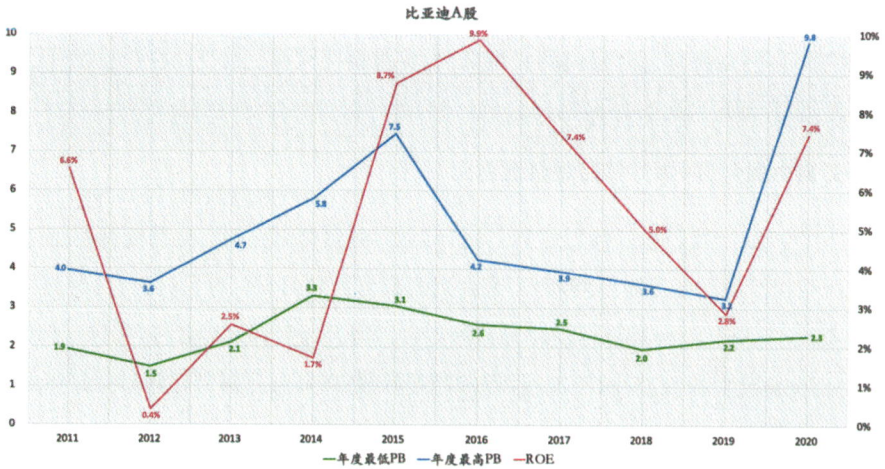

比亚迪A股

（数据来源：比亚迪财务报表、主观粗略估算）

比亚迪港股:

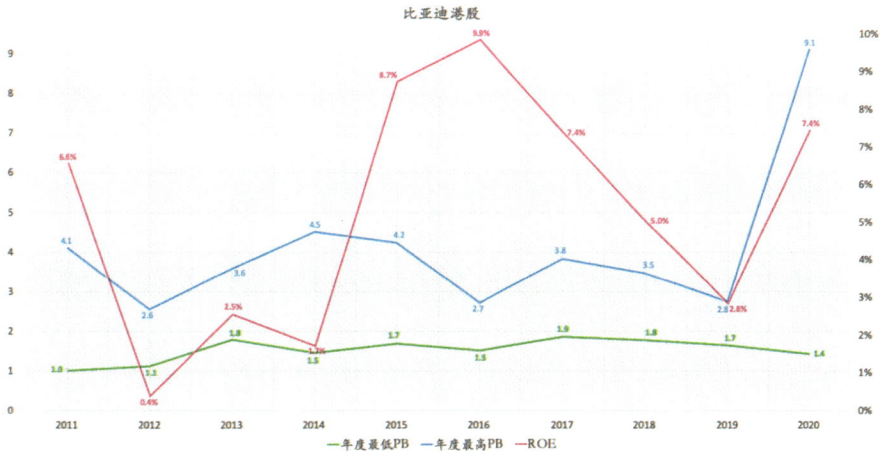

比亚迪港股

（数据来源: 比亚迪财务报表、主观粗略估算）

8. 应收账款占收入比

粗略一看, 比亚迪2016—2018年应收账款占收入比是显著偏高的。但仔细阅读比亚迪的财务报表就会发现, 比亚迪应收账款占收入比在某些年份显著偏高, 在一定程度上是由于新能源汽车补贴这部分应收账款具有较长的付款信用期, 且非常依赖相关政策及政府部门的付款安排。新能源汽车补贴这笔应收账款迟早是能够收回来的, 并不对比亚迪的基本面造成实质性的影响。抛开新能源汽车补贴来看, 比亚迪长期应收账款占收入比并不显著偏高。

应收账款占收入比

（数据来源: 估算自比亚迪财务报表）

9. 三费占比、固定资产比重

长期来看，比亚迪三费占比、固定资产比重均呈现出逐步下降态势。

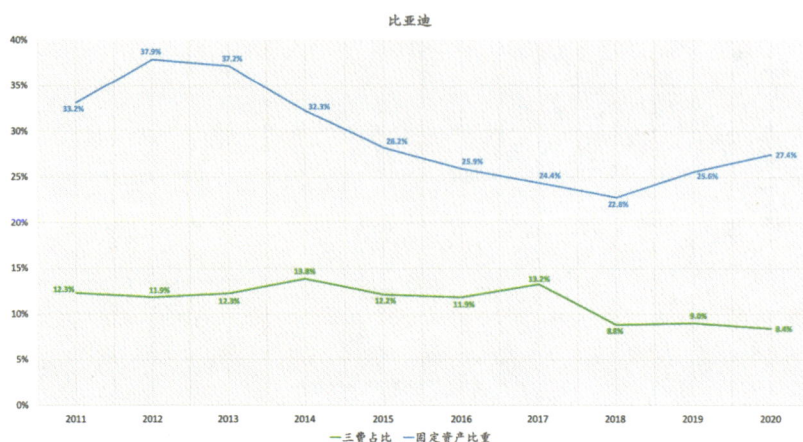

（数据来源：新浪财经）

10. 资产负债率、货币资金占收入比

与国际车企巨头对比，比亚迪资产负债率并不高。与国内主要自主乘用车企业对比，比亚迪资产负债率略高于平均水平。长期来看，比亚迪货币资金占收入比处于相对低位。

（数据来源：估算自比亚迪财务报表）

11. 综上

从传统的价值投资视角出发，直接通过比亚迪的诸多财务指标，很难看出比

亚迪的亮眼之处。在该视角之下，看到的比亚迪具有相对较高的风险系数。

从风险投资的视角出发，直接通过比亚迪的诸多财务指标，看到的却可能是稳健的财务表现。对于创业公司来说，首要任务是活下去，而比亚迪看起来似乎"稳如泰山"。在该视角之下，可以从比亚迪核心管理层的综合素质，比亚迪在新能源汽车领域掌握的核心技术，新能源汽车行业的前景等方面挖掘到比亚迪的亮眼之处。根据我国政府"到2025年新能源汽车渗透率25%"的目标，预计中国新能源汽车销量在2021至2025年间将有望实现高达40%的复合年增长率。在新能源汽车领域具有先发优势的比亚迪将如何演绎？

3.3　蔚　　来

蔚来是一家典型的创业公司，而创业公司的基本面往往自带较高的风险系数。在自主造车新势力中，知名度最高的似乎就是蔚来。部分网友将蔚来比作中国的特斯拉，看来这部分网友是对蔚来寄予了厚望。

1. 股价表现

下图是蔚来自2018年在美股上市以来，月末收盘价的走势。2020年下半年蔚来开启了一轮"疯狂"上涨，可谓气势如虹。假设投资者在2019年10月末以收盘价买入并持有至2021年1月末，在短短一年零三个月内其账户浮盈将高达38.3倍。

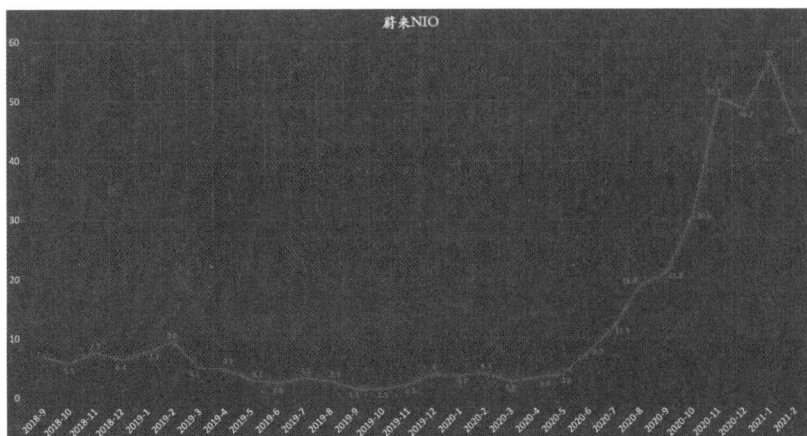

（数据来源：雪球，主观粗略估计）

2. 交付数量

蔚来这一路走来并不容易，从蔚来的逐月新车交付数量走势就可以瞥见一二。2018—2019年，蔚来单月新车交付数量波动幅度较大，并且单月交付数量总体上来看也比较稀少。2020年底及2021年初，蔚来的单月交付数量总算有了较大改善，这是否意味着蔚来的基本面已经脱离高风险区？我们带着这个疑问继续往下看。

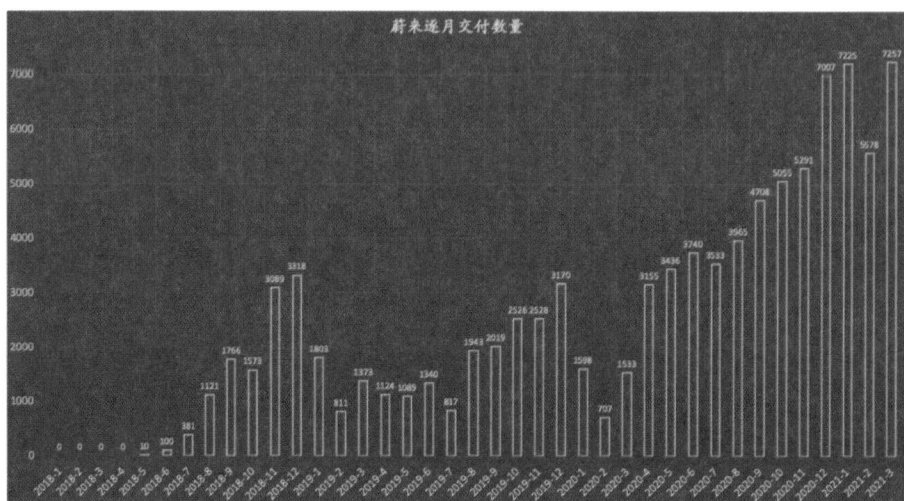

（数据来源：整理自蔚来官方微博、36氪）

3. 单季度区间内：收入、净利润

由于蔚来上市时间比较短，我们以单个季度作为统计单位，这样视觉效果会好一些。整体上，蔚来的单季度收入是逐步提升的，这是一个比较好的现象。另一方面，蔚来每个季度都是亏损的，并且与收入对比起来，蔚来的亏损幅度还不小。这让投资者不禁要捏把汗。2020年，我们看到蔚来单季度亏损幅度似乎有减小的趋势，这是一个相对来说比较好的现象。作为一家典型的创业公司，蔚来敢于如此大手笔地"烧钱"，其背后是资本的力量，再说具体点主要就是风投的力量。这张图或许还不足以说明蔚来"烧钱"的力度是多么地夸张，继续往下看。

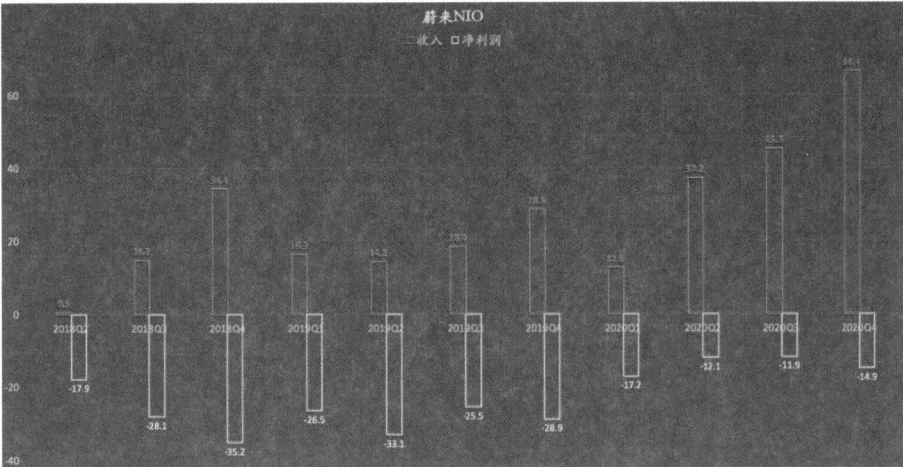

（数据来源：蔚来财务报表）

4. 单季度区间内：毛利率、净利率

　　我们对净利率为负这种情况应该并不会感到有多奇怪，不外乎就是出现了亏损。但我们对毛利率经常为负这种情况或许会感到好奇：毛利率还能整成负的？这不，蔚来就让我们涨了见识。2019Q2，蔚来单季度毛利率竟然能够低至−35.6%，该季度蔚来净利率低至−234.2%。蔚来的这种前期大规模"烧钱"的发展模式与特斯拉有一些神似之处，但不同的地方是，蔚来对自己的"残忍"程度要比特斯拉狠不少。所以蔚来发展初期基本面所具备的综合风险系数是要比特斯拉发展初期还要高的。

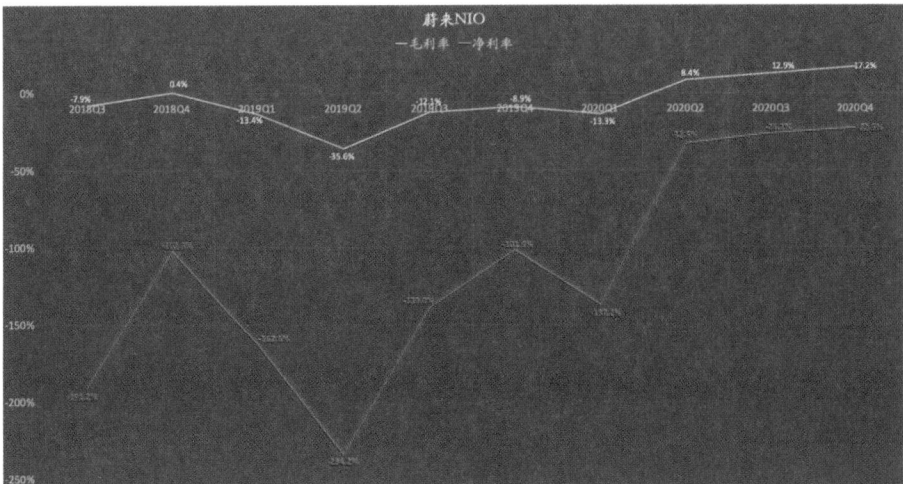

（数据来源：估算自蔚来财务报表）

不过，随着终端销量明显改善，蔚来在2020Q2的单季度毛利率大幅度上升，由-13.3%这个负数转为8.4%这个正数，同时2020Q2单季度净利率也由-137.2%这个巨亏水准大幅度减小为-32.5%。并且，我们在2020Q2—2020Q4，看到的是单季度毛利率、净利率、终端销量的持续环比改善。

5. 自由现金流占比、筹资现金流占比、资产负债率

2020年各项数据为估计值，这里仅仅看个大概。从蔚来筹资现金流占收入比的情况来看，蔚来有持续大规模对外融资的情况。主要应该是得益于持续大规模对外融资，蔚来在2020年资产负债率大幅度同比下降。2020年，蔚来自由现金流有进一步大幅度环比改善的迹象，能否实现由负转正，什么时候能够实现自由现金流由负转正还有待观察。

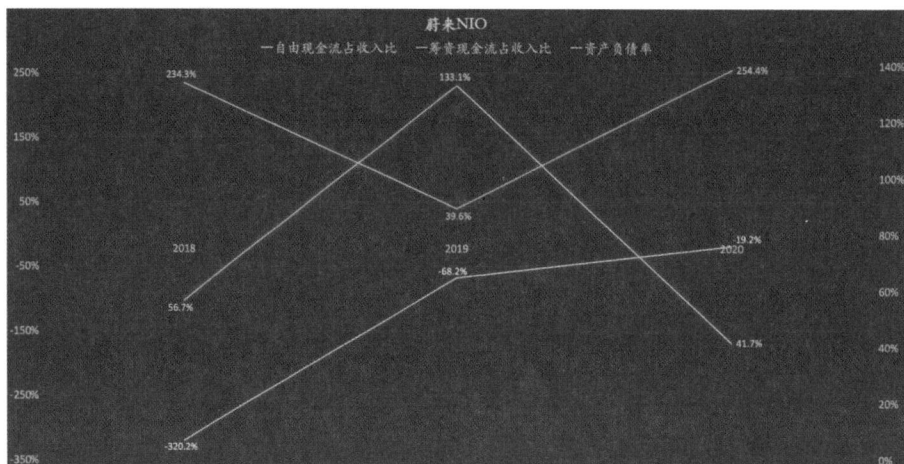

（数据来源：估算自蔚来财务报表）

6. 收入增速、研发强度

现在我们切换到以年作为统计单位的分析视角。2019、2020年，蔚来收入增速分别高达58%、107.8%。2018—2020年，蔚来研发强度分别高达80.8%、56.6%、15.3%。研发强度，也就是研发占收入比。对比我国传统自主车企，研发强度为5%左右就算是比较重视研发的企业了。而蔚来2020年研发强度依然高达15.3%。不过如果从研发投入的绝对金额来看，相比之下蔚来的研发费用并不高。

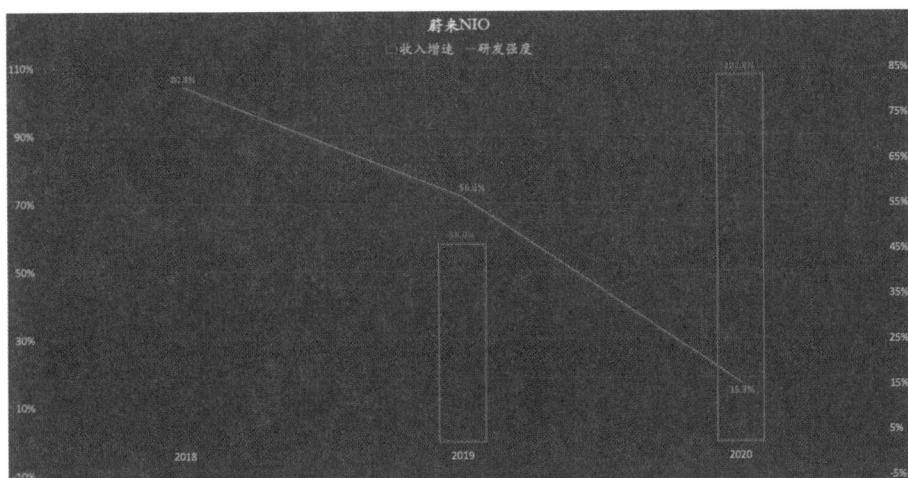

蔚来NIO

（数据来源：估算自蔚来财务报表）

7. 综上

蔚来属于典型的创业型企业，其基本面具有较高的综合风险系数。蔚来延续了特斯拉激进的对外融资、对外扩张的经营风格。对于车企来说，能否存活下去，首先我们要关注的就是其研发实力以及终端销量表现。研发实力最直观的表现就是新车型的产品力以及销量表现。另一方面，自由现金流何时能够由负转正，这是基本面综合风险系数由高降低的一个值得密切关注的标志性事件。最后，抛开估值谈风险是不负责任的。结合近期估值表现来看蔚来，我说不害怕，那是不可能的。

3.4　新能源车企深度对比

在一个全新的行业崛起的时候，先发优势至关重要。所以我们现在暂时先将目光锁定在对新能源汽车领域布局相对较早的三家车企：比亚迪、特斯拉、蔚来。

3.4.1　全球销量

看到这里，有两个有趣的疑问：蔚来何以凭借年销仅4.4万台的成绩，而股票市值一度超越"百年老店"通用汽车、戴姆勒的？比亚迪是如何在全球新能源市场销量表现中将全球销量第一的位置逐步让给特斯拉的？

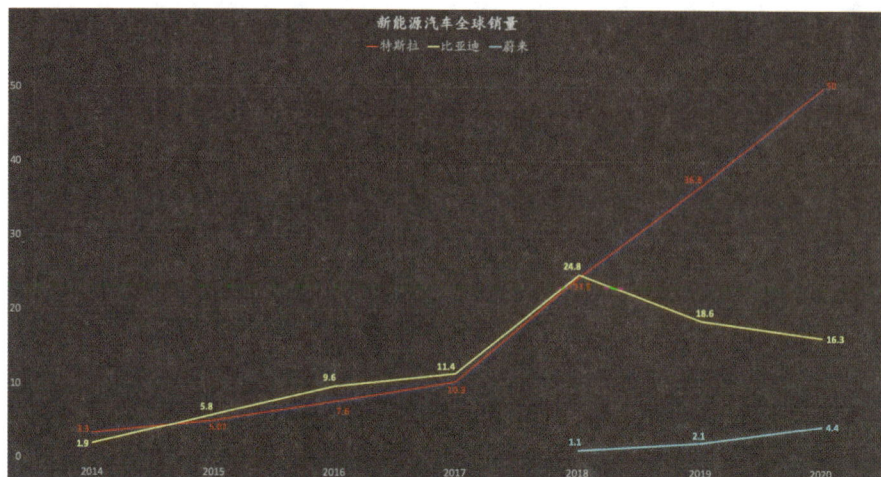

（数据来源：整理自特斯拉财务报表、比亚迪财务报表、乘联会、蔚来官方微博、主观粗略估算）

关于第一个问题，很难回答，"市场先生"让人难以琢磨。关于第二个问题，在中国消费市场以及特斯拉中国工厂的"鼎力相助"之下，特斯拉的销量表现逐步提升并不让人意外。所以，现在的焦点是比亚迪，比亚迪到底怎么了？

2014—2020年，比亚迪新能源汽车销量、燃油汽车销量、汽车总销量：

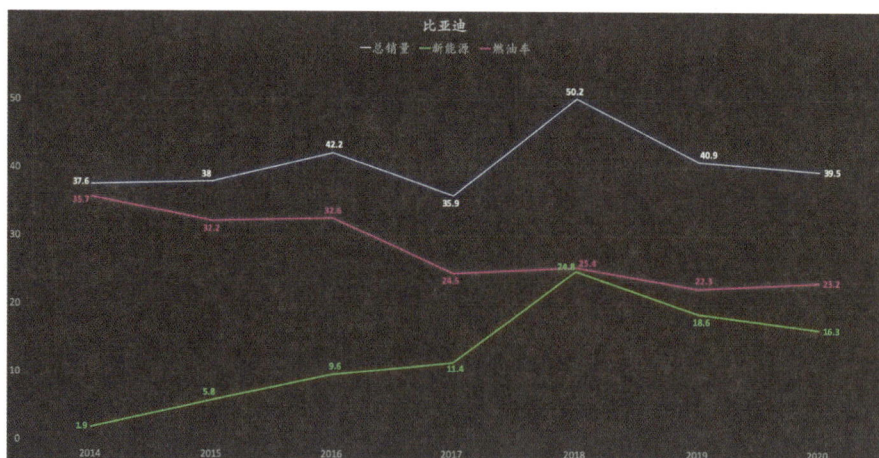

（数据来源：整理自比亚迪财务报表、主观粗略估算）

2018—2020年，比亚迪新能源汽车销量逐步下滑，而同期比亚迪燃油汽车销量表现则相对更加稳定。比亚迪在新能源领域的先发优势暂时还没有在快速增长的新能源消费市场中明显体现。但这里需要提出的问题是，为什么特斯拉的销量在节节攀升而比亚迪却出现了连续下滑？

　　现在，我们再将比亚迪销量的统计周期缩短到每月，看比亚迪新能源汽车销量在近期是否有起色：

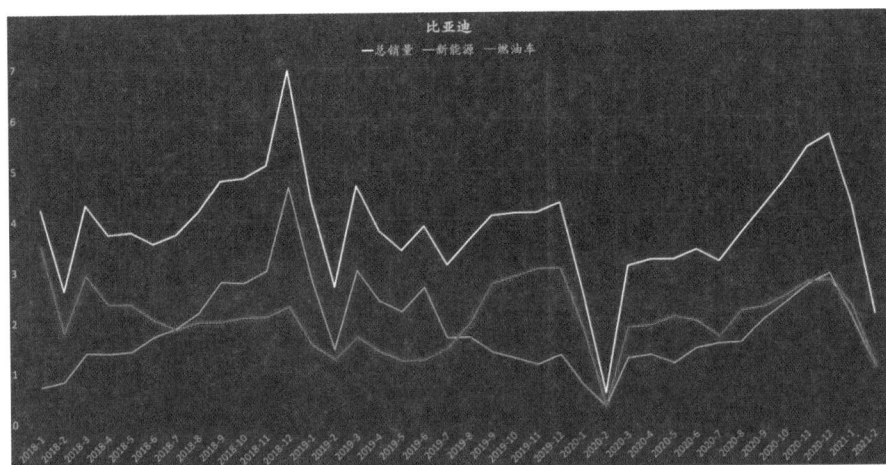

（数据来源：整理自比亚迪销量快报）

　　上图是比亚迪2018年1月至2021年2月逐月销量走势。2020年下半年，随着国内车市消费整体回暖，比亚迪单月销量有所反弹，但2021年初比亚迪单月销量再次出现下滑。

　　可以说比亚迪近期的销量表现（尤其是新能源汽车销量表现）仍然相对平庸。有朋友可能会提及新能源补贴退坡的影响，但我并不认为这是重要影响因素。主观猜测，比亚迪新能源汽车销量暂时没有表现出"爆发性"主要有两方面原因：车企所具备的内生性周期、新能源汽车制造成本高企。

　　汽车行业的销量很多时候取决于某一款或者几款"爆款"车型，而车企要想推出一款"爆款"车型，其前期投入的研发费用巨大且研发周期长达数年。这使得车企在售车型综合产品力具有周期性，进而也就使得车企综合销量表现具有周期性，这种周期性来自车企自身。在车企销量表现不佳的某些年份，车企未必真的就是走向了衰退，而很可能是在积蓄力量以推出产品力更好的车型。

　　另一方面，我们看到比亚迪2018—2020年新能源汽车销量表现略微落后于其燃油车的销量表现，作为一家新能源汽车龙头企业，比亚迪却似乎在向燃油车方面有所倾斜，这不禁让我联想到新能源汽车制造成本高企这一现象。在新能源汽车创业企业中，比亚迪向来给我们财务数据稳健的印象。

　　因此，我的猜测是，比亚迪部分出于对资金链稳定性的考虑，对其新能源车型的推出以及新能源车型的终端销量表现采取了谨慎的运营策略。比亚迪在新能源汽车领域并非止步不前，我们看到的历史销量表现都是表面直观现象。例如，比亚迪汉于2020年7月上市，作为一款售价高达20万元以上的国产豪华新能源车型，比亚迪汉上市后的销量表现可谓不俗。

　　比亚迪汉逐月销量：

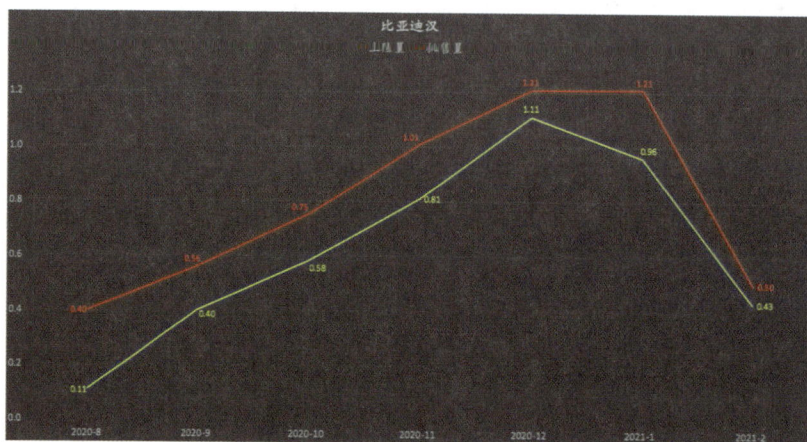

（数据来源：整理自盖世汽车、求信咨询）

　　这是比亚迪汉2020年8月至2021年2月逐月批售量、上险量（约等于零售量）走势。比亚迪汉上市后至2020年12月单月上险量逐步提升，并且在2020年12月单月上险量（约等于零售量）破万，这似乎已经超越了许多人的预期。当然，基于比亚迪汉单月上险量在2021年初出现调整的客观事实，比亚迪汉能否在未来长期占据高端新能源汽车市场一席之地还有待进一步观察。

　　在我看来，比亚迪与特斯拉近几年全球新能源汽车销量表现出现明显分化，部分原因还来自两家企业的战略定位差异。特斯拉追求的是规模经济，致力于打造百姓可以负担起的新能源汽车。在大量风险投资资本的帮助下，特斯拉正在加速实现规模经济。

　　比亚迪当然也要追求规模经济，在整车制造这个行业，规模经济是企业生存的基本法则。比亚迪长期对外融资远不如特斯拉那么激进，也并没有急于扩大自己的新能源市场份额，而是专注于自主创新。相比之下，比亚迪的经营风格要保守得多：先求稳，再求突破。未来，随着新能源汽车综合制造成本逐步下降，比亚迪新能源汽车终端销量表现的潜在"爆发性"或许会有所体现。

3.4.2　财务数据

1. 研发强度

这里统计的比亚迪研发强度,基于比亚迪每年研发费用资本化率为零的假设。比亚迪的经营风格更加传统,而特斯拉、蔚来则是通过前期大规模对外融资以及大规模研发投入实现快速技术积累。蔚来近几年的研发强度与特斯拉发展初期比较类似,在营业收入规模很小的阶段投入大量研发费用。

2. 收入增速

特斯拉经历了创业初期的极速扩张,近两年收入增速有所放缓。蔚来仍然在经历创业初期的极速扩张。与两家造车新势力相比,早已度过了创业初期的比亚迪收入增速显著低于特斯拉、蔚来,但仍然维持在相对良好水平。

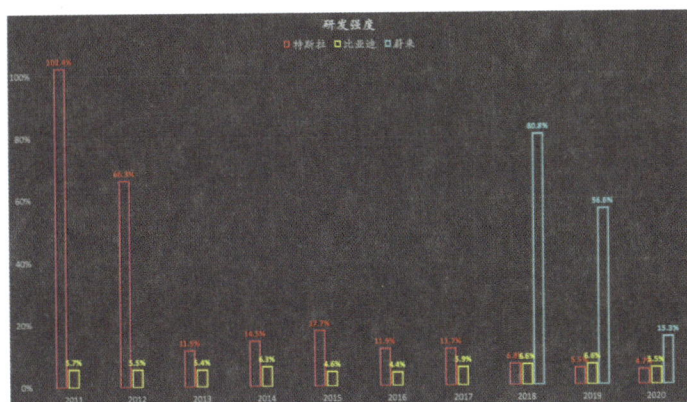

（数据来源: 估算自相关车企财务报表）

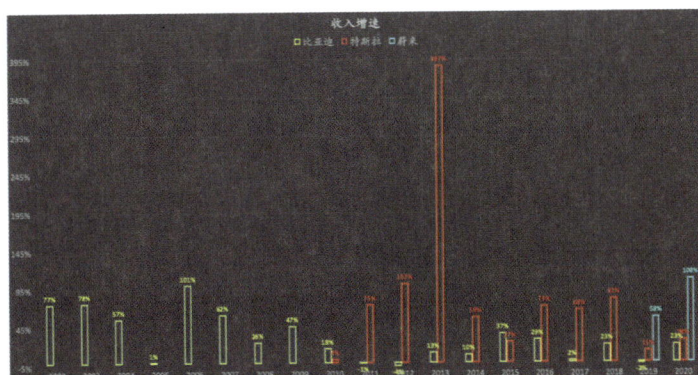

（数据来源: 估算自相关车企财务报表）

3. 毛利率

为了方便对比，这里统计的比亚迪毛利率，是比亚迪汽车、汽车相关产品及其他产品这类业务的毛利率。即便是发展初期，特斯拉总体上并没有在毛利率上边进行明显妥协。而蔚来则以连续两年的负毛利率开场，这是比较狠的。2020年随着终端销量表现明显改善、电池成本逐步降低，蔚来毛利率由负大幅度转正。2015—2020年，比亚迪汽车、汽车相关产品及其他产品这类业务的毛利率一直都是高于特斯拉的。

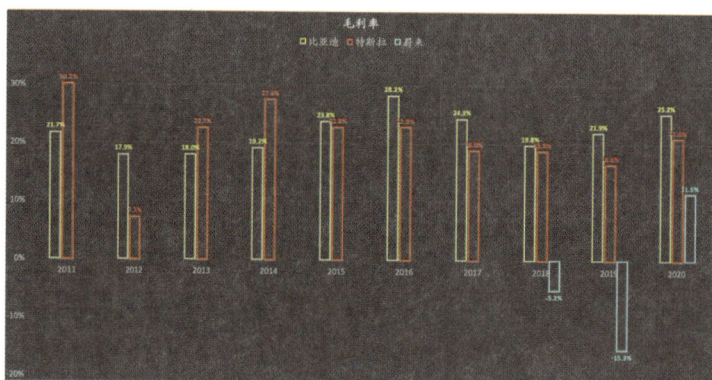

（数据来源：相关车企财务报表）

4. ROE

长期来看，比亚迪大致经历了一个由高ROE到低ROE的转变。特斯拉于2020年首次将ROE由负转正。与特斯拉发展初期类似，蔚来2020年ROE为大比例的负值。

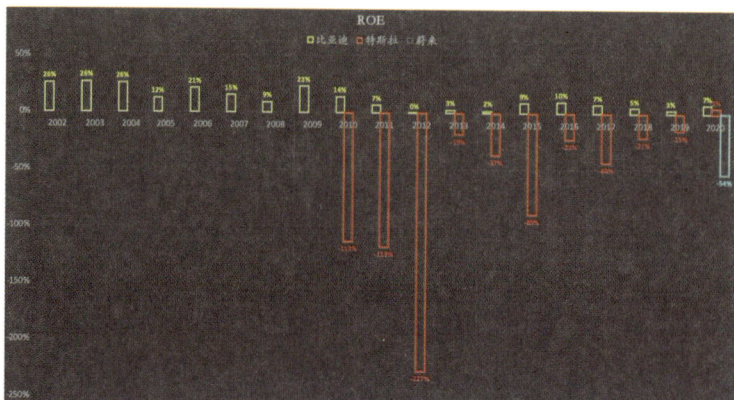

（数据来源：估算自相关车企财务报表）

5. 自由现金流占收入比

通过自由现金流占比这个指标可以很明显地看出，蔚来近几年与特斯拉发展初期有较大的相似之处：自由现金流占收入比大幅度为负并且自由现金流在逐步改善。与这两者相比，比亚迪显然是完全不同的经营发展模式，并且比亚迪的自由现金流占收入比长期表现看起来风险系数要小很多，有显著更高的确定性。

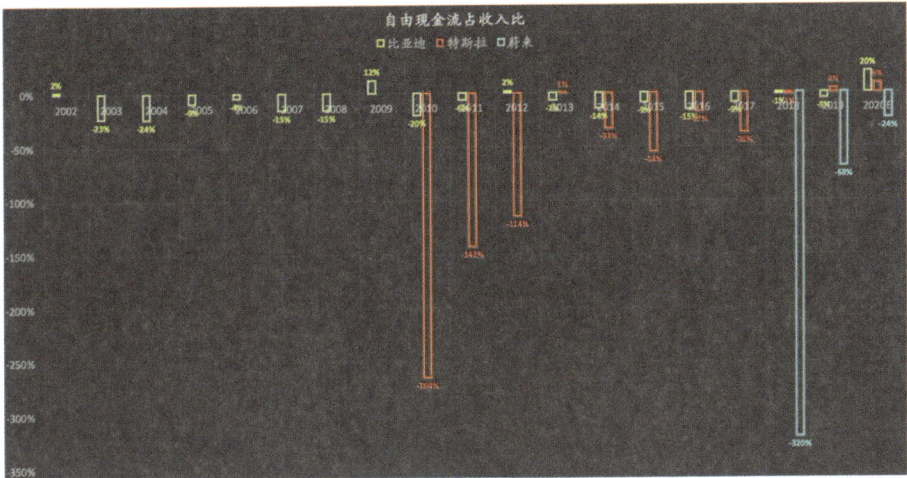

（数据来源：估算自相关车企财务报表）

2013、2019年特斯拉分别经历了自由现金流首次由负转正、第二次由负转正，巧合的是，特斯拉的股价在2013、2019年都有较大涨幅。随着特斯拉自由现金流逐步改善，特斯拉的确定性在逐步提升。

6. 筹资现金流占收入比

再一次，我们看到了蔚来与特斯拉的相似之处。发展初期，通过大规模地对外融资，再通过大规模地投入研发、营销等，特斯拉和蔚来都实现了高速成长。与这两者相比，比亚迪显然是完全不同的经营发展模式：比亚迪对外界融资的依赖性显著更低，具有更高的确定性。

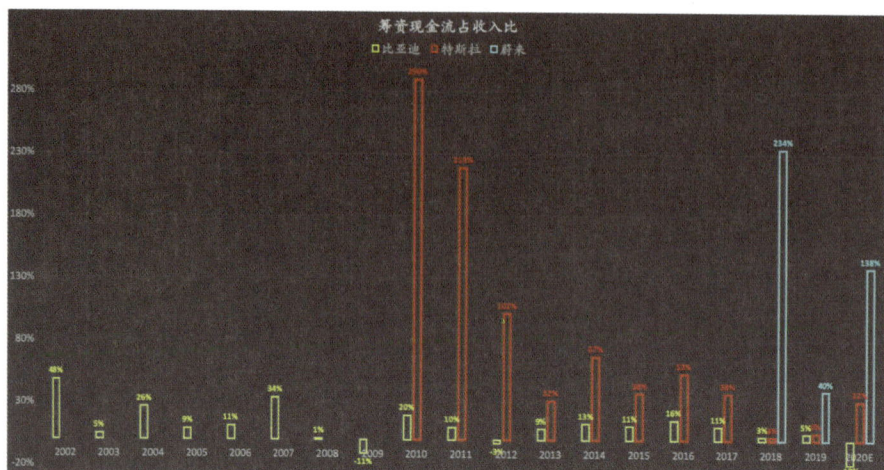

（数据来源：估算自相关车企财务报表）

7. 资产负债率

比亚迪资产负债率长期趋于稳定。与蔚来相比，特斯拉的资产负债率水平控制得更加平稳。2020年，可能主要得益于大规模对外融资，蔚来资产负债率大幅下降。

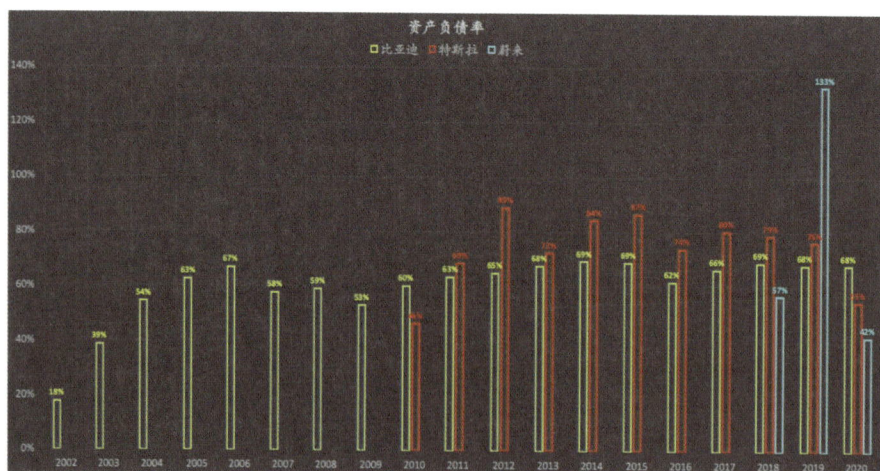

（数据来源：估算自相关车企财务报表）

8. PS（市销率）相对估值

2010—2019年数据侧重于取年度均值，2020年数据侧重于取年度最高值。近几年，看起来似乎蔚来在股价表现方面大幅度超过了特斯拉。

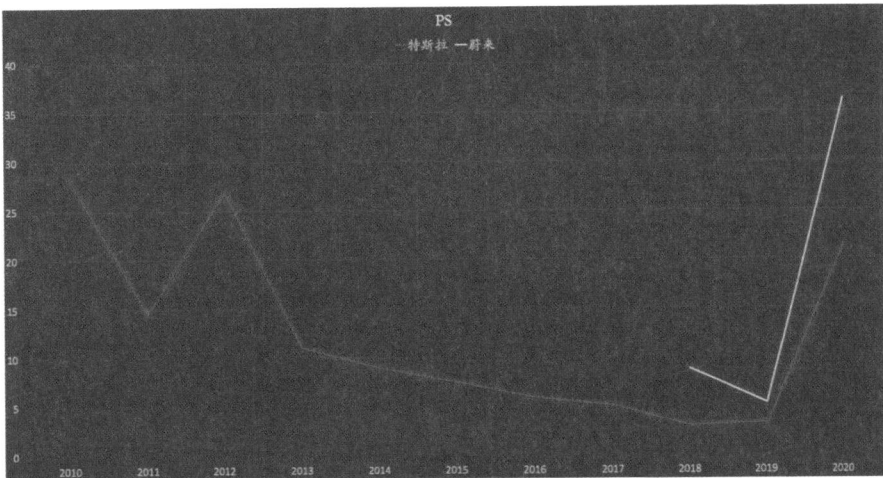

（数据来源：雪球、主观粗略估计）

计算公式：市销率=市值/主营业务收入

9. 综上

从新能源汽车技术积累来看，特斯拉具有先发优势。从财务数据来看，相比特斯拉、蔚来，比亚迪具有显著更高的确定性。比亚迪的相对确定性主要来自：相对更加稳健的自由现金流表现、对外界融资相对更低的依赖性。

另一方面，随着特斯拉、蔚来自由现金流的逐步改善，其确定性在逐步提升。对于新能源造车新势力这类创业企业来说，首先要考虑的是"活下去"。特斯拉似乎已经度过了这一阶段，而蔚来似乎仍然处于这一阶段。

第4章

国产乘用车行业

我国已在5G及6G技术领域取得全球领先，在无人驾驶领域进行了前瞻性布局，在新能源汽车电池领域培育出了国际市场龙头。我国自主车企有望通过"5G+无人驾驶+新能源"实现"弯道超车"，将我国汽车产业打造成为经济增长的强劲"引擎"。

2009年，我国推出了首轮"汽车下乡"促进汽车消费政策，该年自主车企汽车整体销量同比暴增。时隔十年，2019年我国推出了历史上第二轮"汽车下乡"促进汽车消费政策。在相关政策的影响之下，国内车市或已步入上升周期。

4.1　长安汽车

1958年，长安汽车生产了中国第一辆吉普车"长江牌"46型吉普车。1984年，生产出中国第一批小型汽车，正式进入汽车领域。

4.1.1　经营简史

1. 与外资合营企业销量

2002—2020年，长安铃木、长安福特+长安马自达、长安PSA，逐月销量走势：

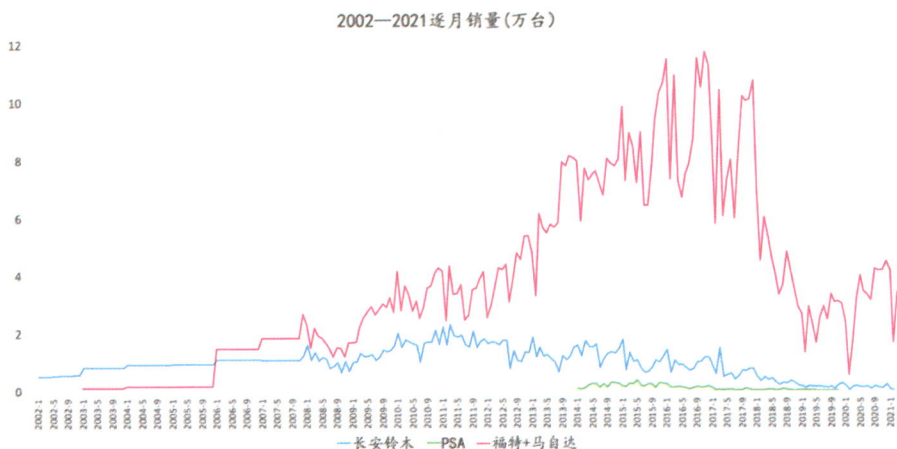

2002—2021逐月销量（万台）

（数据来源：整理自长安汽车产销快报、盖世汽车。其中，2002—2007年的月销量是根据2002—2007年的年销量除以12后得出的平均值，用于简单粗略估计）

2001年，长安福特成立。2005年，马自达加入长安福特组建成了长安福特马自达。2012年，长安福特马自达拆分为长安福特、长安马自达，长安马自达成为具有独立法人资格的合资企业。长安福特、长安马自达经历了分分合合，这也就是我们在这里将长安福特和长安马自达作为一个整体来进行销量统计的原因。

2018年，长安汽车以1元人民币收购长安铃木剩下的全部股份，铃木汽车正式全面退出中国市场。

2020年，长安汽车将所持全部长安PSA的50%股权出售给宝能汽车旗下的前海锐致。

经过一番资产整合，长安汽车旗下目前仍然具有经营活力的外资合营企业实际上只剩下长安福特、长安马自达。2019年2月，长安福特和长安马自达合计月销量已经跌至2006年月销量水平。2020—2021年，长安福特和长安马自达合计月销量表现有所改善。尽管长安福特近一两年的销量表现大不如前，通过主销车型高端化，长安福特近几个季度已经逐步接近盈亏平衡。

2. 长安福特+长安马自达

长安福特和长安马自达合计账面价值波动如此剧烈，主要是由于长安福特分别在销量上升周期与下降周期中所体现出来惊人盈利能力与巨大的亏损幅度。整车制造这类重资产企业在销量下滑周期中所表现出的"价值毁灭"特征，在长安福特身上得到了充分体现。

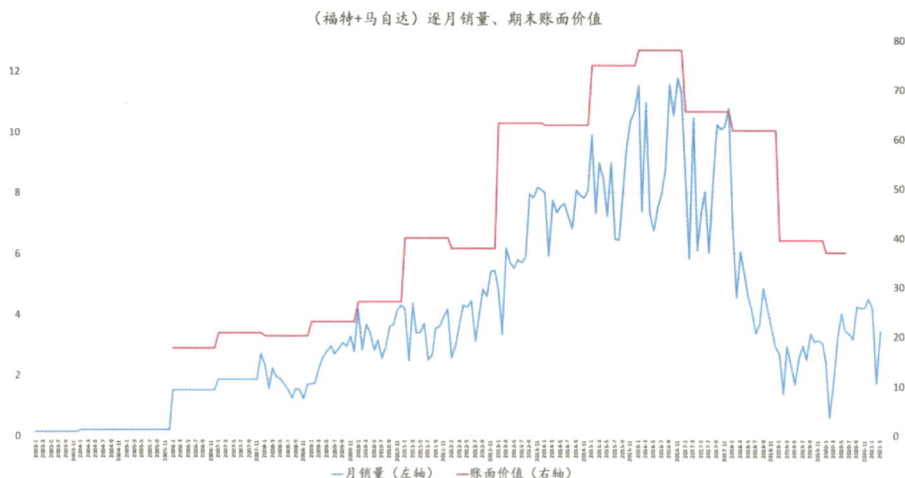

（福特+马自达）逐月销量、期末账面价值

——月销量（左轴）——账面价值（右轴）

（数据来源：长安汽车产销快报、盖世汽车、长安汽车财务报表。其中，2003—2007年的月销量是根据2002—2007年的年销量除以12后得出的平均值，用于简单粗略估计）

根据长安汽车2020年半年报以及长安汽车2020全年业绩预告推测，随着销量回暖，长安福特和长安马自达合计账面价值在2020年已经表现出明显企稳的迹象。

3. 与外资合营企业账面价值走势

这是2006—2020年长安汽车与外资合营企业账面价值走势。这里将长安福特和长安马自达视为一个整体，长安福特和长安马自达合计账面价值波动幅度如此巨大，主要是由于长安福特在其销量上升周期中所表现出的惊人的盈利能力，在其销量下降周期中所表现出的巨大亏损幅度。长安福特在长安汽车过去多年的经营中，对长安汽车的盈利表现起到了决定性的作用。

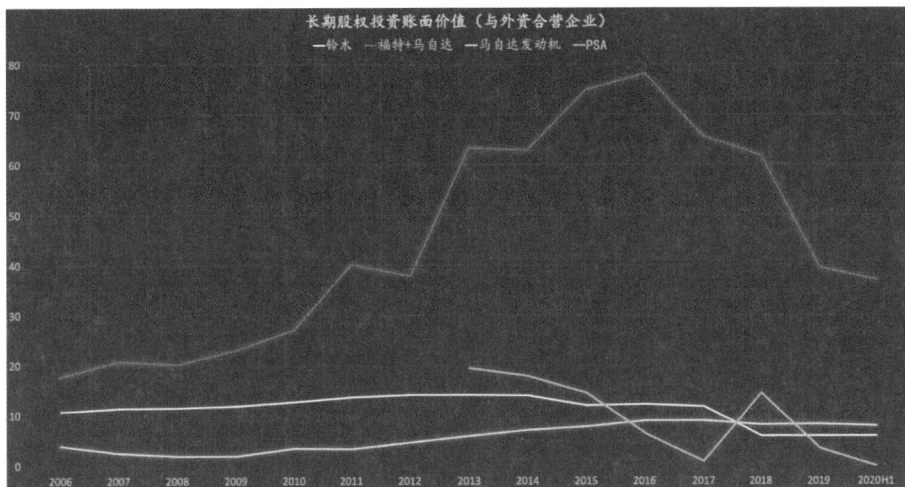

（数据来源：长安汽车财务报表）

4. 主要合营企业、联营企业账面价值走势

合营企业：

下图是2012年至2020年上半年，长安汽车主要合营企业、联营企业账面价值，以及长安汽车历年对联营和合营企业的投资收益长期走势。2017年至2020年上半年，长安福特账面价值出现了"断崖式"下滑，这直接导致长安汽车对联营和合营企业的投资收益在2018年至2020年上半年持续出现亏损。

2014—2016年，得益于长安福特惊人的盈利能力，长安汽车对联营和合营企业的投资收益处于历史高位。但随着长安福特出现"断崖式"销量下滑，截至2020年上半年长安福特账面价值已经大幅低于长安马自达、江铃投资，可以用急转直下来形容。

长安铃木在2018年变为了长安汽车全资子公司，但为了统计数据的连贯性，我们这里暂且将其视为合营公司进行一并统计。

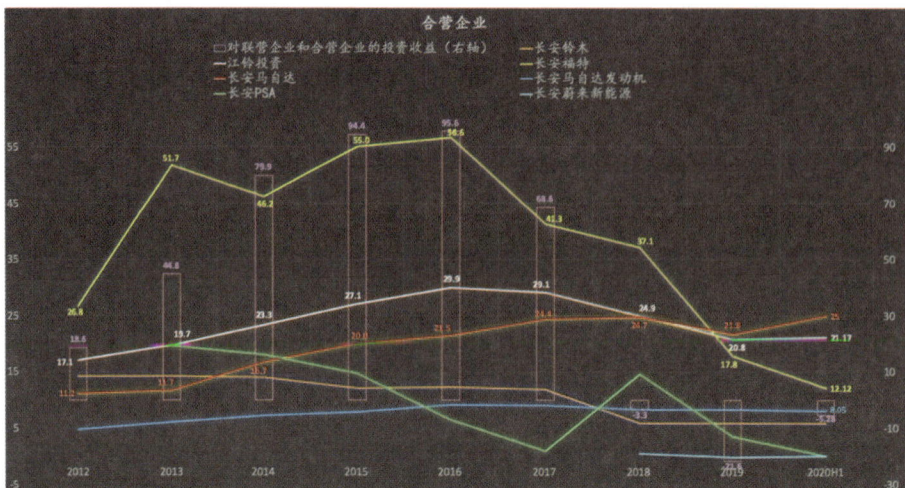

（数据来源：长安汽车财务报表）

联营企业：

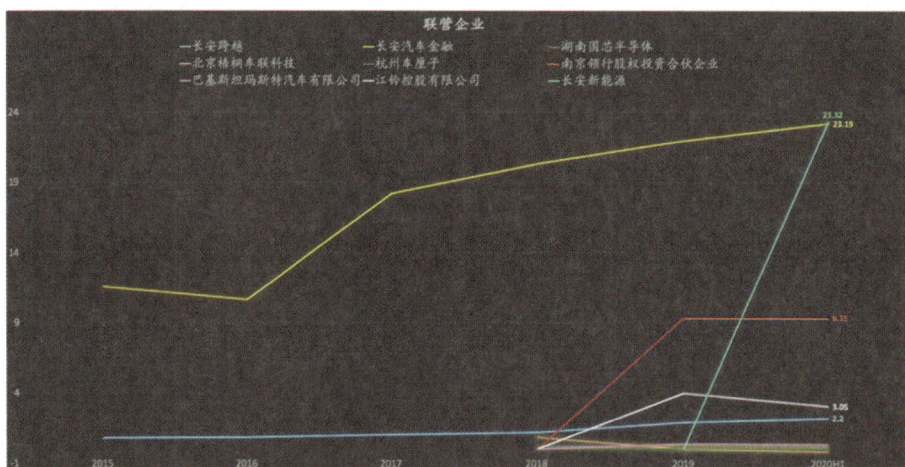

（数据来源：长安汽车财务报表）

截至2020年上半年，长安福特的账面价值已经大幅低于长安汽车的联营企业如长安新能源、长安汽车金融。

5. 对联营及合营企业的投资收益率

2002—2004年、2018—2020年，长安汽车对联营及合营企业的投资收益率表现明显较差，拖累长安汽车期间业绩。继续往下看，我们会发现2002—2004年、2018—2020年这两段时期的更多相似之处。

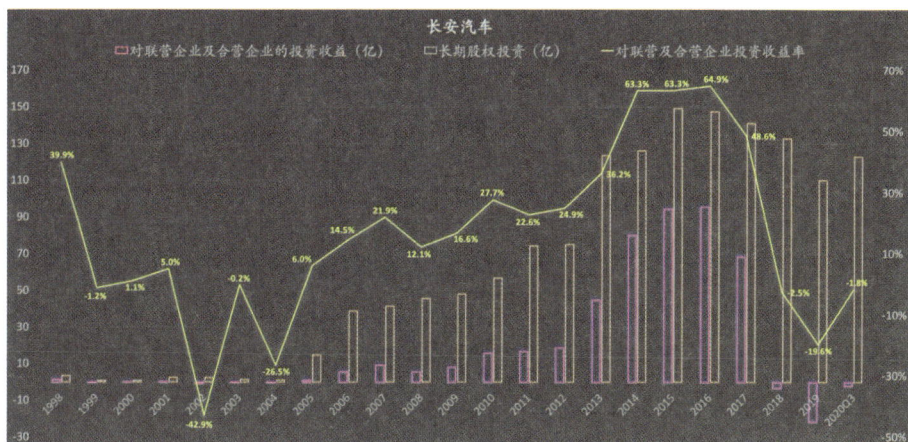

（数据来源：长安汽车财务报表、主观粗略估算）

6. 1998—2020年长安汽车长期股权投资（主要是合资品牌）占净资产比率

2002—2004年，长安汽车长期股权投资占净资产比例非常之小。虽然期间合营及联营企业盈利表现较差，拖累业绩，但由于其影响业绩的权重很小，期间对长安汽车的经营业绩几乎没有带来什么影响。

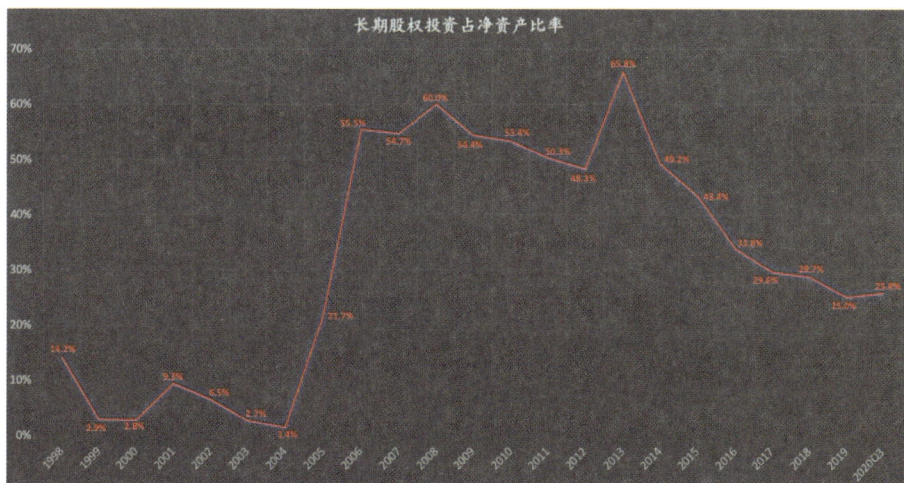

（数据来源：长安汽车财务报表、主观粗略估算）

2020年三季度末，长安汽车长期股权投资占净资产比例相对于2002—2004年来说要大很多，但相对于2006—2015年来说要小很多。2018—2020年，长安汽车长期股权投资占净资产比例大幅下滑至历史相对低位水平，长安汽车联营及合营企业盈利表现对长安汽车整体业绩的影响也是相对有限的。

7. 1998—2020年长安汽车自主品牌扣非ROE（剔除联营及合营企业投资收益后的扣非ROE）

这里用剔除联营及合营企业投资收益后的扣非ROE来大致模拟长安汽车自主品牌扣非ROE。2002—2004长安汽车自主品牌ROE高达32.1%、30.6%、17.3%，但在其他年份长安汽车自主品牌扣非ROE总体上大致处于盈亏平衡附近。长期来看，长安汽车显著依赖其合资车企实现盈利。

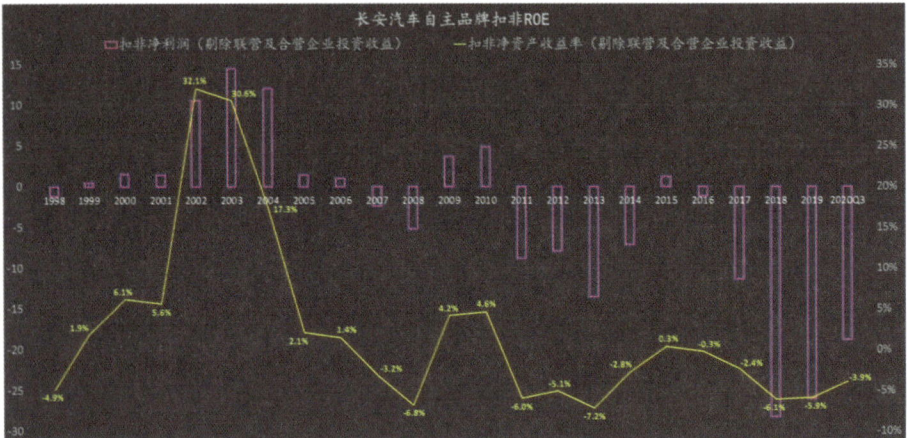

（数据来源：长安汽车财务报表、主观粗略估算）

我们从长安汽车2002—2004年自主品牌大幅盈利的表现来看，也许可以瞥见到这样一种可能性：长安汽车在合资企业盈利表现较差的阶段，承受住了实现自主品牌盈利的业绩压力，从而推动自主品牌实现盈利；长安汽车在合资企业盈利表现相对较好的阶段，将净利润激进地投资于自主研发等，从而导致自主品牌在2005—2020年几乎不怎么盈利。

8. 长安汽车自主品牌逐月销量

长安汽车重庆、河北、南京、合肥四大主车厂主要生产销售长安汽车自主品牌乘用车及占比很小的自主品牌商用车。

长安汽车2021年1月批售量创下经营史上单月销量新高，并且在2021年1~3月连续三个月拿下我国自主乘用车销量排名第一的位置，结束了吉利汽车近几年长期占据自主乘用车销量排名第一的局面。

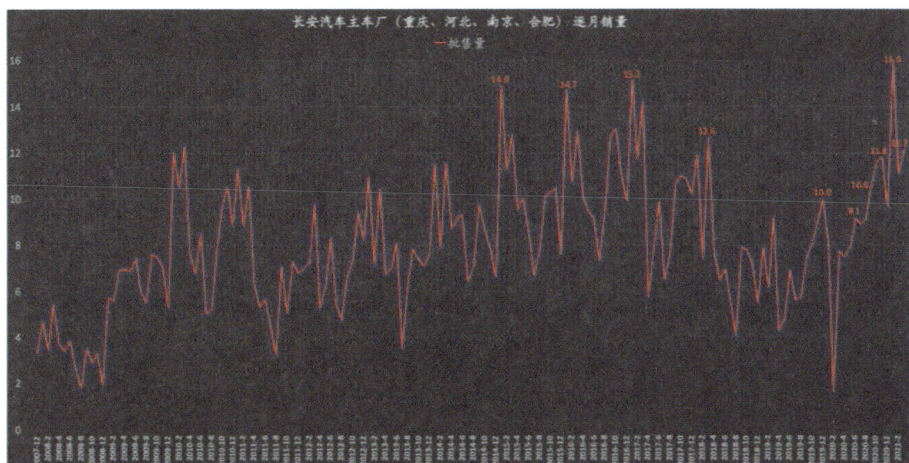

（数据来源：整理自长安汽车产销快报）

长安汽车自主乘用车的销量表现明显逆转其实始于2019年第四季度左右，在长安汽车推出了产品力大幅提升的全新车型长安CS75 Plus后，长安汽车自主乘用车销量表现明显持续改善。但受到2020年初疫情短期影响，长安汽车的自主乘用车销量大幅改善暂时没有体现在销量数据上。随着疫情的短期影响逐步消退，叠加我国整体车市回暖，长安汽车自主乘用车在2020年下半年及2021年初表现出持续的强势增长态势。

车企普遍具有规模效应，也是重资产企业。在销量大幅下滑的周期中，车企很容易出现亏损甚至是巨亏；在销量大幅上扬的周期中，车企很容易实现盈利，甚至表现出惊人的盈利能力。尽管长安汽车在2005—2017年合资企业盈利表现相对较好的情况下，自主品牌几乎不怎么盈利。但在2018—2020年，合资企业盈利表现持续萎靡、长安汽车自主品牌乘用车销量节节攀升的情况下，长安汽车自主品牌还是有实现盈利的可能性的。

9. 2002Q3—2021Q1，长安汽车对合营及联营企业投资收益率

由于此时此刻，长安汽车2020年报还未披露，因此，我们现在只能对2020Q4、2021Q1长安汽车对合营及联营企业投资收益进行主观粗略估计。

2020Q4，长安福特、长安马自达合计销量环比2020Q3提升了约20%，而2020Q3长安汽车对合营及联营企业投资收益为3.09亿元，我们以此作为依据粗略估算得到2020Q4长安汽车对合营及联营企业投资收益：3.09×1.2=3.7亿元。

同样的方法，基于2021Q1长安福特、长安马自达合计销量环比2020Q2下降

约12%，而2020Q2长安汽车对合营及联营企业投资收益为1.39亿元，我们粗略估算得到2021Q1长安汽车对合营及联营企业投资收益：1.39×（1-12%）=1.22亿元。

将2020Q4、2021Q1长安汽车对合营及联营企业投资收益估计值3.7亿元、1.22亿元分别代入计算公式：

对联营及合营企业投资收益率=对联营和合营企业的投资收益/长期股权投资

得到2020Q4、2021Q1长安汽车对合营及联营企业投资收益率粗略估计值：2.9%、1%。将这两个粗略估计值汇总到2002Q3—2021Q1，得到2002Q3—2021Q1长安汽车对合营及联营企业投资收益率：

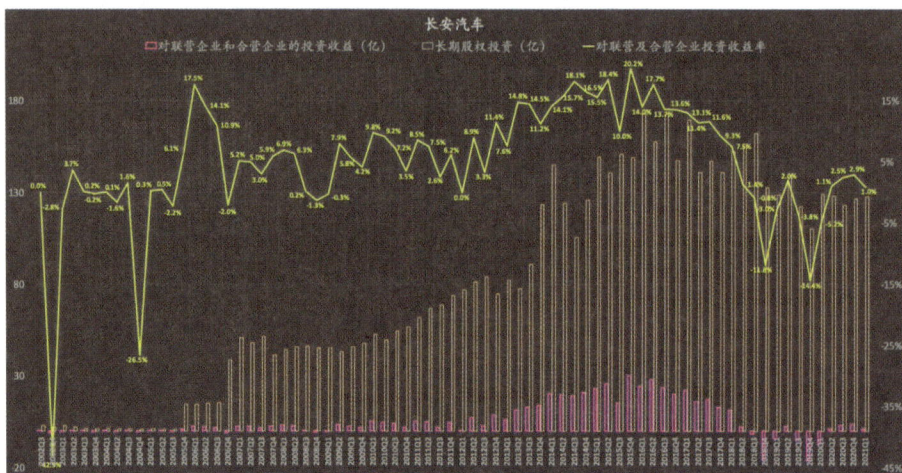

（2002Q3—2020Q3数据整理或估算自长安汽车财务报表，2020Q4—2021Q1的所有三项数据均来自主观粗略估计，不保证数据准确性）

这是以单个季度作为统计区间得到的统计结果，并且2020Q4—2021Q1的所有三项数据均来自主观粗略估计。从图中可以大致看出，2020年下半年至2021年一季度，长安汽车合资企业盈利能力略微有所改善但依然明显偏弱，长安汽车对合营及联营企业投资收益率处于历史相对低位。这与2002—2004年长安汽车对合营及联营企业投资收益率表现有类似之处：自主品牌业务面临较大的盈利压力。

根据长安汽车2021年一季报预告，单季度归母净利润在7亿元~10亿元范围，我们取平均值8.5亿元作为一季度归母净利润估计值。该业绩预告称："公司归属上市公司股东净利润同比大幅增加，主要因公司销量增长、产品结构优化，自主业务盈利能力持续提升，合资业务盈利稳步改善。"

据此，主观上大致进行猜测：长安汽车2021年一季度自主业务与合资业务均是盈利的。进一步，基于合资企业在2021年一季度销量环比2020Q4大幅下滑约27%的客观事实，估计2021年一季度长安汽车对合营及联营企业投资收益大概率是环比下降的。所以，我们在上面粗略估算得到的2021Q1长安汽车对合营及联营企业投资收益1.22亿元这个数据，虽然可能与实际数据存在明显差距，但大体上是符合整体框架的。

进一步，我们以刚刚粗略估计的2021Q1净利润8.5亿元、2021Q1对合营及联营企业投资收益1.22亿元这两个数据估算，得到2021Q1自主相关业务净利润（剔除2021年一季度合营及联营企业投资收益粗略估计值1.22亿）：8.5-1.22=7.28亿元。

同样的粗略估算方法，根据长安汽车2021年一季报预告，单季度扣非净利润在6亿元~8.5亿元范围，我们取平均值7.25亿元作为一季度扣非净利润估计值，可以粗略估算得到2021Q1自主相关业务扣非净利润（剔除2021年一季度合营及联营企业投资收益粗略估计值1.22亿元）：7.25-1.22=6.03亿元。

根据我们的粗略估算结果，2021Q1自主相关业务净利润、扣非净利润分别为7.28亿元、6.0亿元（这些都是粗略主观估计值，与实际值可能存在较大偏差）。根据这个粗略估算结果，自主相关业务盈利表现有所改善。

根据长安汽车2020全年业绩预告，归属母公司净利润为33.24亿元。再根据长安汽车2020年三季度业绩报告，2020Q1—2020Q3归属母公司净利润为34.86亿元。计算得到长安汽车2020Q4归属母公司净利润为：33.24-34.86=-1.62亿元。我们现在未知的是长安汽车2020Q4单个季度非经常性损益有多少。由于2020Q3单个季度非经常性损益并不多，2021Q1单个季度非经常性损益似乎也不多，并且我们在长安汽车2020Q4单个季度区间内没有怎么看到关于非经常性损益的公告，现在我们主观粗略估计长安汽车2020Q4单个季度非经常性损益这一项带来的收益仅为1亿元，进一步粗略估算得到长安汽车2020Q4单个季度扣非净利润为：-1.62-1=-2.62亿元。

10. 2002Q3—2020Q1，长安汽车自主品牌扣非ROE（剔除对合营及联营企业投资收益后）

2020Q4—2021Q1的所有两项数据均来自主观粗略估计。根据以上第9条，我们得到2020Q4、2021Q1扣非净利润粗略估计值：-2.62亿元、7.25亿元，以及2020Q4、2021Q1对联营及合营企业投资收益粗略估计值：3.7亿元、1.22亿元。

将这两组数据分别代入计算公式可以得到2020Q4、2021Q1自主品牌扣非ROE（剔除联营及合营企业投资收益）粗略估计值：−1.3%、1.2%。

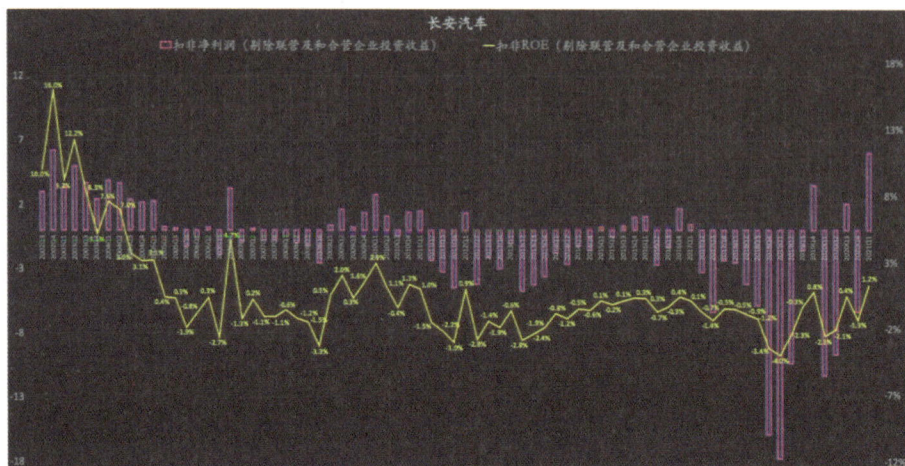

（2002Q3—2020Q3数据整理或估算自长安汽车财务报表，2020Q4—2021Q1的所有两项数据均来自主观粗略估计，不保证数据准确性）

计算公式：

扣非净利润（剔除联营及合营企业投资收益）=扣非净利润−对联营及合营企业投资收益

扣非ROE（剔除联营及合营企业投资收益）=扣非净利润（剔除联营及合营企业投资收益）/净资产

图中所示数据为2002Q3—2020Q1长安汽车自主品牌扣非ROE（剔除对合营及联营企业投资收益后），这是以单个季度作为统计区间得到的一组数据，并且2020Q4—2021Q1的所有两项数据均来自主观粗略估计。

根据这个长周期的统计结果，2021Q1单个季度，长安汽车自主品牌扣非ROE（剔除对合营及联营企业投资收益后）创下自2010Q4以来的历史新高。实际上，长安汽车早在2019Q4其自主品牌扣非ROE（剔除对合营及联营企业投资收益后）就已经由负转正并且创下了自2012Q1以来的历史新高，结束了连续10个季度自主品牌扣非ROE（剔除对合营及联营企业投资收益后）为负的局面。长安汽车2019Q4、2020Q3、2021Q1单个季度自主品牌扣非ROE（剔除对合营及联营企业投资收益后）均由负转正，只是因为2020年初疫情短期影响，2020Q4短期计提大额资产减值准备，在经历了各种短期的磕磕绊绊后，长安汽车单个季度自主品牌扣非ROE（剔除对合营及联营企业投资收益后）在2019Q4—2020Q1期间并未表现出连续的、持续的改善态势。这种由于短期因素影响而表现出的自主业务盈利走势与自主业务实际经营情况存在偏差。

当然，根据我们的粗略估算，2021Q1自主品牌扣非ROE（剔除对合营及联营企业投资收益后）仅为1.2%左右。盈利表现依然明显偏弱，自主业务盈利能否随着终端销量持续改善而进一步提升，有待观察。

11. 2002Q3—2020Q1，长安汽车合资业务、自主业务，单季度ROE走势

这是以单个季度作为统计区间得到的一组数据，并且2020Q4—2021Q1的所有数据均来自主观粗略估计。

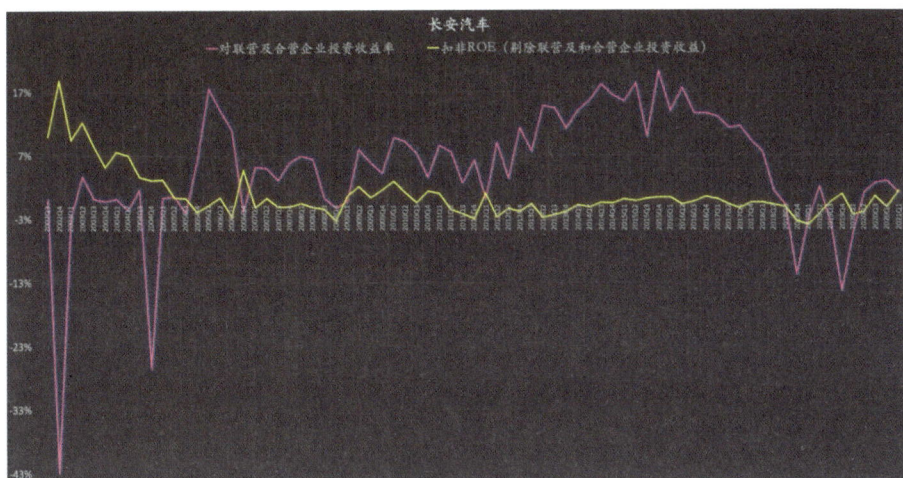

（2002Q3—2020Q3数据整理或估算自长安汽车财务报表，2020Q4—2021Q1数据均来自主观粗略估计，不保证数据准确性）

将对联营及合营企业投资收益率大致视为长安汽车合资业务投资收益率，将扣非ROE（剔除联营及合营企业投资收益）大致视为长安汽车自主业务ROE。

可以看出：长安汽车在2002—2004年期间，合资业务投资收益率相对较差，但自主业务ROE表现较好；长安汽车在2005—2017年期间，合资业务投资收益率相对较好，但自主业务大致处于盈亏平衡状态；2018年至2021年初，长安汽车合资业务投资收益率相对较差，自主业务勉强处于盈亏边缘，略微出现亏损。2021年，长安汽车能否在类似2002—2004年合资盈利表现不佳带来盈利压力的情况下，通过自主品牌业务实现明显盈利，这个具有较大的不确定性，但值得关注。2021年，比较确定的是，无论是长安汽车的自主品牌业务还是合资业务，其盈

利表现都出现了好转的迹象。

12. 2002Q3—2020Q1，长安汽车非经常性损益带来的ROE

这是以单个季度作为统计区间得到的一组数据，并且2020Q4—2021Q1的所有数据均来自主观粗略估计。

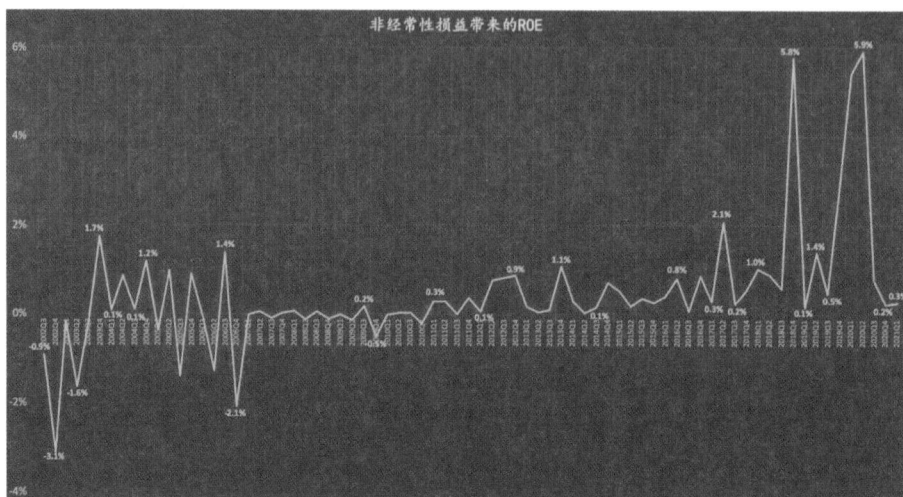

（2002Q3—2020Q3数据整理或估算自长安汽车财务报表，2020Q4—2021Q1数据均来自主观粗略估计，不保证数据准确性）

计算公式：非经常性损益带来的ROE=非经常性损益/净资产

2018—2020年，非经常性损益带来的ROE大幅度高于长期平均水平。在合资企业、自主品牌业务整体上均存在盈利困难的阶段，长安汽车非经常性损益带来的ROE大幅高于长期平均水平。

2002Q3—2017Q4，长安汽车平均单个季度由非经常性损益带来的ROE仅为0.1%。而2018Q1—2020Q4，长安汽车平均单个季度由非经常性损益带来的ROE高达2.1%。如果我们仅仅将目光锁定在2018—2020年，我们很容易形成一种错误观点：长安汽车长期依赖非经常性损益来实现盈利。但如果我们将统计周期拉长至上市至今，那么我们看到的则完全是不同的情况：长安汽车长期盈利并不依赖非经常性损益。

4.1.2 长安福特林肯

长安福特近几年销量出现"断崖式"下滑导致巨亏，并且至今长安福特依然没有表现出强势的销量逆转迹象。那么,长安福特到底还有没有可能发生销量逆转? 现阶段,对于长安福特来说,举足轻重的就是长安福特林肯。

作为美系豪华品牌,凯迪拉克、林肯在中国的销量表现差距是巨大的。

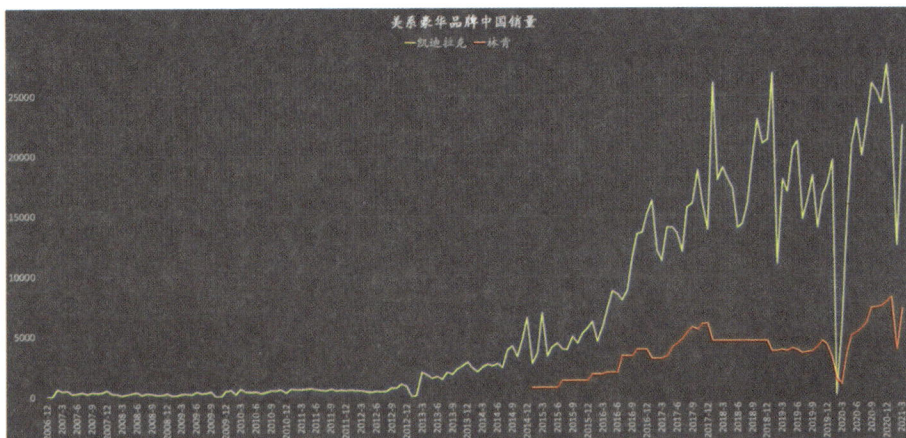

(数据来源: 凯迪拉克及林肯中国官方微博、主观粗略估计)

实际上,凯迪拉克、林肯在美国的销量表现差距并不大:

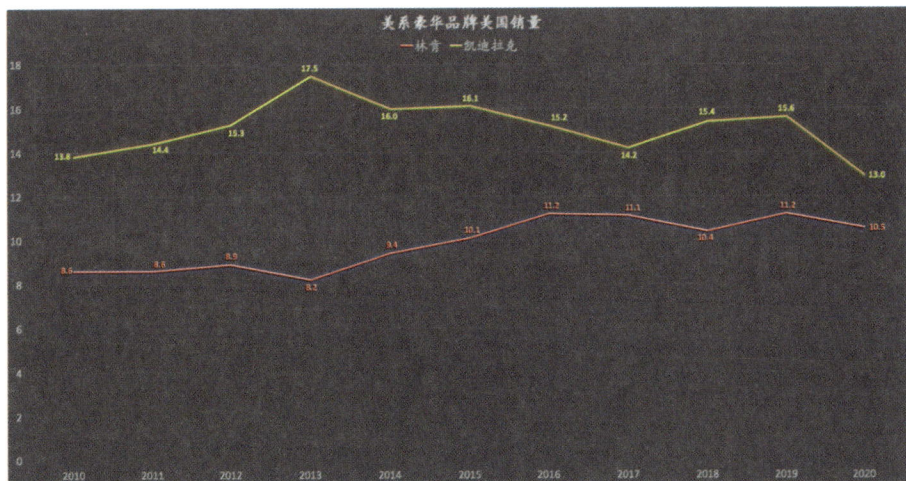

(数据来源: 整理自goodcarbadcar)

以2020年为例,凯迪拉克、林肯在美销量分别为13万台和10.5万台。但在中国市场,两者销量表现的差距则是巨大的。以2021年3月为例,凯迪拉克、林肯在中国销量分别为2.3万台和0.7万台。出现这种现象,其中有一个非常重要的因素就是国产化率。

早在2008年，凯迪拉克国产化率已经高达60%以上。2018年，凯迪拉克国产化率高达95%。林肯中国在2020年3月之前，国产化率为零。直到2020年3月，林肯才推出首款国产车型林肯冒险家，上市后销量有所提升。2020年7月，林肯推出第二款国产车型林肯飞行家。上市后销量表现也是逐级上升。2021年3月，林肯推出第三款国产车型林肯航海家。

林肯中国在加速国产化后，销量表现明显提升。相比高国产化率的凯迪拉克，低国产化率的林肯在中国汽车市场似乎具有更大的销量提升空间。林肯国产化车型均归属于长安福特旗下，这对于近期月均销量仅为2万台上下的长安福特来说是至关重要的。

参照凯迪拉克、林肯在美销量表现，基于林肯国产化加速的客观事实，长安福特的销量表现、盈利表现有望在长安福特林肯的带动下逐步好转。另一方面，除了林肯国产化加速以外，长安福特新车型推出的频率以及新车型的产品力提升幅度也有所改观，例如在2021年4月推出的国产福特野马新能源车型、长安福特2021款福睿斯、全新智能中大型SUV等。

4.1.3 研发强度

1. 研发费用资本化率

下图是长安汽车2007—2019年的费用化研发费用、资本化研发费用、研发费用总额、研发费用资本化率长期走势。

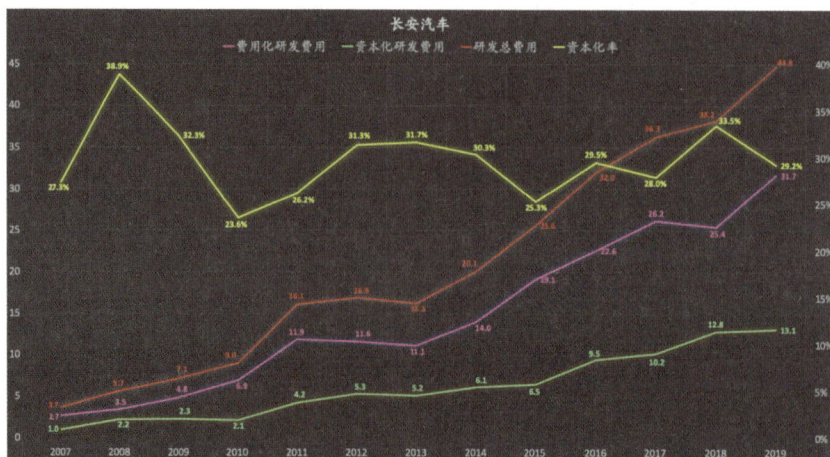

（数据来源：长安汽车财务报表）

不同于吉利汽车长期维持在85%上下的高研发费用资本化率,长安汽车长期研发费用资本化率仅维持在30%上下。

相比吉利汽车,长安汽车对研发费用的会计核算更加苛刻。资本化部分的研发费用不会影响当期利润,而是在未来多年逐步分批进行摊销。费用化部分的研发费用会直接计入当期利润表,减少当期利润,相当于一次性完成了100%摊销。

2. 研发强度

这是在假设每年研发费用资本化率都为零的情况下计算得出的研发强度。长安汽车2009—2019年研发强度平均值为4.5%, 2014—2019年研发强度平均值为4.7%。

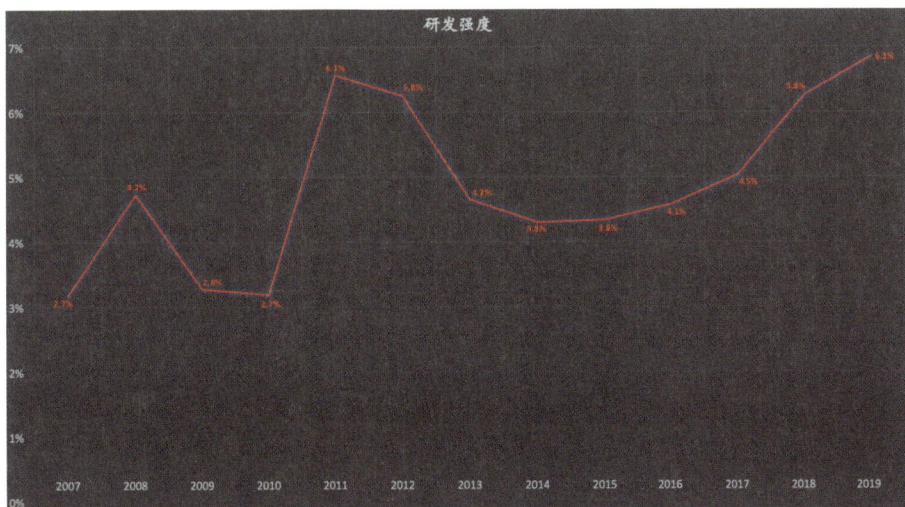

(数据来源: 估算自长安汽车财务报表)

计算公式: 研发强度=研发费用总额/营业收入

3. 长安汽车、吉利汽车研发强度

在假设吉利汽车每年研发费用资本化率都为零的情况下,吉利汽车2009—2019年研发强度平均值为4.8%(同期长安汽车为4.5%),2014—2019年研发强度平均值为5.7%(同期长安汽车为4.7%)。与我们平时大致形成的主观粗略印象不同的是,吉利汽车的长期研发强度实际上是相对较高的,总体上略高于长安汽车。2017—2019年,长安汽车研发强度反超吉利汽车。

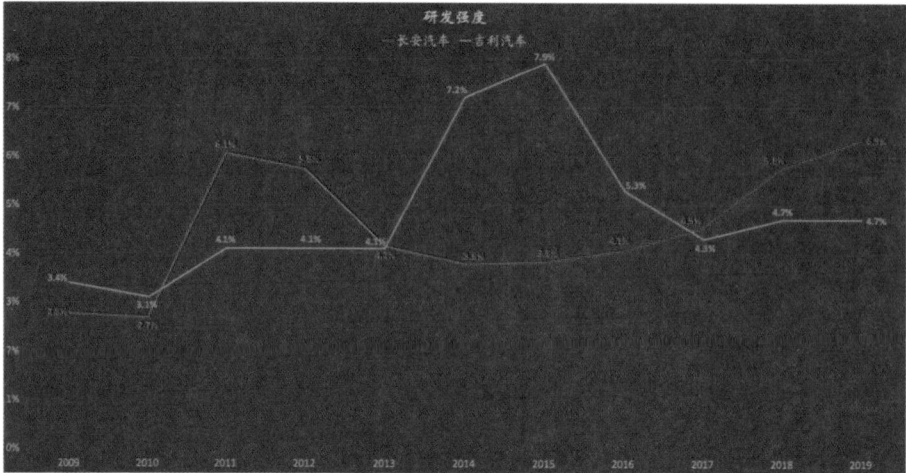

（数据来源：估算自长安汽车、吉利汽车财务报表）

综上，尽管长安汽车长期盈利显著依赖合资企业，但长安汽车长期基本面是具有一定的反脆弱性特征的。在国家发改委公布的国家认定企业技术中心2017—2018年评价结果中，长安汽车连续5届10年位居中国汽车行业第一名的位置。2020年末，长安汽车公开宣布将携手华为和宁德时代联合打造一个全新高端智能汽车品牌。2021年初，在企查查大数据研究院《新能源汽车专利20强企业榜单》中长安汽车位列第二，仅次于比亚迪。

4.2　长城汽车

汽车行业竞争激烈，这是公认的，但是长城汽车总能在充分竞争的汽车行业中找到相对差异化的竞争赛道。例如：在各大整车制造商热衷于轿车市场的时候，长城汽车发力SUV；在各大整车制造商纷纷涌入SUV市场的时候，长城汽车在皮卡市场长期占据自主头把交椅；在各大整车制造商逐步开始将目光投向皮卡市场的时候，长城汽车开始推出产品力较强的越野车型。长城汽车机智的运营策略以及强悍的成本控制能力，给其带来了明显超越自主汽车行业平均水平的长期扣非ROE表现。

4.2.1　研发强度

在自主整车制造商中, 长城汽车研发费用的资本化率长期表现可以说是非常少见的:

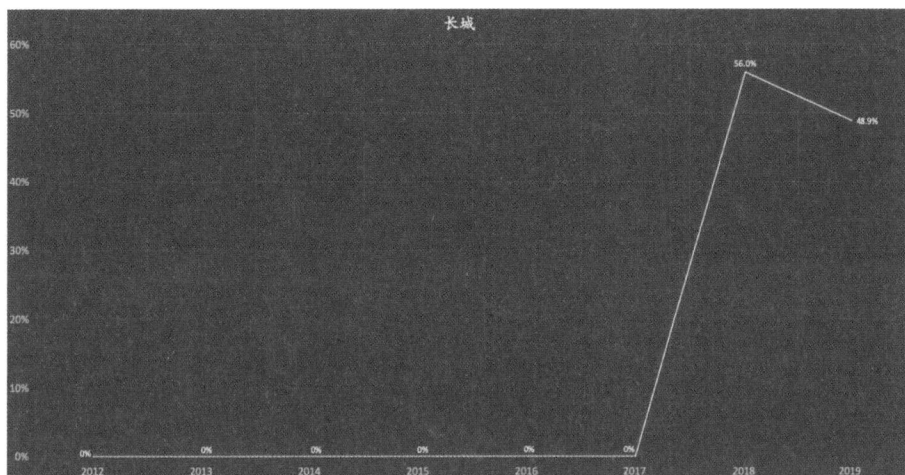

（数据来源: 长城汽车财务报表）

2012—2017年, 长城汽车的资本化率均为零。换句话说, 2012—2017年长城汽车的研发费用全部计入了利润表中的费用项目中, 期间长城汽车的净利润是在保守的会计核算方式之下呈现出来的。2018—2019年, 长城汽车研发费用资本化率明显上升, 这可以直接增厚2018—2019年这短期两年的净利润。贯穿整个2012—2019年来看, 长城汽车的研发费用资本化率平均水平是非常之低的, 这在自主车企中并不多见。长城汽车在研发费用资本化率这个维度, 长期采用了比较保守的会计核算方式, 这一点让我感到比较放心。

为了搞清楚长城汽车长期盈利表现的走势, 现在我们将长城汽车2018—2019年的资本化率人为地调整为零, 再对比一下扣非ROE在2018—2019年研发费用资本化率调整为零的前后会有什么变化:

如果我们直接从长城汽车的财务报表中读取扣非ROE(图中金色线条), 那么我们看到的长城汽车2018—2019年扣非ROE走势相比2017年来说是相对平稳的。但如果我们将2018—2019年研发费用资本化率人为地调整为零, 那么我们看到长城汽车2018—2019年扣非ROE(图中紫色线条)相比2017年来说就是进一步下滑的。可以看出: 对于长城汽车来说, 在面对我国车市整体调整的时候, 也不能独善其身。

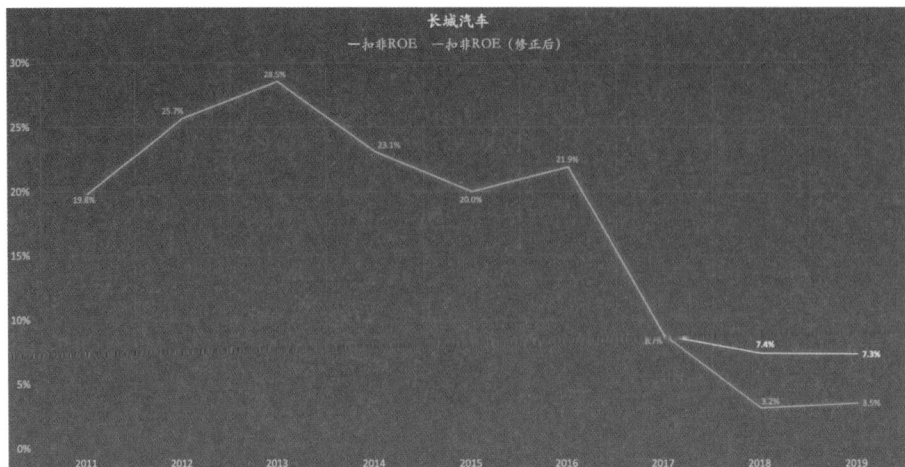

（数据来源：长城汽车财务报表、主观粗略估算）

现在我们假设长城汽车2011—2019年研发费用资本化率均为零，统计长城汽车的研发强度：

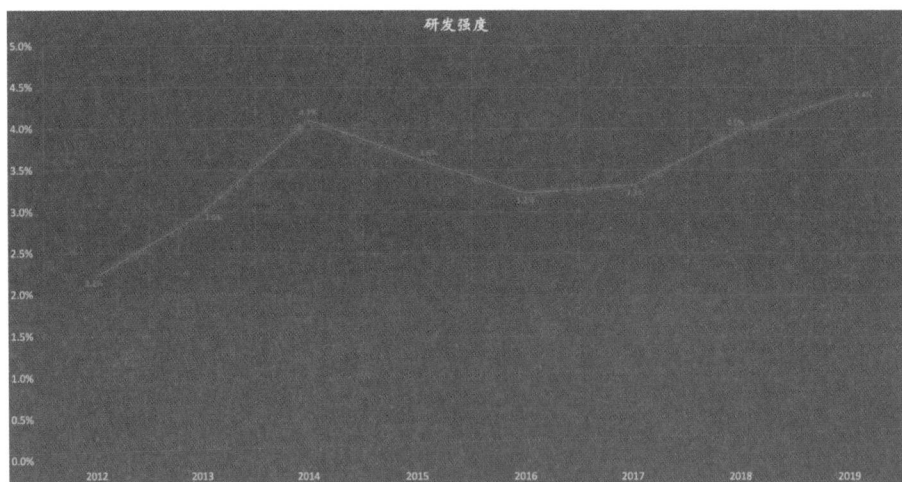

长城汽车的长期研发强度，在自主整车制造商中并不算高的。长城汽车的长期研发强度表现，或许部分缘于长城汽车长期采取的相对差异化竞争策略。毕竟在竞争相对没有那么激烈的细分赛道，持续投入研发费用的压力或许会相对要小那么一点点。

4.2.2　销　　量

1. 长城汽车乘用车、皮卡逐月销量走势

2021年3月，长城汽车乘用车、皮卡销量分别同比增长103%、42%。在主要自主品牌中属于表现相对较好的。

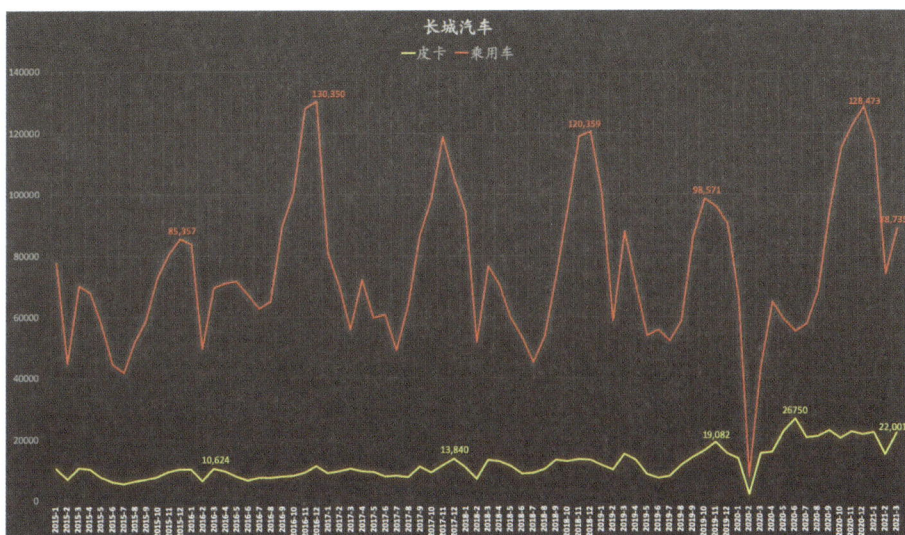

（数据来源：整理自长城汽车产销快报）

2. 长城皮卡

长城皮卡已经连续二十余年占据自主皮卡销量第一的位置，江铃皮卡常年位居第二。2010年，长城汽车、江铃汽车在我国皮卡市场的占有率分别为：27%、14%。2020年，长城汽车、江铃汽车在我国皮卡市场的占有率分别为48%、14.4%。相比长城皮卡市场占有率的变化，江铃皮卡市场占有率似乎变化不大。

以下是长城皮卡、江铃皮卡2010—2020年销量走势：

2018—2020年，长城皮卡与江铃皮卡的销量持续加速拉开差距。相比长城汽车乘用车业务，长城汽车皮卡业务的毛利率更高，并且皮卡国内市场的上升空间更大。所以，长城汽车在皮卡这个细分领域的龙头地位为长城汽车的基本面增加了不少反脆弱性。

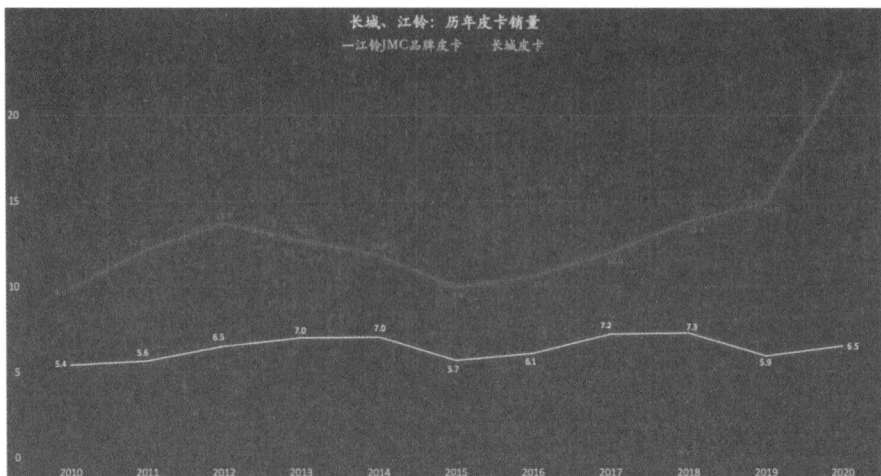

（数据来源：整理自长城汽车、江铃汽车产销快报）

　　2020年，长城皮卡销量同比增幅不仅大幅度跑赢了江铃皮卡，还跑赢了中国皮卡行业平均表现：

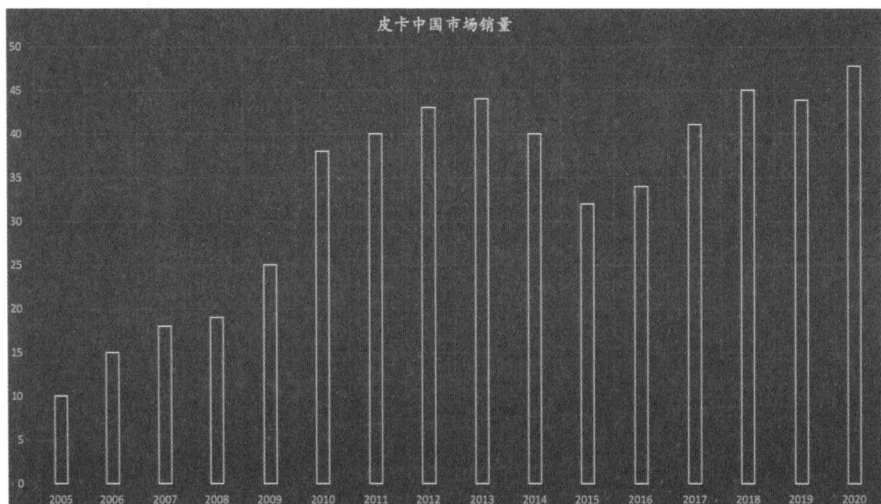

（数据来源：主要参照乘联会，部分来自主观粗略估计）

　　这是2005—2020年中国国内皮卡市场整体销量走势。长城皮卡为2020年中国皮卡市场整体销量同比增长贡献了不少力量。

　　国内自主车企也陆续将目光投向了皮卡市场。以长安汽车为例，2020年长安凯程汽车项目签约完成，投资总额高达100亿元，而长安凯程的主营业务之一就是皮卡。主观猜测，"皮卡解禁"并非短期政策，而将成为长期趋势。我的猜测依据如下：

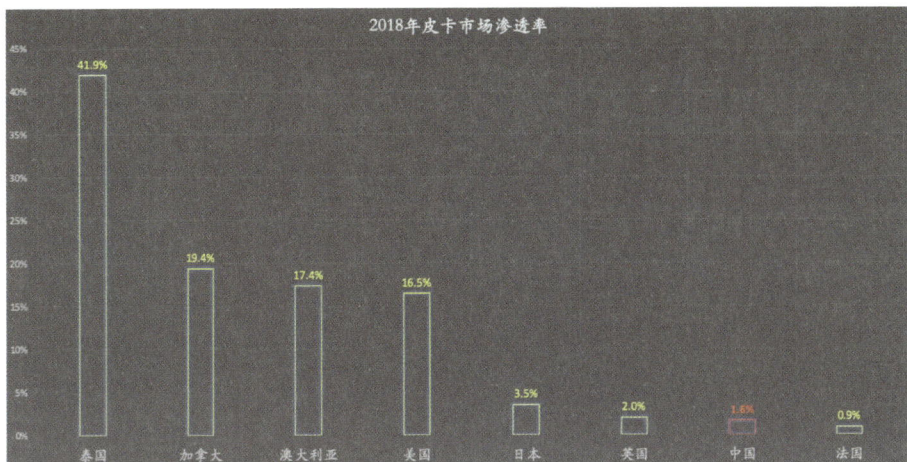

（数据来源：主要参照《罗兰贝格中国皮卡市场发展趋势白皮书》，部分来自网络信息整理）

　　2018年我国皮卡市场渗透率仅为1.6%左右，2019年上升到1.7%左右，与全球部分国家对比属于明显偏低的水平。

　　回顾美国1951—2017年轿车、卡车销量走势：

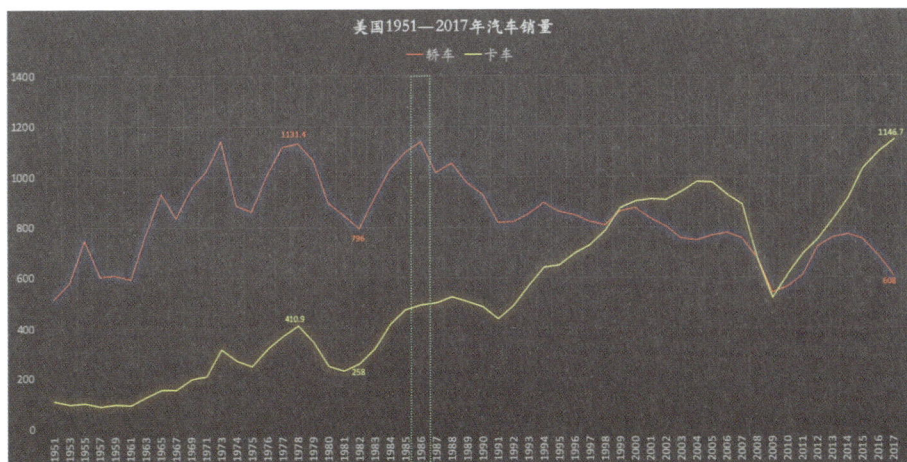

（数据来源：整理自WardsAuto）

　　1986年（图中亮绿色方框）是美国轿车、卡车销量表现的分水岭：轿车销量从此开始大致朝着向下的方向持续调整，而卡车销量却呈现出大致逐步攀升的态势并在2015—2017年销量一举超越2014年高点从而连续创下历史新高。

　　中国作为快速崛起的消费大国，皮卡市场的提升空间应该还是比较大的。而长城汽车作为皮卡领域的龙头企业，具有一定的先发优势。

3. 长城哈弗H6

长城哈弗H6曾经缔造了我国自主车型销量"神话"：

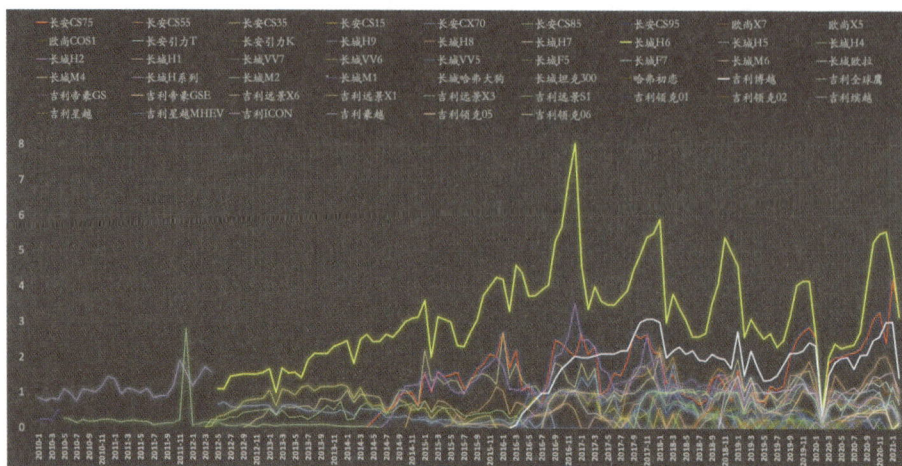

（数据来源：整理自盖世汽车。相对较小的销量数据用数字零表示）

这是2010年1月至2021年2月长城、吉利、长安旗下自主品牌SUV逐月销量（批售量）走势。长城哈弗H6（图中金色线条）曾于2016年创造出了单月超8万台的惊人销量纪录，并且长期占据自主SUV单月销量第一的位置。哈弗H6这一款车曾经多年占据了长城汽车大部分销量和不少利润。整车制造行业的新车型失败率很高，但也具有规模效应。尽管失败的新车型占绝大多数，只要车企能够"押中"两三款"爆款"产品，往往就能够过得相对比较安稳。

随着众多车企追随SUV消费市场景气周期，在SUV这个细分领域的竞争也明显加剧。我们看到近几年长城哈弗H6销量出现过明显下滑，也在2020下半年至2021年初表现出了明显复苏。但这是在长城哈弗H6长期实施了降价保量策略的情况下实现的。以长城汽车乘用车的主要自主竞争对手之一的长安汽车为例，长安CS75（图中红色线条）单月销量（批售量）在2021年2月已经超过了长城哈弗H6，而长安CS75的定价区间是略高于长城哈弗H6的。再看吉利博越（图中白色线条），近些年也是表现出步步紧逼的态势。在创业阶段，汽车这个充分竞争、快速迭代的赛道很难有常胜将军（这一点将在4.5.1小节中详细阐述）。长城汽车经营策略的精明之处就是不断地寻找相对差异化的细分竞争领域，通过先发优势和相对高毛利率去打开利润空间。

4.2.3　财务数据

1. 收入、扣非净利润

随着2020年下半年长城汽车销量逐步回暖，长城汽车2020年营业收入重拾升势，结束了连续两年的调整。

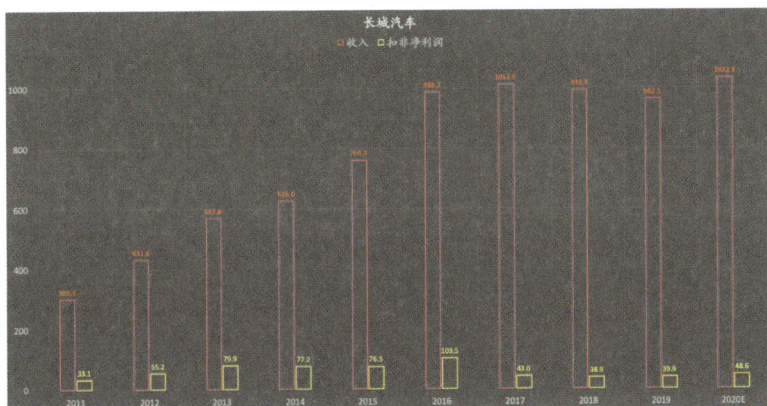

（数据来源：长城汽车财务报表）

2. 季度区间内：净利润、收入、毛利率

整体上，单季度毛利率呈现出逐步走低的态势，在2020Q3有所回暖。如果我们将上面4.2.1小节中提到的研发费用资本化率这个因素考虑进来，图中扣非净利润走势会略有不同。

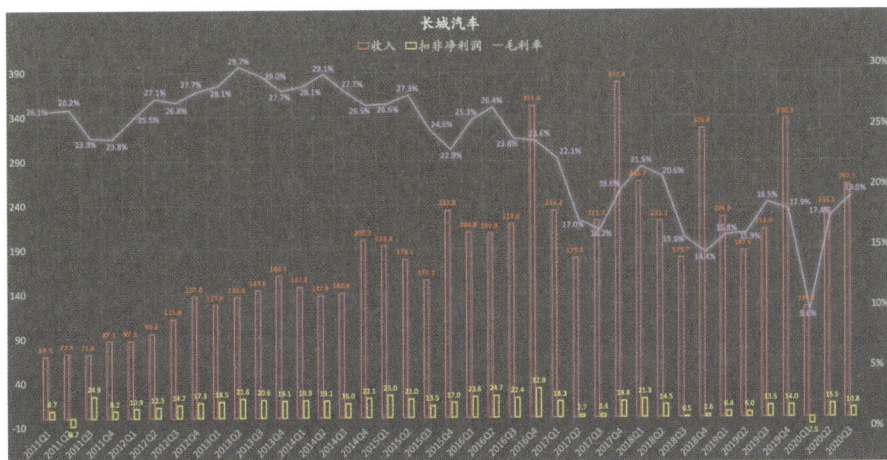

（数据来源：长城汽车财务报表、主观粗略估算）

3. 相对估值（PB-ROE）

这是2011—2020年长城汽车A股历年年度最高PB、年度最低PB、扣非ROE走势。2020年下半年至2021年初，长城汽车A股、港股相对估值水平快速提升。

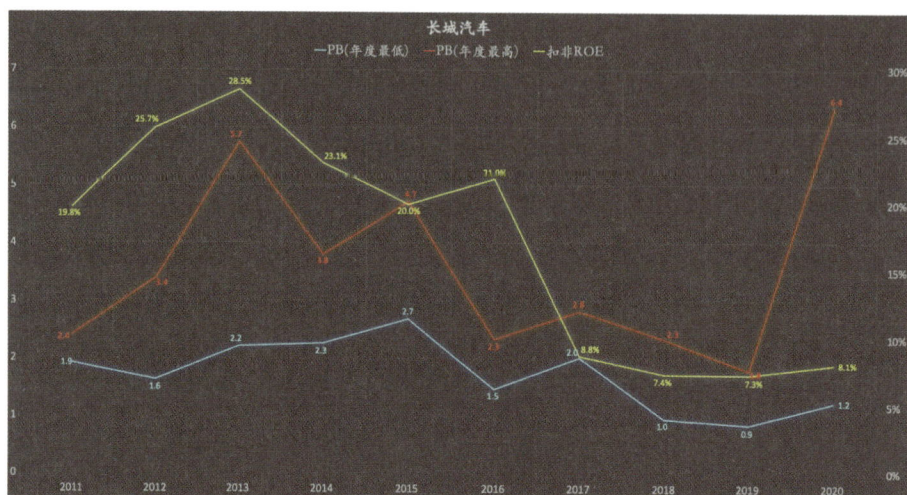

（数据来源：主观粗略估算）

4. 自由现金流占比、筹资现金流占比、资产负债率

自由现金流占收入比长期平均值只有0.8%，创业阶段可以理解。长期发展并不依赖对外融资，长期负债率水平较低。

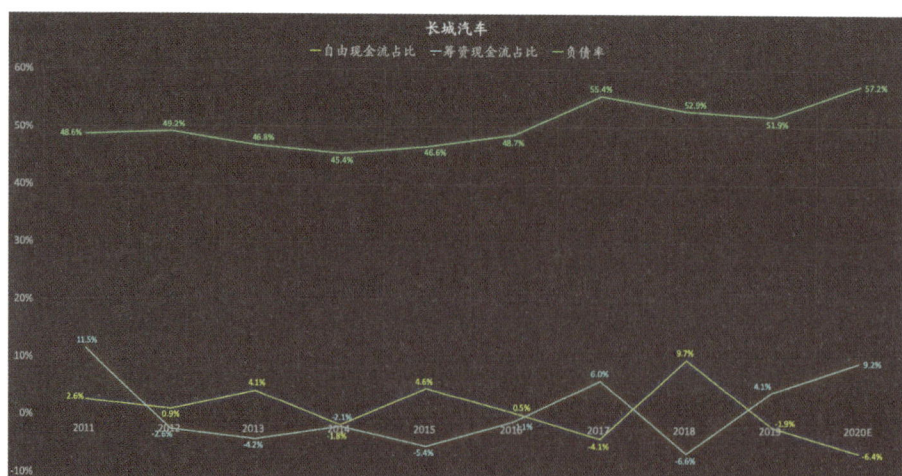

（数据来源：估算自长城汽车财务报表）

5. 毛利率、货币资金占比

毛利率逐步缓慢走低，货币资金占收入比略微偏低。

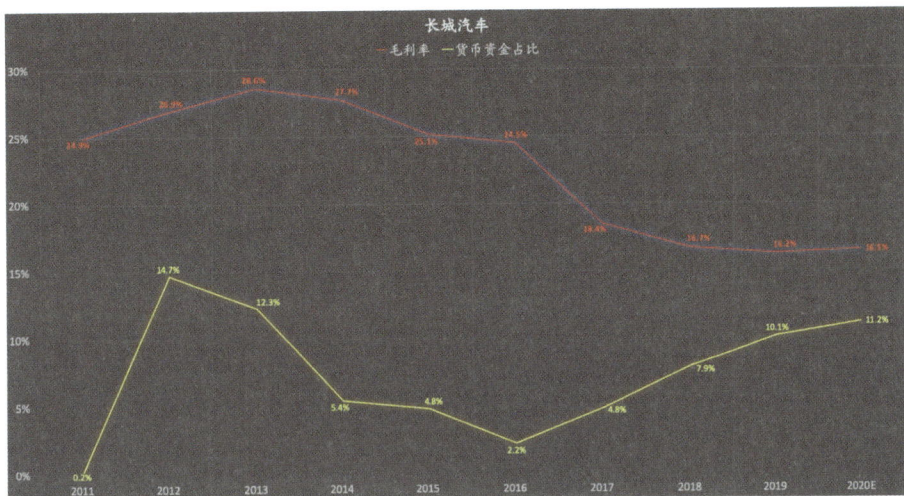

（数据来源：估算自长城汽车财务报表）

6. 盈余再投资比率

盈余再投资率指企业资本支出占盈余的比例。一般认为，盈余再投资率低于40%算低，高于80%算高。长城汽车的盈余再投资比率长期水平在自主车企中并不算高的，这或许部分得益于长城汽车长期采用的相对差异化竞争策略。

（数据来源：长城汽车财务报表、主观粗略估算）

盈余再投资率=(期末固定资产净值+期末长期投资−期初固定资产−期初长期投资)/*N*年的净利润之和

我在这里取的*N*值是5，所以我们这里计算的是过去5年内企业资本支出占盈余的比例。这是一个相对滞后的指标，反映的是相对长的周期内企业盈余用于支出的力度。高盈余再投资比率是一把双刃剑，它意味着车企长期投入巨大，但你也可以将它理解为车企具有很强的进取心。在我国自主车企当下所处的创业阶段，很难判断高盈余再投资比率究竟意味着风险还是机会。主观上，我更偏向于长期维持相对偏高的盈余再投资比率这类车企，我看重的是进取心。当然，并不是说投入多就一定是好事。如果只有投入，没有什么产出，那就是风险。这个必须结合车企自身的研发实力、自主新车型产品力、自主销量表现、盈利能力或盈利潜力等来进行综合估计。现阶段，我国自主车企的首要任务是"活下去"，然后才谈得上"活得精彩"，所以自主车企的"狼性"创业精神是必不可少的。

7. 三费占比、固定资产比重

长城汽车三费占比在自主车企中属于明显偏低的。夸张一点来说，长城汽车属于自主车企中的成本控制"杀手"。

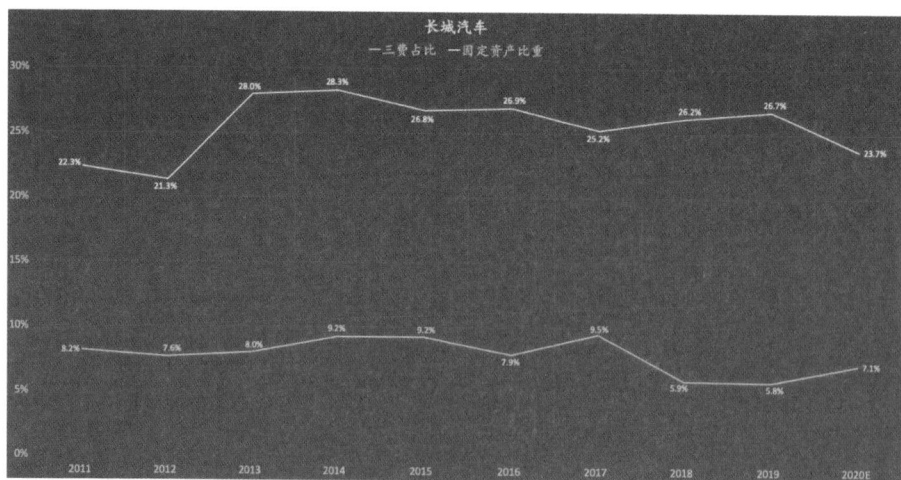

（数据来源：新浪财经。2020E为估计值）

综上，个人认为长城汽车具备的独特竞争优势部分来自其运营策略：寻找相对差异化的细分竞争赛道并取得先发优势。随着"皮卡解禁"逐步成为趋势，越野车消费市场渐入佳境，长城汽车在细分领域的先发优势或将更加明显。

4.3　吉利汽车

　　1997年,吉利进入汽车产业,成为中国第一家民营轿车企业。吉利汽车于2005年在香港上市,下面是吉利汽车的一些基本情况。

4.3.1　销　　量

　　吉利汽车历史上大致经历三轮销量上升、三轮销量调整。上升周期往往持续时间较长,调整周期持续时间较短。2008年,部分受到全球金融危机影响,吉利汽车出现首次销量调整。2009年,在我国首轮"汽车下乡"政策以及其他政策的影响下,吉利汽车销量同比暴增。2014年,吉利汽车自2008年开始推进的多品牌战略显露出疲态,销量出现明显下滑。随后吉利快速收缩战线,在沃尔沃品牌效应的加持下,吉利汽车自2015年开始表现出了销量持续大幅攀升的态势。

　　2018—2020年,我国车市整体上出现了历史上首次销量调整,其中,2020年主要受到疫情短期影响。尽管我国车市早在2018年就开始出现了调整,吉利汽车在2018年的销量仍然同比逆势大幅上涨。2019—2020年,吉利汽车跟随大市出现了历史上的第三轮销量调整。2021年初,吉利汽车销量回暖明显。

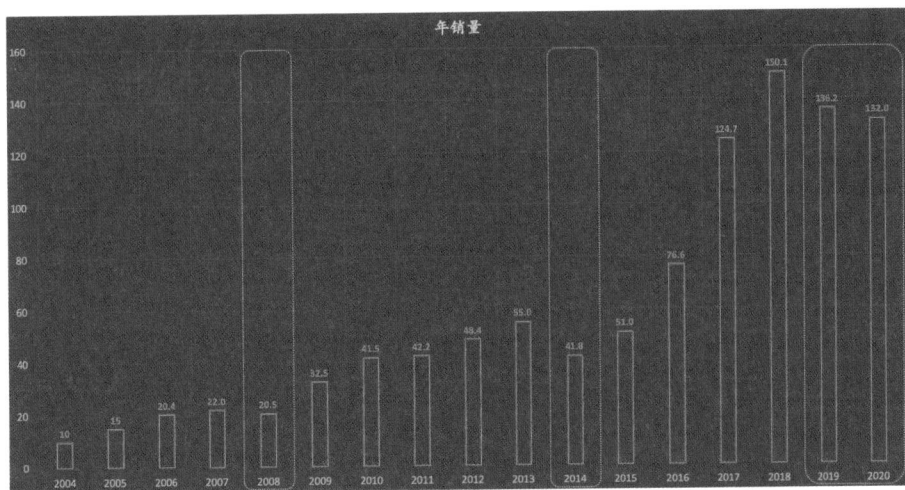

（数据来源:主要整理自吉利汽车对外披露的销量信息、部分整理自网络信息及主观粗略估算）

这是年销量的表现，再看看月销量走势：

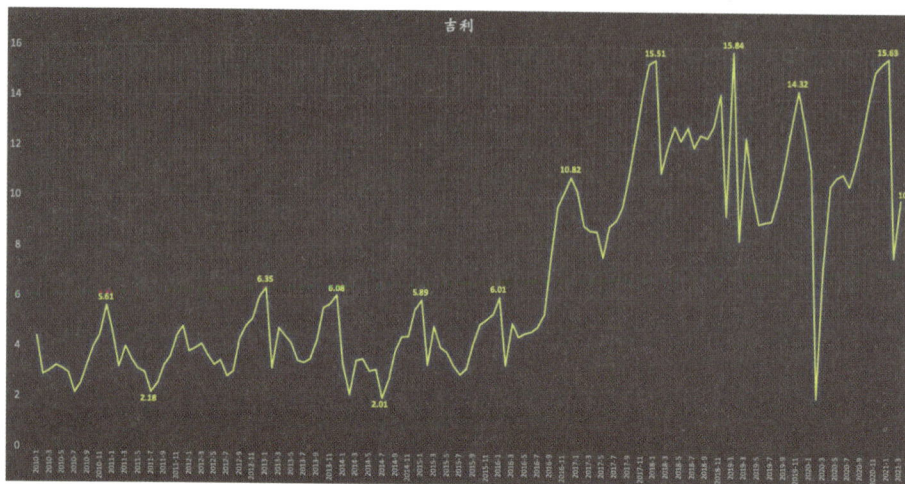

（数据来源：整理自吉利汽车销量公告）

吉利汽车2021年3月销量同比增长约37%。

4.3.2　研发强度

对我来说，吉利汽车最有趣的是研发费用这一块。之所以我会对吉利汽车的研发费用产生兴趣，是因为吉利汽车财务数据所直接体现出来的看似离谱的研发强度：

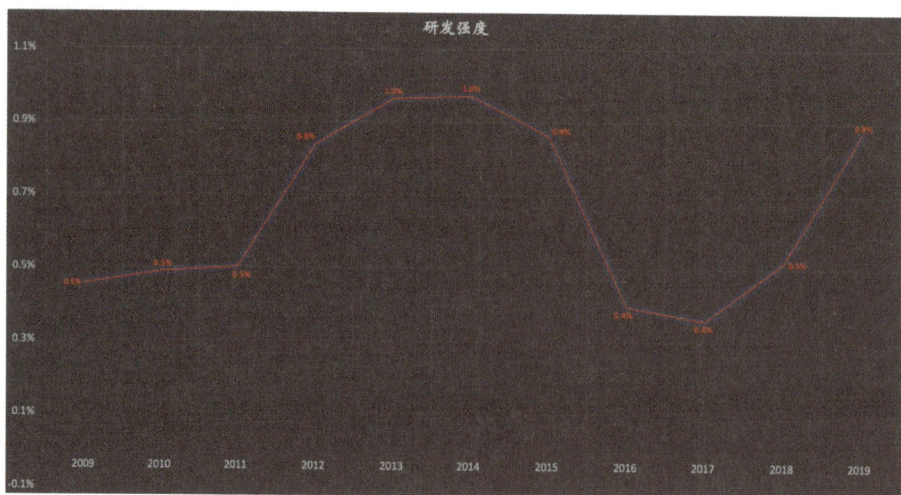

（数据来源：估算自吉利汽车财务报表）

2009—2019年,吉利汽车平均研发强度(研发费用占收入比)仅为0.66%。请问这是"酱香型"科技公司还是"清香型"科技公司?

很少有人能够看懂吉利汽车的研发费用。对于如此之低的长期研发强度表现,有投资者猜测这可能是由于吉利控股集团公司承担了吉利汽车的大部分研发费用,因而吉利汽车财务报表上的研发费用才如此之低。对此,我有不同的猜测。

研发开支通常涉及两个方面:研发费用的费用化金额,研发费用的资本化金额。我们在上图中看到的仅仅是吉利汽车研发费用的费用化金额占收入比例,研发费用的资本化金额是不会直接体现在利润表中的,而是记入了无形资产。在吉利汽车年报的"无形资产——已资本化产品研发成本"这一栏下边,我们可以找到"成本——新增"这一栏,我个人主观地将"成本——新增"这一栏的数据视作吉利汽车该年研发资本化金额。于是,我们就可以对比一下吉利汽车历年研发费用的费用化金额、资本化金额走势:

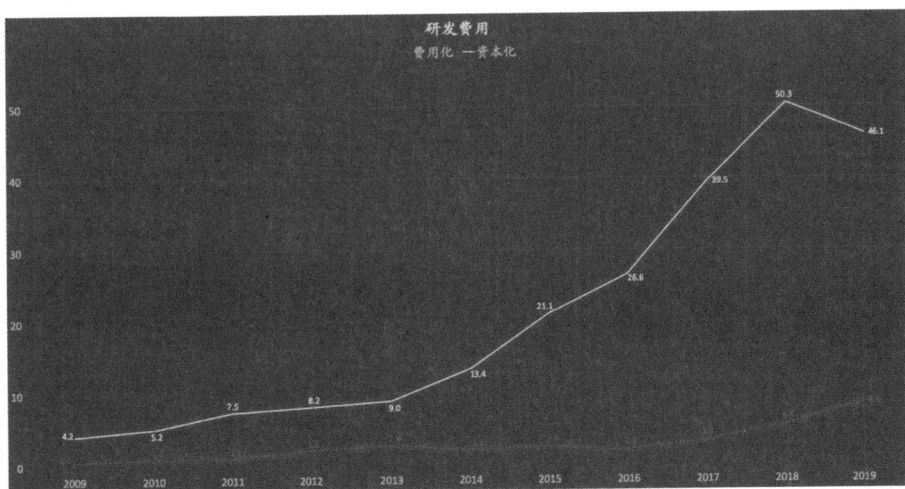

研发费用
费用化 — 资本化

（数据来源: 估算自吉利汽车财务报表）

如果我没有猜错的话,吉利汽车常年将研发费用中的绝大部分进行了资本化。也就是说,在吉利汽车的年报中,并非仅仅只有我们在利润表中看到的那么一点点研发费用,吉利汽车实际发生的研发费用要远比利润表中罗列的研发费用要多。

我们看到长城汽车、长安汽车的研发强度要比吉利汽车大很多,那主要是因为长城汽车、长安汽车将其研发费用的全部或者大部分都进行了费用化处理,并且直观地体现在了当期利润表的相关费用项目中,而不是像吉利汽车这样将绝大部分研发费用进行资本化处理并计入无形资产。

研发费用的资本化、费用化，两者的最大区别就在于前者是算入资产负债表中，然后在未来多年中逐步承受费用摊销，而后者则计入当期利润表中，直接算作当期费用并影响当期利润。将研发费用进行大比例资本化处理，可以提高当期净利润水平，但这笔费用不是说就此一笔勾销掉，而是将在未来多年中逐步进行摊销。例如，吉利汽车2019年年报中就有这样一个补充说明："已资本化之产品研发成本于3至10年内摊销"。

研发费用的资本化、费用化，两者实际上又没有本质上的区别：不管你怎么计算，费用终究是费用，迟早是要计入成本并影响净利润的。只不过研发费用的大比例资本化将研发费用对当期净利润的影响减弱了，对净利润的影响周期拉长了。以吉利汽车为例：

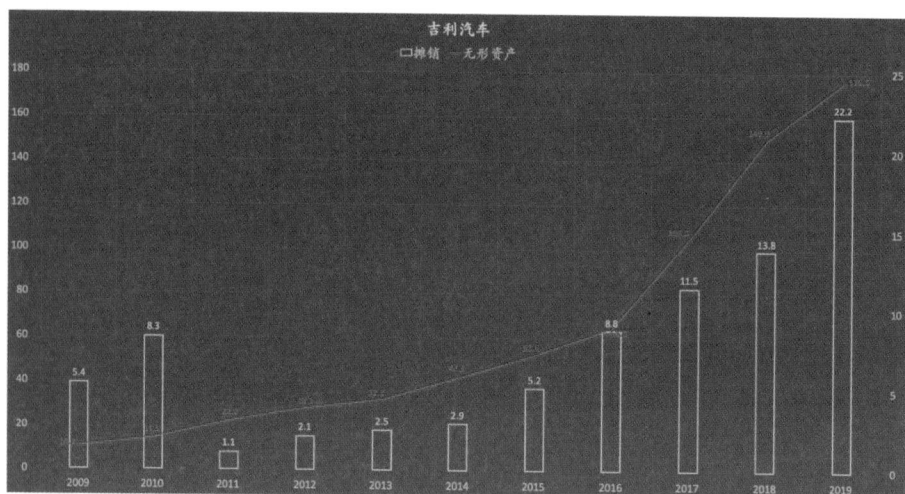

（数据来源：吉利汽车财务报表"无形资产——已资本化产品研发成本"）

由于吉利汽车长期持续将绝大部分研发费用进行了资本化处理，吉利汽车无形资产账面金额（图中红色线条）持续攀升。无形资产持续攀升的间接影响就是年度摊销金额持续攀升。2019年，吉利汽车无形资产摊销金额已经上升至22.2亿元。

未来，如果吉利汽车长期持续沿用大规模资本化研发费用的方式，可以预见的是吉利汽车在未来将承受更大的无形资产摊销费用，并且这最终将会明显影响到净利润表现。

大概粗略估算了一下吉利汽车研发费用资本化率（研发费用资本化金额与研发费用总额的比值）：

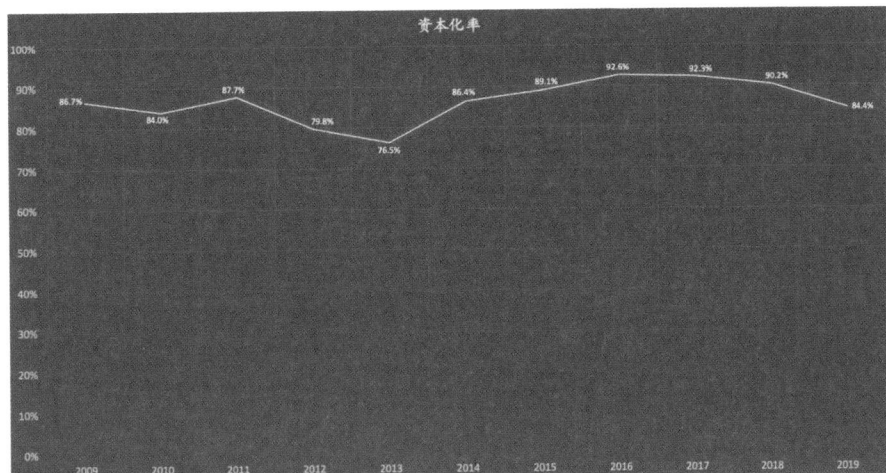

（数据来源：估算自吉利汽车财务报表）

　　我知道长城汽车曾经连续多年研发费用资本化率为零，长安汽车长期平均研发费用资本化率大概在30%上下，而吉利汽车长期平均研发费用资本化率竟然高于85%。当然，这是粗略估计值，仅仅大致反映一个情况而已。并且我的分析思路也未必就一定正确，欢迎指出我的错误之处。

　　现在我们作一个大胆假设，假设吉利汽车2009—2019年研发费用资本化率为零。然后重新计算吉利汽车在该假设条件下的研发强度：

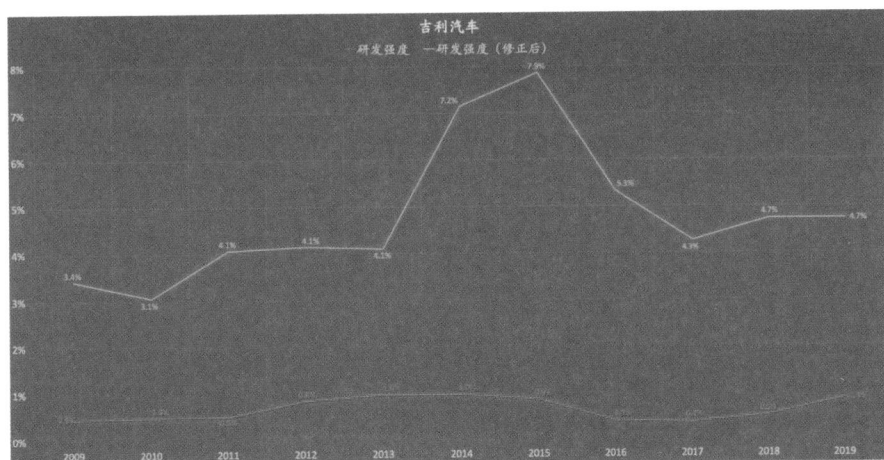

（数据来源：估算自吉利汽车财务报表）

　　图中紫色线条就是我们在假设吉利汽车2009—2019年研发费用资本化率为零的情况下，所计算出来的研发强度，我这里用研发强度（修正后）进行了命名。

　　假设条件下，吉利汽车2009—2019年研发强度平均值为4.8%，2014—2019年研发强度平均值为5.7%。2019年吉利汽车管理层有这样一段公开交流："事实上，吉利汽车至少5年来，研发支出占收入比都保持在5%~7%，除2017年之外的其他所有年份，吉利的研发费用投入占比均高于国内其他自主品牌。"我们现在统计出来的假设条件下的研发强度长期走势，与吉利汽车管理层在2019年对外交流中的表述大致吻合（略有出入）。

为了进行对比，我将目前吉利汽车财务报表直接体现出来的研发强度用红色线条进行了呈现。可以看出，假设条件下的研发强度是远高于非假设条件下的研发强度的。

4.3.3 毛利率、货币资金占比、资产负债率

吉利汽车长期毛利率水平比较一般，从毛利率的波动可以看出一定的周期性。上面我们已经分析过了，吉利汽车能够取得长期高达20%左右的平均ROE，在一定程度上得益于长期实施的研发费用高资本化率。不过从另一方面来讲，在我们将吉利汽车的资本化率调整为零的假设下，吉利汽车仍然能够取得约14%的长期平均扣非ROE，这个水平在整车制造商中已经算是表现得相对不错的了。吉利汽车账面上有一定的货币资金且资产负债率水平较低。

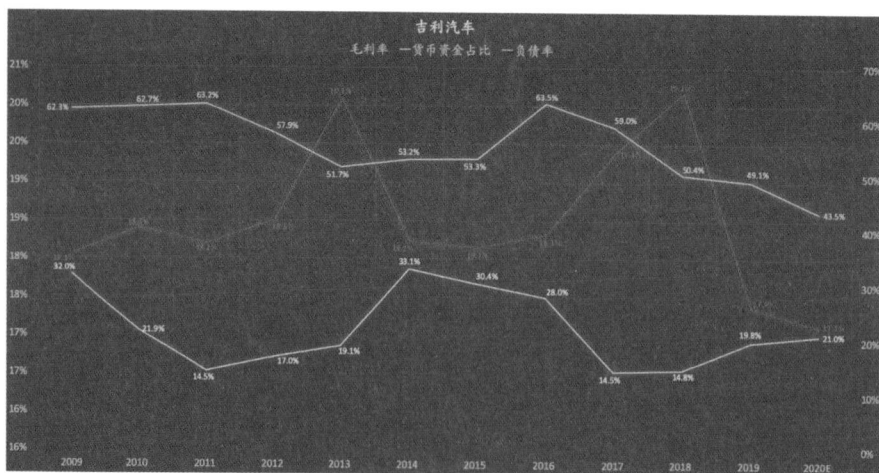

（数据来源：估算自吉利汽车财务报表）

4.3.4 收入、净利润

收入走势与销量走势高度关联。2015—2017年，吉利汽车净利润呈现出逐级

爆发性增长。2019—2020年，吉利汽车净利润逐步下滑。当然，这是在不考虑研发费用资本化率高企这个因素的情况下所表现出来的净利润。如果将这个因素考虑进来并重新进行模拟计算，净利润表现会有所不同。财务报表是一个有机的、动态的整体，正所谓牵一发而动全身。

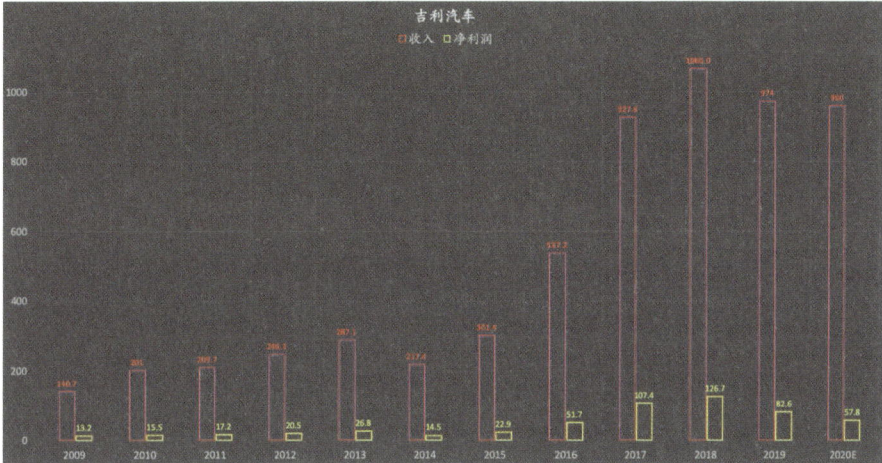

（数据来源：吉利汽车财务报表）

4.3.5　相对估值（PB-ROE）

2015—2017年，随着销量逐步攀升、净利润持续释放，吉利汽车的股价也好好地表现了一番。

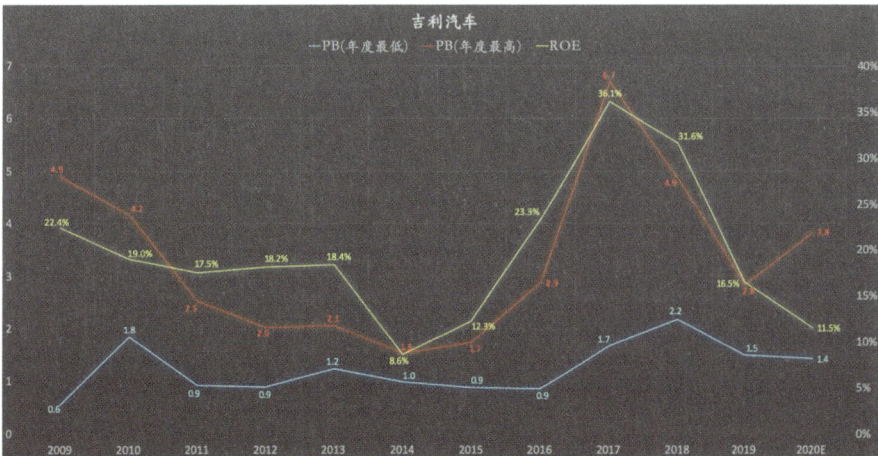

（数据来源：主观粗略估算）

4.3.6　自由现金流占比、筹资现金流占比

尽管吉利汽车账面上净利润不少，但长期平均自由现金流占收入比仅为3.5%。在我看来，在我国自主车企当前所处的快速迭代、充分竞争的创业阶段，长期自由现金流占收入比平均值大致能够维持在零以上就算是不错的。吉利汽车长期发展并不明显依赖对外融资。

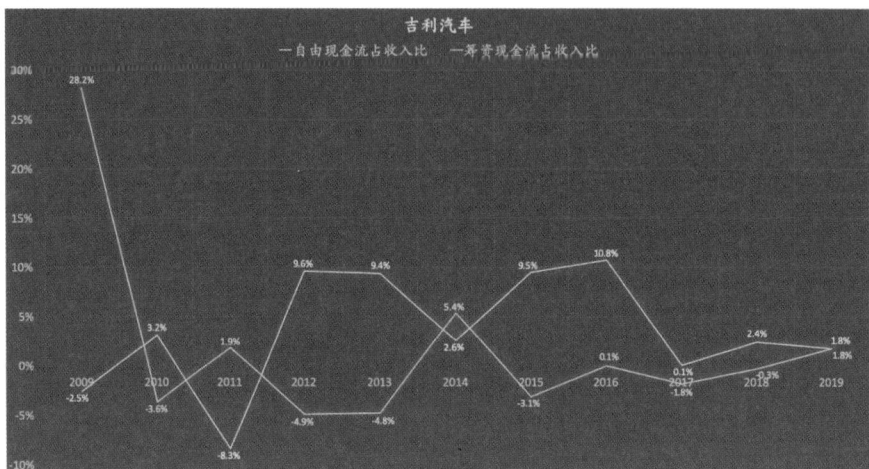

（数据来源：估算自吉利汽车财务报表）

4.3.7　三费占比、固定资产比重

近些年，吉利汽车三费占比处于历史低位，成本控制力度有逐步加强的迹象。

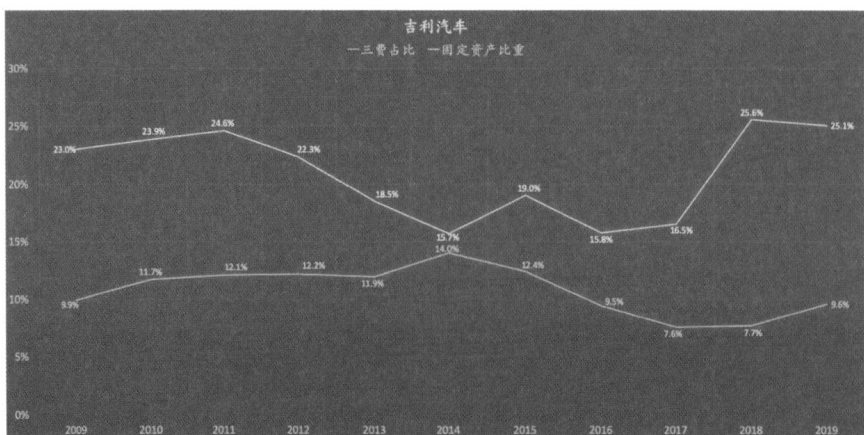

（数据来源：估算自吉利汽车财务报表）

从吉利汽车2014年快速应对销量下滑并成功扭转颓势来看,吉利汽车管理层的经营管理能力还是不错的。吉利汽车的母公司吉利控股集团擅长资本运作,例如:收购沃尔沃,杠杆买入戴姆勒股权,控股时空道宇,计划收购卫星公司等。一家民营企业能够放眼全球、关注太空,还是可以从侧面反映出吉利创始人的一些胆识和格局。多元化是一把双刃剑,权衡得好则可以带来协同效应,否则就可能带来负面效应。

4.4　上汽集团

1958年,第一辆凤凰牌轿车在上海汽车装配厂试制成功。1964年,凤凰牌轿车改名为上海牌轿车。1985年,上海大众汽车有限公司成立。1997年,上海通用汽车有限公司成立。2007年,上汽和南汽全面合作。2021年,上汽集团名列《财富》世界500强第60位。

4.4.1　销　　量

1. 中国市场所有车企历年销量排名前十

上汽大众、上汽通用常年位居榜单排名前三,给上汽集团带来了丰厚的投资收益。但2020年上汽大众、上汽通用的销量出现了明显下滑。同为大众的合资车企,一汽大众在2020年的销量表现依然坚挺。

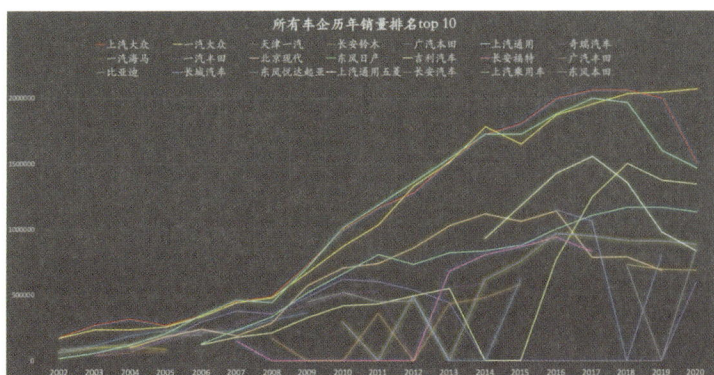

（数据来源: 整理自盖世汽车）

2. 上汽集团各品牌逐月产量

2021年1~2月，上汽集团产量总体上呈现出断崖式下跌。其中上汽大众、上汽通用跌幅较大。2021年3月，上汽集团各主要品牌产量有所反弹。

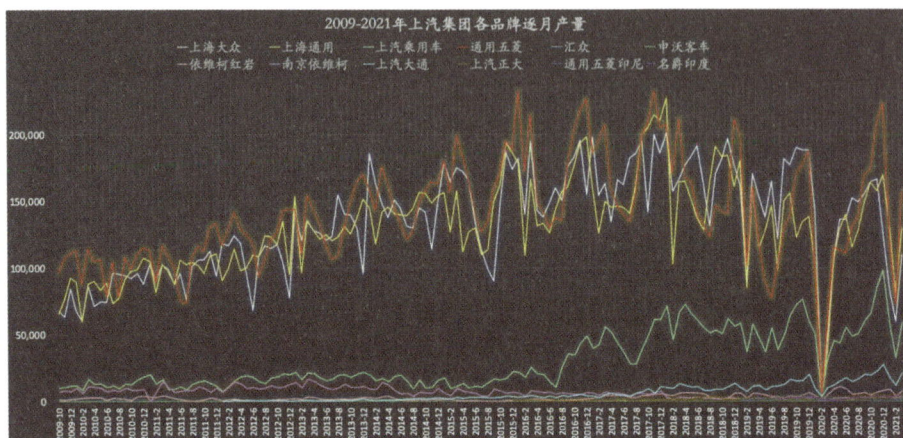

（数据来源：整理自上汽集团产销快报）

3. 上汽集团各品牌逐月销量（批售量）

2021年1~2月，上汽集团销量（批售量）总体上呈现出断崖式下跌。其中上汽大众、上汽通用跌幅较大。主观猜测，这与疫情时期的汽车芯片短缺有关。理由：2021年1月上汽集团的终端零售量依然相对坚挺，但批售量、产量均出现了大幅下跌，在终端零售量依然坚挺的情况下减产有影响正常交付的可能性；2021年2月上汽集团批售量、产量继续大幅下跌，如果终端零售量依然坚挺，如此减产规模很可能会影响正常交付；通过对上汽大众、上汽通用4S渠道、工厂端长期库存水平走势的分析，上汽大众、上汽通用并没有大幅度去库存的需求；管理层大概率不会做出如此大规模的、可能影响正常交付的去库存的决策，这很可能是由于某些零部件暂时性出现短缺而进行的被动去库存。

2021年3月，上汽集团各主要品牌销量（批售量）有所反弹。

4. 上汽集团逐月总产量、总销量

2021年1~2月，产量、销量（批售量）双双大幅下滑。2021年3月，产量、销量（批售量）双双出现反弹。

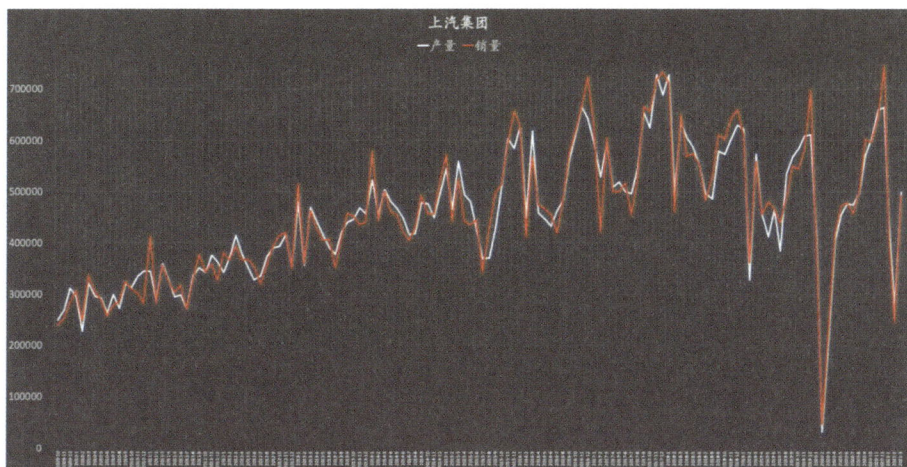

（数据来源：整理自上汽集团产销快报）

4.4.2　财务数据

1. 销售收入

2000年，宝马将罗孚拆分，福特从宝马手中购买了罗孚旗下陆虎越野车系。同年，罗孚汽车及MG跑车被英国凤凰集团象征性地以10英镑购回英国。2005年，中国南汽收购了罗孚、MG以及其发动机供应商Powertrain。2008年，上海汽车完成了对南汽集团100%股权收购的工商过户变更手续，上汽集团因此也成为MG品牌的新主人。

2006年12月，上海汽车实施重组，通过向上汽股份发行股份购买其持有的整车企业股权和紧密相关汽车零部件企业股权，将上海汽车转变成一家以整车为主的上市公司。2011年，上海汽车启动整体上市，将零部件、汽车服务贸易和新能源汽车三大板块业务整合进入上海汽车。

2012年9月1日起上海通用、上海大众收入均通过销售公司的形式体现在合并报表收入中，权益净利润则均体现于上汽集团合并报表的投资收益中。通过设立上海通用、上海大众销售公司，将表内销售收入大幅扩大，上汽集团进入了世界500强。我对上汽集团的了解还远不够深入，欢迎指出我的错误之处。我个人主观而片面地感觉，上汽集团的营业收入实际上有点"虚胖"。另一方面，我在分析上汽集团财务报表的时候仅从2012年开始看，因为2012年之前的上汽集团（上海汽车）俨然是另一家资产结构大不相同的公司。

如果我们将上汽大众、上汽通用的营业收入单独列出来，重新审视上汽集团的收入水平，则会有不同的感受：

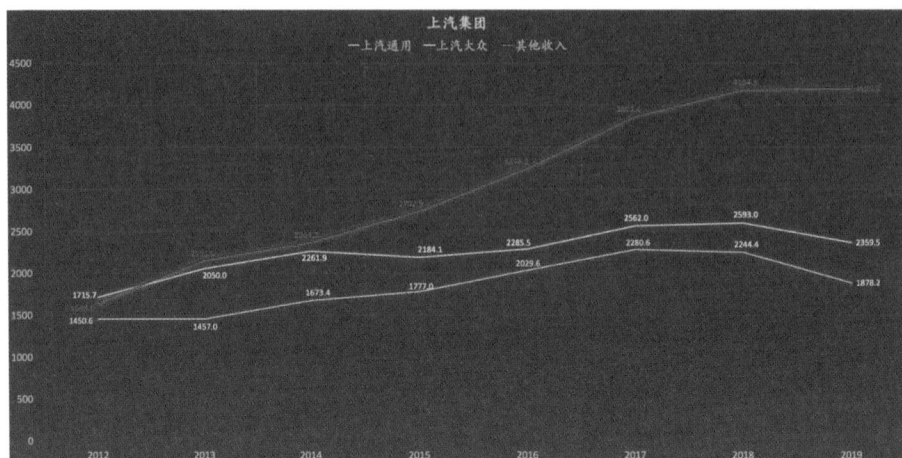

（数据来源：上汽集团财务报表）

图中其他收入（红色线条）这一项就是将上汽大众、上汽通用营业收入剔除后，上汽集团剩下的收入。而我们在计算上汽集团各类财务指标（例如研发强度）的时候，实际上应该将图中这个其他收入作为主要参照依据，而不是营业总收入。

进一步，我们将上汽集团并表的两家子公司上汽通用五菱、华域汽车的营业收入剔除：

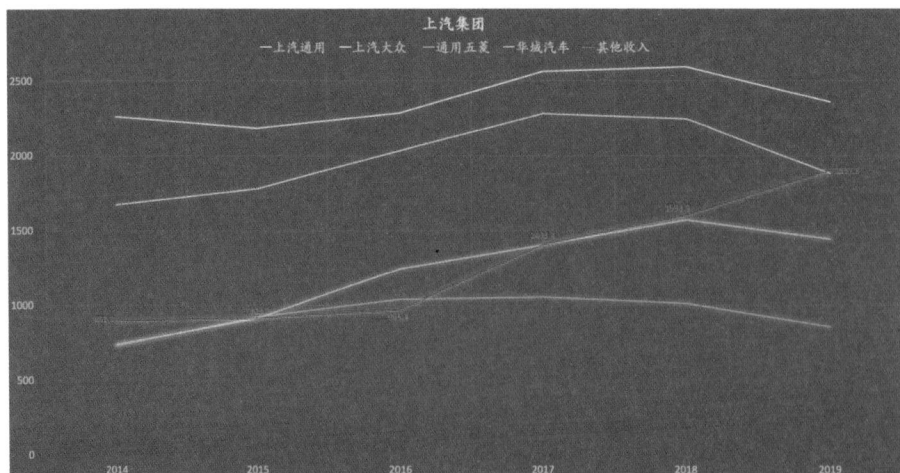

（数据来源：上汽集团财务报表）

图中其他收入（红色线条）这一项就是将上汽大众、上汽通用、上汽通用五菱、华域汽车营业收入剔除后，上汽集团剩下的收入。基于我的主观猜测（如果非常牵强地将上汽通用五菱视为非自主业务的话），图中其他收入这一项，现在可能就更加接近上汽集团自主乘用车业务的收入水平了。对于我个人而言，上汽集团的收入结构相对复杂，我现在只能用相对"更加接近"上汽集团自主乘用车业务收入来形容这个其他收入项目。不过从我们目前"抽丝剥茧"后的其他收入这一项来看，收入水平并没有比长城、长安、吉利这些自主车企营业总收入高出好几倍。

2. 研发强度

不同于吉利汽车、广汽集团长期维持的研发费用高资本化率，上汽集团研发费用的长期资本化率非常低。

2012—2019年，上汽集团研发费用平均资本化率仅为1.7%，平均费用化率高达98.3%。相比吉利汽车、广汽集团，上汽集团对研发费用的核算方式要严格得多：几乎将所有的研发费用都进行了费用化处理，计入到了利润表中的费用项目下。

现在我们进一步假设上汽集团历年研发费用资本化率为零、费用化率为100%，并且在此假设条件下计算研发强度。

由于上汽集团总收入并没有反映实际情况，我们在计算研发强度的时候，如果直接将上汽集团的总收入作为计算公式的分母，那么我们得到的研发强度是低到离谱的：

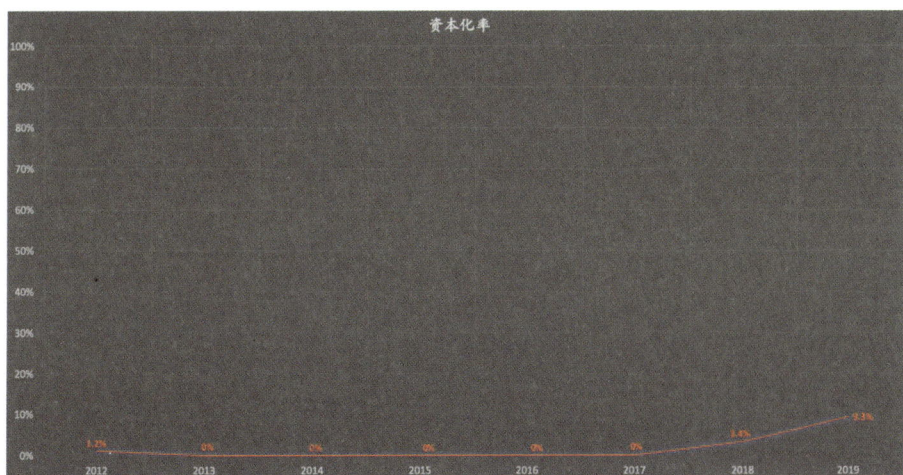

（数据来源：上汽集团财务报表）

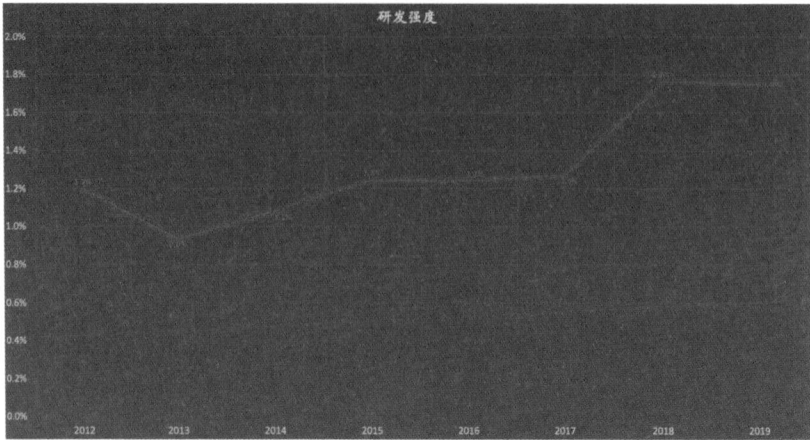

（数据来源：估算自上汽集团财务报表）

长期平均研发强度仅为1.3%，但这是错觉。

现在我们将剔除上汽大众、上汽通用营业收入后的上汽集团总收入作为计算公式的分母，得到一个更加能够反映实际情况的研发强度：

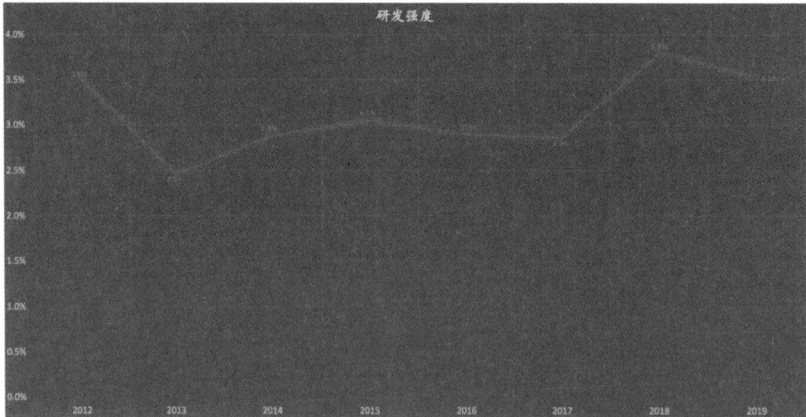

长期平均研发强度为3.1%。相比上面计算得到的长期平均研发强度1.3%，现在这个计算结果（长期平均研发强度3.1%）有了大幅度的提升。但这个研发强度长期表现在自主车企中仍然属于明显偏低的。部分原因可能是上汽集团并表的某些子公司拉低了研发强度长期表现，以华域汽车为例：

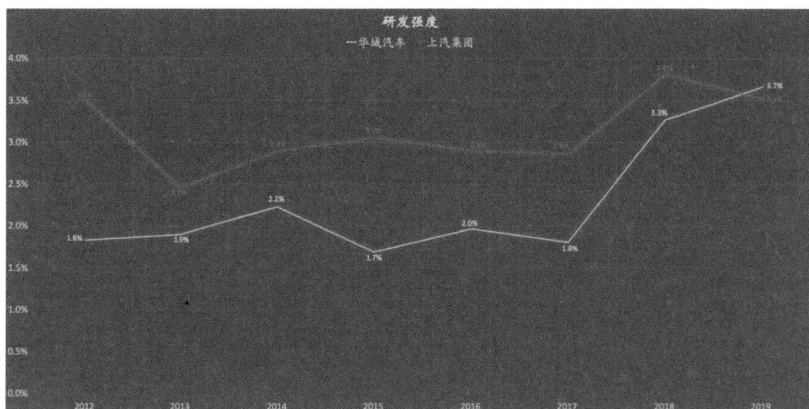

（数据来源：上汽集团、华域汽车财务报表）

这是上汽集团、华域汽车研发强度长期走势，华域汽车长期研发强度表现明显是低于上汽集团的。具体上汽集团自主乘用车业务的研发强度到底是多少，我暂时找不到一个清晰的分析思路，现在只能大致形成这么一种主观感觉：上汽集团自主乘用车业务的研发强度长期表现总体上可能是略高于图中所示上汽集团研发强度（图中红色线条）的。

3. 利润结构

上汽集团长期盈利主要来自合资企业：

我们通过剔除投资收益来大致估计上汽集团自主业务的长期ROE（图中亮绿色线条）表现，主要观察上汽集团2012—2019年ROE表现，自主业务长期维持在盈亏平衡点附近。

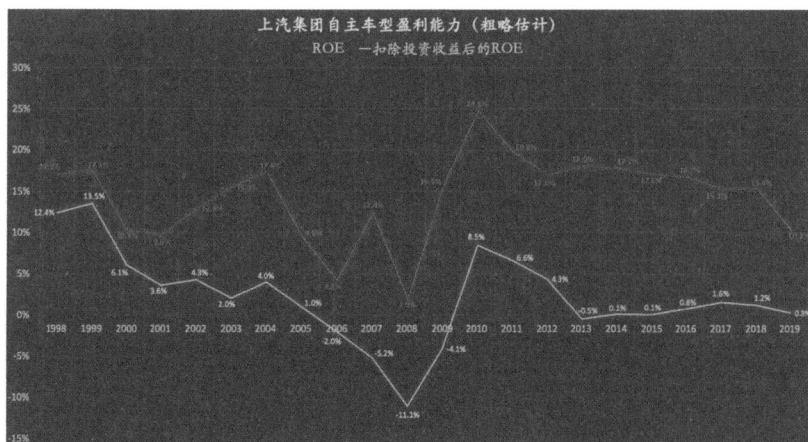

（数据来源：估算自上汽集团财务报表）

进一步以单个季度作为统计单位：

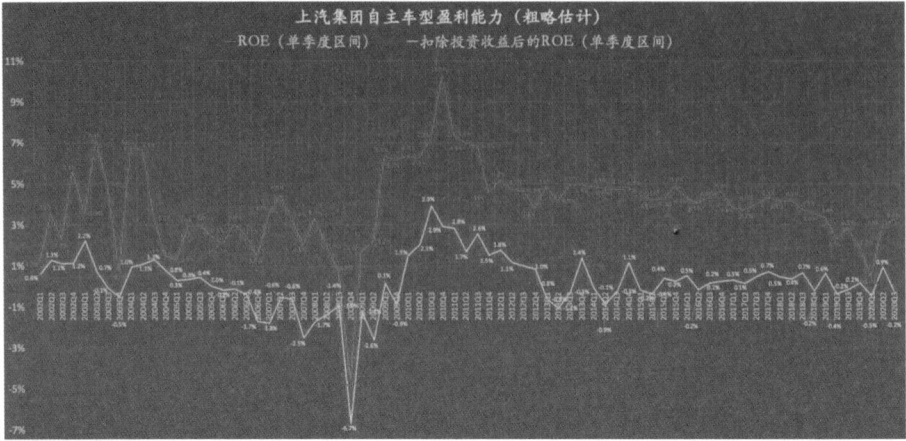

（数据来源：估算自上汽集团财务报表）

通过剔除投资收益来大致估计上汽集团自主业务的长期ROE（图中亮绿色线条）表现，主要观察上汽集团2012Q1—2020Q3ROE表现，自主业务长期维持在盈亏平衡点附近。

我们将上汽集团投资收益中，来自合营及联营企业的投资收益进行拆解：

对上汽集团净利润贡献程度由高到低依次为：上汽大众、上汽通用、华域汽车、上汽通用五菱。

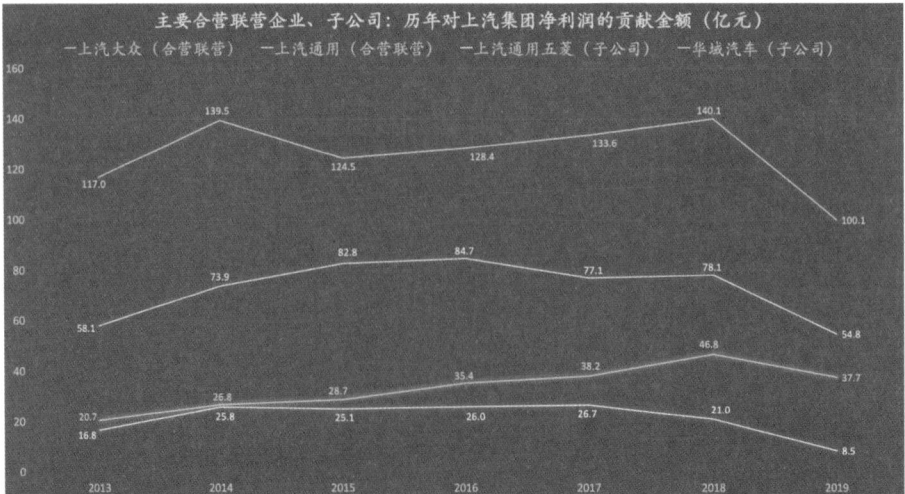

（数据来源：上汽集团财务报表）

　　现在我们将上汽大众、上汽通用、华域汽车、上汽通用五菱带来的投资收益从上汽集团扣非净利润中剔除,进一步粗略估算剔除后的上汽集团扣非ROE:

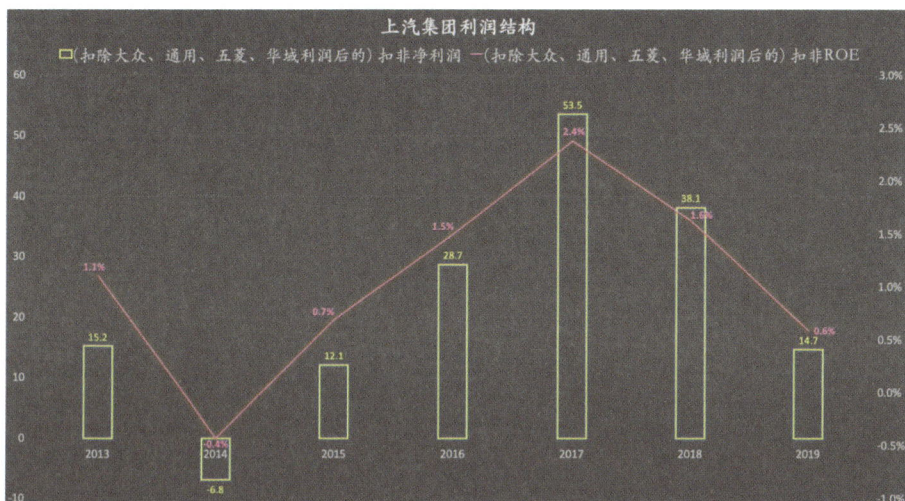

(数据来源: 估算自上汽集团财务报表)

　　上汽集团在剔除上汽大众、上汽通用、华域汽车、上汽通用五菱贡献的净利润后,扣非ROE水平是显著偏低的。

　　上汽集团主要合资企业在历史上表现出的盈利能力是非常强悍的,具体如下:

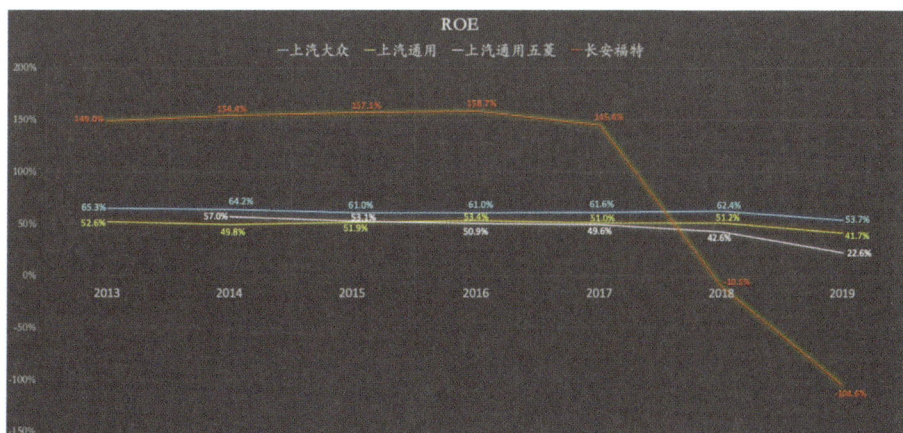

(数据来源: 估算自相关车企财务报表)

　　2013—2018年上汽大众、上汽通用、上汽通用五菱长期ROE大致维持在40%~65%范围内。

为了进一步说明合资车企在历史上表现出的强悍盈利能力，我们在这里额外加入了另一家车企长安福特进行对比。2013—2017年，长安福特ROE维持在150%附近。然而，随着销量出现断崖式下滑，长安福特在2018—2019年出现亏损或大幅亏损。以长安福特作为参照，整车制造行业的规模效应不仅仅体现在销量上升周期中的利润释放，还体现在销量下滑周期中的亏损幅度。车企的研发实力、服务水准和创业精神决定车企的长期发展，车企的新车型产品力和销量表现决定车企短期业绩走向。对于上汽集团来说，上汽大众、上汽通用、上汽通用五菱等主要合资企业都是投资者需要重点关注的方面，因为它们直接大幅度影响上汽集团的净利润表现。

进一步看上汽大众、上汽通用、长安福特历年销量表现：

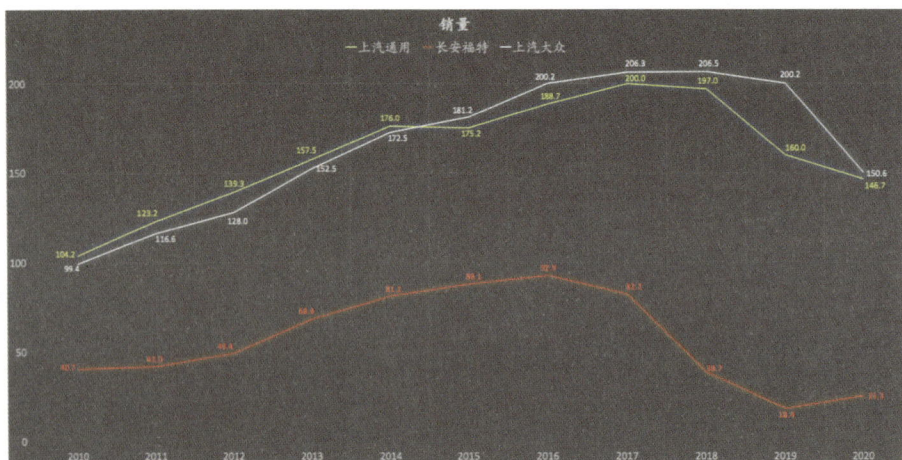

（数据来源：整理自上汽集团、长安汽车产销快报）

近些年，长安福特出现了断崖式销量下滑。相比之下，上汽大众、上汽通用销量表现更加平稳。

上汽大众、上汽通用、上汽通用五菱、长安福特在历史上能够表现出如此惊人的ROE，与单车平均净利润也有一定关系：

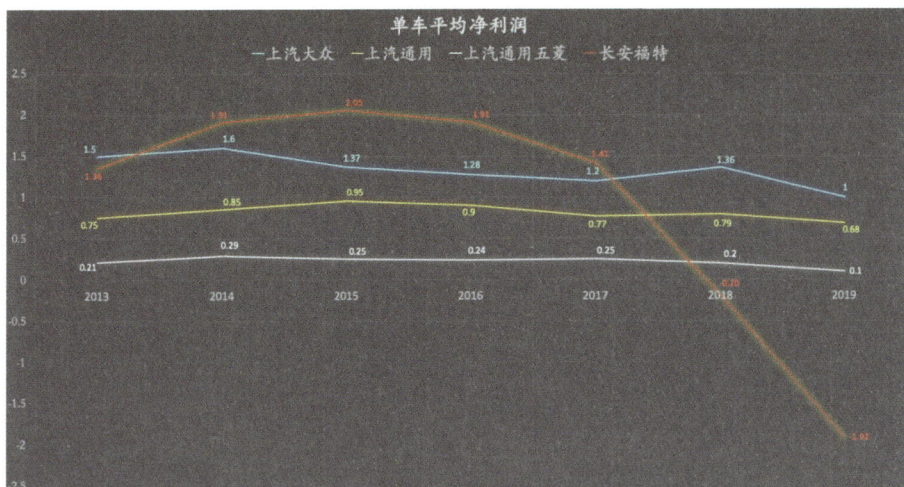

（数据来源：估算自上汽集团、长安汽车财务报表及产销快报）

影响长期ROE表现的还有产能利用率：

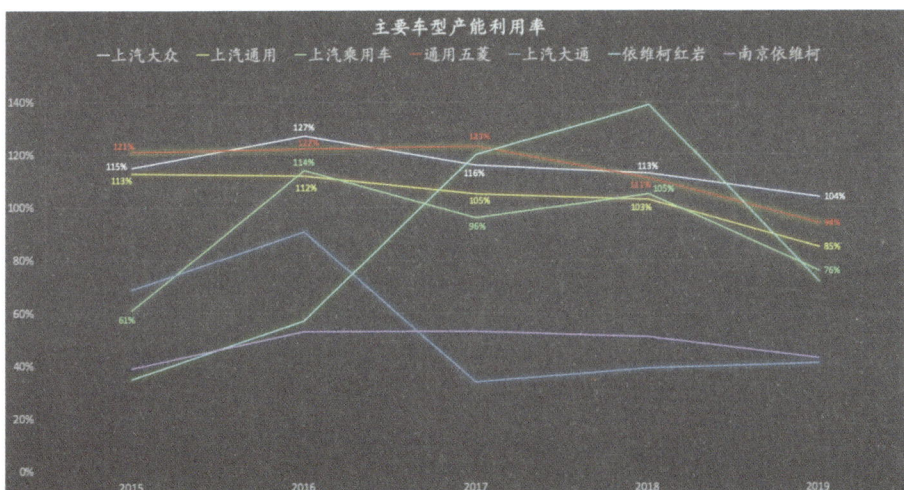

（数据来源：上汽集团财务报表）

　　上汽大众、上汽通用、上汽通用五菱长期平均产能利用率都在100%以上，这是一个很高的水平。产能充分利用往往意味着盈利，而产能大规模闲置则往往意味着亏损。短期内，决定产能利用率的最重要的因素，就是终端销量表现。

4. 相对估值

　　随着扣非ROE逐步走低，2020年上汽集团PB估值跌破2012年以来的最低值。

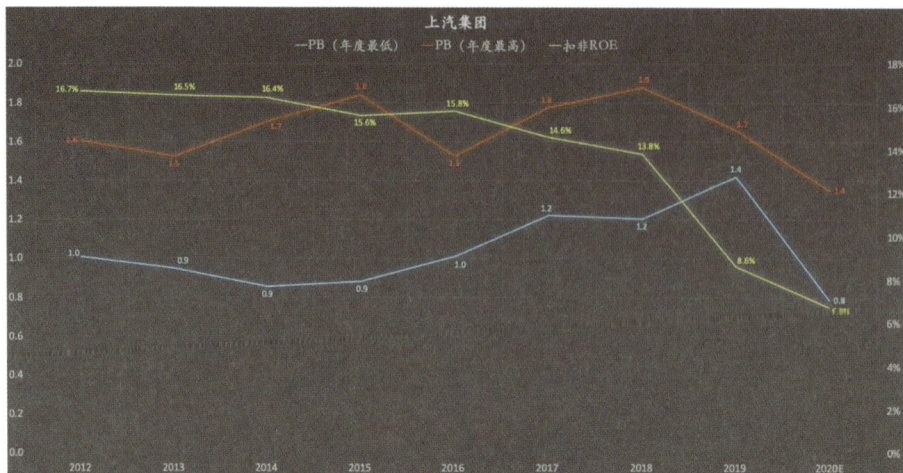

（数据来源：主观粗略估算）

5. 固定资产比重、三费占比

三项费用比重、固定资产比重均属于比较低的水平。但这里我们要额外考虑一个因素，就是上汽集团将合资公司如上汽通用、上汽大众的销售收入进行了并表处理。主观猜测，考虑到上汽集团这个"虚胖"的营业收入，上汽集团的实际三项费用比重可能会比图中所示数据更高，因为计算公式中的分母（营业收入）实际上应该比财务报表中直接体现的营业收入要小。

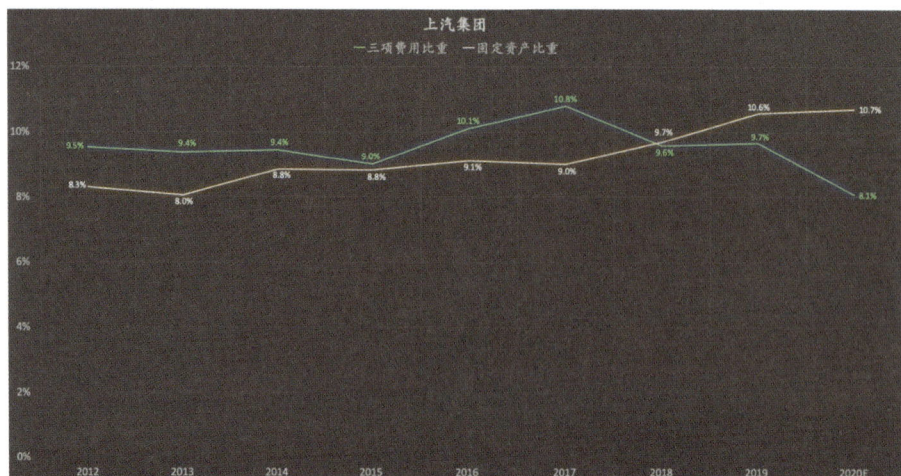

（数据来源：新浪财经）

6. 自由现金流占比、筹资现金流占比、负债率

同样的, 因为营业收入并表了上汽大众、上汽通用, 上汽集团的实际自由现金流占比、筹资现金流占比应该比图中所示数据要高。上汽集团似乎有经常分红的习惯。

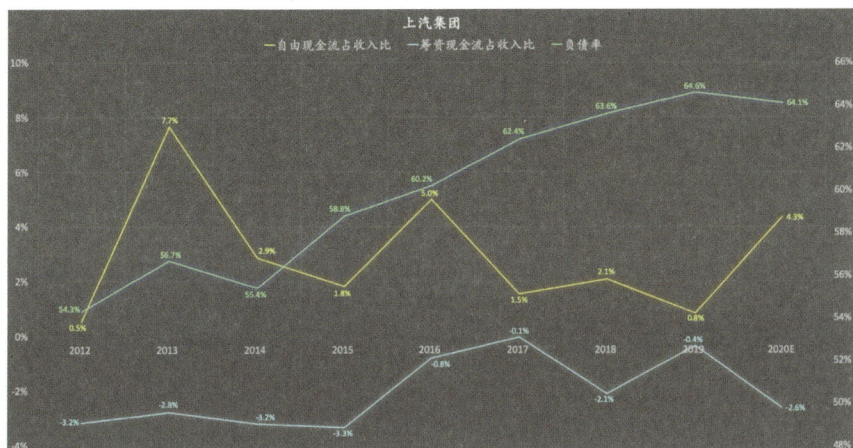

（数据来源: 估算自上汽集团财务报表）

7. 毛利率

上汽集团的营业收入按照产品分类有: 整车业务、零部件业务、贸易业务、劳务及其他、金融业务。其中, 整车业务、零部件业务这两者占了营业收入的绝大部分, 这两者也就是主要影响综合毛利率的部分。

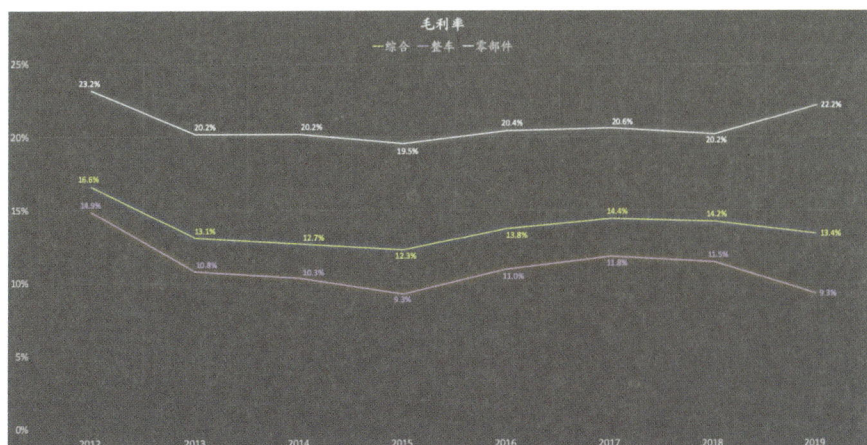

（数据来源: 上汽集团财务报表）

现在我们将上汽集团毛利率分为综合毛利率、整车业务毛利率、零部件业务

毛利率这三个维度来看。综合毛利率主要受到整车业务毛利率、零部件业务毛利率这两者的影响，因为其他业务带来的营业收入相对来说是非常小的。

上汽集团零部件业务长期毛利率维持在20%上下，整车业务毛利率长期维持在10%上下。整车业务毛利率长期表现大幅度低于同行业自主车企，这可能与上汽集团将合资车企如上汽大众、上汽通用销售公司的毛利率算入了整车业务毛利率中有关（我不太确定）。

8. 货币资金占比

货币资金充裕。

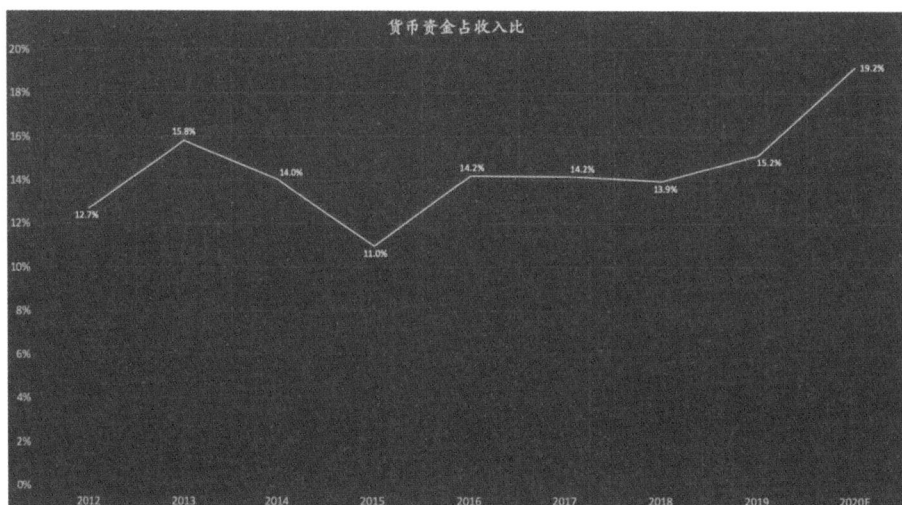

（数据来源：估算自上汽集团财务报表）

9. 净利润横向对比

上汽集团一家的净利润，就超过了长城、吉利、长安三家之和。在资本密集型的整车制造行业，上汽集团具有显著的资本优势。

2020年11月，上汽集团与浦东新区政府在上海中心签署战略合作协议，全新用户型汽车科创公司"智己汽车"首发落户浦东新区张江智能园区。据介绍，智己汽车是由上汽集团、浦东新区和阿里巴巴集团三方联合打造。2021年1月，高端智能纯电动汽车品牌——IM智己，全新诞生。

净利润

长安　长城　吉利　上汽

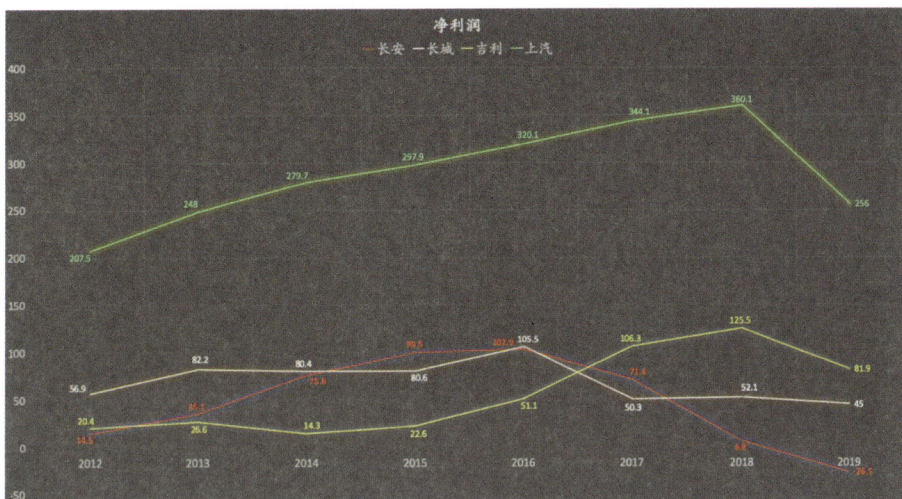

（数据来源：相关车企财务报表）

4.5　国产乘用车企深度对比

当前我国自主乘用车企普遍正经历电气化、智能化、高端化、国际化的转型，既是机遇，又是挑战。影响乘用车企业自主品牌净利润表现的一个重要变量是市场竞争格局：充分竞争阶段通常难以实现显著盈利，寡头竞争阶段通常容易实现显著盈利。当前我国自主乘用车市场仍然处于充分竞争阶段，何时形成寡头竞争格局，值得关注。

4.5.1　竞争简史

美国曾经拥有数千家车企，如今仅剩下数家。细数我国已经消失的自主品牌汽车有：上海牌、长江牌、飞虎牌、黎明、天津大发、田野、夜明珠、茶花、红星、奇观、中华子弹头、华普、云雀、华利、奥克斯、波导、美鹿、通田、富奇、哈飞……

现阶段，我国整车制造企业并不缺乏竞争者，但我们可以先来回顾一段自主车企竞争者少的岁月。

2002—2005年，各大自主轿车车型逐月销量（狭义乘用车批售量）走势：

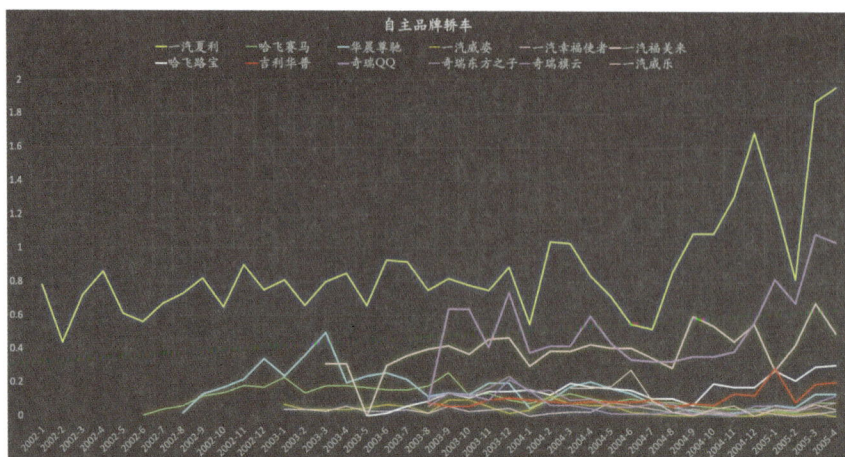

（数据来源：整理自盖世汽车。销量相对较小的数据以数字零表示）

一汽、哈飞、奇瑞、华晨、吉利等是最早一批涉足国产轿车产业的企业。然而目前一汽夏利几乎已经看不到了，而哈飞、华晨的自主轿车品牌也已全线溃败。

在大概30年前，夏利可是红遍大江南北，如果当时你家有一台夏利，是件倍儿有面子的事。曾经的夏利，为不少家庭实现了拥有第一辆车的愿望，连续18年占据销量冠军宝座。

如果我们穿越到这个年代，而我们恰好又对价值投资略知一二，那么我们很有可能将"护城河"这个词错误地用在一汽夏利身上。夏利的辉煌有其特定的历史原因：政策环境、国产自主轿车方兴未艾等。为什么整车制造行业要慎用"护城河"这个词？下面我们再将时间线延长3年来看看情况。

2002—2008年，各大自主轿车车型逐月销量（狭义乘用车批售量）走势：

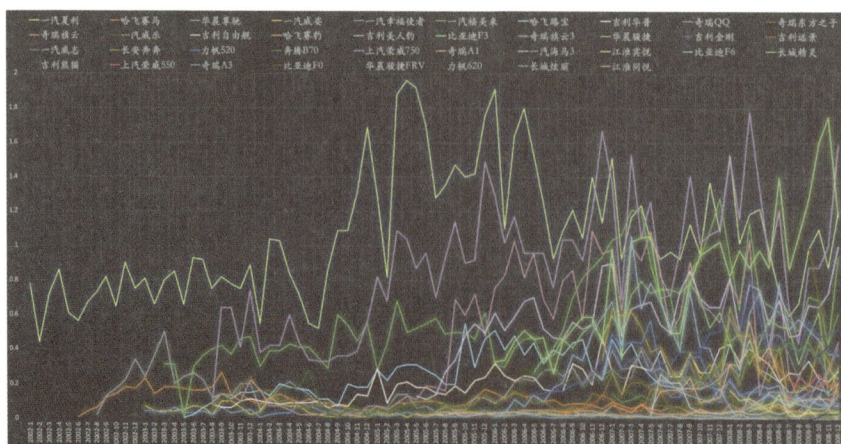

（数据来源：整理自盖世汽车，销量相对较小的数据以数字零表示）

仅仅过了3年，自主竞争车型就雨后春笋般地涌现。注意了，这里统计的还仅仅是自主轿车车型数量的变化情况。2004年2月开始，主要由于合资车型出现爆发性增长，轿车领域的竞争车型数量出现了激增。

整车制造业，普遍来看，到底有没有护城河？很明显，没有。如果这还不足以说明问题，我们继续将时间线延长来看看情况。

2002年1月—2021年2月，单月销量（狭义乘用车批售量）排名前三的自主轿车车型：

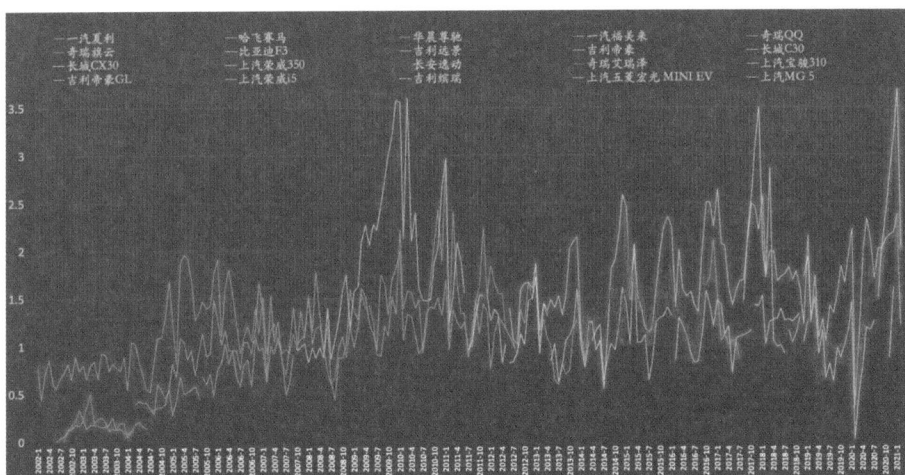

（数据来源：整理自盖世汽车）

由于车型数量过于庞大，我们这里仅关注单月销量排名前三的自主轿车车型。图中，同一家车企旗下的不同车型使用同一种颜色进行表示。

2006年及之前，一汽夏利的销量表现出了压倒性的优势。2007年，奇瑞开始崭露头角。但很快就被比亚迪"碾压"。2008—2010年，比亚迪销量爆发。2011—2012年，一汽夏利、比亚迪、长城、奇瑞、吉利等激烈角逐。2013—2016年，吉利在销量表现上取得明显优势。2017年下半年—2018年上半年，上汽荣威销量爆发。2019—2020年，吉利在销量表现上取得一定优势。

我国自主轿车起步相对较早，因此这里用轿车销量作为了讨论依据。实际上，在SUV领域各大车企的竞争也十分激烈。下面我们从狭义乘用车（包含轿车、SUV）批售量这个相对更加宏观的视野来看看近些年部分主要自主车企的销量表现。

吉利、长安、长城、奇瑞、比亚迪，2009年1月至2021年2月狭义乘用车批售量逐月走势：

2009年1月至2021年2月，在吉利、长安、长城、奇瑞、比亚迪这5家自主车企中，没有任何一家车企能够长期"霸占"销量冠军的位置。

从奇瑞、长城、长安到吉利，如果我们穿越到2009年1月至2021年2月期间的某段时期，我们都很有可能错误地将该段时期销量表现最为强势的车企当作"永久性"的销量龙头车企。但客观事实是，在这个自主车企所处的长期创业阶段，某个车企可能会因为在某个短暂周期中推出了产品力大幅提升的车型而取得阶段性的销量领先，但这种领先优势具有周期性，很难长期持续下去。

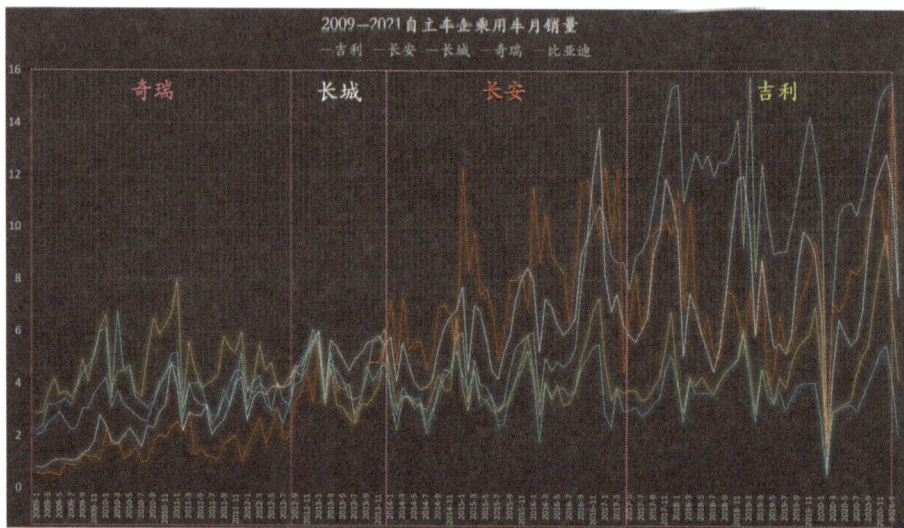

（数据来源：整理自盖世汽车）

例如，我们看到吉利汽车2017—2020年自主乘用车狭义批售量表现明显强于其他所有自主车企，在此期间，我们很有可能会错误地将吉利汽车视为"永久性"的销量龙头车企。但转眼到了2021年，我们看到长安汽车2021年1~3月连续三个月自主乘用车批售量超过吉利，拿下自主乘用车销量第一。吉利汽车在部分投资者眼中所谓的"护城河"似乎有所松动？

车企的销量走势具有极大的不确定性，未来数年谁能够大致维持自主乘用车销量第一的竞争姿态，这个很难说。我想要表达的仅仅是：在充分竞争和快速迭代的赛道、在自主车企创业阶段，无论是奇瑞、长城、长安还是吉利，可能都很难长期守住自主乘用车销量第一的位置，更谈不上什么所谓的"护城河"。

如果我们进一步将视线转移到快速发展的新能源汽车领域，将整车制造产业资本的来源之一风险投资资本考虑进来，将"软件定义汽车"的互联网巨头们纳入考量范围，我不禁要问："护城河"在哪里？

自主车企并不具备典型的"护城河",这是我们需要清醒地认识到的客观事实。回顾过去是为了展望未来。我国拥有巨大的消费潜力,可以预见的是,随着我国乘用车市场集中度逐步提升(优胜劣汰),剩下的头部自主乘用车企长期盈利表现有望得到显著提升。现在我们需要琢磨的是:谁能"活下去"?

4.5.2 深度对比

1. 长城、长安、吉利,2010年1月至2021年2月各SUV车型销量走势

长城哈弗H6曾经多年位列自主乘用车型销量第一,但近一两年销量表现略显疲态。

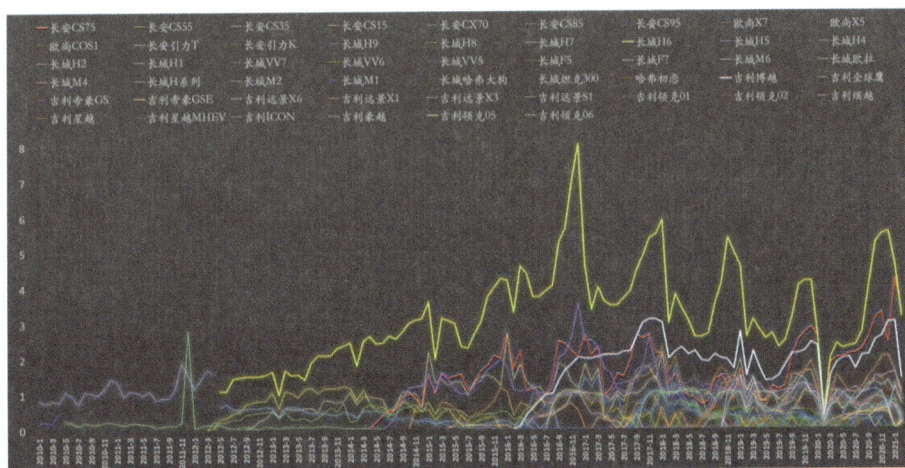

(数据来源:整理自盖世汽车。销量相对较小的数据以数字零表示)

2. 2010年1月至2021年2月,长城、长安、吉利,各轿车车型销量走势

由于车型数量较多,为了避免视觉混乱,我们将图中所有吉利汽车车型统一用金色表示,所有长城汽车车型统一用紫色表示,所有长安汽车车型统一用红色表示。

近些年,我们在长城汽车的产销快报中,几乎找不到太多的长城汽车轿车车型销量数据。这可能会给我们造成这样一个大致印象:长城汽车不具备生产轿车的能力。但这是一种认知偏差,实际上,生产轿车和生产SUV并不存在明显的技术差别。而早在2010—2011年,长城轿车销量表现属于我国自主车企中明显领先的水平。但2015—2019年,长城汽车几乎完全放弃了在轿车领域的竞争,并专注于SUV。2018—2020年,长城相继推出欧拉黑猫、欧拉白猫、欧拉好猫等新能源

轿车。直到2020年底，长城轿车以新能源为载体，销量方面才开始明显有所表现。

（数据来源：整理自盖世汽车。销量相对较小的数据以数字零表示）

长城汽车运营策略大致给我这样一个主观印象：不断地在细分领域寻求相对高毛利率的差异化竞争。在轿车领域竞争加剧的时候，加码聚焦SUV；在SUV赛道变得拥挤的时候，维持并提升皮卡竞争优势；在皮卡"解禁"政策推进，部分车企开始将目光偏向皮卡领域的时候，加码聚焦越野车型。回顾长城汽车的发展历程，长城汽车仿佛在以近几年推出的新能源轿车车型的名称"黑猫""白猫""好猫"告诉我们：不管黑猫还是白猫，卓有成效就是好猫。

另一方面，从上图中我们可以看出，在吉利汽车轿车销量领先多年后，其轿车销量龙头的地位开始出现松动。2020年末至2021年初，长安逸动单月销量开始接近甚至超越吉利帝豪。

3. 2015年1月至2021年3月，长安、长城、吉利、上汽、广汽，自主品牌乘用车月销量（批售量）走势

这里统计的是一组近似的乘用车销量数据，该组数据包含：吉利汽车销量快报中的总销量、长城汽车产销快报中的乘用车销量、长安汽车产销快报中的主车厂总销量、上汽集团产销快报中的上汽乘用车销量、广汽集团产销快报中广汽乘用车、广汽日野以及广汽埃安合计销量。将自主乘用车销量作为统计的焦点，是因为外资持有车企股权比例逐步放开这项政策正在逐步推进，自主车企依靠合资企业实现盈利这条道路具有一定的不确定性。

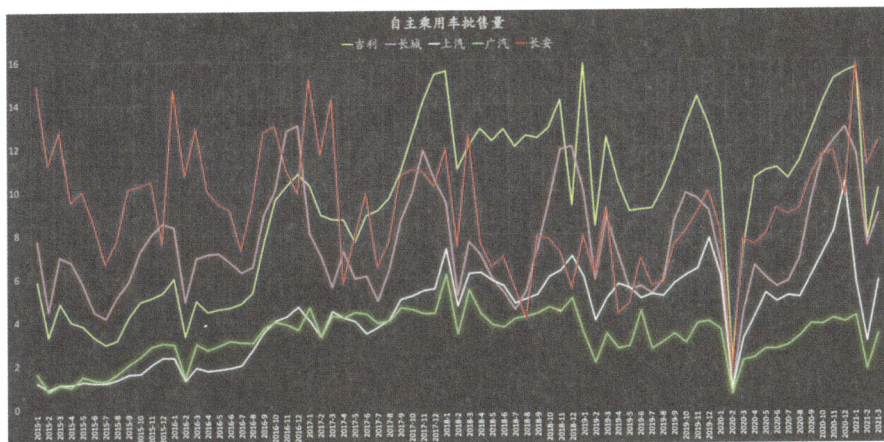

（数据来源：整理自相关车企产销快报）

从图中我们可以看出，在吉利汽车拿下多年自主乘用车销量第一后，长安汽车于2021年初反超吉利汽车，拿下自主乘用车销量第一的位置。上汽集团作为长期净利润绝对金额遥遥领先的自主车企，其自主乘用车销量表现却并不强势。上汽集团在整车制造这个资本密集型行业中显然具有明显的资金优势，但上汽集团长期自主乘用车销量表现却让人感到有些失望。此外，广汽集团自主乘用车销量表现大幅落后于同行业自主车企。在取消乘用车外资股比限制或将成为现实的宏观环境中，自主乘用车销量表现明显落后的车企是存在一些生存压力的。

4. 长安汽车、长城汽车、吉利汽车、比亚迪、上汽集团、广汽集团，研发费用资本化率

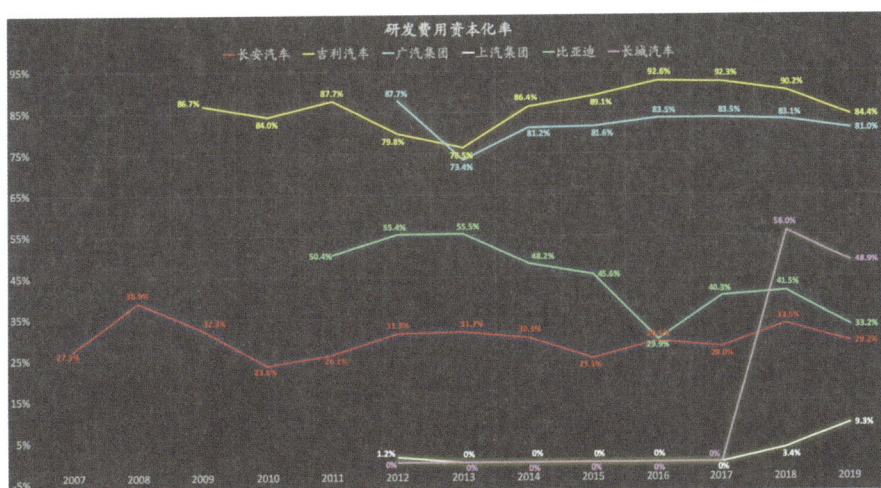

（数据来源：相关车企财务报表、自主观粗略估计或猜测）

长期来看，研发费用资本化率由高到低依次为：吉利汽车、广汽集团、比亚迪、长安汽车、长城汽车、上汽集团。一般来说，长期平均研发费用资本化率越高，车企在未来需要摊销掉的研发费用占比就越高，研发费用摊销导致的净利润在未来被削弱的幅度就越大。

5. 真实研发强度

吉利汽车、上汽集团的研发强度数据，是主观粗略估计值。具体估算方法，可以分别参照4.3、4.4小节。

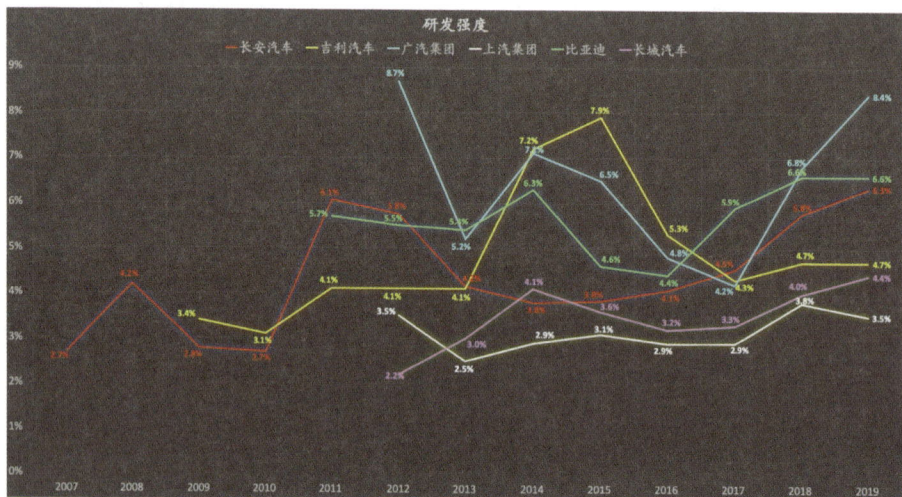

（数据来源：相关车企财务报表、自主观粗略估计或猜测）

这里统计的是研发强度，均是在假设各车企每年研发费用资本化率都为零的情况下计算得到的数据。主观认为，只有在这种假设条件下，我们才能看到各车企最真实的研发强度。

根据该统计结果，2012—2019年，各车企研发强度由高到低依次为：广汽集团6.5%、比亚迪5.7%、吉利汽车5.3%、长安汽车4.8%、长城汽车3.5%、上汽集团3.1%。

研发强度可以在一定程度上体现车企的创业精神。同时，研发强度还需要结合车企的核心技术储备、近期推出新车型的产品力、历史长期销量表现等因素来进行分析。我们期望看到的是，企业在大力投入研发之后，能够取得显著的研发成果。

6. 研发费用金额绝对值

这是在假设各车企每年研发费用资本化率均为零的情况下，统计得出的研发费用金额绝对值。吉利汽车的研发费用数据，是主观粗略估计值，具体估算方法，可以参照4.3小节。

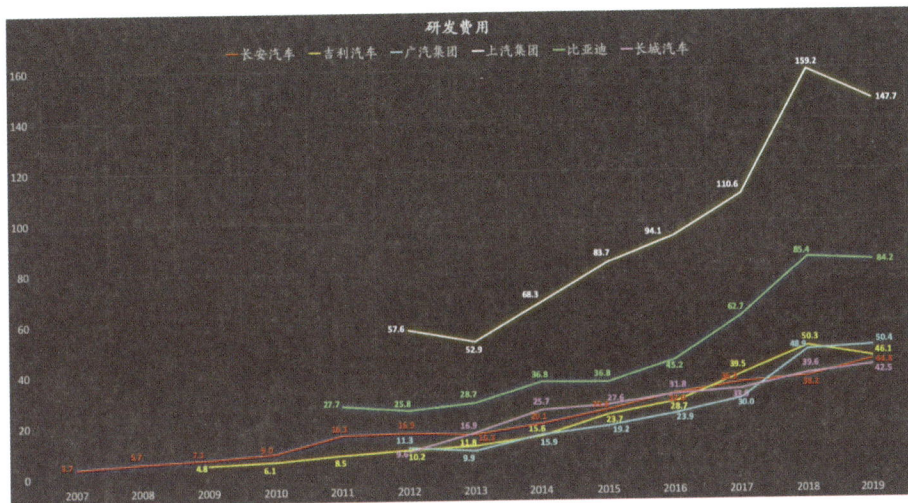

（数据来源：相关车企财务报表、自主观粗略估计或猜测）

上汽集团历年研发费用金额绝对值大幅领先于行业平均，其次是比亚迪。长安汽车、吉利汽车、长城汽车、广汽集团长期研发费用绝对金额差距不大。

比亚迪长期研发投入绝对金额明显超过行业平均，但比亚迪的营业收入结构中有近一半来自非整车制造业务。至于比亚迪研发投入绝对金额中有多大比例投入到了整车制造相关业务的研发中，这个暂时不得而知。

上汽集团长期研发投入绝对金额大幅超过行业平均，但上汽集团自主乘用车终端销量表现却并不亮眼，这让人感到有些困惑。部分原因可能是上汽集团研发费用的具体构成，例如：汽车零部件相关业务研发费用占总研发费用比例是多少？自主品牌整车制造相关业务研发费用占总研发费用比例是多少？等等。

7. 盈余再投资比率

计算公式：盈余再投资率=（期末固定资产净值+期末长期投资-期初固定资产净值-期初长期投资）/N年的净利润之和

计算公式中的N，我们这里取值为5。这是一个长周期的视角，数据具有滞后性，缺乏灵敏度。盈余再投资比率，指企业长期资本支出占长期盈余的比率。通常盈余再投资比率小于40%为良好、大于80%则偏高。普遍认为ROE体现企业的盈利能力，而盈余再投资比率则反映了企业经营过程中的"负担"到底有多重。

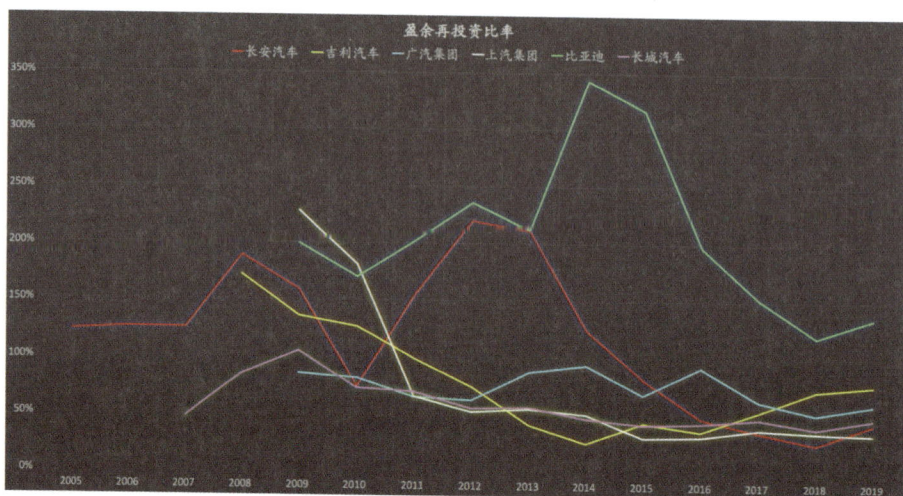

（数据来源：根据相关车企财务报表数据主观粗略估算）

2009—2019年，平均盈余再投资比率，由高到低依次为：比亚迪207.4%、长安汽车106.4%、广汽集团73.1%、上汽集团72.4%、吉利汽车70.7%、长城汽车56.3%。

对于如何看待车企的盈余再投资比率，这个存在争议。有部分投资者认为我们应该尽量避开那些大肆进行资本开支、企业盈余较少的车企。有部分投资者认为，创业阶段大肆进行资本开支才能体现出车企的进取心。

比亚迪长期平均盈余再投资比率大幅甩开各大自主车企。如果要将盈余再投资比率视为企业"负担"、企业发展的"绊脚石"，那么显然巴菲特最不应该买入的就是比亚迪。但有趣的是，巴菲特恰恰看好并长期持有了比亚迪。

关于我国自主车企盈余再投资比率，我们不能脱离了企业所处的发展阶段、行业所处的发展阶段来看待。说得具体一点就是，我国自主车企并没有步入稳定发展的成熟阶段，而是处于创业阶段。在创业阶段进行大量资本开支，这是正常的，也是企业进取心的间接体现。如果车企在竞争激烈的创业阶段，更多考虑的是如何获取最大限度的短期利润，如何将利润进行留存，那么这家车企很可能是短期几年内过得最轻松惬意的。但长期来看，过于在乎短期利润盈余的车企却很可能在技术储备、品牌建设等维度的长期残酷竞争中淘汰出局。

创业阶段的主基调是"活下去"，而不是"活得滋润"。如果错将创业阶段的企业当作成熟阶段的企业来看待,并因此将低盈余再投资比率、高短期净利润的车企视作"价值投资典范",那么我们可能最终面对的是并不怎么愉快的结局。

财务指标固然重要,但财务指标要结合具体投资标的的实际情况去进行综合分析。如果一味地追求财务指标如教科书般"完美",这无异于刻舟求剑,甚至还可能是南辕北辙。

8. 自由现金流占收入比

2012—2020年,平均自由现金流占收入比,由高到低依次为:吉利汽车4.7%、长安汽车3.9%、上汽集团2.9%、广汽集团2.7%、长城汽车0.7%、比亚迪-4.3%。其中,这里统计出来的上汽集团自由现金流占收入比应该是大幅低于上汽集团实际自由现金流占收入比的,因为上汽集团的营业收入将上汽大众、上汽通用的销售收入并表了。如果我们将上汽集团营业收入按照实际营业收入去估计,再重新估计上汽集团的长期平均自由现金流占收入比,上汽集团的长期平均自由现金流占收入比可能是这六家车企中最高的。

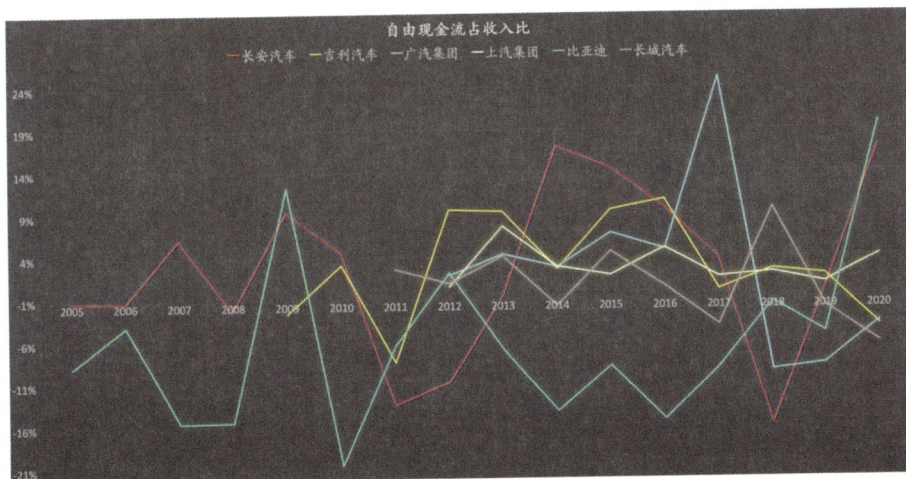

(数据来源:估算自相关车企财务报表。2020年为实际值)

整车制造是一个相对来说比较艰难的行业,我们仅仅从上述大致统计出来的自由现金流长期表现就可以瞥见一二。

9. 筹资现金流占收入比

2012—2020年,平均筹资现金流占收入比,由高到低依次为:比亚迪5.3%、长城汽车-0.1%、长安汽车-0.2%、吉利汽车-0.4%、广汽集团-1.7%、上汽集团-2%。同样的，上汽集团的实际长期平均筹资现金流占收入比应该比我们这里统计出来-2%要低，因为上汽集团的实际营业收入比财务报表的数据要小。相比之下，比亚迪更加依赖对外融资。

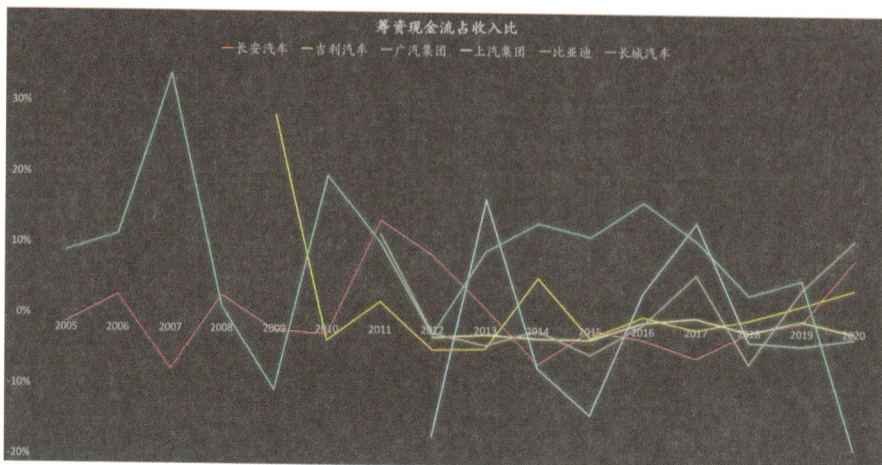

（数据来源：估算自相关车企财务报表。2020年为实际值）

不同于"造车新势力"，总体上这六家相对更加传统的整车制造商长期来看并不怎么依赖对外融资，而是主要靠自身"造血"实现对外扩张。

10. 扣非ROE

2012—2020年，平均扣非ROE，由高到低依次为：长城汽车16.6%、吉利汽车15%、上汽集团13.9%、长安汽车10.1%、广汽集团9.2%、比亚迪2.2%。

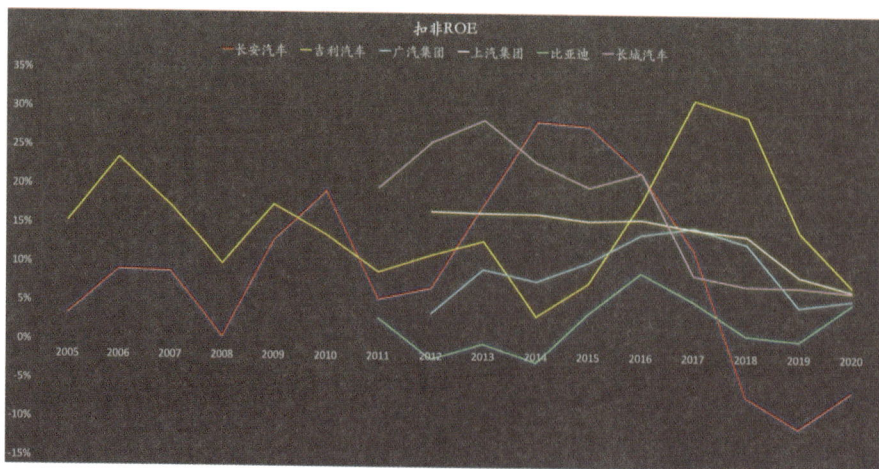

（数据来源：估算自相关车企财务报表。2020年为实际值）

比亚迪长期平均扣非ROE"垫底",这可能就是许多投资者看不懂巴菲特投资比亚迪的主要原因之一。参照以上第4条,由于吉利汽车、广汽集团研发费用资本化率长期表现显著高于行业平均,我个人在评估其长期扣非ROE表现时会人为地进行略微下调。

11. 毛利率

上汽集团的毛利率来自其整车制造业务,比亚迪的毛利率来自其汽车及相关产品业务。

2012—2020年,平均毛利率,由高到低依次为:长城汽车22.4%、比亚迪22%、吉利汽车18.5%、长安汽车16.6%、广汽集团14.3%、上汽集团10.6%。长城汽车、比亚迪的长期毛利率水平是明显高于行业平均的。

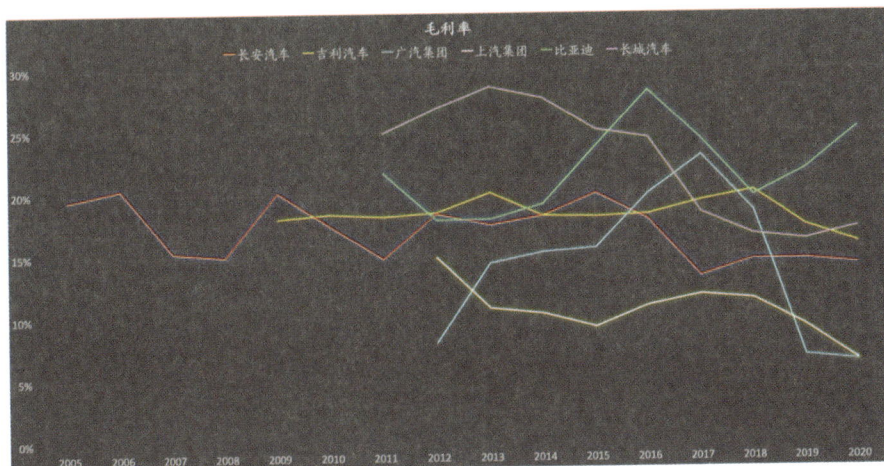

(数据来源:相关车企财务报表。2020年为实际值)

12. 三费占比

2012—2020年,平均三费占比,由高到低依次为:广汽集团14.4%、长安汽车13.2%、比亚迪11.3%、吉利汽车10.7%、上汽集团9.5%、长城汽车7.8%。

长城汽车在成本控制力度方面是大幅领先行业平均的,这在一定程度上帮助长城汽车取得了高于行业平均的长期扣非ROE表现。

值得注意的是上汽集团,同样是国有车企,为什么上汽集团长期平均三费占比仅为9.5%,而广汽集团、长安汽车分别高达14.4%、13.2%? 我的主观猜测是上汽集团并表某些合资企业营业收入之后的营业收入直接或间接地导致了上汽集团三费占比看起来比实际三费占比低了一些。

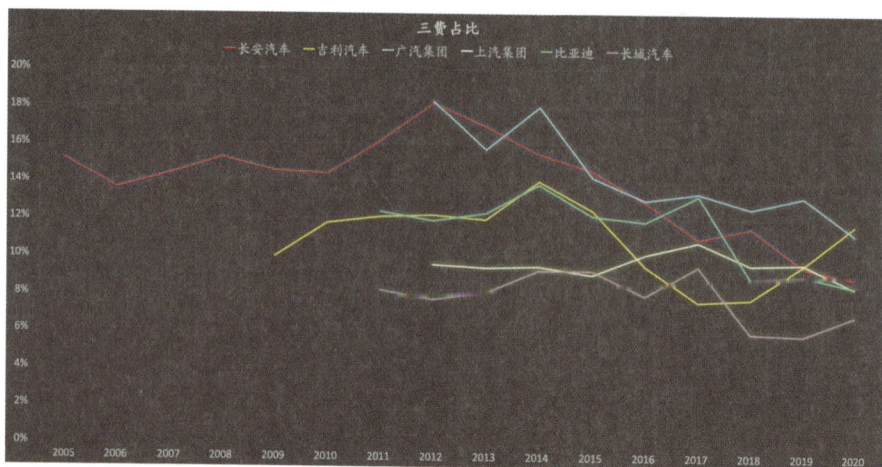

（数据来源：新浪财经、主观粗略估算。2020年为实际值）

13. 收入增速

2012—2020年，平均收入增速，由高到低依次为：广汽集团24%、吉利汽车22.7%、长城汽车15.7%、比亚迪15.1%、长安汽车14.9%、上汽集团6.6%。

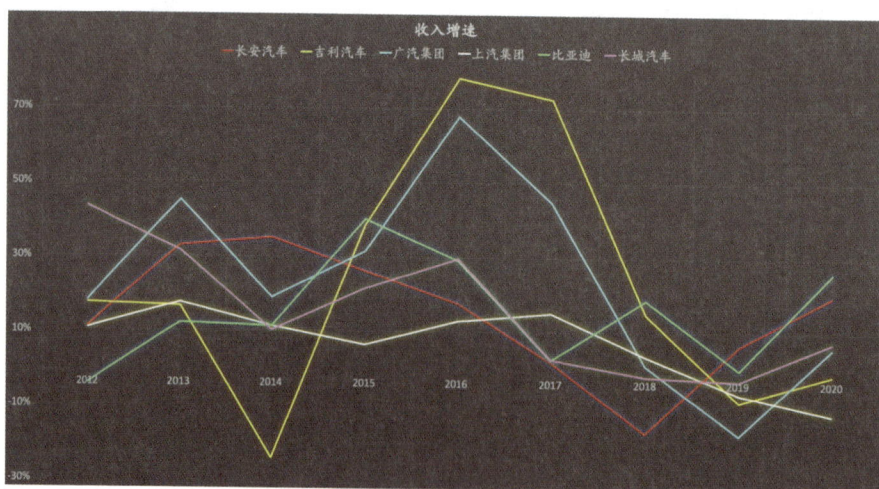

（数据来源：估算自相关车企财务报表或业绩预告）

除了上汽集团，尽管近几年我国车市出现过调整，2012—2020年主要车企普遍取得了平均高达两位数百分比的收入增速。

对自主车企进行分析是具有相当难度的：

（1）从新能源汽车相关专利数量来看，比亚迪、长安相对领先；

（2）从自主品牌市场占有率来看，吉利、长安、长城相对领先；

（3）从长期平均研发强度来看，广汽、比亚迪、吉利相对靠前；

（4）从长期平均盈余再投资比率来看，比亚迪、长安相对更加舍得投入资本；

（5）从自由现金流来看，吉利、长安、上汽相对较好；

（6）从对外融资依赖程度来看，上汽、广汽、长安相对更加不依赖对外融资。

巴菲特选择了比亚迪。在以上提及的自主乘用车企中，比亚迪体现出了最差的长期盈利表现，最差的长期自由现金流表现，最高的长期对外融资依赖程度，最高的长期平均盈余再投资比率，却拥有了最多的新能源相关专利数量。巴菲特主要看重的是比亚迪在新能源赛道研发层面的先发优势。

目前我国乘用车市场集中度依然偏低，自主车企至今仍然没有决出两三家具有明显龙头特征的车企，没有形成寡头竞争的市场格局。这就很好地解释了为什么自主车企的自主品牌业务在过去普遍很难实现显著的长期盈利。自主品牌业务盈利表现相对较高的长城汽车，主要依靠的是在细分赛道的差异化竞争策略以及严格的成本控制，而不是强势的市场地位。

我们直观可见的就是车企的财务数据、销量表现、推出新车型的频率、新车型的产品力等，这些可以帮助我们找到有限的确定性。而对于创业阶段的自主车企来讲，更大的确定性来自车企的创业精神、研发实力、服务意识、安全意识、道德水准……

民营企业具有效率优势和成本控制优势，国有企业具有资本优势和改革潜力。在这个资本密集型重资产行业，如果让我分别从民营、国企选择一家自主品牌上市车企，那就是：比亚迪、长安。

第 5 章

券商行业

截至2020年末，中国证券行业总资产仅占四家国际同业投行（高盛＋大摩＋瑞银＋野村之和）的36.8%，杠杆率3.86远低于上述国际同业投行14.37的平均水平。我国证券行业集中度仍然较低，综合质地优秀的龙头券商或具备较大成长潜力。

5.1　中信证券

中信证券股份有限公司于1995年10月在北京成立。中信证券是国内规模最大的综合金融服务型券商。《2020年中国最具价值品牌100强》榜单,中信证券排名第76位。

5.1.1　业务规模

中信证券是国内规模最大的综合金融服务型券商。

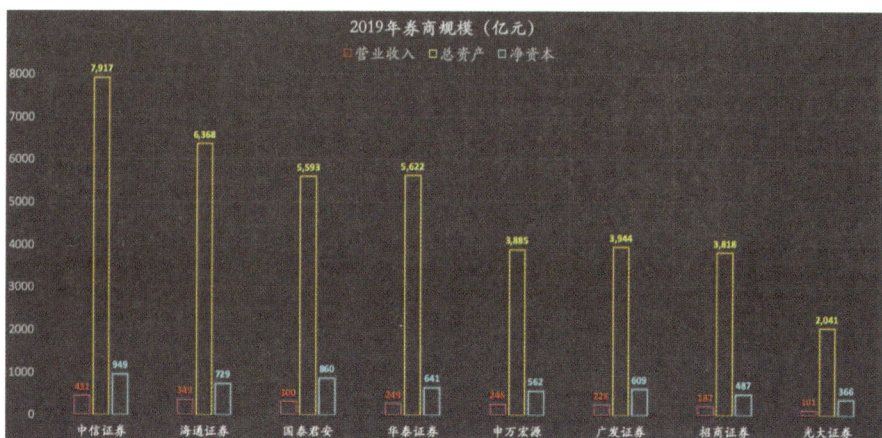

(数据来源:整理自雪球)

5.1.2　财务数据

1. 收入结构

类似其他券商,中信证券的经纪业务手续费净收入(图中红色线条),具有较高的波动性。在熊市中,这笔收入往往走低,而在牛市中,这笔收入通常会大幅度走高。

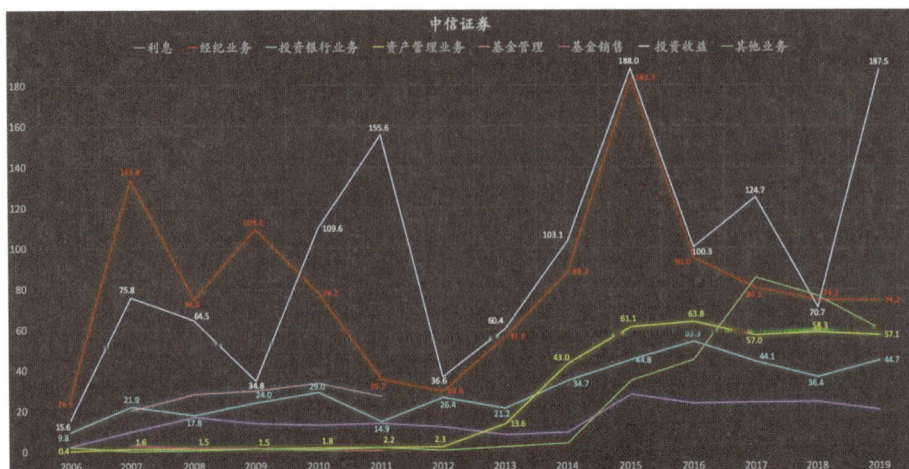

(数据来源：中信证券财务报表)

中信的投资收益（图中白色线条）与整体市场行情关联度较小。券商的投资收益，一般通过自有资金对外投资获得。2010—2019年，在中信证券的收入结构中，投资收益占了主导地位，经济业务手续费净收入紧随其后。

中信证券的资产管理业务手续费净收入（图中金色线条），与整体市场行情的关联度很小。这笔收入在历史上的走势很值得关注：在经纪业务竞争日趋激烈、佣金率逐步走低的大环境下，如果券商能够从以传统经纪业务为主转型到以资产管理业务为主，那么券商将可能会获得一个牵引未来业绩增长的"引擎"。相比其他券商，中信证券的资产管理业务发力较早。2013—2015年，中信证券资产管理业务手续费净收入快速提升。2015—2019年，中信证券资产管理业务手续费净收入规模没有继续扩张。

中信证券的投资银行业务，也就是与IPO等相关的业务，这笔业务带来的净收入的波动性相对较小。

2. 净利率

中信证券的净利率与A股整体行情热度没有明显的关联度。近些年，中信证券的净利率略显颓势。

3. 资产负债率

2011年，中信证券的资产负债率一度下探到了41.3%的低位。近些年，中信证券的资产负债率在80%上下波动。

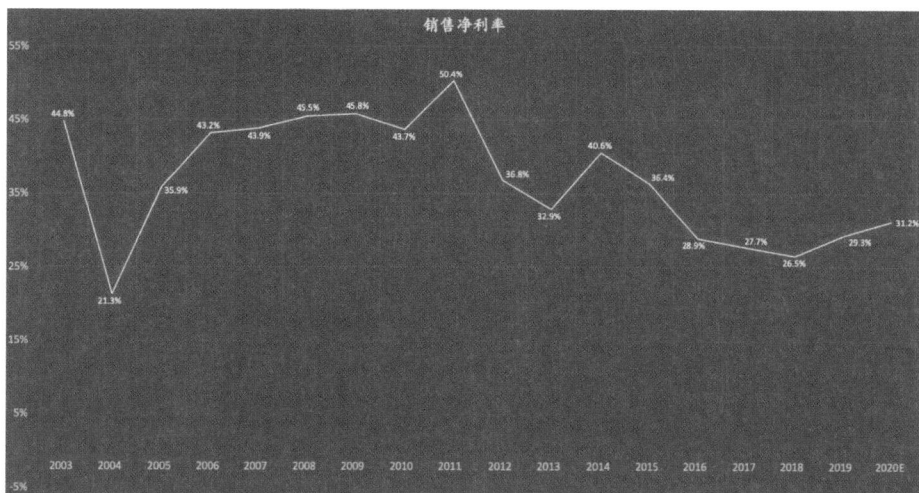

(数据来源: 估算自中信证券财务报表)

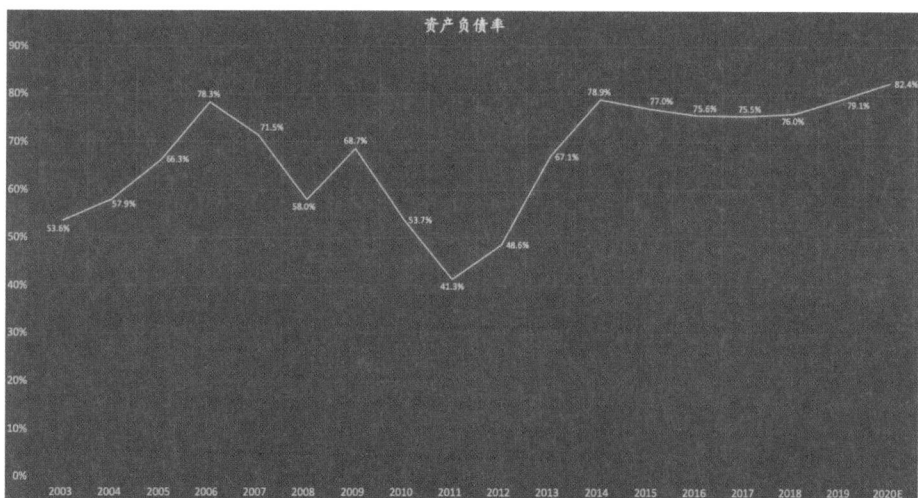

(数据来源: 估算自中信证券财务报表)

4. 商誉占比

2013年, 中信证券收购华夏基金、里昂证券, 导致非同一控制合并商誉增加。中信证券的对外收购活动并不仅限于此。早在2004年, 中信证券控股万通证券。2005年, 中信证券联手建银投资重组华夏证券, 成立中信建投证券公司。2006年, 中信证券通过收购金通证券成立中信金通证券。商誉是可能减值的。在不能彻底掌握被收购标的公司长期基本面走势的情况下, 我一般倾向于规避商誉占比偏大的公司。

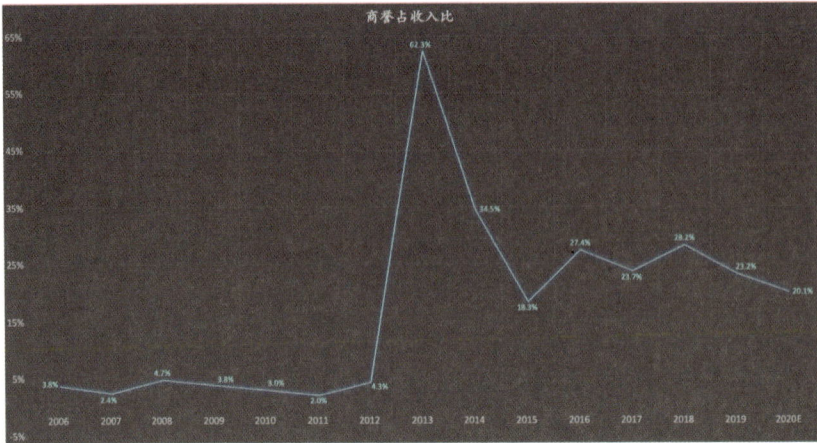

(数据来源：估算自中信证券财务报表)

5.1.3 相对估值

近些年，中信证券的相对估值处于历史低位。

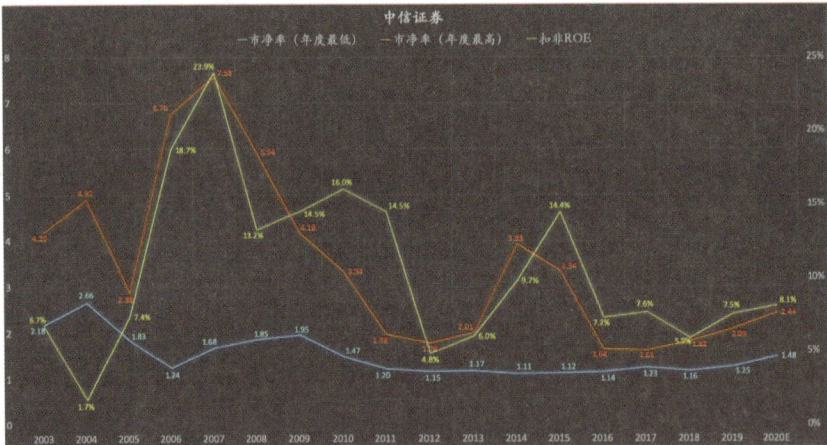

(数据来源：主观粗略估算)

5.1.4 风控指标

1. 风险覆盖率、流动性覆盖率

计算公式：

风险覆盖率=净资本/各项风险资本准备之和×100%

流动性覆盖率=优质流动性资产/未来30天现金净流出量×100%

监管要求：风险覆盖率不得低于100%、流动性覆盖率不得低于100%。中信证券这两项均满足监管要求。

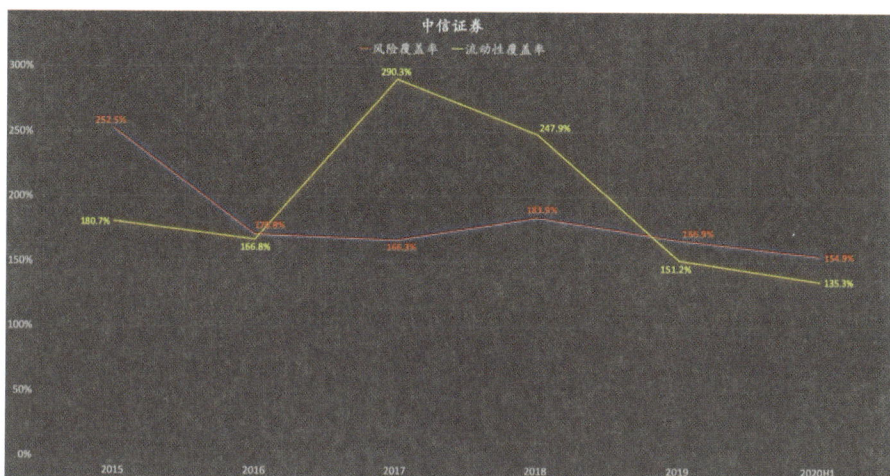

(数据来源：中信证券财务报表)

其他情况相同时：风险覆盖率越高，风控力度越大；流动性覆盖率越高，风控力度越大。

2. 净稳定资金率、资本杠杆率

计算公式：净稳定资金率=可用稳定资金/所需稳定资金×100%

资本杠杆率=核心净资本/表内外资产总额×100%

监管要求：净稳定资金率不得低于100%、资本杠杆率不得低于8%。

中信证券这两项均满足监管要求。相同情况下：净稳定资金率越高，风控力度越大；资本杠杆率越高，风控力度越大。

这里的资本杠杆率，我们不能仅仅从其字面去理解。在印象中，"杠杆"这个词是偏负面的。但资本杠杆率这里的"杠杆"并非我们平时接触到的"杠杆"，而反映的是券商核心净资本的一个占比情况。其他情况相同时：净稳定资金率越高，风控力度越大；资本杠杆率越高，风控力度越大。

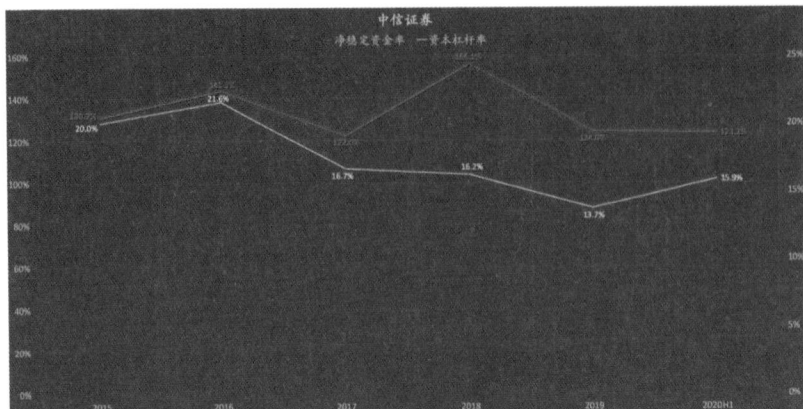

(数据来源：中信证券财务报表)

3. 净资本/净资产、净资本/负债、净资产/负债

监管要求：净资本/净资产不得低于20％，净资本/负债不得低于8％，净资产/负债不得低于10％。

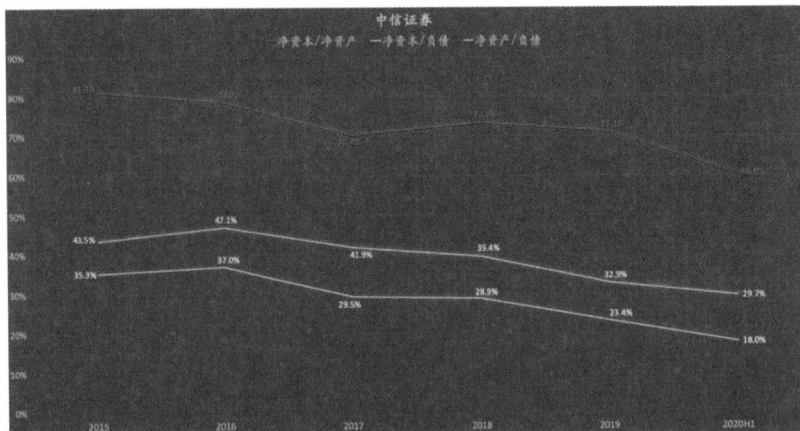

(数据来源：中信证券财务报表)

中信证券这三项均满足监管要求。其他情况相同时：净资本/净资产越高，风控力度越大；净资本/负债越高，风控力度越大；净资产/负债越高，风控力度越大。

4. 自营权益类证券及其衍生品/净资本、自营非权益类证券及其衍生品/净资本

监管要求：自营权益类证券及其衍生品/净资本不得高于100％，自营非权益类证券及其衍生品/净资本不得高于500％。

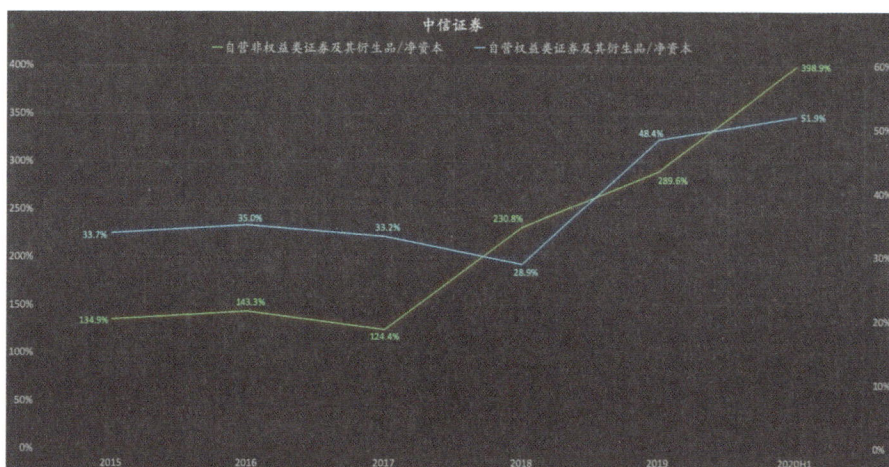

(数据来源: 中信证券财务报表)

中信证券这两项均满足监管要求。其他情况相同时: 自营权益类证券及其衍生品/净资本越低, 风控力度越大; 自营非权益类证券及其衍生品/净资本越低, 风控力度越大。

综上, 截至2020年三季度末, 中信证券各项风控指标均符合监管要求, 相对估值处于历史相对低位水平, 商誉占比略微偏大。

5.2　广发证券

广发证券成立于1991年, 是中国首批综合类券商之一, 先后于2010年和2015年在深圳证券交易所及香港联合交易所主板上市。广发证券被誉为资本市场上的"博士军团"。2020年, 广发证券上榜2020中国服务业企业500强, 位列第242位。2017—2020年, 广发证券连续获得新财富本土最佳研究团队第一名。

5.2.1　财务数据

1. 收入结构

在很多人泛泛的印象中, 券商主要就是收取证券交易佣金的。这是一种错觉, 实际上券商的业务非常广泛而且复杂。要大概了解广发证券, 首先我们要看广发证券是做什么业务的。以下是广发证券2011—2019年的主要收入结构：

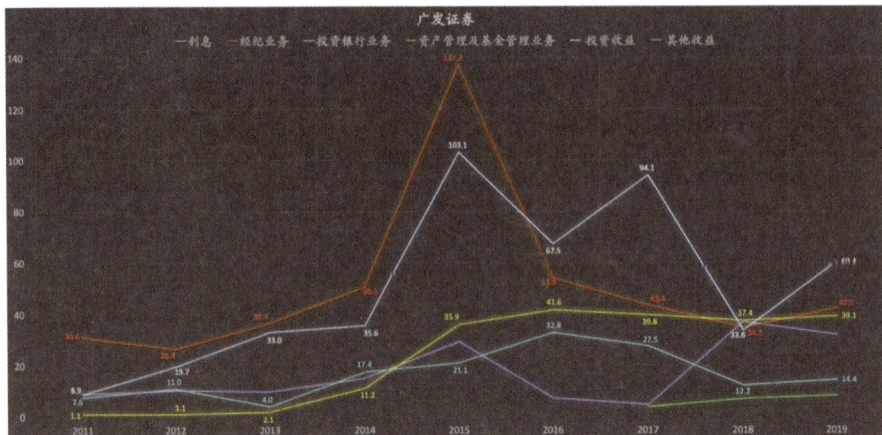

(数据来源：广发证券财务报表)

我们看到广发证券的经纪业务（图中红色线条），也就主要是收取交易佣金及手续费的业务，其净收入，具有较高的波动性。在熊市中，这笔收入往往走低，而在牛市中，这笔收入会大幅度走高。

广发证券的投资收益（图中白色线条），也与整体市场行情有一定的关联度。券商的投资收益，一般通过自有资金对外投资获得。

广发证券的资产管理及基金管理业务带来的净收入（图中金色线条），则与整体市场行情的关联度很小。这笔收入在历史上的走势很值得关注。2011—2014年，主要是熊市行情，我们看到资产管理及基金管理业务带来的这笔净收入在广发证券的各项主要收入中是垫底的。虽然是熊市，但在此期间，广发证券的经纪业务净收入是各项主要收入中金额最大的。但到了2018年，同样是熊市，广发证券资产管理及基金管理业务带来的这笔净收入却一举超越经纪业务净收入，成为该年广发证券最大的收入来源。

广发证券的投资银行业务，也就是与IPO等相关的业务，这笔业务带来的净收入的波动性相对较小。

从广发证券各项主要收入走势来看，我看到了广发证券从以传统经纪业务为主转型到以资产管理及基金管理业务为主的一个倾向。我主观上感觉，这是一个比较好的趋势：在经纪业务竞争日趋激烈，佣金率逐步走低的大环境下，从周期性明显的收入结构，逐步过渡到周期性不明显的收入结构，从服务型业务结构逐步过渡到研究型业务结构。

2. 净利率

长期净利率跟随A股整体市场行情有所波动, 但波动幅度不大。

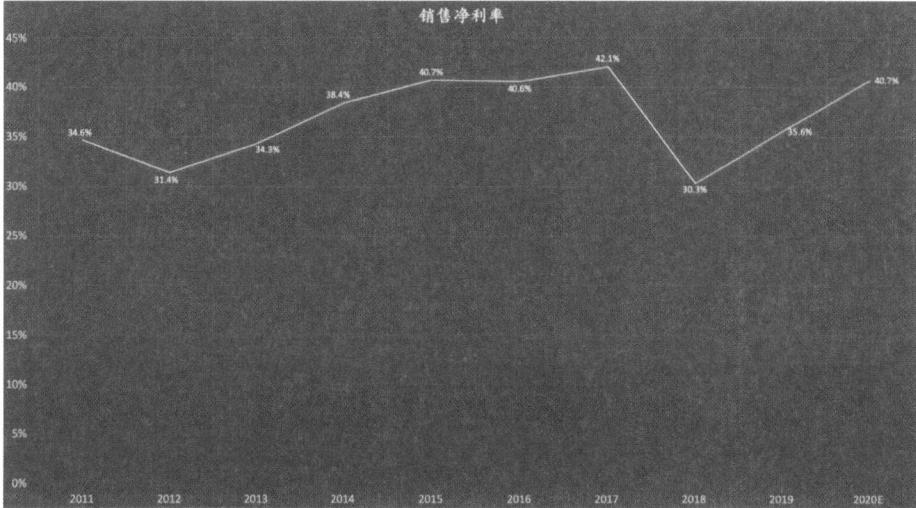

(数据来源: 估算自广发证券财务报表)

3. 资产负债率

长期资产负债率趋于稳定。

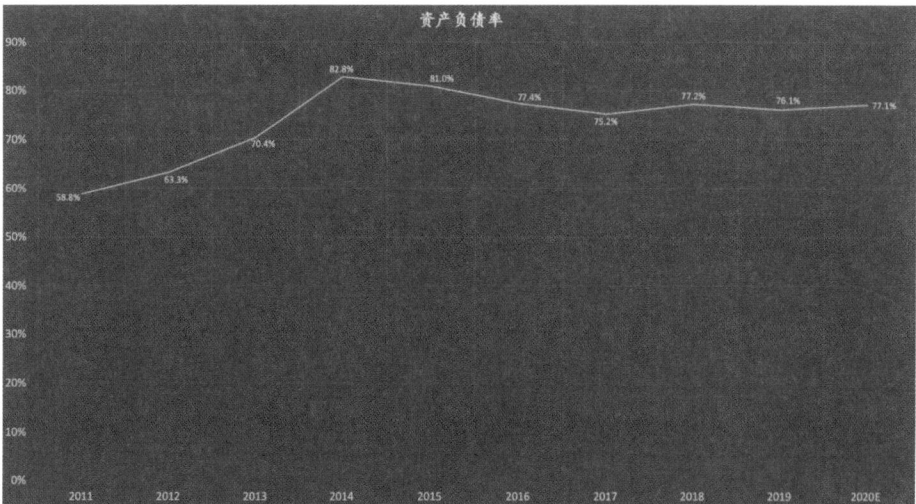

(数据来源: 估算自广发证券财务报表)

4. 商誉占比

长期来看，几乎没有什么商誉。这一点，让我看起来感觉比较省心。

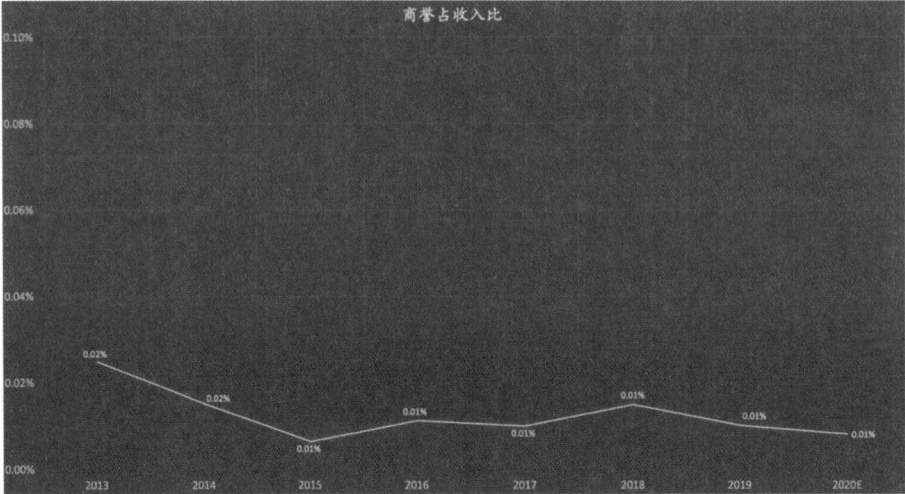

(数据来源：估算自广发证券财务报表)

5.2.2 相对估值

扣非ROE跟随A股整体市场行情热度变化波动明显。近几年，广发证券的相对估值水平在底部窄幅波动。

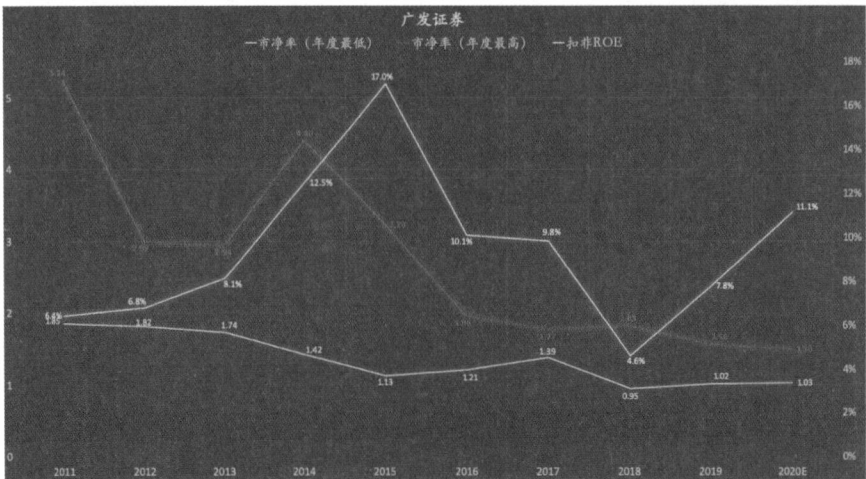

(数据来源：主观粗略估算)

5.2.3 风控指标

1. 风险覆盖率、流动性覆盖率

监管要求:

风险覆盖率不得低于100%;

流动性覆盖率不得低于100%。

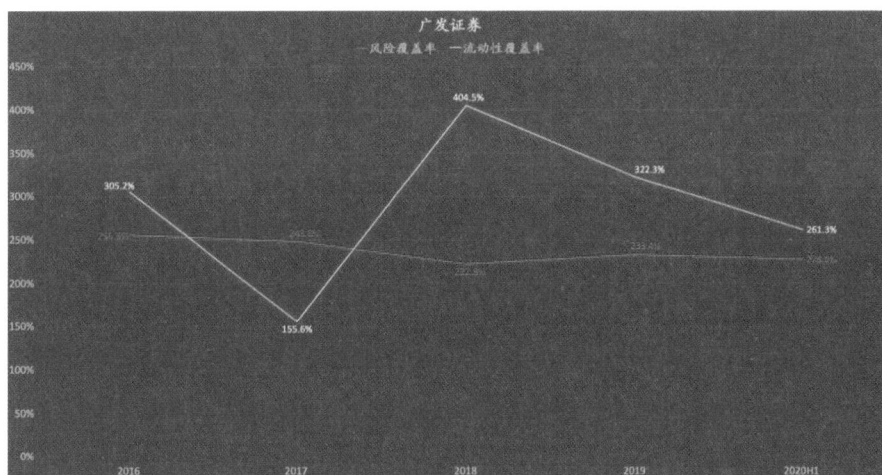

(数据来源: 广发证券财务报表)

广发证券的风险覆盖率、流动性覆盖率均符合监管要求。

2. 净稳定资金率、资本杠杆率

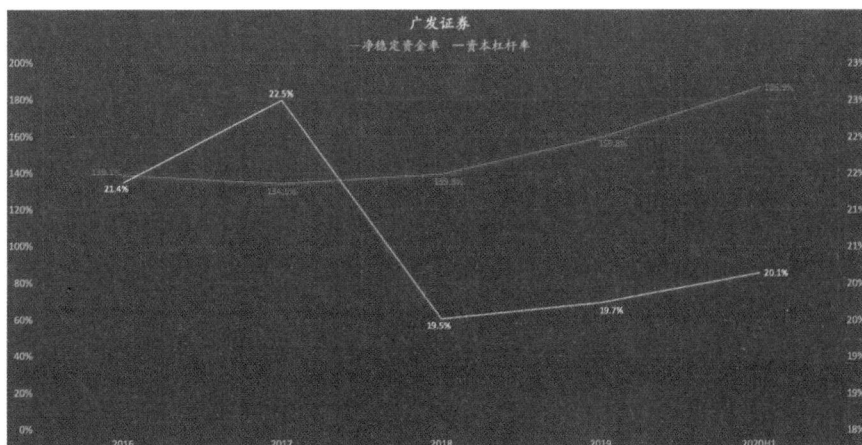

(数据来源: 广发证券财务报表)

监管要求：

净稳定资金率不得低于100%；

资本杠杆率不得低于8%。

广发证券的净稳定资金率、资本杠杆率均符合监管要求。

3. 净资本/净资产、净资本/负债、净资产/负债

监管要求：

净资本/净资产不得低于20%；

净资本/负债不得低于8%；

净资产/负债不得低于10%。

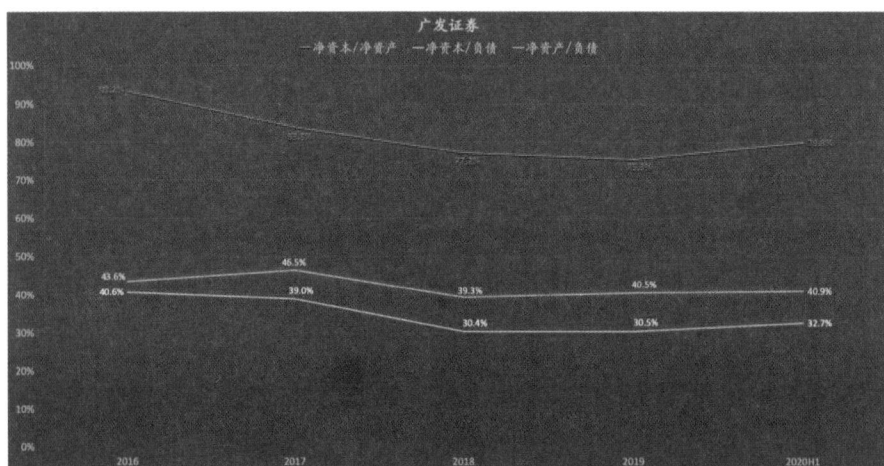

(数据来源：广发证券财务报表)

广发证券的净资本/净资产、净资本/负债、净资产/负债，均符合监管要求。

4. 自营权益类证券及其衍生品/净资本、自营非权益类证券及其衍生品/净资本

监管要求：

自营权益类证券及其衍生品/净资本不得高于100%；

自营非权益类证券及其衍生品/净资本不得高于500%。

广发证券的自营权益类证券及其衍生品/净资本、自营非权益类证券及其衍生品/净资本，均符合监管要求。

综上，截至2020年三季度末，广发证券整体综合杠杆水平并不高，各项风控指标均符合监管要求，相对估值处于历史相对低位水平。

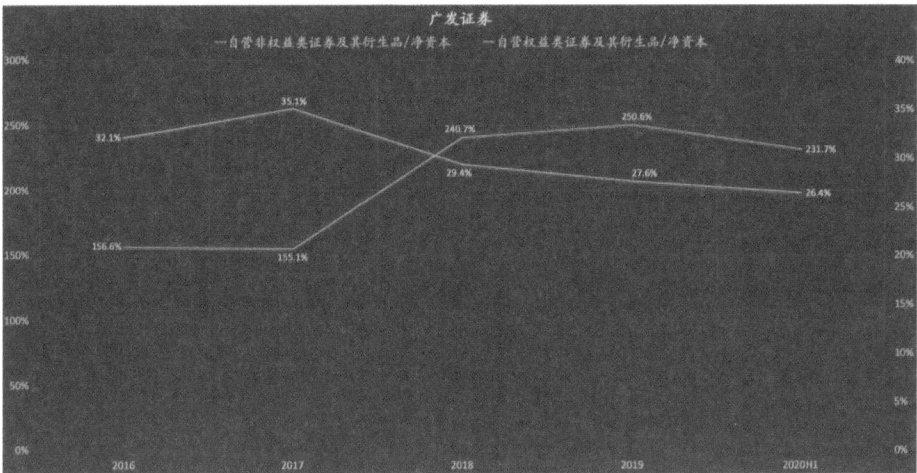

(数据来源: 广发证券财务报表)

5.3　海通证券

海通证券成立于1988年,是国内二十世纪八十年代成立的证券公司中唯一一家至今仍在营运并且未更名、未接受政府注资的大型证券公司,公司的前身是上海海通证券公司,于1994年改制为有限责任公司,并发展成全国性的证券公司。2001年底,公司整体改制为股份有限公司。2020年,海通证券获得2020《财经》长青奖"可持续发展创新奖"。

5.3.1　财务数据

1. 收入结构

海通证券的经纪业务(图中红色线条)手续费的业务净收入,也具有较高的波动性且与市场整体热度明显关联。在熊市中,这笔收入往往走低,而在牛市中,这笔收入会大幅度走高。近几年,海通证券的投资收益贡献了不少收入。

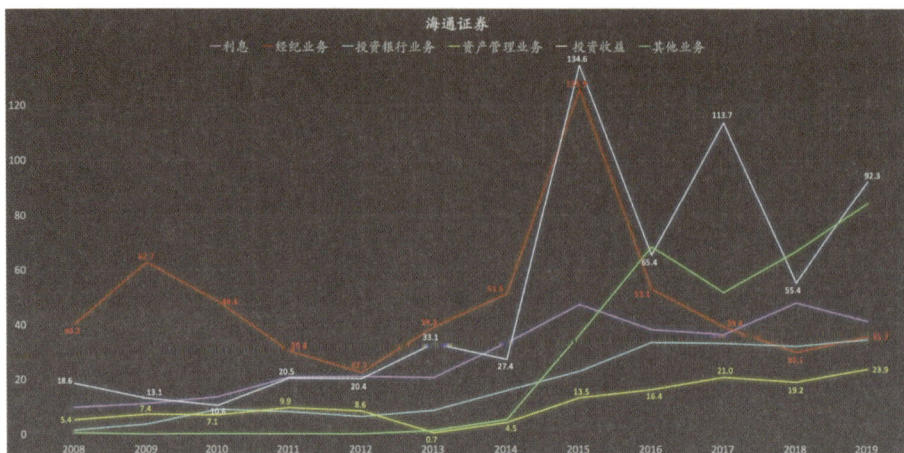

（数据来源：海通证券财务报表）

2. 净利率

总体上，长期呈现出逐步走弱的态势。

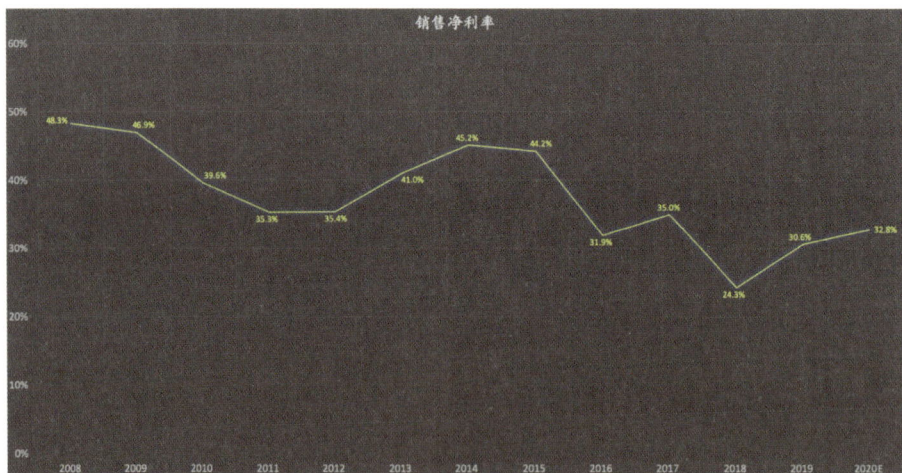

（数据来源：估算自海通证券财务报表）

3. 资产负债率

资产负债率相对平稳。

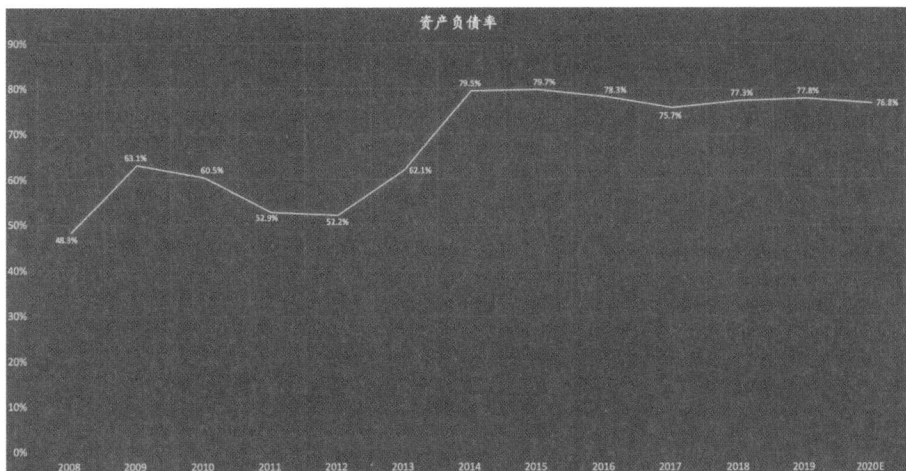

（数据来源：估算自海通证券财务报表）

4. 商誉占比

商誉往往来自对外收购活动。与中信证券比起来，海通证券的商誉占比并不算太高。

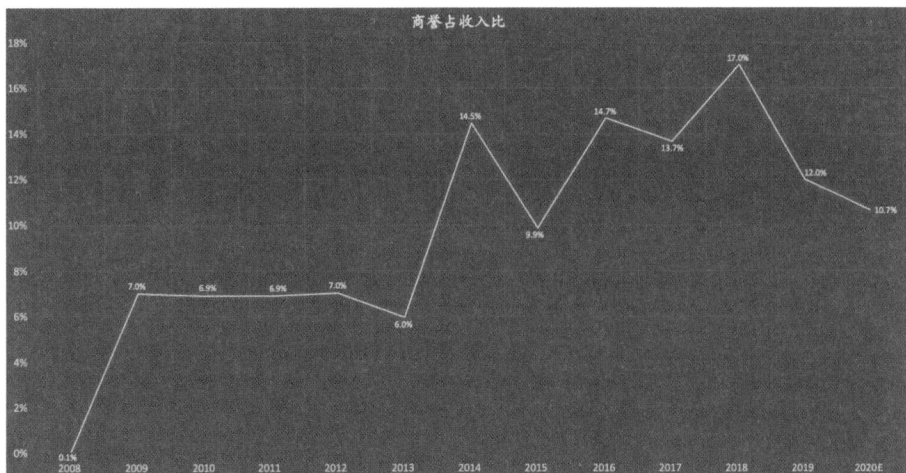

（数据来源：估算自海通证券财务报表）

5.3.2　相对估值

近些年，海通证券的相对估值处于历史相对低位。

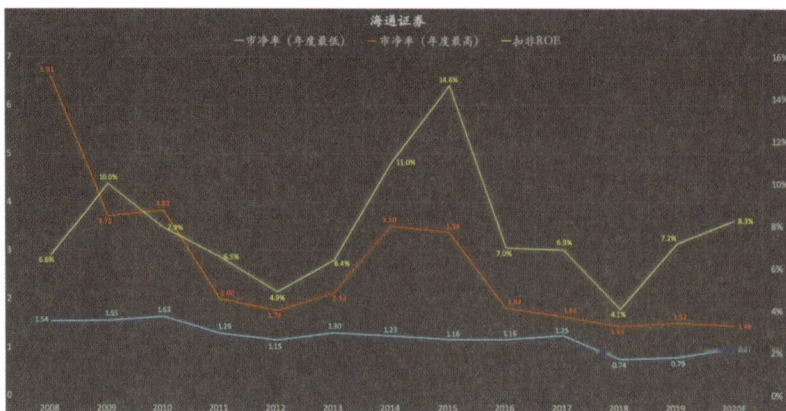

（数据来源：主观粗略估算）

5.3.3　风控指标

1. 风险覆盖率、流动性覆盖率

监管要求：

风险覆盖率不得低于100%；

流动性覆盖率不得低于100%。

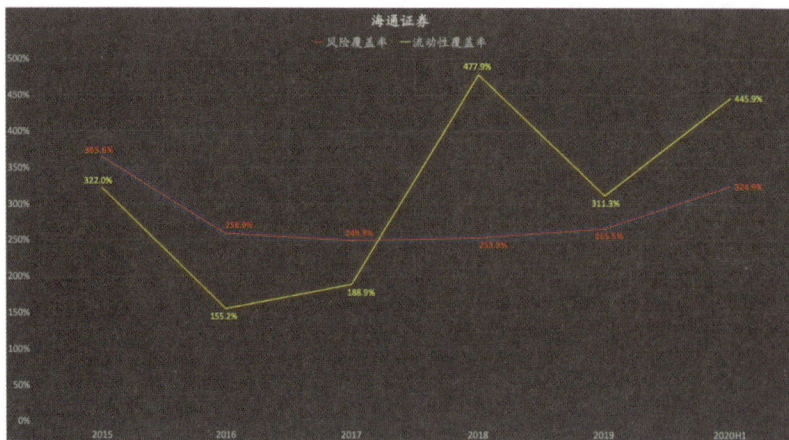

(数据来源：海通证券财务报表)

海通证券的风险覆盖率、流动性覆盖率均符合监管要求。

2. 净稳定资金率、资本杠杆率

监管要求：

净稳定资金率不得低于100%；

资本杠杆率不得低于8%。

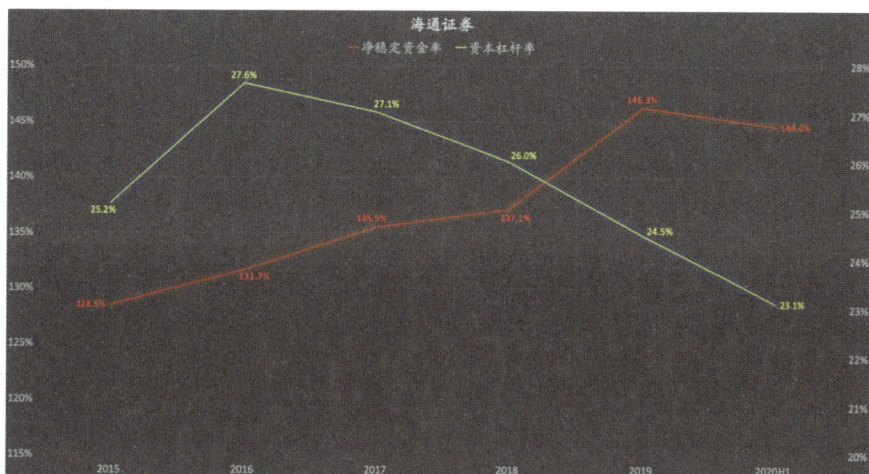

(数据来源：海通证券财务报表)

海通证券的净稳定资金率、资本杠杆率均符合监管要求。理论上，资本杠杆率越高，进一步加杠杆的空间越大。

3. 净资本/净资产、净资本/负债、净资产/负债

(数据来源：海通证券财务报表)

监管要求:

净资本/净资产不得低于20%;

净资本/负债不得低于8%;

净资产/负债不得低于10%;

海通证券的净资本/净资产、净资本/负债、净资产/负债,均符合监管要求。

4. 自营权益类证券及其衍生品/净资本、自营非权益类证券及其衍生品/净资本

监管要求:

自营权益类证券及其衍生品/净资本不得高于100%;

自营非权益类证券及其衍生品/净资本不得高于500%。

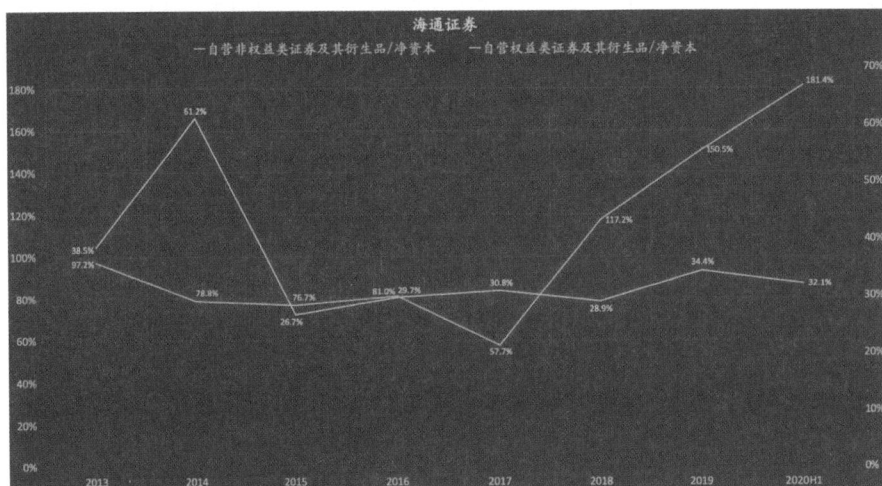

(数据来源:海通证券财务报表)

海通证券的自营权益类证券及其衍生品/净资本、自营非权益类证券及其衍生品/净资本均符合监管要求。

综上,截至2020年三季度末,海通证券整体综合杠杆水平并不高、资产管理业务发展相对滞后、相对估值水平处于历史相对低位。

5.4 光大证券

光大证券股份有限公司创建于1996年,是由中国光大(集团)总公司投资控股的全国性综合类股份制证券公司，是中国证监会批准的首批三家创新试点公司之一。"2019中国企业社会责任500优榜单"，光大证券位列第61位。

5.4.1　财务数据

1. 收入结构

我们看到光大证券的经纪业务（图中红色线条），即主要是收取交易佣金及手续费的业务净收入，具有较高的波动性。在熊市中，这笔收入往往走低，而在牛市中，这笔收入会大幅度走高。

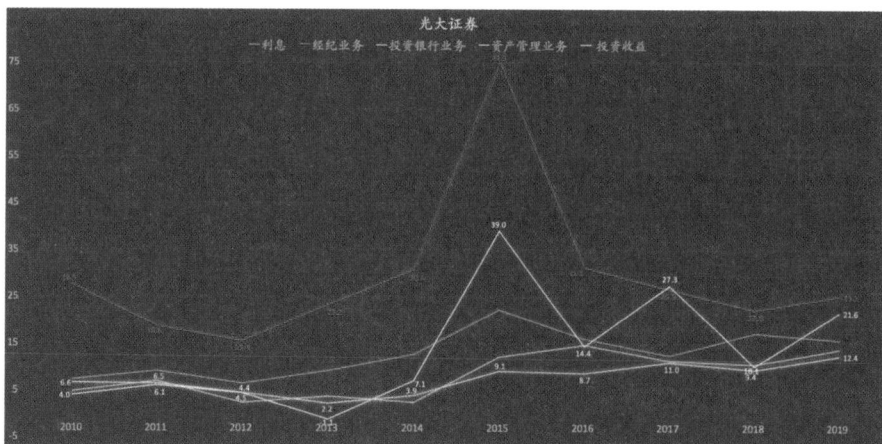

（数据来源：光大证券财务报表）

光大证券的投资收益（图中白色线条），也与整体市场行情有一定的关联度，但没有经纪业务手续费净收入与市场行情的关联度那么大。

光大证券的资产管理业务带来的净收入（图中金色线条），则与整体市场行情的关联度很小。这笔收入在历史上的走势很值得关注，因为这涉及券商业务结构的转型。近些年，光大证券的资产管理业务收入水平似乎并没有出现多大的变化。而经纪业务手续费净收入则几乎一直是光大证券的首要收入来源。

光大证券的投资银行业务带来的净收入，波动性相对较小。

不同于广发证券，从光大证券各项主要收入走势来看，我并没有看到光大证券从以传统经纪业务为主转型到以资产管理及基金管理业务为主的一个倾向。我主观上感觉，在经纪业务竞争日趋激烈，佣金率逐步走低的大环境下，券商如果依然躺在过去依赖经纪业务实现部分盈利的美好回忆中，在未来的竞争中，会显得比较被动。

2. 净利率

2013年，光大证券因"8.16"事件，两项罚没款共计5.23亿元。2018—2019年，光大证券累计计提预计负债30.02亿元。光大证券曾经在内部控制、风险管理、合规经营等方面暴露出了一些问题。

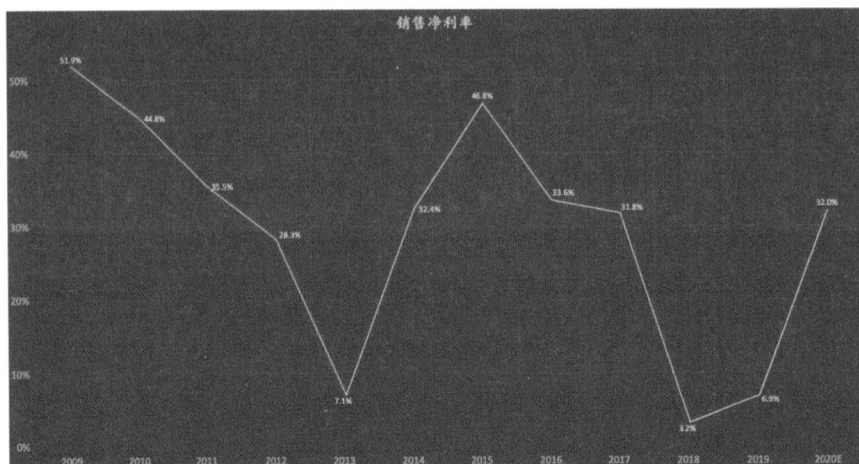

（数据来源：估算自光大证券财务报表）

3. 资产负债率

长期资产负债率波动幅度不大。

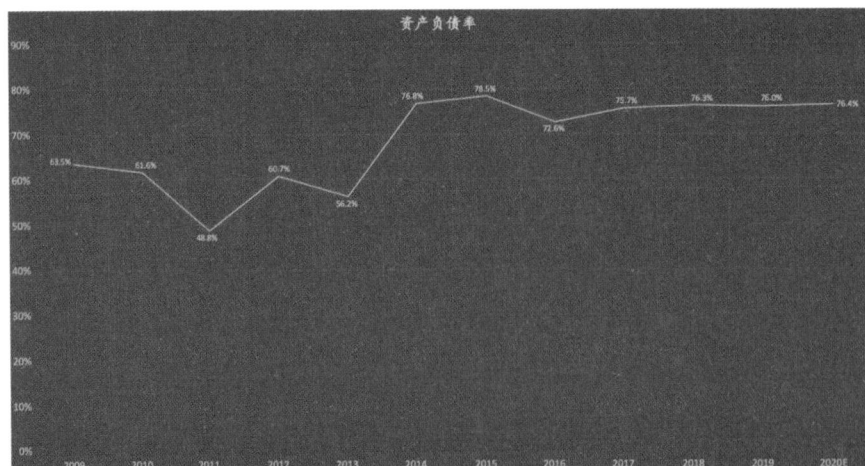

（数据来源：估算自光大证券财务报表）

4. 商誉占比

偶尔有明显的对外收购活动，但总体上来看，并购金额不算特别大。

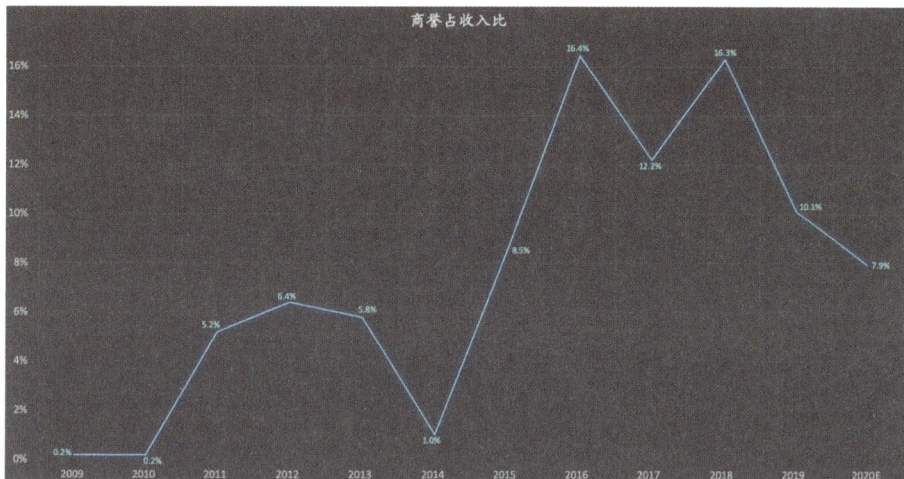

（数据来源: 估算自光大证券财务报表）

5.4.2　相对估值

市场先生有趣的地方就在于，他偶尔会在让人意想不到的时候情绪高涨。尽管光大证券曾经在内部控制、风险管理、合规经营等方面暴露出了一些问题，但光大证券在2020年股价表现却非常抢眼。

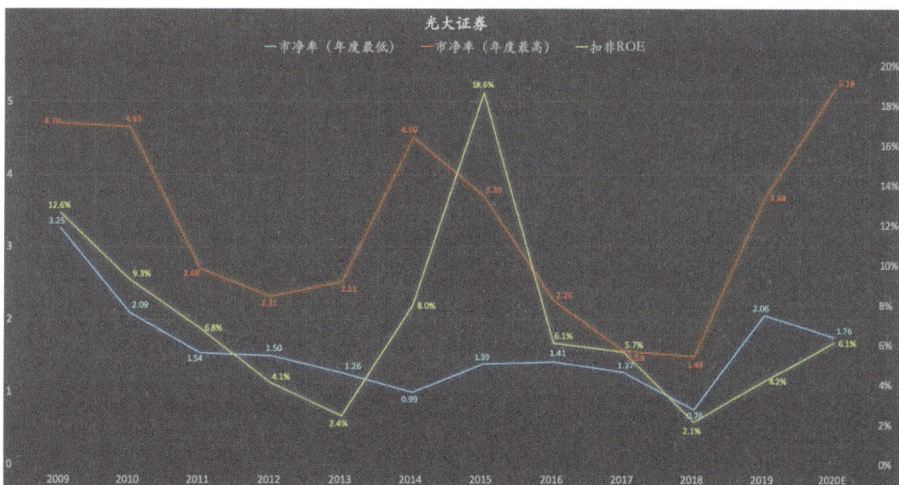

（数据来源: 主观粗略估算）

5.4.3　风控指标

1. 风险覆盖率、流动性覆盖率

监管要求：

风险覆盖率不得低于100%；

流动性覆盖率不得低于100%。

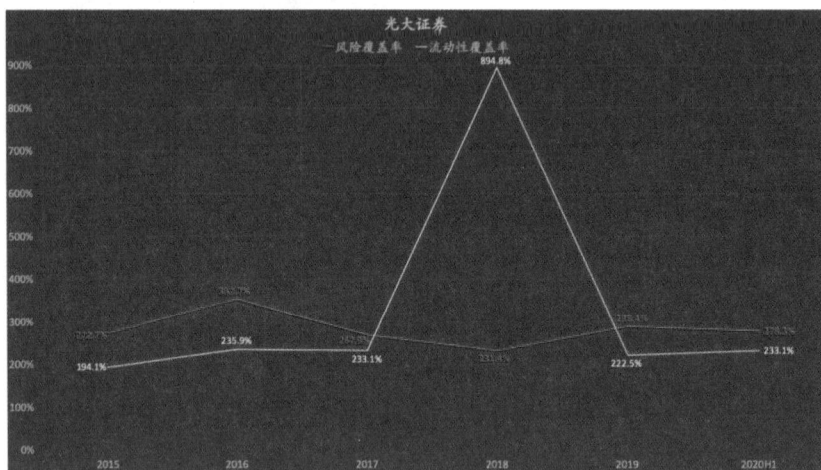

（数据来源：光大证券财务报表）

光大证券的风险覆盖率、流动性覆盖率均符合监管要求。

2. 净稳定资金率、资本杠杆率

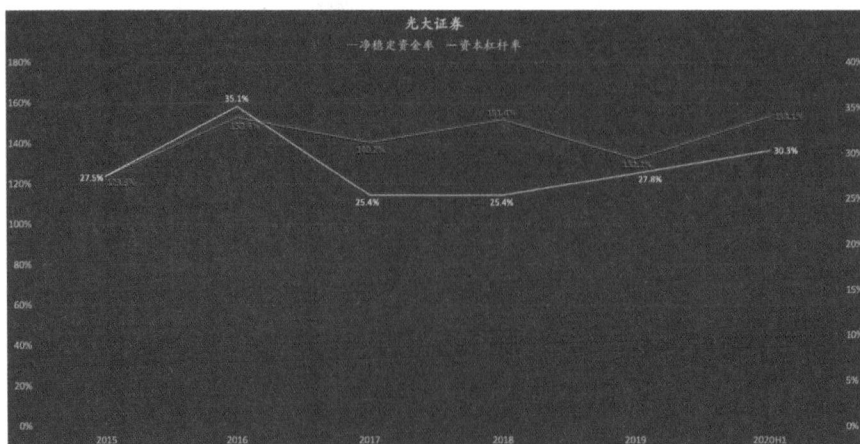

（数据来源：光大证券财务报表）

监管要求：

净稳定资金率不得低于100%；

资本杠杆率不得低于8%。

光大证券的净稳定资金率、资本杠杆率均符合监管要求。

资本杠杆率越高，理论上，进一步加杠杆的空间越大。

3. 净资本/净资产、净资本/负债、净资产/负债

监管要求：

净资本/净资产不得低于20%；

净资本/负债不得低于8%；

净资产/负债不得低于10%。

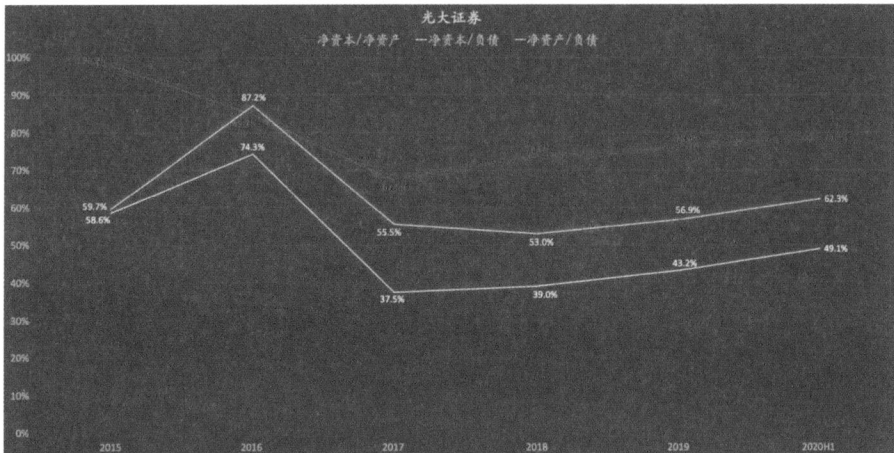

（数据来源：光大证券财务报表）

光大证券的净资本/净资产、净资本/负债、净资产/负债，均符合监管要求。

4. 自营权益类证券及其衍生品/净资本、自营非权益类证券及其衍生品/净资本

监管要求：

自营权益类证券及其衍生品/净资本不得高于100%；

自营非权益类证券及其衍生品/净资本不得高于500%。

光大证券的自营权益类证券及其衍生品/净资本、自营非权益类证券及其衍生品/净资本，均符合监管要求。

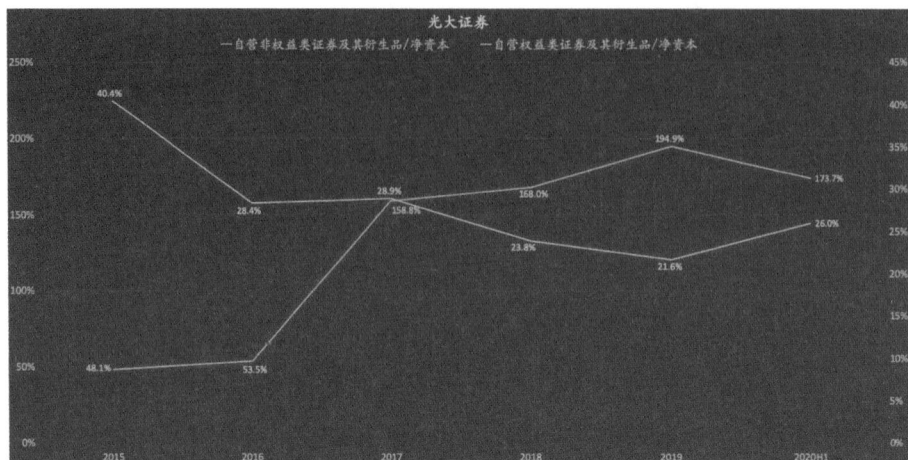

（数据来源：光大证券财务报表）

综上，截至2020年三季度末，光大证券整体综合杠杆水平并不高。但光大证券曾经在内部控制、风险管理、合规经营等方面暴露出了一些问题，且相对估值水平并不低。

5.5 券商深度对比

券商是典型的周期股：在牛市中业绩普遍改善，在熊市中业绩普遍下滑。以券商在历史上的每一轮牛市中的股价表现来看，券商板块往往能够大幅度跑赢大盘，且在某些阶段券商股价的上涨还具有爆发力。但现在，我们主要谈风险。

以券商的资产结构来看，券商具有一定的高风险属性。类似银行，我们不能仅停留在表面上的公司盈利能力这个层面去评价公司的好坏，而是应该将主要关注点放在风险控制能力这个方面。如果银行或者券商没有足够强悍的风险控制手段，再绚烂的烟花都可能只是一瞬。风控能力决定公司能否活下去，盈利能力决定公司能否活得精彩。风控是盈利的首要前提，在缺少强悍风控手段的情况下取得丰厚盈利，就是"火中取栗"。现在我们随意选择几家券商作为统计样本，大致看一下情况。

5.5.1　收入结构

券商业务主要分为两大类: 重资产业务如衍生品、权益类、FICC、资本中介等; 轻资产业务如资产管理、财富管理、投资银行、经纪业务、研究、销售等。仅仅就资产结构来说, 我们要寻找的相对综合风险系数较小的券商, 就是轻资产业务占比更大、重资产业务占比更小的券商。

随着国内券商之间、外资券商与国内券商之间的竞争加剧, 经纪业务的佣金率在逐年下降; 在注册制加速推进的背景下, 投资银行业务可能会迎来一波上升周期; 在券商整体寻求转型的背景下, 资产管理业务可能成为业务轴心。以未来的视角来审视当前, 我们可以重点观察各大券商投资银行业务、资产管理业务。

券商的收入结构可以侧面反映券商的资产结构, 现在我们重点观察各大券商的资产管理业务、投资银行业务这两大块轻资产业务的收入占总收入的比例。

1. 资产管理业务

资产管理业务手续费净收入占总收入比例:

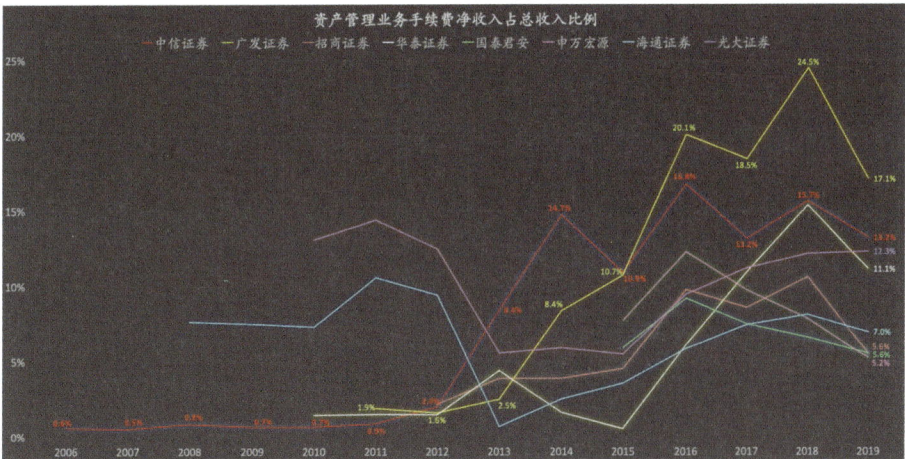

(数据来源: 估算自相关券商财务报表)

资产管理业务手续费净收入占总收入比例, 排名第一、第二分别是广发证券、中信证券。2019年广发证券资产管理业务手续费净收入占总收入比例, 高出中信证券约4个百分点。广发证券资产管理业务手续费净收入占总收入比例, 不仅仅是这几大券商中最高的, 其上升的态势也是比较迅猛的。

2. 投资银行业务

各家券商的投资银行业务手续费净收入占总收入比例如下：

2015—2019年投资银行业务手续费净收入占总收入比例的平均值，由高到低分别为：招商证券13.5%、光大证券12.5%、海通证券10.7%、中信证券10.5%、国泰君安10.1%、广发证券9.8%、华泰证券9.6%、申万宏源8.2%。总体上，各家券商投资银行业务手续费净收入占总收入比例，和各家券商资产管理业务手续费净收入占总收入比例相比，各家券商的总体差别更小。

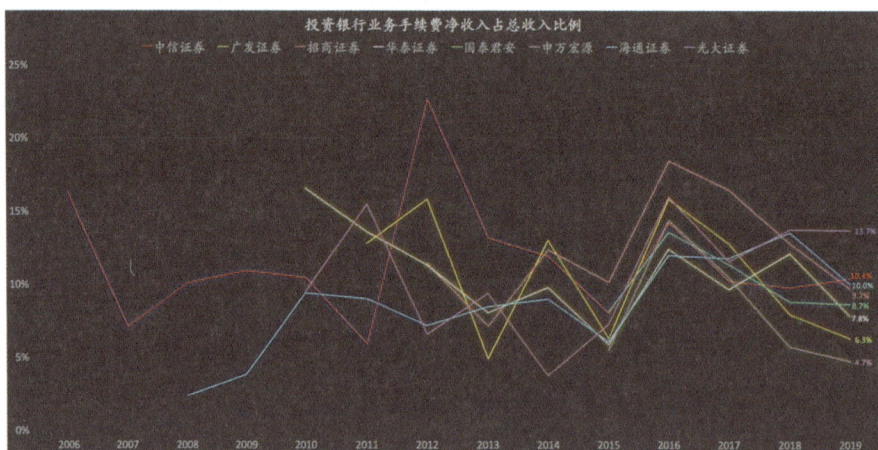

（数据来源：估算自相关券商财务报表）

3. 资产管理+投资银行的业务手续费净收入占总收入比例

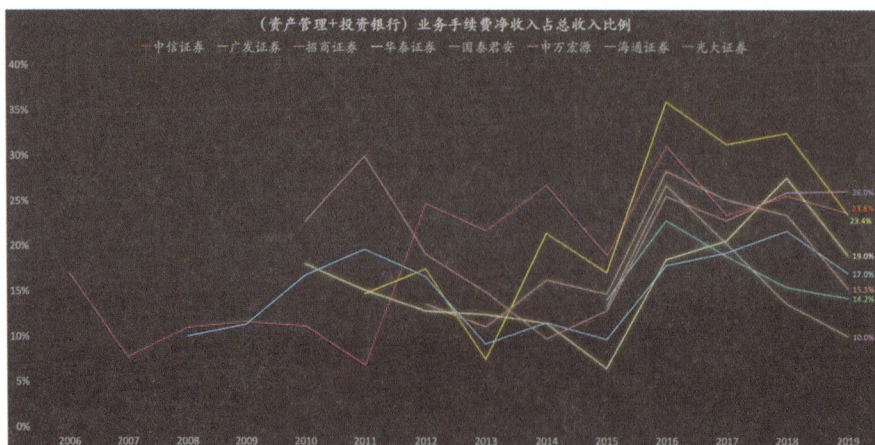

（数据来源：估算自相关券商财务报表）

现在我们将各家券商的资产管理业务、投资银行业务看作一个整体，计算一下各家券商资产管理业务及投资银行业务手续费净收入总和占总收入比例：

静态来看，2019年资产管理+投资银行的业务手续费净收入占总收入比例，由高到低分别为：光大证券26%、中信证券23.6%、广发证券23.4%、华泰证券19%、海通证券17%、招商证券15.3%、国泰君安14.2%、申万宏源10%。

动态来看，2015—2019年，资产管理+投资银行的业务手续费净收入占总收入比例的平均值，由高到低分别为：广发证券28%、中信证券24.4%、光大证券22.6%、招商证券21.3%、华泰证券18.4%、国泰君安17.1%、海通证券17.1%、申万宏源16.7%。

从收入结构端片面推测，资产结构相对较轻的有：广发证券、中信证券、光大证券。其中广发证券的资产管理业务具有一定先发优势：参股易方达基金、控股广发基金。

5.5.2　风控力度

券商行业面临的风险包括但不限于：全面管理风险、流动性风险、市场风险、信用风险、声誉风险、运营风险、合规风险、信息技术风险。

1. 风险覆盖率

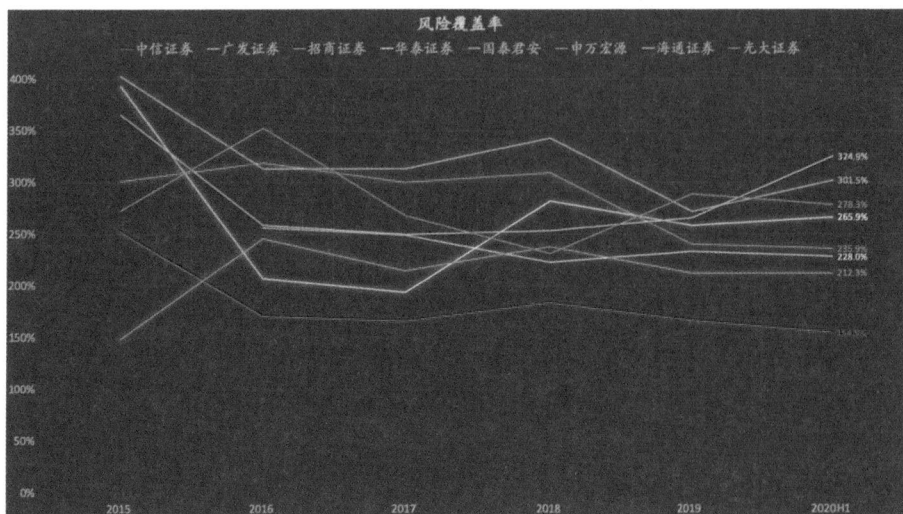

（数据来源：相关券商财务报表）

计算公式：风险覆盖率=净资本/各项风险资本准备之和×100%；

监管要求：风险覆盖率不得低于100%。

各家券商的风险覆盖率均符合监管要求。风险覆盖率越高，风控力度越大。中信证券似乎是主流投资者公认的券商龙头，但中信证券该项风控指标"垫底"。根据各家券商2020年半年报，风险覆盖率由高到低分别是：海通证券324.9%、国泰君安301.5%、光大证券278.3%、华泰证券265.9%、招商证券235.9%、广发证券228%、申万宏源212.3%、中信证券154.9%。

2. 流动性覆盖率

计算公式：流动性覆盖率=优质流动性资产/未来30天现金净流出量×100%；

监管要求：流动性覆盖率不得低于100%。

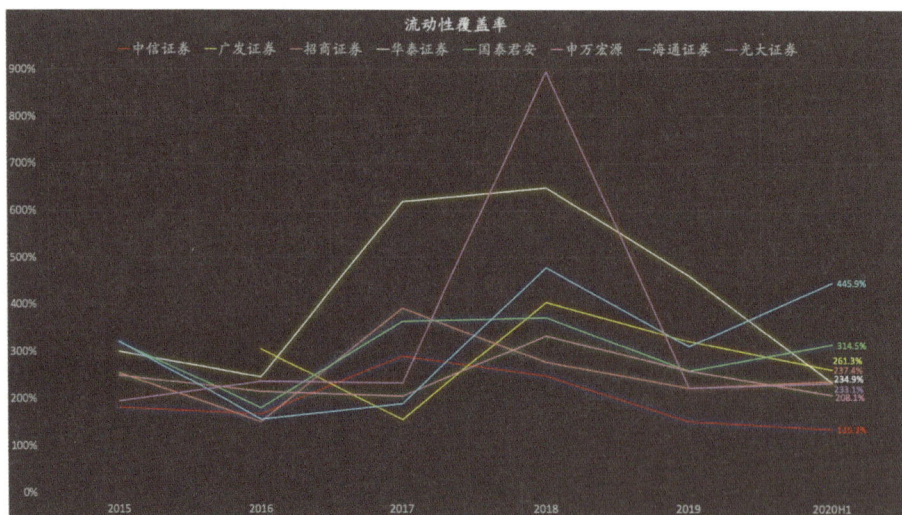

（数据来源：相关券商财务报表）

各家券商的流动性覆盖率均符合监管要求。流动性覆盖率越高，风控力度越大。根据各家券商2020年半年报，流动性覆盖率由高到低分别是：海通证券445.9%、国泰君安314.5%、广发证券261.3%、招商证券237.4%、华泰证券234.9%、光大证券233.1%、申万宏源208.1%、中信证券135.3%。

3. 净稳定资金率

计算公式：净稳定资金率=可用稳定资金/所需稳定资金×100%；

监管要求：净稳定资金率不得低于100%。

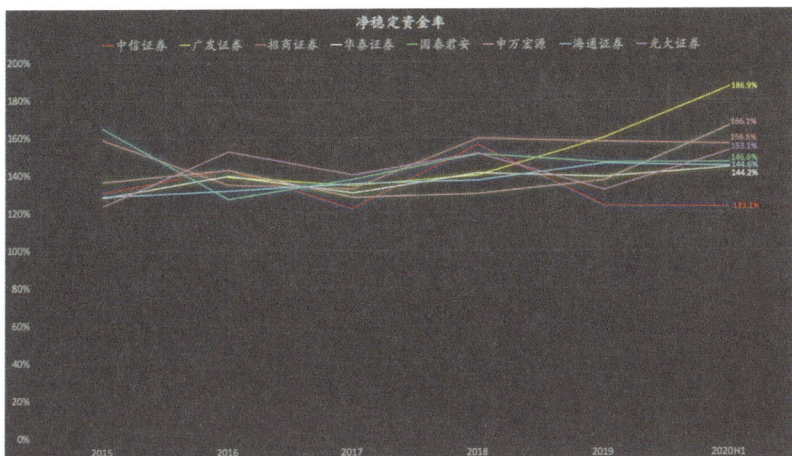

（数据来源：相关券商财务报表）

　　各家券商的净稳定资金率均符合监管要求。净稳定资金率越高，风控力度越大。根据各家券商2020年半年报，净稳定资金率由高到低分别是：广发证券186.9%、申万宏源166.1%、招商证券156.5%、光大证券153.1%、国泰君安146.6%、海通证券144.6%、华泰证券144.2%、中信证券123.2%。

4. 资本杠杆率

　　计算公式：资本杠杆率＝核心净资本/表内外资产总额×100%；
　　监管要求：资本杠杆率不得低于8%。

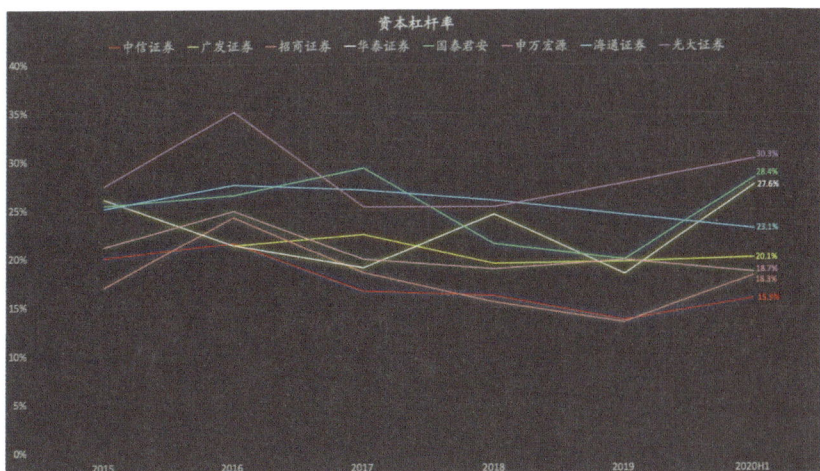

（数据来源：相关券商财务报表）

　　各家券商的资本杠杆率均符合监管要求。资本杠杆率越高，风控力度越大。

根据各家券商2020年半年报，资本杠杆率由高到低分别是：光大证券30.3%、国泰君安28.4%、华泰证券27.6%、海通证券23.1%、广发证券20.1%、申万宏源18.7%、招商证券18.3%、中信证券15.9%。

这里的资本杠杆率，我们不要从其字面去理解。在我们的印象中，"杠杆"这个词是偏负面的。但资本杠杆率这里的"杠杆"反映的是券商核心净资本的一个占比情况。在满足监管要求的情况下，券商资本杠杆率越高，该券商进一步加杠杆的空间就越大。资本杠杆率可以从侧面反映出公司的还款能力，是券商控制经营杠杆的首要指标。

5. 净资本/净资产

监管要求：净资本/净资产不得低于20%。

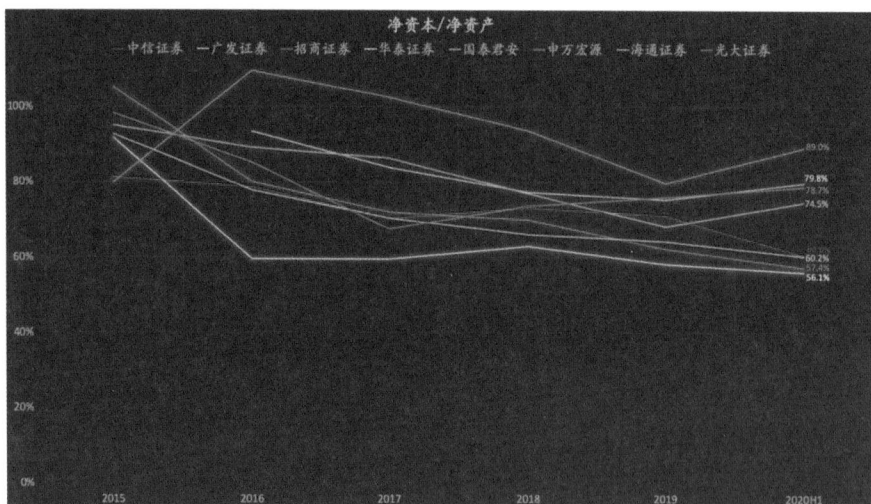

（数据来源：相关券商财务报表）

各家券商的净资本/净资产指标均符合并大幅度高于监管要求。净资本/净资产越高，风控力度越大。根据各家券商2020年半年报，净资本/净资产由高到低分别是：申万宏源89%、广发证券79.8%、光大证券78.7%、国泰君安74.5%、中信证券60.6%、海通证券60.2%、招商证券57.4%、华泰证券56.1%。

6. 净资本/负债

监管要求：净资本/负债不得低于8%。

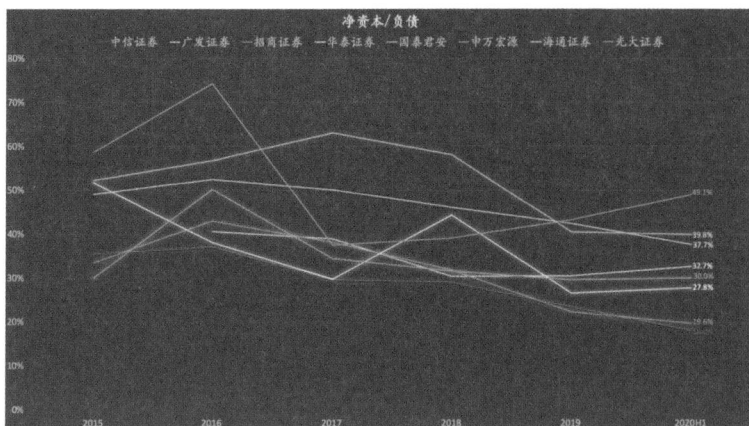

（数据来源：相关券商财务报表）

　　各家券商的净资本/负债指标均符合监管要求。净资本/负债越高，风控力度越大。根据各家券商2020年半年报，净资本/负债由高到低分别是：光大证券49.1%、国泰君安39.8%、海通证券37.7%、广发证券32.7%、申万宏源30%、华泰证券27.8%、招商证券19.6%、中信证券18%。

7. 净资产/负债

　　监管要求：净资产/负债不得低于10%。

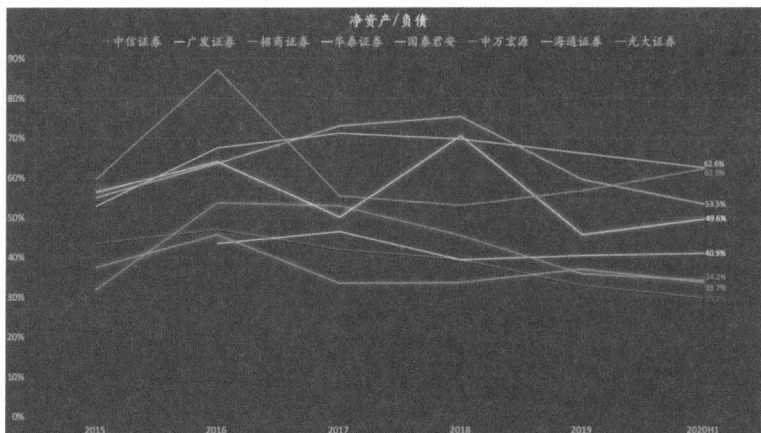

（数据来源：相关券商财务报表）

　　各家券商的净资产/负债指标均符合并大幅度高于监管要求。净资产/负债越高，风控力度越大。根据各家券商2020年半年报，净资产/负债由高到低分别是：海通证券62.6%、光大证券62.3%、国泰君安53.5%、华泰证券49.6%、广发证券40.9%、招商证券34.2%、申万宏源33.7%、中信证券29.7%。

8. 自营权益类证券及其衍生品/净资本

监管要求：自营权益类证券及其衍生品/净资本不得高于100%。

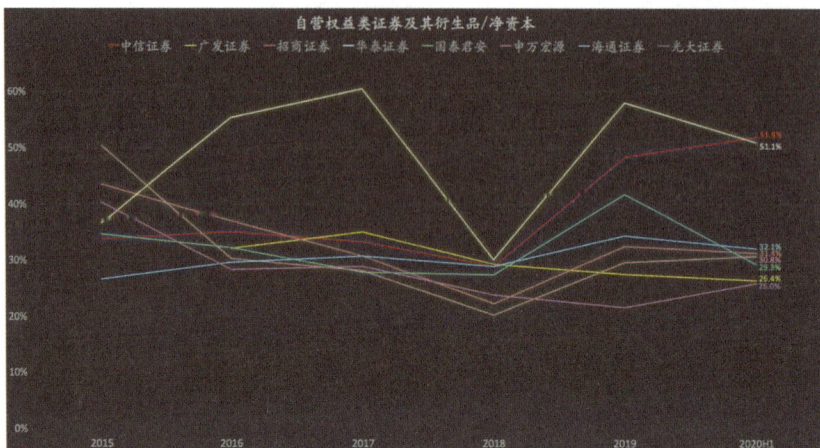

（数据来源：相关券商财务报表）

各家券商的自营权益类证券及其衍生品/净资本指标均符合监管要求。与以上1~7条中的风控指标有所不同，自营权益类证券及其衍生品/净资本越低，风控力度越大。根据各家券商2020年半年报，自营权益类证券及其衍生品/净资本由低到高分别是：光大证券26%、广发证券26.4%、国泰君安29.3%、申万宏源30.8%、招商证券31.4%、海通证券32.1%、华泰证券51.1%、中信证券51.9%。

9. 自营非权益类证券及其衍生品/净资本

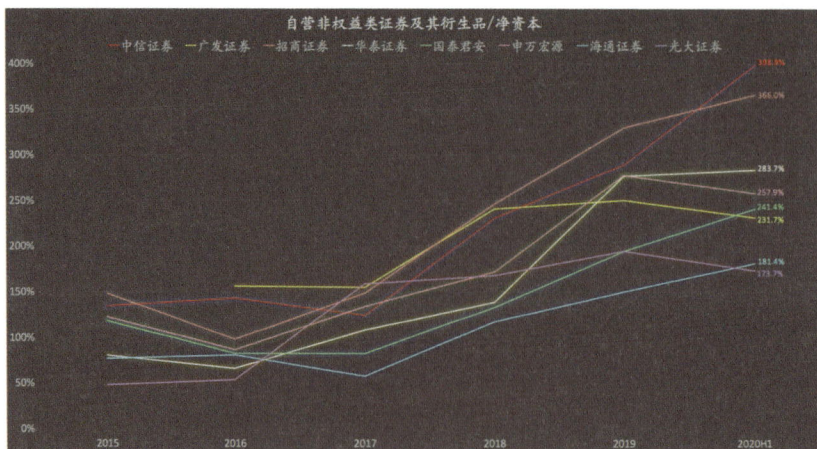

（数据来源：相关券商财务报表）

监管要求：自营非权益类证券及其衍生品/净资本不得高于500%。

各家券商的自营非权益类证券及其衍生品/净资本指标均符合监管要求。根据各家券商2020年半年报，自营非权益类证券及其衍生品/净资本由低到高分别是：光大证券173.7%、海通证券181.4%、广发证券231.7%、国泰君安241.4%、申万宏源257.9%、华泰证券283.7%、招商证券366%、中信证券398.9%。

10. 综上

综上1~9条，我们可以看出，中信证券的综合风控力度是这几家券商中相对偏低的，也就意味着，中信证券的综合杠杆水平是相对偏高的。杠杆水平越高，意味着继续加杠杆的空间越小，也就意味着继续扩大盈利水平的空间越小。

巴菲特说，如果只看一个指标，那就是ROE。

计算公式：净资产收益率（ROE）=净利润率×总资产周转率×杠杆比率

那么，理论上来说，公式右侧的杠杆比率越高，则ROE越高。既然中信证券的综合杠杆水平在这几家券商中是相对偏高的，那么中信证券是不是也表现出了相对偏高的ROE呢？如果是，那么中信证券的综合质地或许未必落后于我们刚刚对比的其他券商。比ROE更加严格的指标是扣非ROE，下面我们对比一下各家券商的扣非ROE。

5.5.3　财务数据

1. 扣非ROE

从图中扣非ROE的波动中，可以看出券商具备明显的周期性。2015—2020年扣非ROE平均值，按照由高到低排序：招商证券10.9%、申万宏源10.7%、广发证券10.1%、中信证券8.5%、国泰君安8.4%、华泰证券8.2%、海通证券8%、光大证券7.1%。

中信证券在综合杠杆水平相对偏高的情况下，ROE表现平庸，中信证券对于我个人来说并非所谓的"券商龙头"。我在试图寻找行业龙头的时候，首先关注的是风险控制，其次是投资回报率，最后才勉强看看公司的规模。反过来思考：如果规模是最重要的指标，那么中国石油的长期盈利水平为何如此平庸？

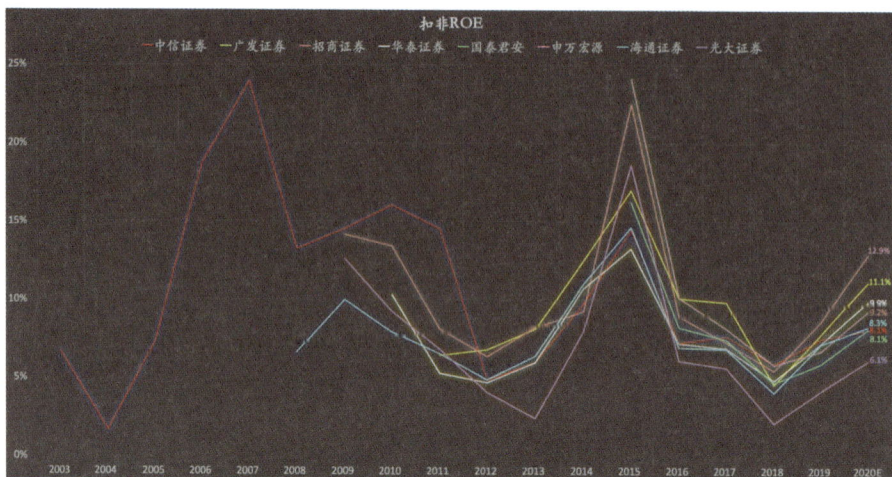

（数据来源：估算自相关券商财务报表。图中，2020年数据为估计值，年份用2020E表示）

2. 资产负债率

根据各家券商2020年三季报，资产负债率由低到高分别是：光大证券76.4%、海通证券76.8%、广发证券77.1%、招商证券77.75、国泰君安79.2%、华泰证券81.2%、申万宏源81.2%、中信证券82.4%。

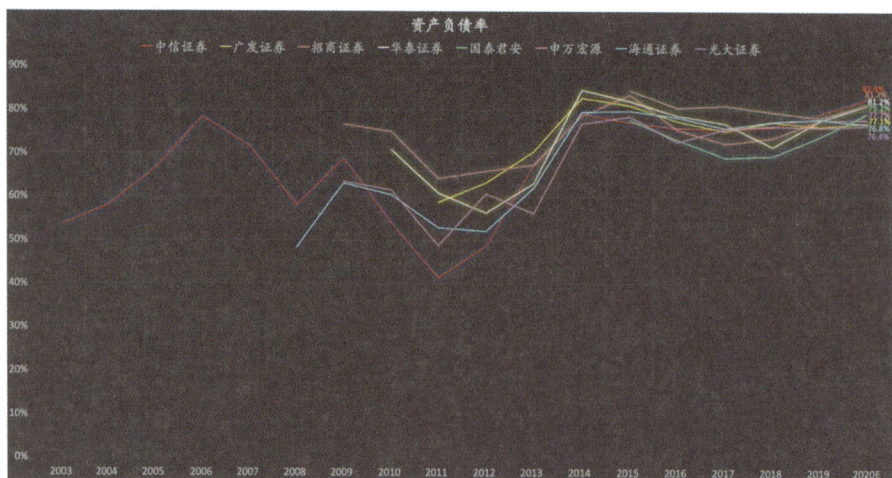

（数据来源：估算自相关券商财务报表。图中，2020年数据为估计值，年份用2020E表示）

2011年，中信证券资产负债率，在这几家券商中是最低的；2020年三季度末，中信证券资产负债率，在这几家券商中是最高的。

3. 销售净利率

根据各家券商2020年三季报,销售净利率由高到低分别是:广发证券40.7%、招商证券40.7%、华泰证券36.7%、国泰君安36.8%、海通证券32.8%、光大证券32%、中信证券31.2%、申万宏源30.7%。

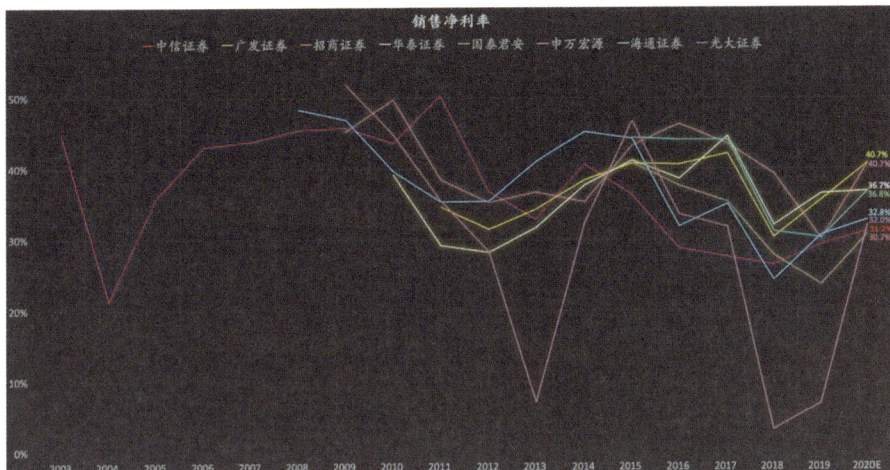

(数据来源:估算自相关券商财务报表。图中,2020年数据为估计值,年份用2020E表示)

进一步对各家券商2015—2020年的销售净利率取平均值,由高到低分别为:招商证券40.5%、国泰君安38.4%、广发证券38.3%、华泰证券38.2%、海通证券33.1%、申万宏源32.6%、中信证券30%、光大证券25.7%。

4. 商誉占收入比

2013年,中信证券商誉占收入比一度高达62.3%,这给我们带来了强烈的视觉冲击。关于中信证券2013年商誉暴增,我在中信证券2013年的年报中,找到了相关解释:"收购华夏基金、里昂证券导致非同一控制合并商誉增加。"

根据各家券商2020年三季报,粗略估算,2020年商誉占收入比大于2%的有四家:中信证券20.1%、海通证券10.7%、光大证券7.9%、华泰证券6.9%。在我没有深入了解公司收购对象综合质地的情况下,过高的商誉占收入比对于我个人来说是一种不确定性,因为商誉是可能减值的。

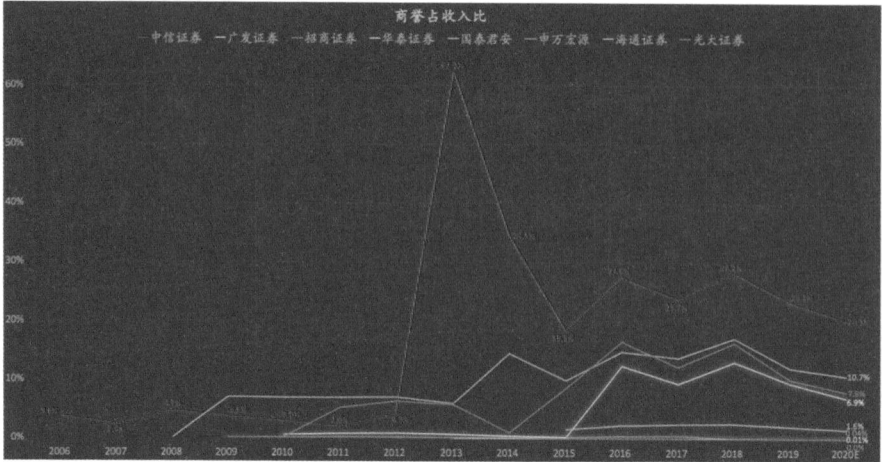

（数据来源：估算自相关券商财务报表。图中，2020年数据为估计值，年份用2020E表示）

5.5.4　隐形冠军

抛开规模来看，通过以上第一至第三条中的各种"抽丝剥茧"，我发现中信证券似乎并非真正意义上的券商龙头。到底谁才是真正的券商龙头？

现在我们尝试将以上第一至第三条中的各项指标匹配不同的权重进行综合量化评估，其中风控类指标10个，收入或资产结构指标3个，盈利能力指标2个。由于风控类指标种类众多，现将各家券商按照其在不同风控类指标中的排序，由好到差，分别给予1、2、3……8分；由于收入或资产结构指标种类较少，将各家券商按照其在不同收入结构指标中的排序，由好到差，分别给予2、4、6……16分；由于盈利指标种类较少，将各家券商按照其在不同盈利能力指标中的排序，由好到差，分别给予2、4、6……16分。

最终，按照券商名称，将各家券商这15个指标的具体得分各自分别加总，得到每一家券商各自的总得分。具体如下：

	资产管理业务收入占比	资产管理（资产管理+投资银行）业务收入占比	风险覆盖率	流动性覆盖率	净稳定资金率	资本杠杆率	净资本/净资产	净资本/负债	净资产/负债	自营权益类证券及其衍生品/净资本	自营非权益类证券及其衍生品/净资本	加权ROE	资产负债率	销售净利率	商誉占收入比	合计
中信证券	4	4	8	8	8	8	5	3	8		8	8	8	14	16	123
广发证券	2	2	6	3	1	2	4	5	2	3	6	2	4	2	6	54
招商证券	12	8	2	2	3	7	7	6	5	7	2	4	2	6	85
华泰证券	8	10	4	5	7	6	6	4		12	6	8	12	106
国泰君安	14	12	7	6	5	5	2	2	4		10	5	4	8	80
申万宏源	10	16	7	7	4	4	1	1	6		4	7	12	2	95
海通证券	16	12	1	1	6	1	3	8		14	4	2	14	98
光大证券	6	6	3	4	2	3	6	4	1		16	1	16	10	77

将图中最右侧合计项下面的总分，按照由低到高的顺序进行排序得到：

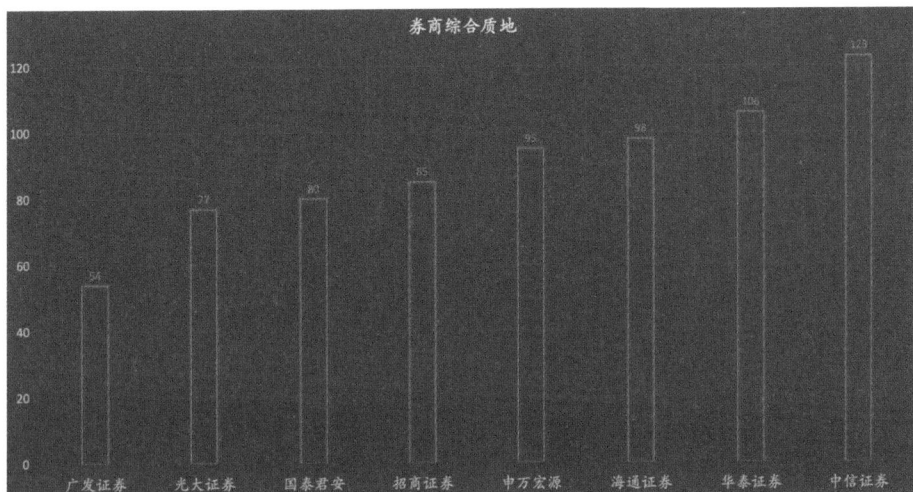

统计样本数量明显不足、统计的指标十分片面，并且我根据的是个人喜好来设置各个指标的权重分配，所以这个统计结果的参考意义非常有限，切勿作为任何投资依据。

综合质地由好到差排序（总分由低到高）依次为：广发证券、光大证券、国泰君安、招商证券、申万宏源、海通证券、华泰证券、中信证券。所以，在这些有限的统计样本中，对我个人而言，真正具有龙头潜质的是广发证券，并非中信证券。并且，中信证券的基本面，看起来似乎与"龙头"二字沾不上边。

在进行周期博弈的过程中，必然不希望所持有的投资标的突然出现实质性的基本面坍塌。在注册制快速推进的背景下，在心理层面需要更多的安全感，会尽量去选择行业中真正的"龙头"。猜想：即使整个行业的每家公司综合质地都一般，但只要这个行业还将长期继续存在，这个行业就至少会长期存活一家企业。

我要做的事情，就是尽可能地去猜：谁能活下去？这并不能帮助我完全规避风险，但这可以在一定程度上帮助我减少不确定性。

第6章

模　　型

——○————————○——

历史上有三次重大的工业革命：

第一次工业革命，18世纪60年代从英国发起的技术革命，以蒸汽机作为动力机被广泛使用为标志；

第二次工业革命，19世纪60年代后期，人类进入了"电气时代"；

第三次科技革命，20世纪40—50年代，以原子能、电子计算机、空间技术和生物工程的发明和应用为主要标志。

效率的提升离不开工具，模型就是周期投资的重要分析工具：发现价值、识别风险、合理估值。

6.1　长周期数据与模型

巴菲特从未写过书。我们看到的有关巴菲特投资策略的书籍大体上都是通过整理巴菲特有限的公开对外交流、历史投资案例所得到的间接智慧。

巴菲特也很少提及模型这个概念，但基于我个人在投资过程中所建立的主观感受以及我个人对巴菲特价值投资策略的主观推测：巴菲特有效地利用了财务模型工具来初步评估企业的价值、风险以及估值水平。

巴菲特曾说过这样一句话："如果我不能在五分钟内判断一个公司值不值得投资的话，那么我绝对不会用几个星期的时间来评价这个公司。"对于这样一种表述，我认为巴菲特丝毫没有半点吹牛的成分。我在琢磨的是：读完一家公司的一个年度财务报表需要多少时间？读完一家公司连续十年的财务报表又需要多少时间？五分钟显然是不够用的。但如果我们（通过前期大量数据整理）拥有现成的关键财务指标的长周期数据，并将这些长周期数据建立简单的财务模型，那么我们初步判断一家公司是否值得我们进一步关注所需时间甚至不会超过三分钟。这就是我对巴菲特这句话的理解，这是我目前能够猜到的一种可能性。

模型，也容易让人联想起各种复杂的公式。看不懂的公式，对我来说是没有价值的，它超出了我的能力边界。在我这个"菜鸟"的世界中，我读不懂高深的公式，但我能够明白一些浅显的道理。例如，一个人的性格或者习惯是他先天性自带的基因以及出生后几十年的生活环境这两者交互影响塑造的。他的性格或者习惯，要发生重大改变，并非短期内可以轻易实现的。可以预见，大概率会发生的是，他在未来数年甚至数十年依然会表现出原来既有的性格特征或者思维习惯。同样的，一家上市公司，它的内在价值或者风险系数是它公司内在文化以及所处行业环境等长期交错影响塑造的。它的内在价值或者风险系数，要从根本上发生重大变化，并非短期可以实现的。这是一种客观规律。我们通过对长周期历史数据的整理、分析、归纳、总结，最终发现其中的规律，这就是我要说的模型。

模型思维的核心要义：寻找大概率会重复发生的现象，识别小概率才会发生的异样。

通过长周期财务数据建立模型很简单。哪些关键财务指标最能直接或间接地体现公司的价值，我们就将这些关键财务指标进行整理、统计和分析；哪些关键财务指标最可能告知我们潜在风险，我们就针对这些关键财务指标进行整理、统计和分析；哪些绝对估值指标或相对估值指标最具有参考意义，我们就重点关注这些估值指标；哪些关键财务指标互相之间存在关联性，我们就将这些关键财务指标的财务模型弄到一块儿琢磨琢磨。

通过长周期财务数据建立模型并不难，要真正理解财务模型所表达的含义却并不容易。首先，财务模型是对长周期财务报表关键数据的高度提炼，我们至少应该具备读懂财务报表的能力，才谈得上建立财务模型。然后，我们需要在读懂一家公司连续多年的财务报表的基础上，去识别这家公司的价值走向、风险系数、估值水平等，进而根据这些核心变化进行评估并形成自己的观点。

财务模型只是一种辅助分析工具，具有局限性。数据并不能告诉你想要知道的一切。

6.2　价值发现模型

模型思维的核心要义：寻找大概率会重复发生的现象，识别小概率才会发生的异样。

通过长周期数据建立财务模型，初步判定内在价值，以贵州茅台、东方园林为例：

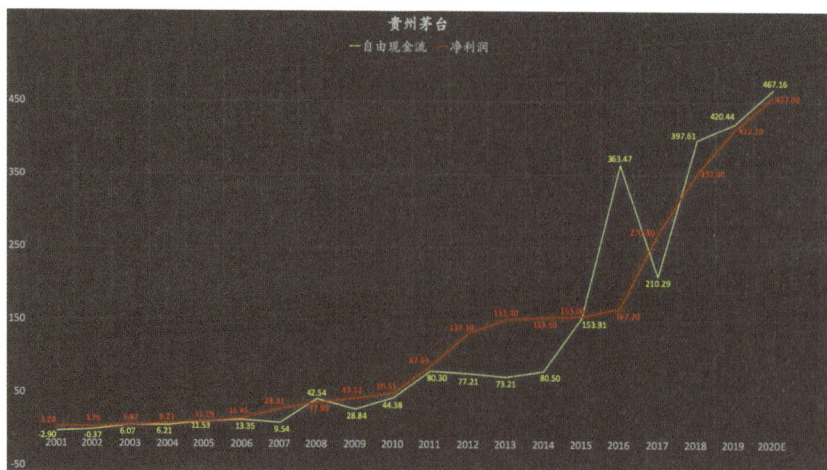

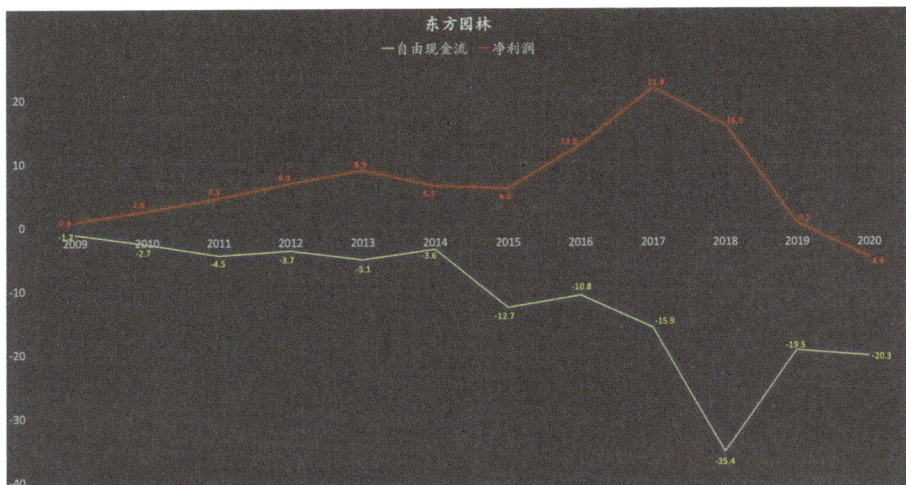

（数据来源：贵州茅台及东方园林财务报表、主观粗略计算）

长期来看，贵州茅台的自由现金流与净利润密切交织在一起，盘旋上升。

而东方园林净利润虽然在2009—2017年呈现出强势上升的态势，但期间自由现金流却一直为负数并且负的趋势有所扩大。2018—2020年，东方园林的净利润显著下跌，并且期间自由现金流仍然大幅度为负。

贵州茅台如此优秀的自由现金流历史表现，来自其独特的产品属性、品牌价值、公司文化、行业属性等。只要外在环境不发生重大实质性变化，可以预见的是，贵州茅台在未来数年甚至数十年大概率依然会维持如此强劲的自由现金流表现。

同样的，东方园林之所以长期表现出如此差劲的自由现金流，也与其公司文化、行业属性等密不可分。在这些基本面的决定性影响因子已经注定的情况下，除非公司内部发生根本性的重大实质性变化，可以预见的是，东方园林在未来长期可能依然会表现出相对差劲的自由现金流。这就是模型思维：通过长周期数据预估大概率事件。

长周期数据的对立面是短周期数据。以京东方A为例：

将时间轴拉回2006年。如果我们在2006年才开始关注京东方A，并且只掌握了京东方前后两三年的数据，那么我们很可能会产生一种错觉：京东方A基本面已经出现强势困境反转。不好意思，这的确是一种错觉。

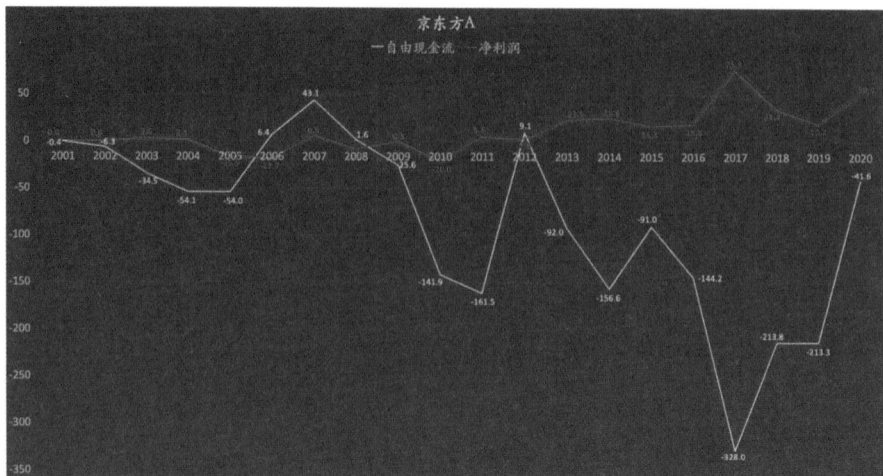

（数据来源：京东方A财务报表、主观粗略计算）

如果我们仅仅关注京东方A在2006—2007年的自由现金流表现，那么我们可能会惊呼：自由现金流由−54亿元大幅度转正为6.4亿元、43.1亿元。困境反转、强势逆转，但在随后的2008—2011年，京东方A的自由现金流呈现出了断崖式下滑，分别为1.6亿元、−25.6亿元、−141.9亿元、−161.5亿元。

这种错觉也可能出现在2012年：自由现金流由−161.5亿元大幅度转正为9.1亿元。不好意思，这也是一种错觉。在随后的2013—2017年，京东方A的自由现金流再次呈现出了断崖式下滑，分别约为：−92亿元、−156.6亿元、−91亿元、−144.2亿元、−328亿元。

所以，如果我们仅仅将目光锁定在2006—2007年或者2012年，那么我们极有可能对京东方A的基本面进行错判。现在在请重新审视京东方A自由现金流、净利润长期走势这张图。在某些极端情况下（这里并不特指京东方A，而是泛泛而谈），我们可以将这张图比喻成大海航行：图中靠上的红色线条是净利润，这是我们看到的是星辰大海；图中靠下金色线条是自由现金流，这有可能成为暗藏在海面之下的冰山。我对京东方A并不了解，所以这里不作任何关于京东方A基本面的评价或判断。我仅仅是说，像京东方A这类长期自由现金流表现差劲的公司，存在一定风险且我个人暂时看不到较高的长期投资价值，仅此而已。

现在我们将视野放宽，重新审视京东方A在2001—2020年长周期的自由现金流表现。你会有一种完全不同的感觉：京东方A与困境反转这四个字几乎沾不上边。所以，分别通过长周期视野、短周期视野，我们往往会看到完全不同的两种基本面。再说得严格一点，仅仅通过短周期视野，我们看到的并不是基本面。短周期数据不足以建立模型,长周期数据是建立相对可靠的财务模型的原材料。

对我来说,在长期自由现金流表现这个维度,自由现金流偶尔由负转正的京东方A与自由现金流长期为负的东方园林,这两者没有本质上的区别。对于我个人来说,我暂时看不到这两者所具备的显著长期投资价值,或者至少可以说它们的商业模式都很难驾驭。

造成京东方A、东方园林这类长期差劲的自由现金流表现的因素有很多,但往往与其公司文化、行业属性等密不可分。这些影响因子短期内难以发生实质性的重大扭转。所以,可以预见,在未来数年甚至数十年,除非公司内部发生重大实质性的变化,京东方A、东方园林的自由现金流可能依然会表现得相对差劲。而如果自由现金流长期表现差劲,短期几年内未必会直接体现在净利润上,但最终可能还是会直观地体现在净利润上。

自由现金流仅仅是识别公司价值的维度之一,我们还可以用同样简单的方式对其他关乎公司价值的长周期财务指标进行剖析。

6.3　风险识别模型

我所理解的投资,不是盲目地追求价值最大化,而是通过强悍的风控手段去取得相对有限的收益。如果抛开风控意识去盲目追求所谓的价值,那就是"火中取栗"。

模型思维的核心要义:寻找大概率会重复发生的现象,识别小概率才会发生的异样。

通过长周期数据建立财务模型,识别风险系数。

6.3.1　案例一: 乐视网

乐视网的历史最高股价(除权价)179元出现在2015年5月。如果我现在告诉你乐视网2016—2020年期间某些年的基本面存在脆弱性,这对你来说毫无意义:马后炮。所以,现在我应该告诉你在2014年以及之前,可以在乐视网身上发现哪些线索。

看过一些分析乐视网的文章,很有深度。但我准备另辟蹊径,从一个全新的视角，来审视乐视网2014年及之前的财务数据。

1. 收入增速

2008—2014年，乐视网平均收入增速高达114%，这超过了特斯拉长期平均收入增速。出现在我们眼前的这头"猛兽"看起来不像是传统成熟企业，而更像是一家创业公司。创业公司本身，往往就自带诸多不确定性。

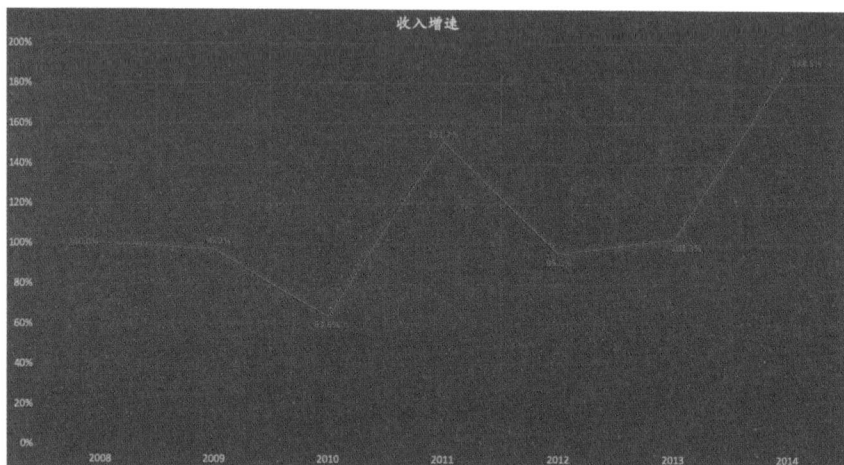

（数据来源：估算自乐视网财务报表、乐视网招股意向书）

2. 研发强度

研发强度也就是研发费用占收入比。2012—2014年，乐视网研发强度分别高达20.4%、15.8%、11.8%。乐视网的确看起来像一家创业公司。

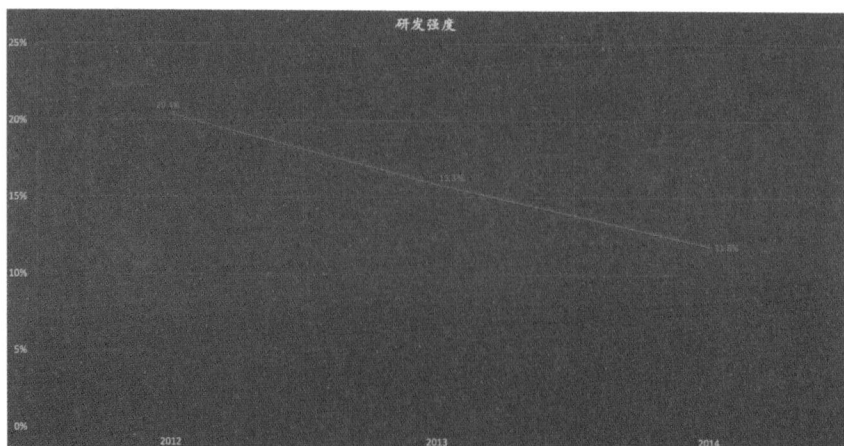

（数据来源：估算自乐视网财务报表）

3. 扣非ROE

在7年平均收入增速高达114%、3年平均研发强度高达16%的情况下, 乐视网竟然实现了5年平均高达11.9%的扣非ROE。看到这里, 难免让人产生两种猜测: 这是一家极其优秀的企业, 这过于传奇。

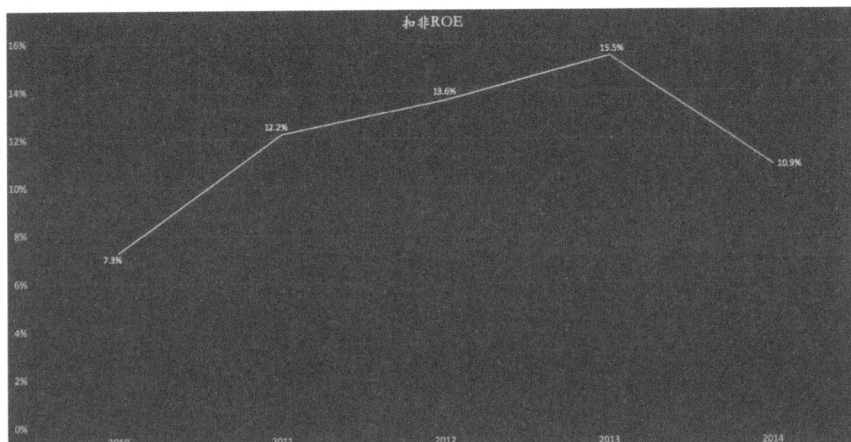

（数据来源: 估算自乐视网财务报表）

4. 应收账款占收入比

2010—2014年, 乐视网应收账款占收入比处于略微偏高的水平。在市场竞争格局中, 乐视网并不强势。

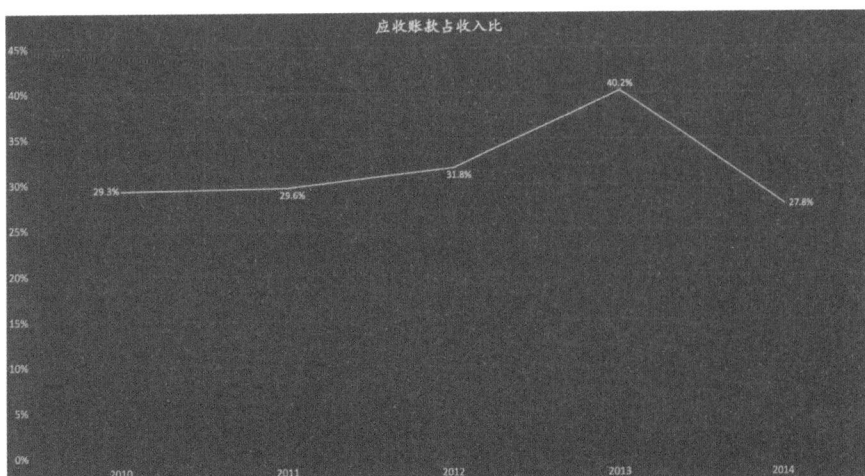

（数据来源: 估算自乐视网财务报表）

5. 自由现金流占收入比、筹资现金流占收入比

从图中我们可以看出：乐视网经常对外开展大手笔的融资活动，乐视网自由现金流长期为负。这似乎验证了我们对乐视网的定性：高速发展的创业公司。

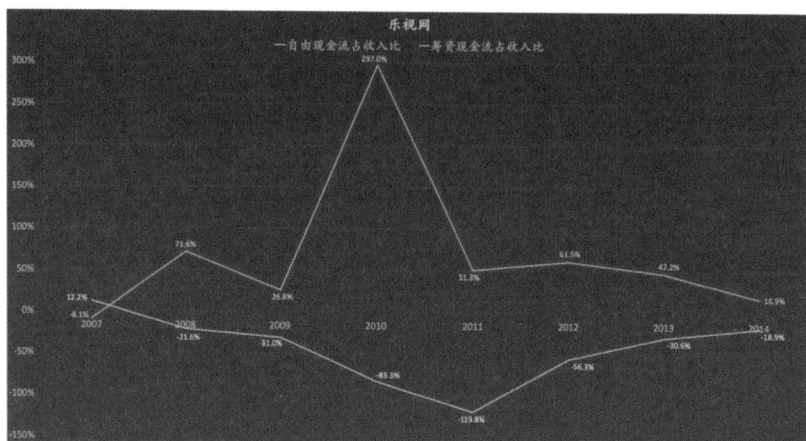

（数据来源：估算自乐视网财务报表、乐视网招股意向书）

刚刚我们不痛不痒地尝试着对乐视网进行定性分析，下面才是精彩的部分。

（1）危险信号1：净利率

在之前查看乐视网扣非ROE表现时，我对于乐视网5年平均高达11.9%的扣非ROE感到有些困惑。现在我们进一步看到乐视网2010—2014年净利率是连续下滑的。2014年，乐视网净利率已经逼近零。净利率直接与净利润挂钩，也就与扣非ROE关联。但乐视网脆弱的净利率走势与其强劲的扣非ROE走势是不匹配的。这加深了我对乐视网长期扣非ROE的困惑。

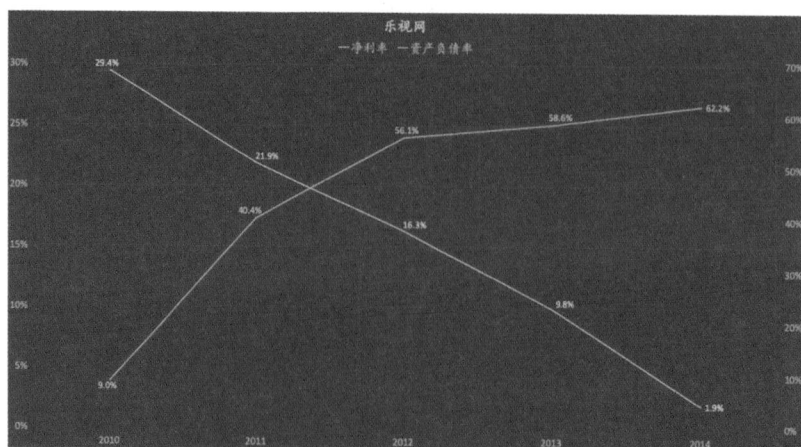

（数据来源：估算自乐视网财务报表）

（2）危险信号2：毛利率

毛利率的走势与净利率的走势存在较大的相似度。乐视网的净利率、毛利率走势均与其扣非ROE走势不匹配。

一般来说，依靠大规模对外融资获得快速扩张的创业公司，在顺利经营的情况下通常会展示出总体上逐步改善的毛利率、净利率。但乐视网的毛利率、净利率都在持续恶化。乐视网看起来更像是一家陷入了"泥潭"的创业公司，或者是商业模式已经被乐视网自己的财务数据给否定了的创业公司。

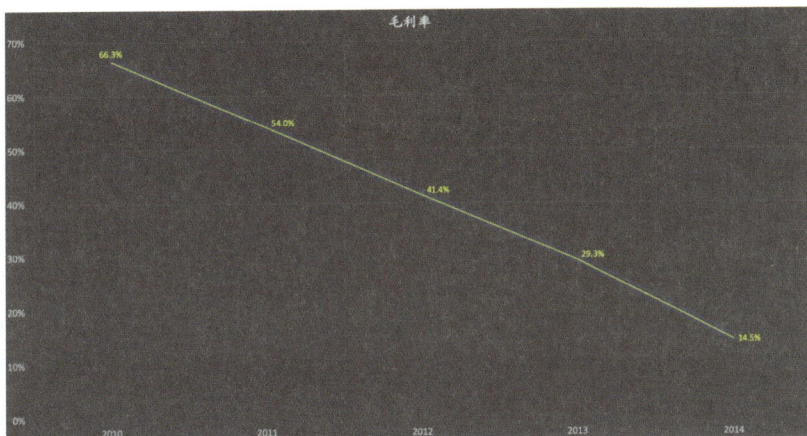

（数据来源：估算自乐视网财务报表）

（3）危险信号3：扣非净利润

图中红色线条：扣非净利润走势如此平稳且逐步上升。图中金色线条：自由现金流长期为负且负的程度逐步扩大。

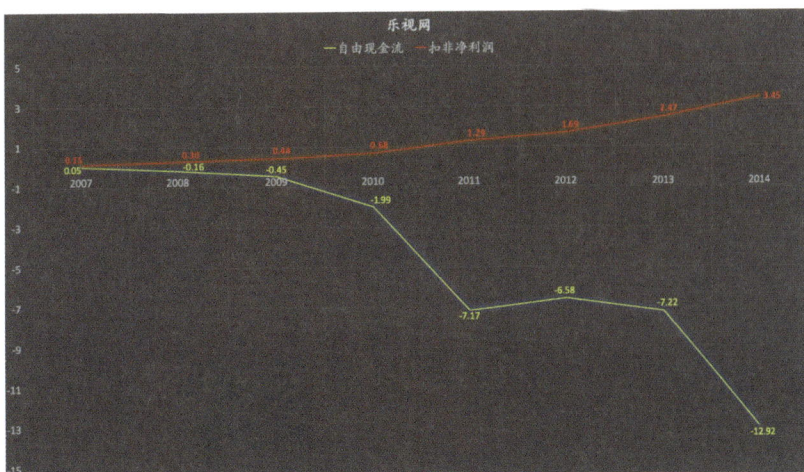

（数据来源：估算自乐视网财务报表、乐视网招股意向书）

假设我是乐视网的管理层：在创业初期，我快速地对外融资并持续大手笔地投入费用于快速抢占市场份额，那么我是不会太在意公司短期的归属母公司净利润或者扣非净利润表现的。因为在这个"生死攸关"的创业初期，我更在意的是公司的研发实力、成长速度、继续获得下一笔融资的难度。创业初期，由于投入巨大，自由现金流大幅度为负很正常、扣非净利润大幅度为负也很正常，甚至毛利率为负都很正常。但图中的扣非净利润走势却让人感到困惑：创业公司怎么会有如此平稳上升的扣非净利润走势？

2014年，乐视网看起来像是一家深陷"泥潭"，但却仍然重视扣非净利润表面财务数据走势的创业公司。

6.3.2　案例二：盐湖股份

（1）盐湖股份在建工程

盐湖股份在2019年出现了重大基本面改变，所以我们暂时先只看盐湖股份2018年及之前的数据。

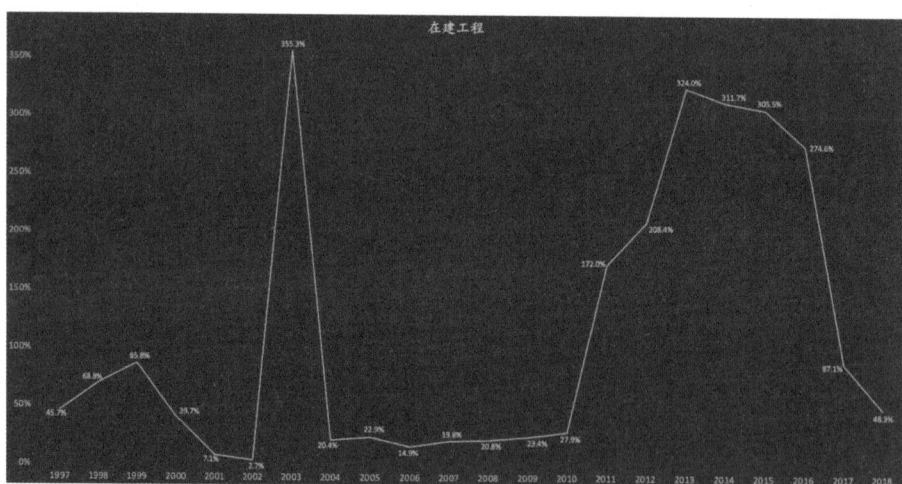

（数据来源：估算自盐湖股份财务报表）

这是盐湖股份（盐湖钾肥）1997—2018年在建工程占收入比的走势。2003年，盐湖股份（盐湖钾肥）在建工程大幅增加的主要原因是合并盐湖发展增加所致。

2011年，盐湖钾肥吸收合并青海盐湖工业集团，"盐湖钾肥"更名为"盐湖股份"。重大资产重组后的盐湖股份（盐湖钾肥），资产结构已经发生了明显变化。2011—2016年，盐湖股份在建工程占收入比在172%~324%高位波动。对于如此大规模的在建工程，如果我难以客观大致预计在建工程所涉及项目的未来长期经济效益，这对于我个人而言就是极大的不确定性。盐湖股份的财务数据透露着风险，但这并不表示盐湖股份的风险会立即暴露。直到2017年，我们才从盐湖股份的盈利表现看出了明显的风险。

（2）风险暴露

2003—2008年，盐湖股份（盐湖钾肥）的扣非ROE由8.2%一路狂飙至48.1%。如果我们在这几年突然注意到盐湖股份（盐湖钾肥），并且将目光仅仅局限在前后一两年的范围内，那么我们就会很容易地将盐湖股份（盐湖钾肥）错判为"伟大公司"。这就是短周期数据的局限性，短周期数据无法建立财务模型。

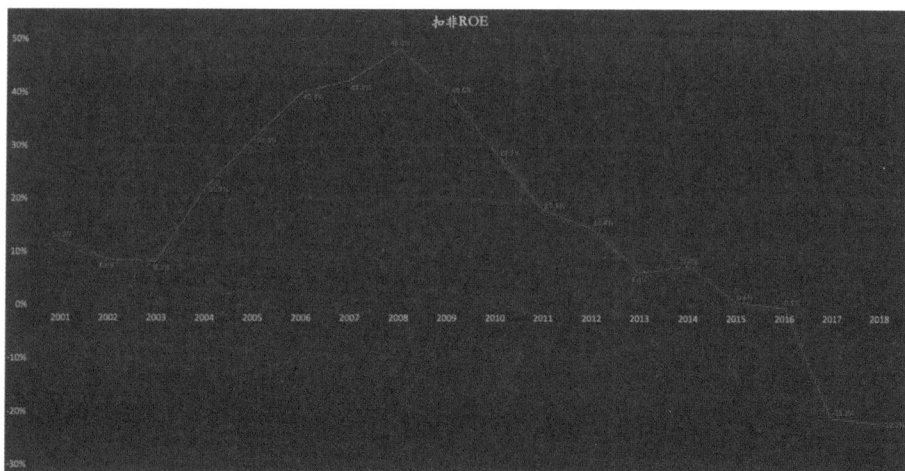

（数据来源：估算自盐湖股份财务报表）

2017、2018年，盐湖股份的扣非ROE分别为-21.1%、-22.2%。这个阶段，盐湖股份所具备的风险才明显地暴露了出来，这吸引了广大投资者的目光。

我们仅仅从2001—2018年的扣非ROE走势还看不出盐湖股份基本面坍塌的惨烈程度。我刚刚说过，盐湖股份在2019年出现了重大基本面改变，所以我们暂时先只看盐湖股份2018年及之前的数据。我所说的重大基本面改变指的就是盐湖股份在2019年的盈利情况，具体如下：

继2017、2018年连续亏损41.59亿元、34.47亿元后，2019年盐湖股份出现巨额亏损458.6亿元。这直接导致2019年盐湖股份每股净资产由5.47元大幅度转为负数-10.95元。

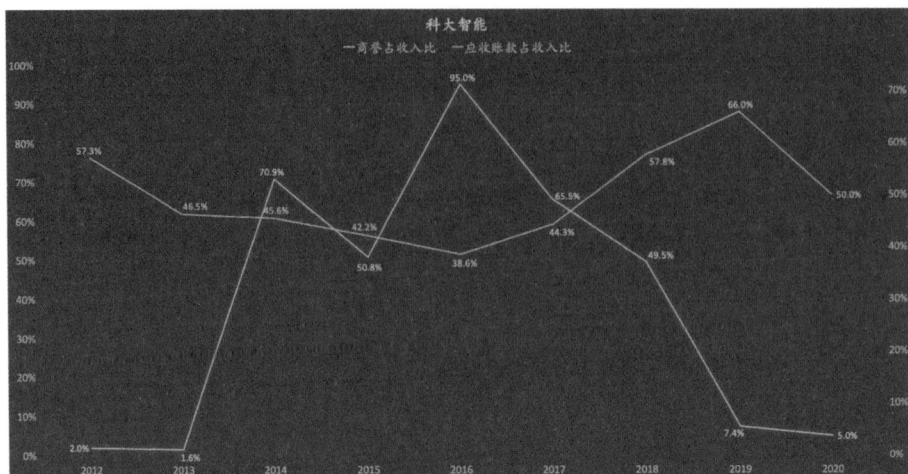

（数据来源：盐湖股份财务报表、主观粗略估算）

6.3.3　案例三：科大智能

科大智能商誉占收入比：

2014年，科大智能商誉占收入比高达70.9%。2016年，科大智能商誉占收入比高达95%。

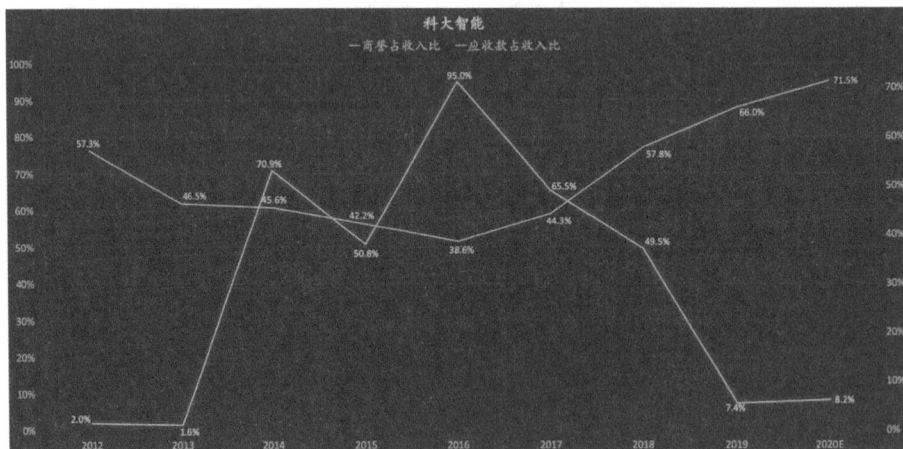

（数据来源：估算自科大智能财务报表）

科大智能的风险点不仅仅存在于高企的商誉占比，还存在于其居高不下的应收账款。2012年科大智能应收账款占收入比高达57.3%。2020年，科大智能应收账款占收入比高达50%左右。应收账款占比过高，首先可以说明公司的行业地位较低,在面对客户时比较弱势。其次,应收账款占比过高,还表明公司存在部分货款可能收不回的风险。

通过简单的长周期财务模型发现处于疑似异常水平的财务指标或者疑似异常波动的财务指标,这并不代表公司一定存在重大风险,并不代表公司业绩一定会"爆雷"。但这类公司或许存在"爆雷"的可能性。我们看看科大智能的盈利表现:

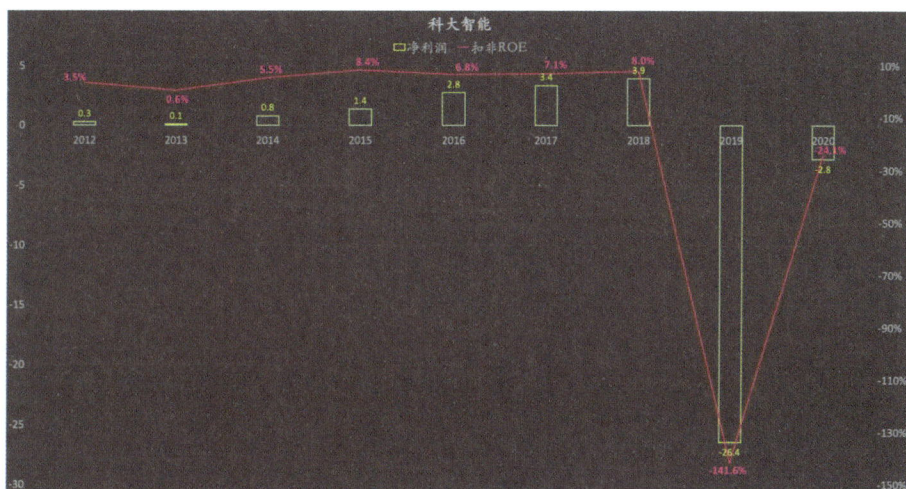

(数据来源: 科大智能财务报表、主观粗略计算)

虽然早在2012年科大智能的应收账款占比就高达57.3%,早在2014年科大智能的商誉占比就高达70.9%,但直到2019年科大智能的业绩才出现"崩溃式"的坍塌。

所以,即使我们看到科大智能某些财务指标异常偏高,在2019年之前的若干年并不会直观地感受到巨大风险。感受不到风险,这本身可能就是一种风险。

6.3.4 案例四: 爱尔眼科

刚刚我们以科大智能为例讲了商誉占比疑似异常偏高所蕴藏的风险。这是风险已经直观地暴露出来的案例,当然讲这类案例,存在"马后炮"的嫌疑。现在我们来看一个风险并未直观地暴露出来的案例。

爱尔眼科商誉占收入比：

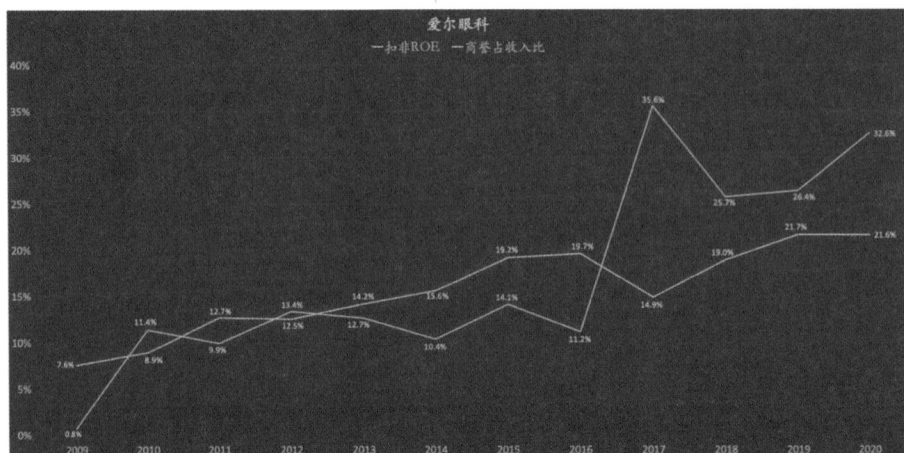

（数据来源：估算自爱尔眼科财务报表）

　　爱尔眼科之所以近几年受到资本市场的热捧，股价近乎疯狂地上涨，跟近几年A股掀起的价值投资热潮有一定关系。图中金色线条是爱尔眼科的长期扣非ROE走势，近十二年爱尔眼科平均扣非ROE约为15.6%，是一个比较优秀的水平。查理·芒格说过，长期而言，一只股票的长期年化收益率约等于其ROE。但对于爱尔眼科这种情况，我们要考虑的是，以"永恒"的视角来看待当前：爱尔眼科能否在未来长期保持优秀的ROE表现？我的答案是我不确定。

　　这个不确定性主要来自于爱尔眼科的商誉占比。参照图中亮蓝色的线条，爱尔眼科商誉占收入比在2017年高达35.6%，在2020年高达32.6%左右。商誉是可能减值的。我并不知道爱尔眼科对外收购的公司质地到底如何，所以这个对于我个人来说就是一种不确定性。

　　另一方面，爱尔眼科未必真的符合价值投资特征：

　　2009—2020年，爱尔眼科累计净利润约为69.4亿元，累计自由现金流约为5.8亿元。近十二年中，爱尔眼科自由现金流为负的年份共计有七年。如果我按照自由现金流折现模型来对爱尔眼科进行主观估值，我个人暂时看不到爱尔眼科所具备的显著长期投资价值。

　　爱尔眼科2020年自由现金流大幅改善，但这个现象在爱尔眼科经营历史上来看属于偶发性的情况。爱尔眼科的自由现金流能否在未来长期维持强势，这个有待观察。

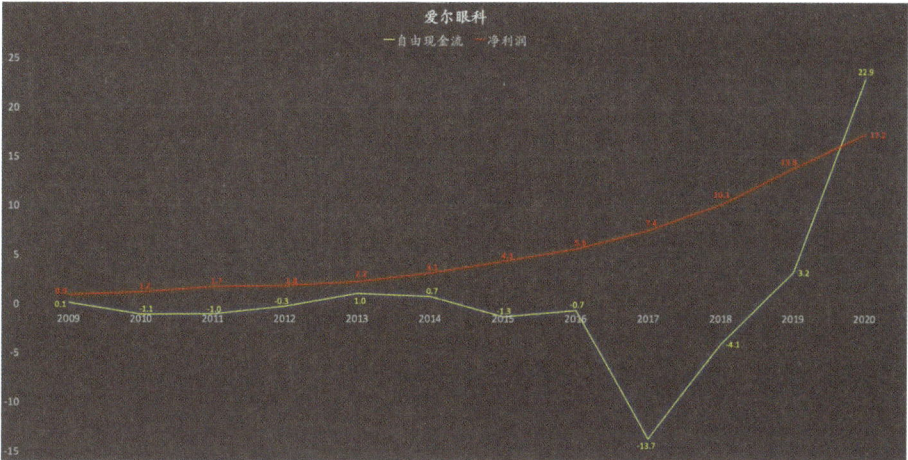

（数据来源：估算自爱尔眼科财务报表）

结合爱尔眼科长周期的商誉占比表现、自由现金流表现来看，对于我个人而言，爱尔眼科的基本面是存在一定风险的。对于我个人而言存在风险，这是因为我没有深入了解过爱尔眼科，并且我也暂时看不懂爱尔眼科的某些财务指标长期走势背后的意义。对于那些能够看懂爱尔眼科各项财务指标长期走势背后的意义的朋友来说，这或许就不算什么风险。

6.3.5 案例五：拉夏贝尔

2019年，拉夏贝尔业绩"爆雷"：

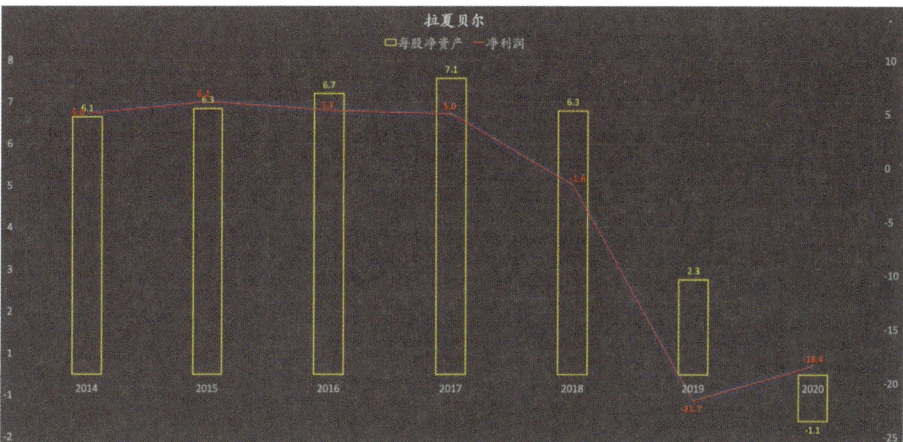

（数据来源：估算自拉夏贝尔财务报表、拉夏贝尔招股说明书）

2018年拉夏贝尔出现小幅亏损。2019、2020年拉夏贝尔连续出现巨亏，每股净资产由2018年的6.29元急剧削减至2020年的−1.11元。

拉夏贝尔的毛利率：

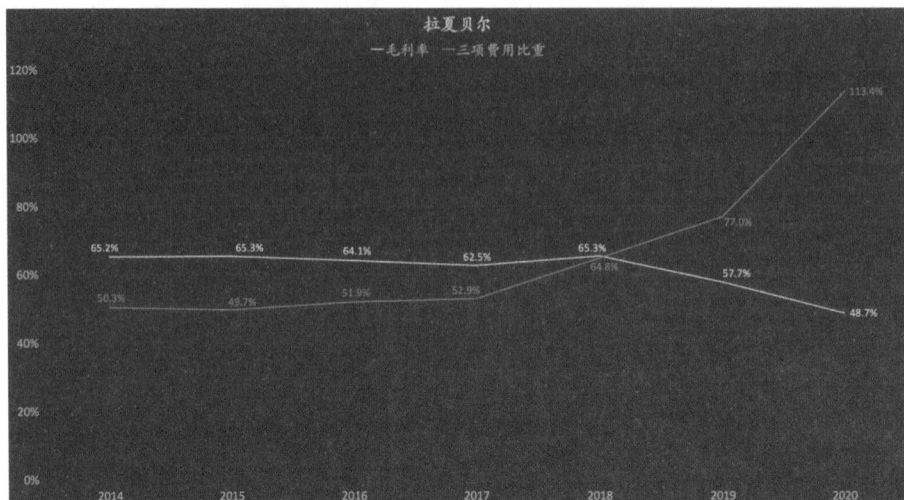

（数据来源：估算自拉夏贝尔财务报表、拉夏贝尔招股说明书）

　　图中金色的线条就是拉夏贝尔2014—2020年毛利率走势。拉夏贝尔近七年平均毛利率高达61.3%左右。如此优秀的长期毛利率表现，怎么会出现业绩"爆雷"呢？答案主要就藏在图中这条紫色的线条中，这是拉夏贝尔2014—2020年三项费用比重的走势。毛利润扣除三项费用及其他相关费用之后还有剩余，这个情况下，才有可能挤出净利润。

　　换句话说，只有毛利率大于三项费用比重的时候，只有图中代表拉夏贝尔毛利率的金色线条处于图中代表拉夏贝尔三项费用比重的紫色线条之上的时候，拉夏贝尔才有挤出净利润的可能性。

　　于是我们看到，拉夏贝尔在2014—2017年毛利率长期大于三项费用比重的情况下连续取得了正的净利润，在2018年毛利率与三项费用比重几乎相等的情况下遭遇了小幅亏损，在2019—2020年毛利率明显小于三项费用比重的情况下连续遭遇了巨亏。

　　服装行业本身就不太容易。之所以拉夏贝尔的各项费用犹如一匹脱缰野马，很大程度上是因为其线下门店快速扩张、多品牌战略、直营模式等。在线上业务"风生水起"的今天，大肆拓展线下业务，是具有一定风险的。

　　在毛利率大于三项费用比重的情况下：毛利率与三项费用比重之间的差距越小，则挤出净利润的难度越大，出现亏损的可能性越大；毛利率与三项费用比重之间的差距越大,则挤出净利润的难度越小,出现亏损的可能性越小。现在我们"穿越"到2014—2017年中的任何一年,这些年拉夏贝尔毛利率虽然在62.5%至65.2%高位波动,但拉夏贝尔的毛利率仅仅比三项费用比重多出十余个百分点。拉夏贝尔的业务模式是存在一定风险的。

6.3.6　案例六: 东方金钰

这是一个财务造假的案例,但我们在这里不谈具体造假细节,只谈这家公司的"人造"财务报表存在的疑点。

东方金钰存货占收入比长期居高不下且存货难以审计:

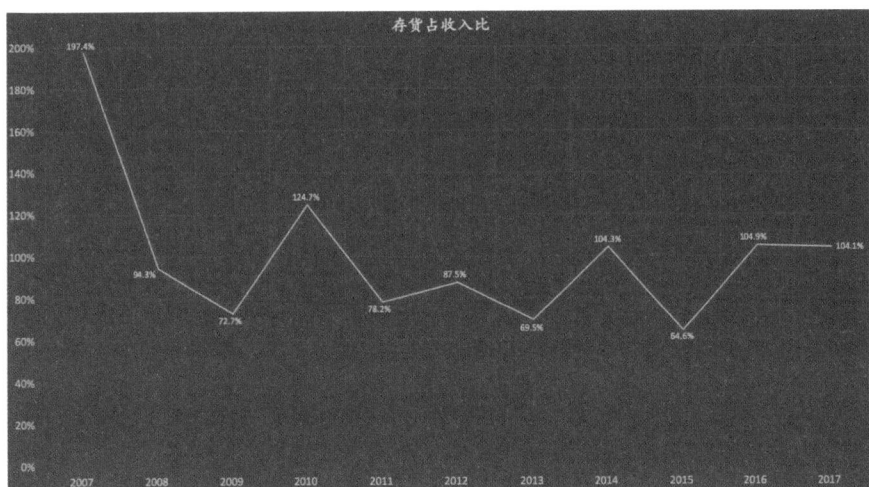

存货占收入比

（数据来源: 估算自东方金钰财务报表）

2007—2017年,东方金钰的存货占收入比长期维持在64.6%至197.4%之间高位波动。公司的主要存货都是经过数量盘点的翡翠原石及翡翠成品,其价值难以准确估计。

具有风险并不意味着风险会在短期内直观地暴露出来。直到2018年,东方金钰才出现了巨亏:

2018—2020年,东方金钰接连出现巨亏。每股净资产由2017年的2.38元急剧下滑至2020年的−1.39元左右。

东方金钰是个财务造假的案例。虚假数据也有一定的参考价值,因为财务报表是一个有机的、动态的整体。要想掩盖其实际经营情况,造假方往往需要通过一系列"加减"去将整个财务报表进行强制性平衡。在某些情况下,在长周期财务模型的辅助下，我们是可以很容易地识别其中的疑似异常的。

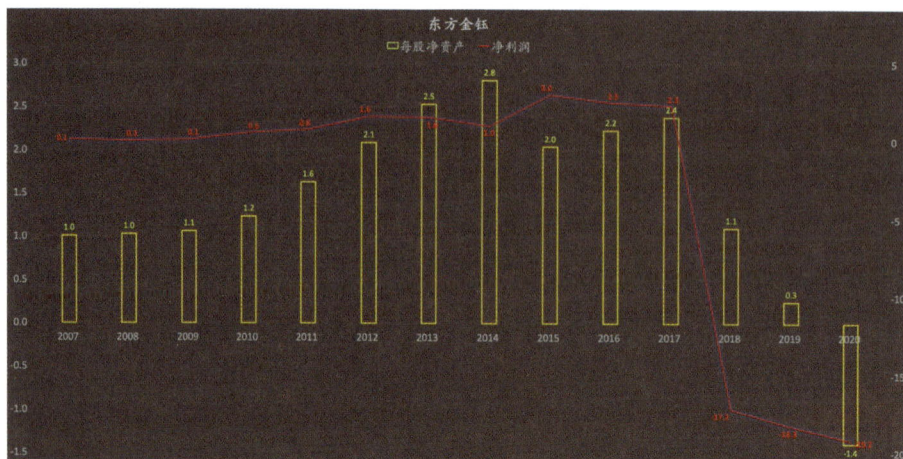

（数据来源：东方金钰财务报表）

我们在使用风险识别模型分析那些已经度过创业期并且步入成熟期的公司时，最容易被我们忽视的潜在风险信号未必来自以上列举的这类我们主观认定的某些财务指标的脆弱性或疑似异常波动，而是来自公司长期低下的盈利表现。长期盈利表现低下的公司未必会直观地呈现出以上列举的我们主观认定的某些财务指标的脆弱性或疑似异常波动，因而这类公司的潜在风险更具"隐蔽性"，但这类公司中的个别公司偶尔出现业绩"爆雷"的例子也是有的。换句话说，长期盈利表现低下这个现象本身就是一个潜在风险信号。

财务模型只能帮助我们初步快速地扫描我们主观认定的某些财务指标的脆弱性或疑似异常波动。具体这些被我们主观认定的脆弱性或疑似异常波动是否构成实质性的风险，这个还需要我们进一步结合公司的商业特征以及行业特征去进行深入分析。

6.4　估值模型

对于周期投资来说，风险识别是风控手段的核心之一，而对估值水平的把握则是风控手段的重中之重。

使用频率较高的估值方法大体上可以分为两种：相对估值、绝对估值。相对估值，就是使用市盈率、市净率、市销率、市现率等价格指标与其他多只股票进行对比，以粗略判断高估或者低估。绝对估值，一般采用自由现金流贴现法：企业的价值等于未来企业生命周期里所有自由现金流的折现值之和（自由现金流就是在不影响公司持续正常经营的前提下可以分给股东的那部分现金）。

估值只能在一定程度上帮助投资者粗略评估所投资的标的是否出现高估或者低估，并不能精准地判断某家企业目前合理的估值具体是哪个数值。估值只是一个大概的区间范围，不是某一个具体的价格。估值本身不可避免地会产生偏差，如果我们过度依赖估值模型计算，则可能会陷入精准的错误之中。

周期票由于业绩波动幅度相对较大、难以预估自由现金流，通常采用相对估值方法进行估值。周期票中的弱周期公司，在某些情况下也许可以采用绝对估值方法进行估值。至于到底采用何种估值方法，这主要取决于我们对估值本身的认知、对投资标的的认知以及我们对自己的了解。

6.4.1　绝对估值

巴菲特说："我们把内在价值定义为在企业剩余的生命周期里，从一个公司所能拿出的所有现金的折现。任何人对内在价值的计算都必然是一个高度主观的数字。这个数字会随着对未来现金流的重新估计和利率的变化而变化。即便有模糊性，但内在价值仍然是评估投资和业务吸引力的一个最重要和唯一合理的方式。"

绝对估值，一般采用自由现金流折现法。自由现金流折现模型的一个关键变量就是自由现金流。下面我们先说自由现金流，再说如何折现。

净利润与自由现金流之间的关系如下：

自由现金流=息税前利润−税款+折旧和摊销−营运资本变动−资本支出

与净利润不同，自由现金流还要考虑为了维持或者不断增加公司的利润所需要投入的额外的钱。从净利润里减去维持经营要投入的额外的钱，剩下的才是自由现金流。当我们大多数投资者盯着净利润、ROE等表面盈利指标的时候，巴菲特特别关注了一个最本质的东西：剩下的现金有多少？

如果某家企业年年大幅度盈利，但这些利润全部又都重新投入到容易过时的机器设备中了，那么这家企业是不值得进行长期投资的。因为没人希望自己所投资的企业，苦心经营多年，最终换来了一大堆"破铜烂铁"。自由现金流对于企业就像血液对于人的身体一样重要。

芒格说："世界上有两种生意，第一种可以每年赚12%的收益，到年底股东可以全部拿走所有利润；第二种也可以每年赚12%，但是你不得不把赚来的钱重新投资，然后你指着所有的厂房设备对股东们说：这就是你们的利润。我恨第二种生意。"

上面说过：

自由现金流=息税前利润−税款+折旧和摊销−营运资本变动−资本支出

计算自由现金流很难有完美的公式。自由现金流的计算方法发展到现阶段，经历了历史上许多个阶段的演化。甚至到了现阶段，不同的投资者可能也会采用不同的计算方法。个管是采用何种计算方法，其核心要义都是一致的。

粗略估算自由现金流，还有一个极简的计算公式（本书呈现的所有自由现金流数据均采用该计算公式）：

自由现金流=经营活动产生的现金流量净额+投资活动产生的现金流量净额

投资活动产生的现金流量净额往往是负数，所以这个公式里直接用的加号进行计算。加上一个负数，实际上是减掉投出去的这笔金额。这是一种简单近似的计算方法。这种计算方法的缺点是它可能低估了自由现金流：并不是所有的投资活动现金流出必然都用于维持现状，也可能用于扩大规模。

下面我们来将一些公司的自由现金流情况进行对比（2020年的数据为粗略估计值）。

1. 大族激光

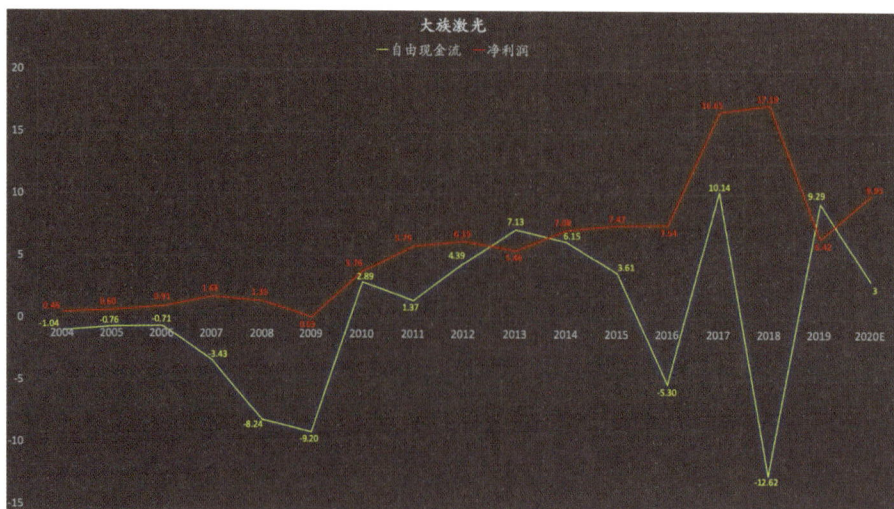

（数据来源：大族激光财务报表、主观粗略计算）

2. 可口可乐

（数据来源：可口可乐财务报表、主观粗略计算）

3. 苹果公司

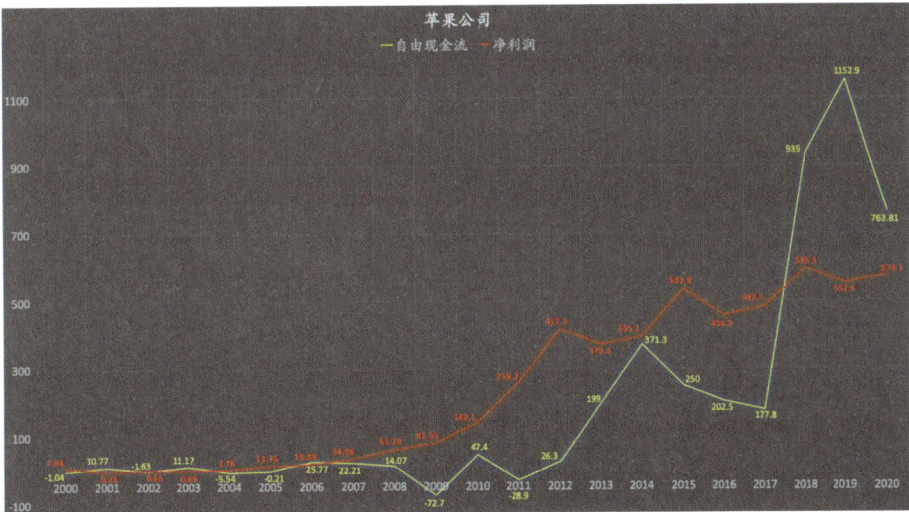

（数据来源：苹果公司财务报表、主观粗略计算）

4. IBM

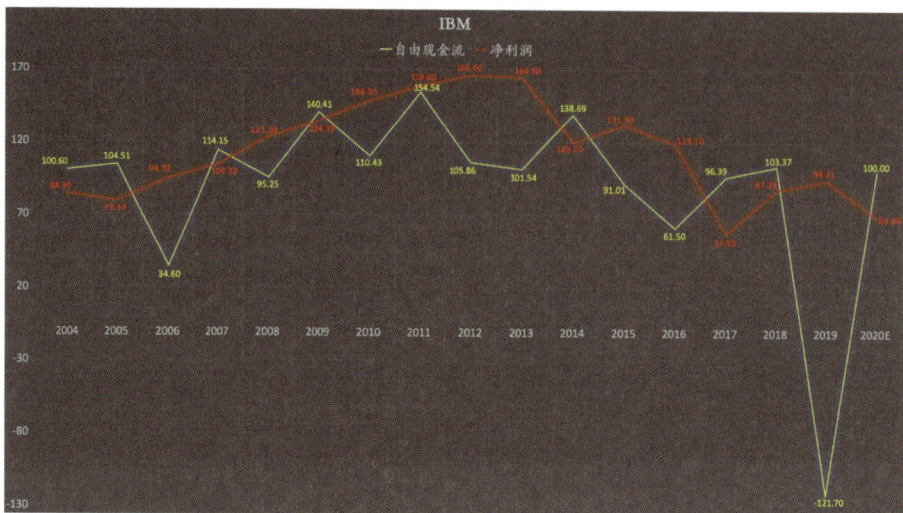

（数据来源：IBM财务报表、主观粗略计算）

5. 贵州茅台

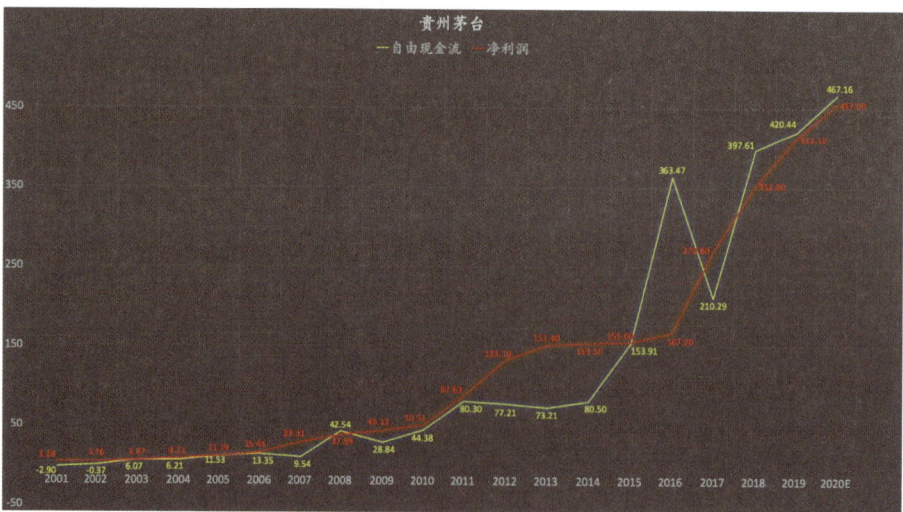

（数据来源：贵州茅台财务报表、主观粗略计算）

6. 东阿阿胶

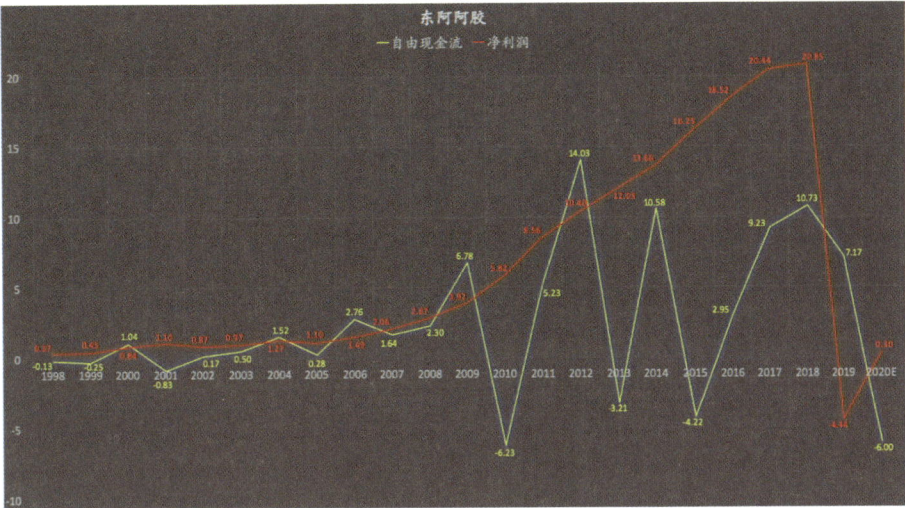

（数据来源：东阿阿胶财务报表、主观粗略计算）

7. 片仔癀

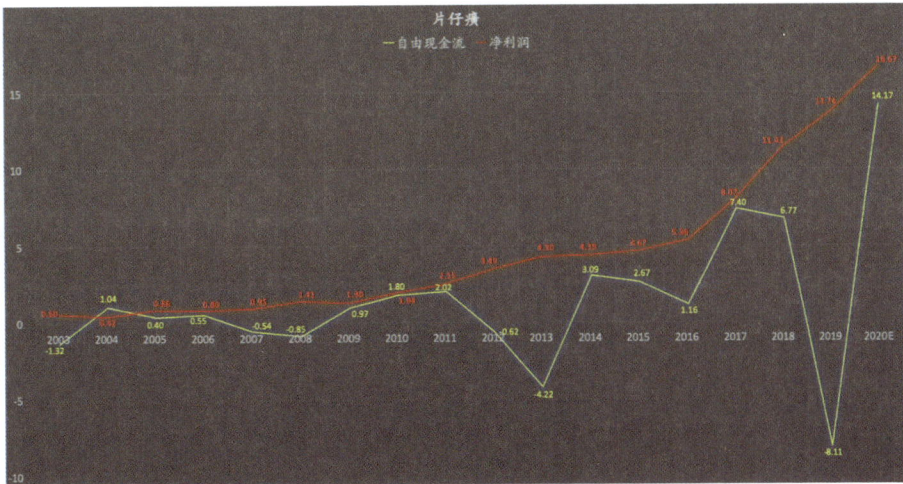

（数据来源：片仔癀财务报表、主观粗略计算）

8. 恒瑞医药

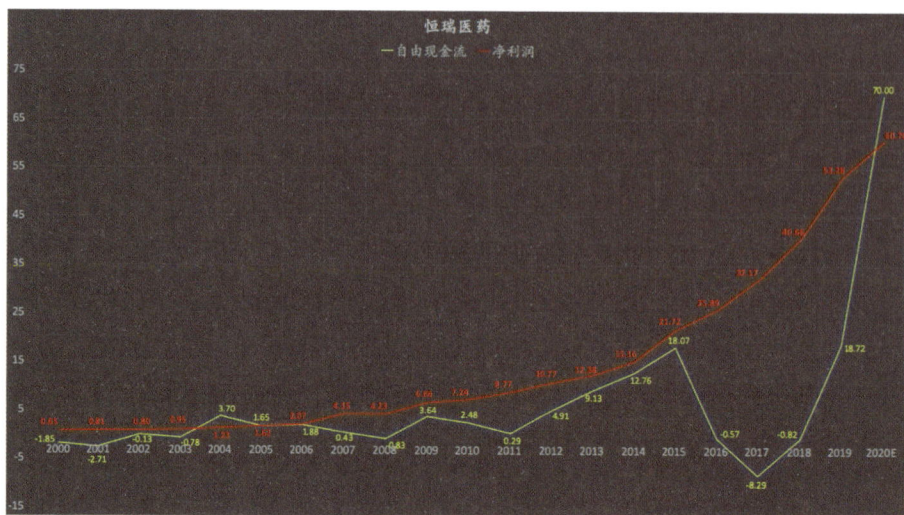

（数据来源：恒瑞医药财务报表、主观粗略计算）

通过以上列举的几个例子，我们可以看出有些企业的长期自由现金流接近长期净利润，有些企业的长期自由现金流则大幅度低于长期净利润。其中，贵州茅台的长期自由现金流与税后净利润是贴合得最紧密的。我们要做的就是尽量去寻找那些能够长期维持较高ROE并且长期自由现金流接近长期税后净利润的企业。这类企业一般在行业内具备独特优势。

自由现金流对于个别行业可能不太适用（例如银行），说完自由现金流，现在说说折现。

构造自由现金流量折现模型的大致过程：

（1）估算公司首年自由现金流量；

（2）预估公司的自由现金流量年化增幅；

（3）确定公司的连续价值；

（4）确定一个合理的折现率；

（5）以该折现率估算出公司的价值。

折现率：个人将其片面而肤浅地理解为机会成本相关利率。假设现金的无风险年收益率为10%，那么一年后的110万元相当于今天的100万元。这个假设中的无风险年收益率就是折现率。这笔钱我们可以用于存银行定期，也可以买国债，还可以投资到其他风险系数非常小的投资标的中。无论是投资银行定期还是国债等，这些都会产生投资收益。如果我们将这笔钱投资到股票中，那么就会放弃存银行定期、购买国债等所带来的高确定性的收益，我们放弃的这个高确定性收益就是机会成本，我们放弃的这个收益率就是机会成本相关利率。折现率就是我们假设的机会成本相关利率，这是一个非常主观的估计值。我们采用的折现率越高，自由现金流折现模型的计算结果就越保守。

自由现金流折现的计算大致分为两个部分：快速增长阶段的价值、永续增长阶段的价值。我们在计算得到自由现金流之后，代入自由现金流折现模型计算公式中，可以得到这家企业在未来整个生命周期中的价值（估计值）。

（假设快速增长阶段为5年、永续增长率为3%）

构造自由现金流量折现模型，涉及诸多变量，这些变量包含了较大的主观成分：

（1）折现率取什么值？

（2）快速增长阶段取多少年？

（3）快速增长阶段的自由现金流复合年化增长率取什么值？

（4）永续增长阶段的增长率取什么值？

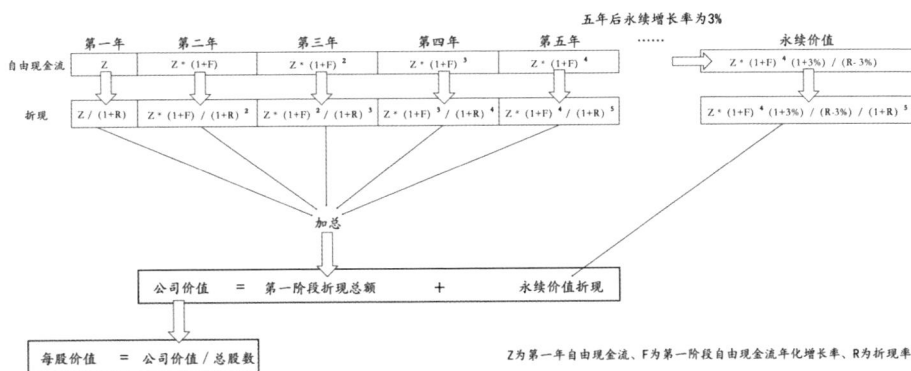

自由现金流折现模型示意图。第一年自由现金流 Z，第二年 $Z*(1+F)$，第三年 $Z*(1+F)^2$，第四年 $Z*(1+F)^3$，第五年 $Z*(1+F)^4$。五年后永续增长率为3%，永续价值 $Z*(1+F)^4*(1+3\%)/(R-3\%)$。

折现：$Z/(1+R)$，$Z*(1+F)/(1+R)^2$，$Z*(1+F)^2/(1+R)^3$，$Z*(1+F)^3/(1+R)^4$，$Z*(1+F)^4/(1+R)^5$，永续价值折现 $Z*(1+F)^4*(1+3\%)/(R-3\%)/(1+R)^5$。

加总。公司价值 ＝ 第一阶段折现总额 ＋ 永续价值折现。每股价值 ＝ 公司价值 / 总股数。

Z为第一年自由现金流、F为第一阶段自由现金流年化增长率、R为折现率

这每一个变量可大可小、牵一发而动全身。因此，我们每个人的计算结果可能都会千差万别。估值具有模糊性。

以贵州茅台为例，我们来计算一下贵州茅台的自由现金流折现结果。

首先我们观察贵州茅台的长周期盈利情况（扣非ROE）、自由现金流情况：

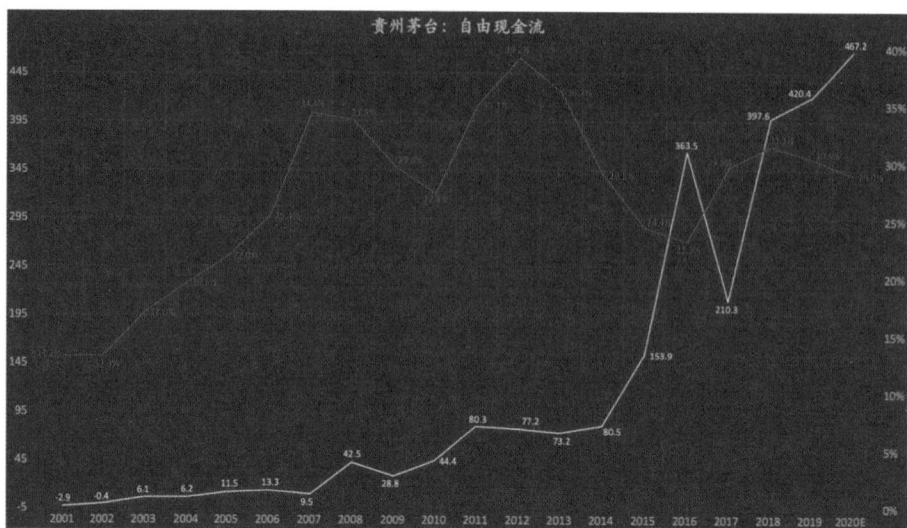

（数据来源：估算自贵州茅台财务报表。图中：粉色为扣非ROE、金色为自由现金流）

现在我们来尝试预估一个贵州茅台自由现金流的复合年化增幅：

（1）2001—2002年，贵州茅台自由现金流为负且扣非ROE相对较低。这部分数据，年代久远，且与贵州茅台近年表现差距较大，我们直接忽略。

（2）2005年开始至今，贵州茅台的扣非ROE一直维持在20%以上，且自由现金流一直为正。因此，我们以2005年作为起始年份，开始估计贵州茅台的自由现金流的年化增幅：2005—2020年，贵州茅台自由现金流累计增长约39.5倍，对应长期复合年化增幅为28%左右。

（3）2017—2020年，贵州茅台自由现金流复合年化增幅约为：23%。

（4）2005—2010年，贵州茅台自由现金流复合年化增幅约为：31%。

（5）2005—2014年，贵州茅台自由现金流复合年化增幅约为：24.1%。

（6）2005—2016年，贵州茅台自由现金流复合年化增幅约为：36.8%。

（7）2005—2017年，贵州茅台自由现金流复合年化增幅约为：27.4%。

（8）2014—2020年，贵州茅台自由现金流复合年化增幅约为：34%。

以上第1~8条，统计的是贵州茅台过去的自由现金流长期复合年化增幅。我们以此作为参照，预估未来。对于估值，我们最好进行保守估计，因此我们现在分别取15%、20%作为贵州茅台自由现金流未来多年的长期复合年化增幅估计值。为了进一步说明估值的主观性、模糊性，我们下面将计算两组不同假设条件下贵州茅台的自由现金流折现结果（简述大体框架，并非完整计算过程）。

假设一（保守估计）：

（1）取折现率10%；

（2）取第一阶段自由现金流未来长期复合年化增幅15%、取第二阶段永续增长率为3%；

（3）取第一阶段快速增长持续时间5年。

现在我们取2021年自由现金流作为第一年的自由现金流，以2020年自由现金流估计值（467.2亿元）作为基数进行计算，得到第一年自由现金流：

467.2×（1+15%）=537.3亿元

以15%作为贵州茅台自由现金流未来多年的长期复合年化增幅估计值，以此类推，可以得到未来第二至第五年的自由现金流估计值：617.9亿元、710.6亿元、817.1亿元、939.7亿元。

现在我们分别计算第一年到第五年的折现系数：（1+10%）、（1+10%）×（1+10%）、（1+10%）×（1+10%）×（1+10%）……以此类推，第五年折现系数就是（1+10%）的五次方。

将第一年至第五年的自由现金流按照10%折现率折现，也就是用每一年的自由现金流除以每一年对应的折现系数，分别得到折现值：488.4亿元、510.6亿元、533.8亿元、558.1亿元、583.5亿元。将这些第一年至第五年的自由现金流折现值全部加总得到：2 674.5亿元。这就是贵州茅台快速增长阶段的自由现金流折现总价值，这是自由现金流折现模型的一个部分。

现在我们来计算第二个部分：永续价值折现。

永续价值=第五年的自由现金流×（1+永续增长率）/（折现率−永续增长率）=939.7×（1+3%）/（10%−3%）=13 827.1亿元

折现系数=（1+折现率）的五次方=（1+10%）的五次方=1.61

永续价值折现=永续价值/折现系数=13 827.1/1.61=8 585.5亿元

将快速增长阶段的自由现金流折现总价值与永续价值折现值加总，得到：

贵州茅台自由现金流折现总价值=2 674.5+8 585.5=1.13万亿元

在这个保守假设下，贵州茅台的企业价值通过自由现金流折现模型计算为1.13万亿元，比贵州茅台2020年末收盘总市值2.51万亿元要低很多。在这个保守假设下，贵州茅台对应合理股价应该为896.4元，比贵州茅台2020年末的收盘价1 998元低了很多。

现在我们将以上这些复杂的计算过程进行可视化：

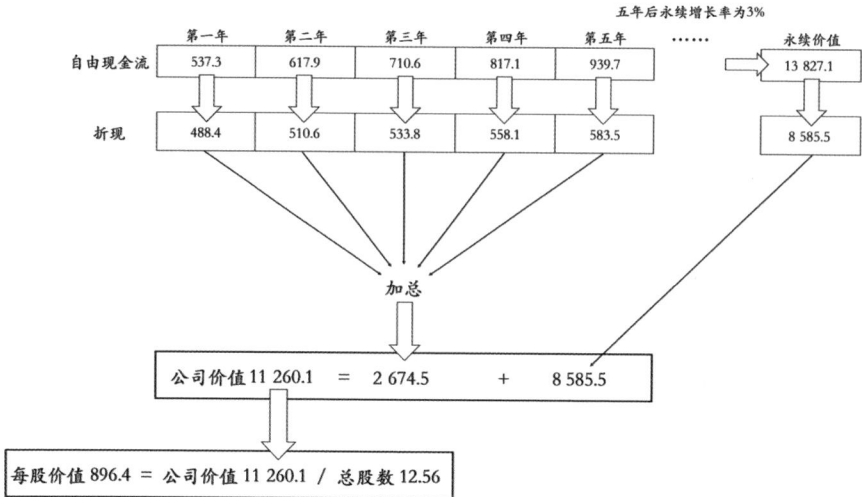

	第一年	第二年	第三年	第四年	第五年	……	五年后永续增长率为3%
							永续价值
自由现金流	537.3	617.9	710.6	817.1	939.7		13 827.1
折现	488.4	510.6	533.8	558.1	583.5		8 585.5

加总

公司价值 11 260.1 ＝ 2 674.5 ＋ 8 585.5

每股价值 896.4 ＝ 公司价值 11 260.1 ／ 总股数 12.56

假设二（乐观估计）：

（1）取折现率8%；

（2）取第一阶段自由现金流未来长期复合年化增幅20%、取第二阶段永续增长率为3%；

（3）取第一阶段快速增长持续时间10年。

在这个乐观假设下，贵州茅台的企业价值通过自由现金流折现模型计算为3.63万亿元，比贵州茅台2020年末收盘总市值2.51万亿元要高。所以，在这个乐观假设下，贵州茅台合理股价应该为2 892元，贵州茅台2020年末的收盘价1 998元还不算贵。

现在我们将这个复杂的计算过程进行可视化：

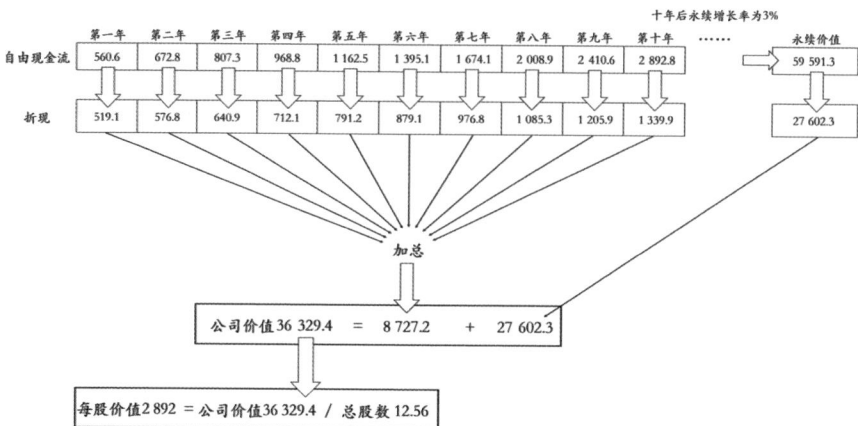

	第一年	第二年	第三年	第四年	第五年	第六年	第七年	第八年	第九年	第十年	……	十年后永续增长率为3%
												永续价值
自由现金流	560.6	672.8	807.3	968.8	1 162.5	1 395.1	1 674.1	2 008.9	2 410.6	2 892.8		59 591.3
折现	519.1	576.8	640.9	712.1	791.2	879.1	976.8	1 085.3	1 205.9	1 339.9		27 602.3

加总

公司价值 36 329.4 ＝ 8 727.2 ＋ 27 602.3

每股价值 2 892 ＝ 公司价值 36 329.4 ／ 总股数 12.56

对比假设一、假设二：

（1）两种假设下，折现率分别为10%、8%；

（2）两种假设下，第一阶段自由现金流未来长期复合年化增幅分别为15%、20%；

（3）两种假设下，第一阶段快速增长持续时间分别为五年、十年；

（4）两种假设下，计算得到的企业价值分别为1.13万亿元、3.63万亿元；

（5）两种假设下，计算得到的企业价值对应股价分别为896.4元、2 892元。

同样的估值模型，我们引入不同变量，其计算结果可谓天差地别。自由现金流折现模型是一个非常粗糙的估值工具，只能用于粗略估计企业价值。

自由现金流折现模型比较适用于长期业绩稳定的成熟公司。由于周期票长期业绩波动幅度较大，未来经营基本面的不确定也相对较大，自由现金流难以预估。自由现金流折现模型通常并不适用于周期票。

6.4.2　相对估值

相对估值就是使用市盈率、市净率、市销率、市现率等价格指标与其他多只股票进行对比，以粗略判断高估或者低估。现在我们来简单地看看贵州茅台的市盈率、市净率、市销率、市现率。

1. 市盈率

计算公式：市盈率=市值/净利润。

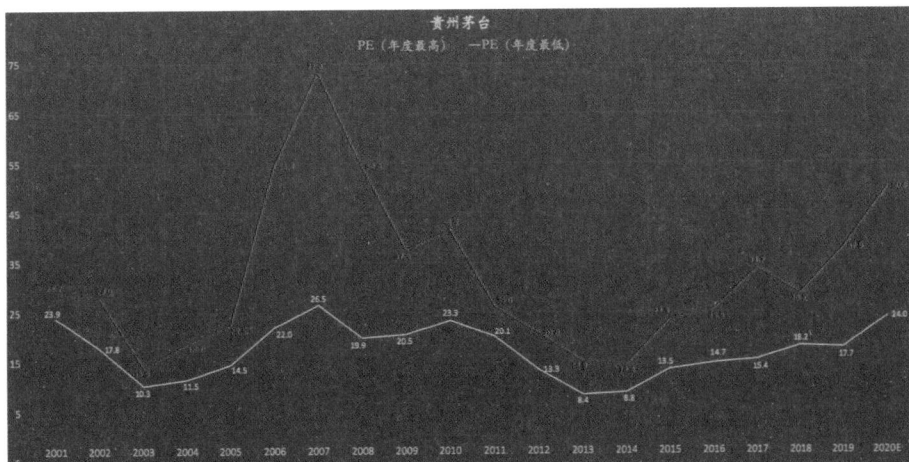

（数据来源：主观粗略计算）

这是贵州茅台历年年度最低市盈率、年度最高市盈率。贵州茅台历史最高市盈率在2007年出现。2020年，我们可以看到贵州茅台的市盈率开始向历史最高市盈率靠近。市盈率比较适用于长期业绩稳定的成熟公司。

市盈率估值方法不太适用于周期票，因为周期票在业绩鼎盛时期的市盈率可能反而显著更低、在业绩低迷时期的市盈率可能反而更高。

2. 市净率

计算公式：市净率=市值/净资产。

这是贵州茅台历年年度最低市净率、年度最高市净率。贵州茅台历史最高市净率在2007年出现。2020年，我们可以看到贵州茅台的市净率向上攀升，但距离历史最高市净率还有一定空间。

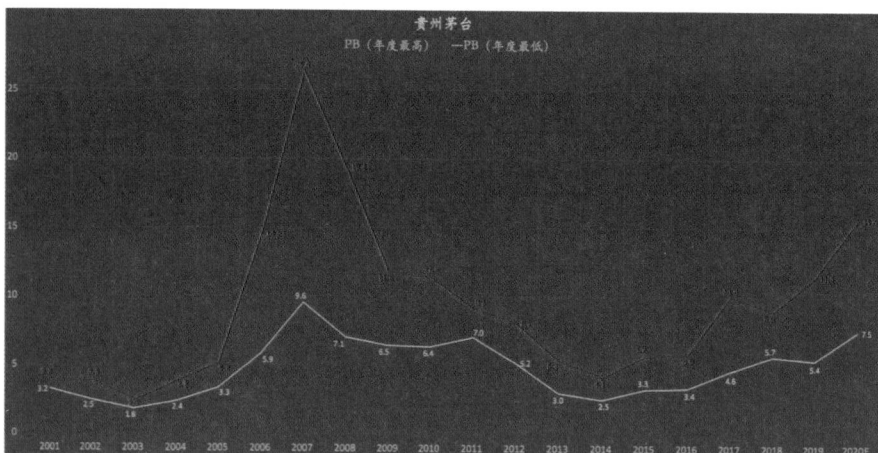

（数据来源：主观粗略计算）

我通常会采用市净率估值方法对周期票进行估值，以大致了解当前市净率估值水平相对于历史长周期来讲属于偏高还是偏低。

3. 市销率

计算公式：市销率=市值/主营业务收入。

下图是贵州茅台历年年度最低市销率、年度最高市销率。贵州茅台历史最高市销率在2007年出现。2020年，我们可以看到贵州茅台的市销率已经非常接近历史最高市销率。

我偶尔会采用市销率估值方法对周期票进行估值，以大致了解当前市销率估值水平相对于历史长周期来讲属于偏高还是偏低。由于周期性公司在其业务周期性向上的过程中营业收入可能会表现出"爆发性",在其业务周期性向下的过程中营业收入可能会表现出大幅下滑,用市销率对周期票进行估值可能会相应地略微低估或高估其估值水平。

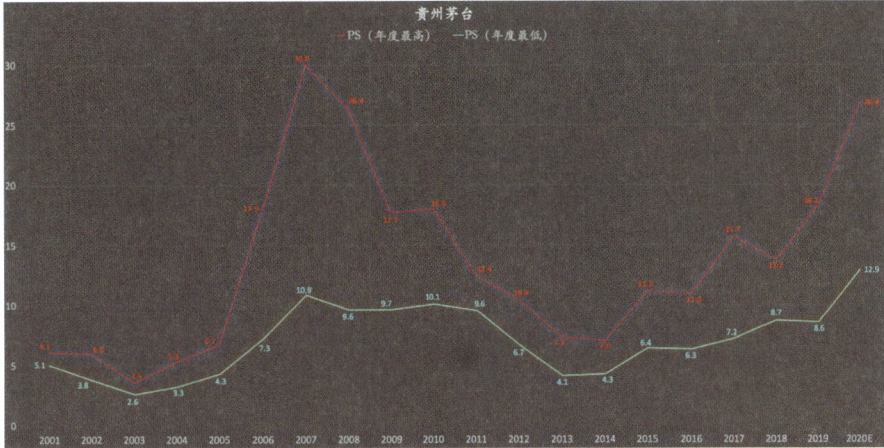

（数据来源：主观粗略计算）

4. 市现率

计算公式：市现率=市值/经营性现金流量净额。

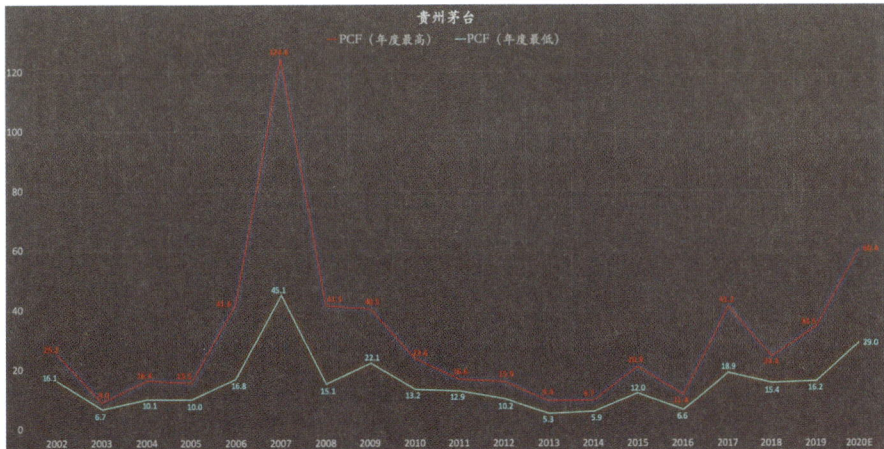

（数据来源：主观粗略计算）

这是贵州茅台历年年度最低市现率、年度最高市现率。贵州茅台历史最高市现率在2007年出现。2020年,我们可以看到贵州茅台的市现率处于历史中等水平。

由于周期票的经营性现金流量净额波动幅度较大，市现率通常并不适用于对周期票进行估值。

芒格说："回归到平均值是一件确定的事情。"相对估值指标长期呈现波动，这是必然。我会用物极必反（均值回归）的模型思维来看待这个现象。如果相对估值指标中的大多数都逼近了历史最高点，并且股价已经严重透支了公司的长期价值，这或许是一个不错的卖点；如果相对估值指标中的大多数都趴在底部附近或者处于历史中等水平，并且我暂时也没有发现市场上存在更具投资价值的公司，我就没有必要去选择卖出。

巴菲特说，如果只看一个指标，那就是ROE（净资产收益率）。于是我们现在额外引入一个相对估值指标，来重新审视贵州茅台：PB-ROE模型。比PB-ROE更加严格的是PB-扣非ROE。这个模型，我个人用得相对较多。一般来说，扣非ROE（扣掉非经常性损益后的净资产收益率）越高，则往往可以匹配更高的PB（市净率）；扣非ROE越低，则往往应该匹配更低的PB。

5. 市净率及扣非ROE

这是贵州茅台历年年度最低PB、年度最高PB、扣非ROE走势。

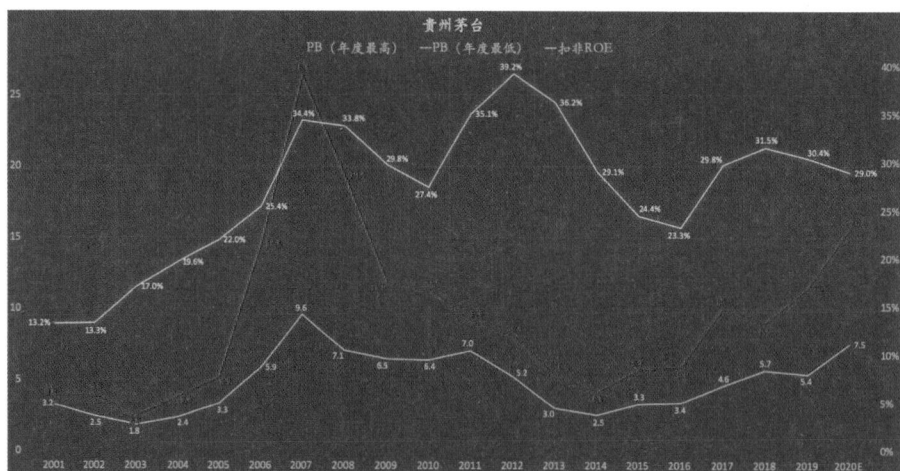

（数据来源：贵州茅台财务报表、主观粗略计算）

2001—2007年，随着贵州茅台扣非ROE逐级走高，并且很大程度上得益于2006—2007年那一波大牛市，贵州茅台的PB快速走高。2012—2016年，随着贵州茅台的扣非ROE逐步走低，贵州茅台的PB随之逐步走弱。但在其他年份，贵州茅台的PB走势与其扣非ROE走势之间基本上看不出来什么联动性。市场先生的确让人琢磨不透。

市净率及扣非ROE是我最常用的周期票估值工具,它结合了股价表现与盈利水平这两个因素。一般来说,高PB匹配高扣非ROE,低PB匹配低扣非ROE。如果市场先生对其进行了错配,如:低PB配高扣非ROE,也许就是机会。

综上,相对估值工具,主要用于勘查市场热度。无论是绝对估值工具还是相对估值工具,我们在使用的时候都带有强烈的主观色彩,它们都具有较大的局限性。

6.5　建立并进化你的模型

先验经验总有失效的时候,认知总会存在盲区,数据也会存在局限性。要适应不断变化的环境,唯有持续"进化"。

6.5.1　巴菲特的模型

1. 富国银行

巴菲特在1990年《致股东的信》中谈论富国银行时说:"在伯克希尔,我们喜欢收购这样的企业或者投资这样的项目:在某一年不盈利没有关系,只要预期ROE在未来可以长期保持在20%左右就行。"

那么,巴菲特是依靠什么去预期某家公司的ROE在未来可以长期保持在20%左右呢? 显然,将一家公司超长周期的历史综合业绩相关核心数据建立财务模型,并对该超长周期的财务模型进行分析,这是必不可少的投资分析工作之一。

另一方面,通过分析并捕捉影响公司历史经营业绩、风控力度等的关键变量,我们也能够通过对关键变量的分析去大致判断公司商业模式的未来走向。即便巴菲特在实际的投资分析过程中没有做过类似的数据整理工作(主观上猜测巴菲特应该是做过大量的此类数据整理工作的),巴菲特通过大量的财务报表阅读,也能够在脑海中大致形成一家公司的财务模型、商业模型等,并通过各个维度的模型对公司的未来进行预判。

A股上市银行有几十家,而银行与银行之间的长期风控力度、长期盈利表现、资产结构、管理层的稳定性等是有差别的。

试想一下，如果富国银行没有在长周期的历史经营中保持相对传统的资产结构，相对更有力度的风控意识，相对优秀的ROE表现，更加稳定的管理层，我们依据什么去大致预估富国银行未来的风控力度、盈利表现？没法猜。

所以，我的判断是，巴菲特运用了大量的模型去尽量全面地剖析公司的基本面，以辅助进行投资决策。在那些决定富国银行过去以及未来长期ROE表现的诸多重大影响因素没有发生实质性变化的情况下，尽管遭遇短期业绩波动，富国银行大概率也能够在未来再现优秀的历史盈利水平。

2. 浦项钢铁

这是浦项钢铁1999—2020年ROE大致走势。我个人对浦项钢铁的主观评价是：长期基本面较差。我个人对巴菲特投资浦项钢铁的主观评价是：不太成功的投资。现在困扰我的问题是，为什么巴菲特看走眼了？

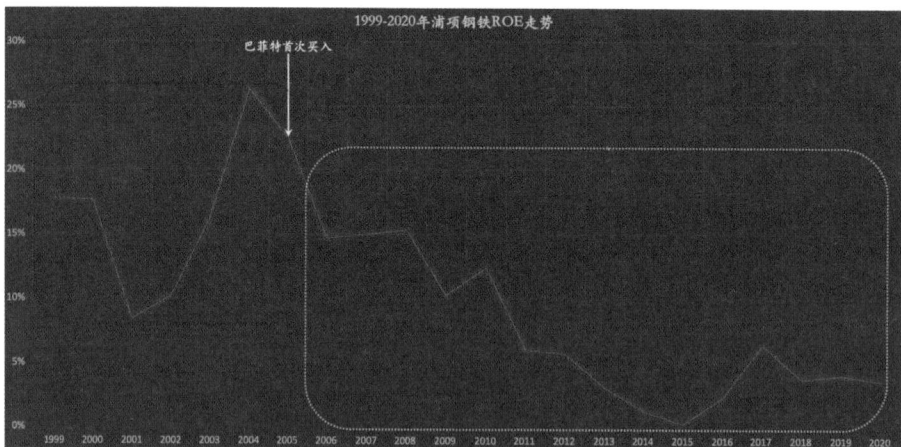

（数据来源：整理及估算自浦项钢铁财务报表、浦项钢铁企业公民责任报告）

首先看浦项钢铁在2006—2020年（图中亮绿色虚线方框所示）的ROE走势，期间平均ROE仅为7.6%左右，这就是巴菲特在2005年左右初次买入（图中白色箭头所示）浦项钢铁后至今历年ROE平均表现。进一步看，浦项钢铁2014—2020年平均ROE仅为2.86%。再结合浦项钢铁近些年其他财务特征所表现出来的脆弱性，例如低毛利率、低收入增速等，我很难相信巴菲特会将浦项钢铁称为"伟大"的公司，更难以相信巴菲特会多次买入浦项钢铁并持有多年。但问题是，为什么巴菲特偏偏就是买入了浦项钢铁，并曾经评价浦项钢铁为"伟大"公司？

巴菲特最早大概是在2005年开始买入浦项钢铁的（图中白色箭头所示）。假设我们现在穿越至2005年，我们可以看到浦项钢铁1999—2005年（图中红色虚线方框所示）平均ROE高达17%左右。也就是说，巴菲特当时看到的浦项钢铁的基本面，与我们近些年看到的浦项钢铁的基本面是完全不同的。巴菲特在2007年《致股东的信》中说："最近一两年来，全球钢铁行业内的并购与整合风起云涌，而钢铁类股股价也在整合预期提振下普遍走高，使得持有此类股份有利可图。"

巴菲特在2005年前后看到了全球钢铁行业内的并购与整合风起云涌，看到了浦项钢铁在那个时期优秀的盈利表现，但却可能严重低估了来自中国钢铁企业的强势竞争。

关于巴菲特为什么买入浦项钢铁，主观猜测：

巴菲特在2005年左右，正是因为通过浦项钢铁的长周期历史财务数据建立财务模型，看到了浦项钢铁2005年及之前所表现出的良好盈利能力，才会以此作为主要判断依据之一去预估浦项钢铁在未来能够"重演"历史甚至"超越"历史，进而做出了买入的决策。

但由于长周期历史财务模型所具有的局限性（无法替代商业思考），以及巴菲特对韩国钢铁行业全球竞争格局的错判（低估了来自中国钢铁企业的竞争）等因素，巴菲特对浦项钢铁的长期基本面进行了错判。换句通俗的话来说，恰恰就是这些通过长周期历史财务数据、长周期历史运营表现所建立的财务模型、商业模型等，将巴菲特带入了"坑"。

反过来思考，如果巴菲特没有参照经营历史、建立模型框架去辅助判断浦项钢铁未来长期基本面走向，我们如何解释巴菲特多次买入浦项钢铁并称之为"伟大"？我很难找到解释。所以，我的主观判断仍然是，巴菲特运用了大量的模型去尽量全面地剖析公司的基本面，以辅助进行投资决策。

查看一家公司的基本面并非仅仅只看ROE。为了简化沟通路径，我这里仅仅只列举了ROE这一个指标，用于简单说明情况。可以瞥见巴菲特模型思维的投资案例远远不止富国银行、浦项钢铁，精力有限，暂时先讨论到这里。

虽然巴菲特投资浦项钢铁并不成功，但巴菲特在其长达约80年的投资生涯中，绝大多数的投资决策都是成功的。所以，模型是一个高效的辅助分析工具，模型思维总体上是一个有效的思维工具。我们应该建立起适合自己的模型，并对其加以有效利用。

6.5.2 巴菲特的"进化"

1. 1951—1976年（仅简要提及期间巴菲特的部分投资活动）

1951年，巴菲特21岁，首次买入盖可保险。

1952年，22岁，获利卖出盖可保险。巴菲特早年投资具有一定的短线频繁交易特征，购买过的股票有无烟煤公司、风车公司、铁路公司等。

1954年，24岁，巴菲特就职于本杰明·格雷厄姆旗下的格雷厄姆·纽曼公司。

1956年，26岁，创建巴菲特合伙公司，启动资金来自亲朋好友。

1956—1961年，多次买入并持有具有"烟蒂"特征的登普斯特风车制造公司，直到持有该公司约70%股份，该笔投资占巴菲特持仓权重高达约20%。巴菲特通过剥离亏损业务、降低库存、扩大证券投资业务等方式将公司业务"盘活"。1963年，巴菲特清仓，总收益率约为185%。

1962年，32岁，买入主营纺织业务的伯克希尔哈撒韦。这也是一支典型的"烟蒂"。1965年，巴菲特持有伯克希尔哈撒韦约70%股权。1985年，巴菲特彻底剥离伯克希尔哈撒韦纺织业务，历时约20年。

1964年，34岁，买入美国运通。

1966年，36岁，买下霍赫希尔德科恩百货公司全部股票、多样化零售公司80%股权、迪士尼5%股权。巴菲特在1966年《致股东的信》中首次提到公司管理层的重要性。

1967年，37岁，卖出迪士尼，买入国民赔偿公司和国民火灾及海事保险公司股票。

1968年，38岁，买入联合零售公司，收购蓝筹印花公司。

1969年，39岁，买入罗克福德信托公司，收购伊利诺斯国民银行、太阳报和布莱克印刷公司。巴菲特因为美股全面高估而解散了全部合伙公司。

1973年，43岁，买入华盛顿邮报。

1976年，46岁，买入盖可保险。

2. 1977—2020年，47—90岁，巴菲特近44年主要持仓

下图是巴菲特1977—2020年的主要持仓占比的走势，这里主要统计的是巴菲特持仓占比大于5%的投资标的。巴菲特持仓占比最大的投资标的，往往采用了长期投资策略。

　　1977—2020年，巴菲特的主要持仓大致经历了由盖可保险、华盛顿邮报、雷诺烟草到美国广播公司、可口可乐、吉列（宝洁）、美国运通、富国银行，再到IBM、美国银行、苹果公司的投资风格转变。重仓买入过的这些公司，巴菲特通常在投资的过程中大致上经历了初步小仓位买入，突然大举加仓，逐步缓慢降低仓位的一个过程（参照下图）。巴菲特的长期价值投资，看起来似乎是在尝试着去描绘一家企业的完整生命周期：买股票就是买公司。

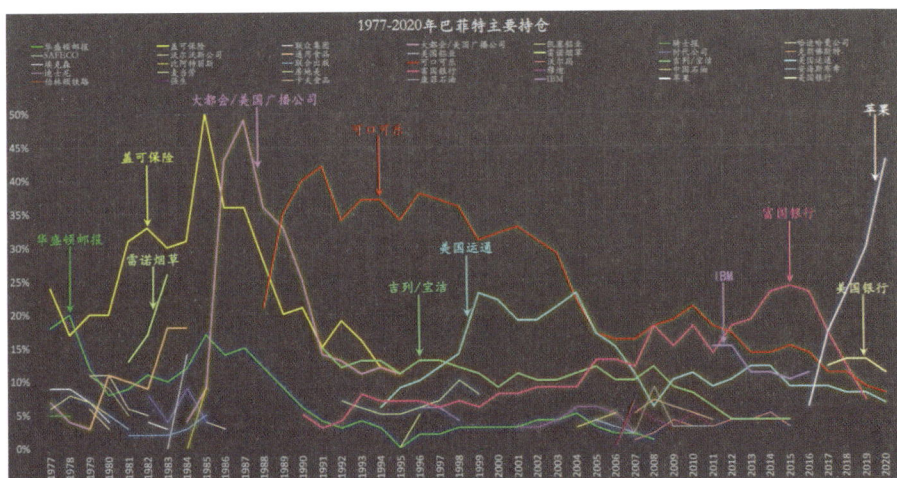

（数据来源：整理及估算自1977—2020年《巴菲特致股东的信》）

　　从行业来看，1977—2020年，巴菲特的主要持仓大致经历了由金融、传媒、消费品到金融、消费品，再到金融、科技消费的投资风格转变。巴菲特对科技消费类企业如苹果公司的青睐，本质上主要还是看中苹果公司的消费属性以及消费"粘性"。整个投资历程，金融和消费品贯穿始终，但传媒逐步被抛弃、科技逐步被青睐。

　　互联网的普及，对传媒行业带来了颠覆性的变革。传媒巨头的垄断市场地位逐步被瓦解、报纸传媒逐步被电子传媒所替代。互联网的普及，也直接或间接地助推了科技类企业的强势崛起。

　　上图仅仅反映了一个粗略的情况，并且与实际情况有所出入。例如，图中盖可保险（图中金色线条）呈现出的似乎是巴菲特逐步买入后逐步卖出盖可保险的一种态势，但实际情况是巴菲特在1995年增持了盖可保险约50%股权，实现全资控股并与伯克希尔哈撒韦财务并表。盖可保险不再以股权投资的形式出现在巴菲特的持仓中，而是以全资子公司的形式展现在伯克希尔哈撒韦的财务报表中，这可能就是为什么我们在上图中1995年及之后再也看不到巴菲特持仓中盖可保险的身影的原因。

盖可保险作为伯克希尔哈撒韦的优质资产，至今仍然是伯克希尔哈撒韦的收入来源之一。再比如图中粉红色线条所示的大都会/美国广播公司，巴菲特在1977—1979年持有的实际上是大都会通讯公司，在1984—1994年持有的是"蛇吞象"式地并购美国广播公司之后的大都会通讯公司，1995年持有的是被迪士尼并购后的大都会/美国广播公司，为了简化表现形式，我们在图中统一使用大都会/美国广播公司这一个名称对其进行了简单的统计和展示。

之所以大都会/美国广播公司这个名称中出现有"美国广播公司"这几个字，是因为美国广播公司作为被并购对象，在1984年占据了并购后的主体大都会/美国广播公司约80%的营业收入，约60%的息税前利润。

我们通过回顾巴菲特超长周期的持仓情况，看到的仅仅是巴菲特投资活动的局部。通过一系列的产业并购后，作为一家以自营业务为主的多元化投资控股集团，伯克希尔哈撒韦旗下拥有约80家子公司。与巴菲特的股票持仓比起来，或许伯克希尔哈撒韦旗下的子公司更能够体现出巴菲特的投资策略。要彻底了解巴菲特的"持仓"全景，还得从伯克希尔哈撒韦的整个"产业帝国"发展史去进行深度剖析。这里暂时不讨论。

3. 1951—2020年

回顾巴菲特的整个投资生涯，巴菲特投资风格的转变大致经历了三个阶段：

阶段一，1951—1955年，巴菲特的投资具有一定的短线频繁交易特征；

阶段二，1956—1969年，投资风格具有一定的格雷厄姆式"烟蒂"投资特征和短线交易特征，涉足产业并购、产业重组；

阶段三，1973—2020年，现代价值投资"永续经营"长期持有特征明显，产业并购与经营纵深发展。

推动巴菲特在整个80年左右投资生涯中不断颠覆自我投资风格的，就是巴菲特长期坚持的持续改进。通过学习，巴菲特的投资模型在不断地"进化"，以适应不断变化的投资环境，这就是伯克希尔哈撒韦基业长青的重要原因之一。

6.5.3　持续补充"检查清单"

巴菲特说："我常常觉得，研究商业失败可能比研究商业成功收获更多。"

银行、券商、保险等都属于金融行业，风险控制尤其重要。投资，也属于金融活动的一种，风险控制尤其重要。投资的本质，就是竭尽所能，在最大程度上实施风险控制，然后，在风险控制力度足够强悍的情况下，尽量取得最大收益。这是一个双向极限挤压的过程：风险控制力度最大化、收益最大化，极限挤压的结果就是风险控制与收益这两者达到一个动态平衡。在风险控制与收益这两者出现冲突的时候，收益必须要向风险控制进行妥协。

在时间限定的情况下，人的精力是有限的，人的认知也是有限的；在时间限定的情况下，我们出现的投资错误数量是有限的，我们从错误中吸取的教训也是有限的。我们只有通过持续学习，尽量在最短的时间内去了解尽量多的风险案例（尤其是别人出现错误所带来的教训），我们才能够尽量多地补充我们的"检查清单"，提升认知。

模型需要持续"进化"，否则就会被未知的风险所困，被快速变化的时代所弃。

第 7 章

确 定 性

○————————————○

价值投资,寻找极致确定性;

周期投资,寻找相对确定性;

投资,就是寻找确定性。

7.1 认识确定性

公司的长期核心竞争力是什么? 公司的长期内在价值几何? 当前股价对应估值是否合理? 回答完这三个问题, 我就可以大致找到我个人眼中的确定性了。

7.1.1 确定性是相对而言的

在涉及投资的方方面面, 我们很难遇见100%确定的事情。这也是投资的乐趣之一, 满足人们的冒险欲。

琢磨一下: 为什么巴菲特偶尔也会买入错误的投资标的? 为什么巴菲特也会错过一些不错的投资标的? 为什么巴菲特在做自由现金流折现的时候也会出现偏差? 为什么格雷厄姆在美国20世纪30年代损失惨重? 这些例子都告诉我们, 资本市场很难出现100%确定的事情。

即使是贵州茅台, 我们也不能100%地保证其在长远的未来不会遭遇相关消费税收政策调整带来的负面影响; 即使是格力电器, 我们也不能100%保证其不会在未来某年开始重走家电业绩下滑的老路; 即使是恒瑞医药, 我们也不能100%保证其巨额研发不会在未来某几年内"打了水漂"; 即使是双汇发展, 我们也不能100%保证其不会在未来某个阶段遭遇竞争对手的反向挤压; 即使是福耀玻璃, 我们也不能100%保证其不会在未来某年遭遇车市消费严重下滑或者劳动力成本大幅上升带来的负面影响; 即使是招商银行, 我们也不能100%保证其不会在未来经历息差逐步下降所带来的业绩影响; 即使是云南白药, 我们也不能100%保证公司不会在未来某年大手笔收购一项平庸资产……我们只能通过调用各种知识储备, 深入了解行业, 横向纵向对比, 各种深入挖掘, 尽量去寻找我们自己主观上认为大概率会成功的投资标的, 仅此而已。正是因为确定性是相对而言的, 我们才应该竭尽全力去寻求极大的确定性, 以求降低风险。

巴菲特说: "不确定性是长期价值投资者的朋友。"

确定性是相对而言的:

相对于基本面很差的公司, 基本面平庸的公司更加具有确定性;

相对于基本面平庸的公司，基本面优秀的公司更加具有确定性；

相对于基本面优秀的公司，具有垄断市场地位的公司更加具有确定性；

相对于基本面平庸但价格低廉的公司，基本面优秀且价格合理的公司更加具有确定性；

其他情况完全相同的情况下，相对于估值高企的公司，估值偏低或者合理的公司更加具有确定性；

相对于题材"耀眼"但基本面平庸的公司，题材"暗淡"但基本面优秀的公司更加具有确定性；

相对于业绩处于历史鼎盛时期的周期性优秀公司，业绩处于历史低谷状态的周期性优秀公司更加具有确定性；

相对于历史业绩起伏不定的平庸公司，历史业绩表现稳定的优秀公司更加具有确定性；

相对于历史上出现过信誉"污点"的公司，历史上信誉"干净"的公司更加具有确定性；

相对于重资产、快速迭代的行业，轻资产、低研发投入、快速消费类的行业更加具有确定性；

相对于处于充分竞争行业的公司，寡头竞争格局中的龙头公司更加具有确定性；

相对于多元化发展的公司，聚焦主业的公司更加具有确定性；

相对于严重依赖对外融资以实现对外扩张的公司，依靠自身"造血"即可实现平稳发展的公司更加具有确定性；

相对于自由现金流长期吃紧的公司，自由现金流长期表现优异的公司更加具有确定性；

相对于被历史淹没的落后行业，顺应历史潮流的行业更加具有确定性；

相对于产能过剩的行业，产能紧缺的行业更加具有确定性；

相对于短期绚烂到让人"沉醉"的业绩，长期平稳而优秀的业绩更加具有确定性；

相对于极速扩张并持续巨额亏损，平稳扩张并稳定持续地取得优秀盈利更加具有确定性；

相对于依赖市场研究报告、市场消息，亲手去调查研究并获取第一手资料更加具有确定性；

相对于琢磨股价短期走势，深入研究公司基本面更加具有确定性；

相对于技术K线博弈、题材博弈、周期博弈, 价值投资更加具有确定性;

相对于追逐权威观点, 聚焦自身持续学习和进步更加具有确定性;

相对于深挖平庸公司改善基本面的可能性, 浅显了解优秀公司的大致情况更加具有确定性;

相对于分散投资于大量一知半解的公司, 集中投资于深入理解的公司更加具有确定性;

相对于追逐市场先生给予的贝塔收益, 寻求公司内在价值增长带来的阿尔法收益更加具有确定性;

相对于依赖短周期数据进行分析判断, 结合长周期数据进行分析判断更加具有确定性;

相对于经济欣欣向荣、股市一片欢腾、货币开始逐步收紧, 经济萧条、股市长期萎靡不振、货币逐步走向宽松更加具有确定性……

没有人能够100%保证自己在漫长的投资过程中, 所投资的每一个标的都取得成功。但只要我们保持追求确定性的极限, 整体上来看, 我们的综合投资业绩应该不会差到哪里去。

7.1.2　确定性来自对公司以及行业的全面了解

查理·芒格说过:"你必须拥有足够多的知识, 才能知道赌局的赔率是不是标错了, 这就是价值投资的秘密。"

即使是巴菲特喜爱的可口可乐、长期走牛的贵州茅台, 如果我们对其一知半解, 对于我们来说这两者都具有极高的不确定性。确定性, 是我们在逐步加深对投资标的认知的过程中慢慢识别出来的主观感受。通过知识储备、总结反思、行业研究、财务数据深度挖掘、风险案例分析、价值投资案例分析等, 我们逐步建立起一个大致的判断框架: 价值源于何处? 风险来自何处? 公司价值几何? 长期大概率不会发生变化的影响因素有哪些? 什么是难以把握的快速变化的影响因素? 各种影响因素对于长期基本面的影响大概有多少?

我们所要把握的所谓"确定性", 从某种维度上来讲, 就是去发现那些长期大概率不会发生变化的重要影响因素。例如, 贵州茅台的产品具有社交属性、极高的品牌认可度与知名度, 这个是确定的事情; 可口可乐属于重复性快速消费品且具有极高的品牌认可度与知名度, 这个是确定的事情; 片仔癀拥有国家级绝密配方, 处于市场绝对地位, 这个也是确定的事情。我们看到贵州茅台、可口可乐、片仔癀长期表现出来的优秀而稳定的扣非ROE, 这是表面现象。我们需要尽量深入挖掘的是其背后的尽量多的重要影响因素, 如果这些重要影响因素在未来十年、数十年都不会发生重大变化, 那么可以预见的是, 大概率, 这类公司优秀而稳定的扣非ROE仍然可以长期维持。

另一方面, 只有掌握了足够多的知识储备, 我们才能够初步判断: 什么是重要影响因素? 什么是非重要影响因素? 例如, 2012年贵州茅台经历的白酒行业 "塑化剂风波" 等, 以及贵州茅台历史上经历过的多次管理层变动, 这些都是短期影响因素、非重大影响因素。那么对于贵州茅台来说, 什么才是实质性的重大影响因素? 举个例子, 如果贵州茅台未来发展方向发生重大变化, 开始主营啤酒、红酒、黄酒、米酒业务, 甚至大肆扩张旅游业, 那么这很可能就会对品牌及盈利能力造成重大负面影响, 并且带来极大的不确定性。

再者, 行业与行业之间、公司与公司之间不仅仅存在差别, 还存在差距。平庸的公司与优秀的公司, 这两者自带的 "赔率" 是完全不同的。如果我们并不了解或者理解一个行业、一家公司, 那么我们可能满眼都是所谓的 "投资机会"。当我们足够深入了解或者理解一个行业、一家公司、投资的本质, 那么我们可能满眼都是 "风险", 眼中的机会反而少之又少。在足够多的知识储备作为支撑的情况下, 理论上, 我们可以在一定程度上识别出最具确定性的那零星几个投资标的, 并且敢于在这为数不多的几个标的身上投下 "重注"。在知识储备仍然欠缺的情况下, 无论以何种策略, 无论投资到任何一个标的, 都是具有较高风险的。

能够帮助我们提高确定性的, 就是大量的知识储备。如果管中窥豹具有较大的局限性, 那就多管齐下。

7.2　模型与确定性

模型, 就是通过定量分析, 来对投资标的的基本面进行定性。在缺少大量客观数据作为支撑的情况下, 我们直接给投资标的进行的任何定性分析, 都是可能存在严重的主观成分的。正所谓: 失之毫厘, 差之千里。

模型思维的核心要义: 寻找大概率会重复发生的现象, 识别小概率才会发生的异样。模型这个工具，往复杂了说就会牵涉到一堆难以理解的公式，往简单了说就是画画图、找找规律之类的简单游戏。复杂的公式我是看不懂的，所以我只能往简单了说。

7.2.1 贵州茅台、古井贡酒

这是贵州茅台、古井贡酒2005—2020年扣非ROE走势。一目了然的是，贵州茅台长期ROE的波动幅度更小，贵州茅台长期平均扣非ROE水平更高。

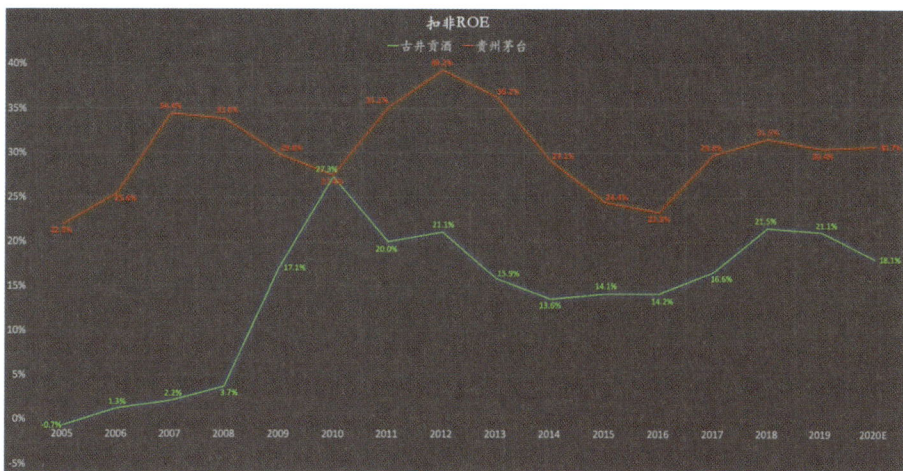

（数据来源：估算自相关上市白酒公司财务报表）

同样是白酒，具体是什么原因导致两者长期盈利稳定性、长期盈利能力出现明显差异，我们并不能从图中找到答案。但我们稍微一琢磨，就能发现两者在白酒行业所具有的市场地位、品牌地位是不同的。

为了简化思路，现在我们假设贵州茅台在白酒行业所具有的市场地位、品牌地位明显领先古井贡酒是两者长期扣非ROE表现出明显差异的主要原因。并且，我们继续假设贵州茅台在白酒行业所具有的市场地位、品牌地位明显领先古井贡酒的这种情况在未来几十年内仍将持续下去。

那么我们可以预见的是，贵州茅台在未来几十年内，其长期盈利稳定性、长期盈利能力大概率仍然能够明显超过古井贡酒。所以在长期扣非ROE表现这个维度，在种种简单的假设之下，贵州茅台具有相对更高的确定性。如果我们通过深入研究，验证了我们的假设是成立的，那么，这就是我们通过简单的模型工具所寻找到的相对确定性。

7.2.2　长安汽车、东安动力

　　下图是长安汽车、东安动力2001—2020年扣非ROE走势。东安动力是长安汽车的供应商之一。长安汽车、东安动力长期扣非ROE表现都体现出了一定的周期性。但我们可以很明显地看出两者长期平均扣非ROE水平的差别，长安汽车是大幅度高于东安动力的。长安汽车处于充分竞争的整车制造行业，东安动力处于过度竞争的汽车零部件行业，同属于汽车行业，为什么两者具有如此之大的差距？

　　东安动力并非个例。在我的模糊印象中，汽车零部件行业，除了宁德时代、华域汽车、福耀玻璃的短期或长期业绩暂时看起来让人感到相对较好以外，我几乎暂时找不到其他基本面相对较好的汽车零部件制造商。在汽车行业，总体上，大部分零部件制造商的市场地位是不能与整车制造商相提并论的。进一步梳理长安汽车的供应链就很容易发现，诸如长安民生物流、东安动力、建车B等，其长期毛利率水平都是非常之低的。

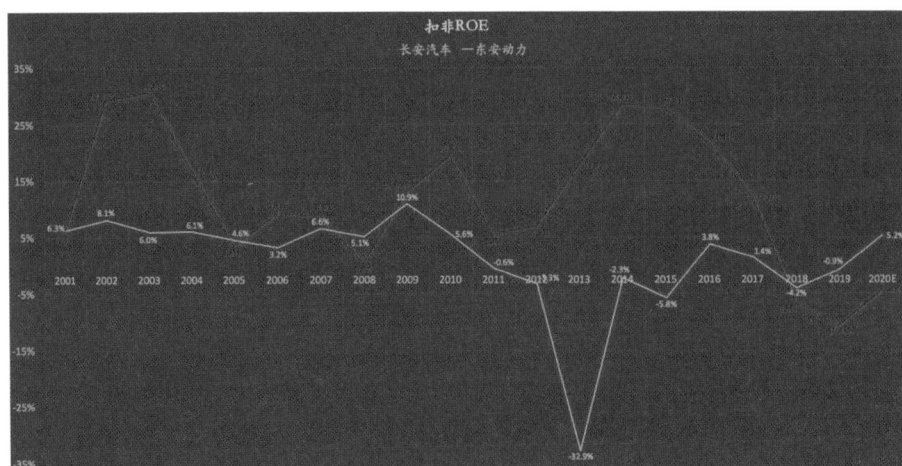

（数据来源：估算自长安汽车、东安动力财务报表）

　　为了简化思路，现在我们假设长安汽车、东安动力的市场地位悬殊在未来十年内将继续维持下去。那么我们可以预见到的是，长安汽车在未来十年内平均扣非ROE水平大概率仍然会大幅度超过东安动力。如果我们通过深入研究，验证了我们的假设是成立的，那么，这就是我们通过简单的模型工具所寻找到的相对确定性。

　　下图是东安动力2011年1月至2021年1月逐月发动机销量走势。东安动力在2016年出现了一波大幅度的销量攀升，但东安动力在2016年的扣非ROE仅为3.8%。

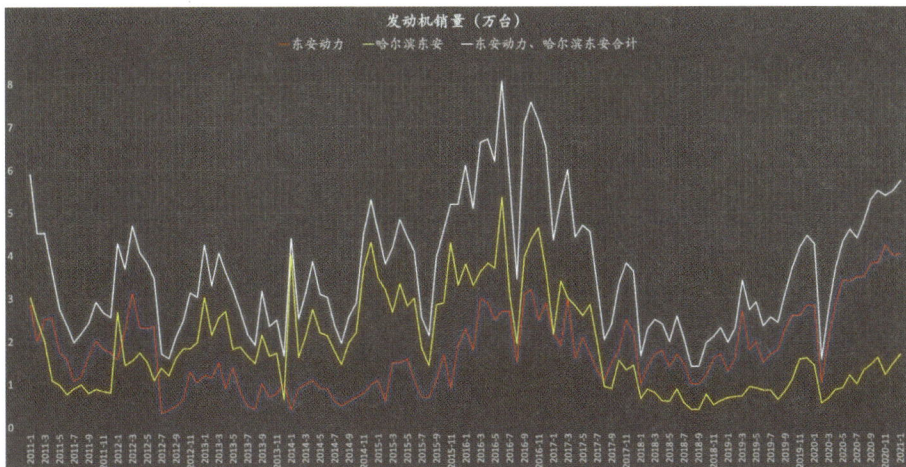

（数据来源：整理自东安动力产销快报）

东安动力在2016年出现的大幅度销量攀升，在其营业收入上也有所体现。东安动力在2015、2016年，收入增速分别高达69.7%、101.2%，但期间扣非ROE仅仅分别为−5.8%、3.8%。

大致得到这样一个印象：无论东安动力终端销量处于景气的上升周期还是萧条的下降周期，其盈利水平都没有出现大幅度改善。从表面上来看，这是其长期呈现出的低毛利率直接导致的，但从本质上来讲，这是其所处的行业市场地位所决定的。

所以，我们也可以简单地将东安动力发动机销量表现、扣非ROE表现这两者结合起来，建立一个简单的模型。通过这个简单的模型，我们就很容易识别一种相对确定性：在市场地位不发生实质性变化的情况下，东安动力在未来很长的时间内，可能都难以取得优秀的盈利水平。

7.2.3 华菱钢铁、方大特钢

下图是华菱钢铁、方大特钢2010—2020年扣非ROE走势。在华菱钢铁身上可以看到明显的周期性，如果将统计周期进一步拉长，华菱钢铁的周期性还会更加明显。由于方大特钢在2009年经历了重大资产重组，我将统计年份的起点设置在了2010年。我们在方大特钢身上并没有看到类似华菱钢铁那样明显的周期性、脆弱性，反而看到的是持续而强劲的盈利表现。

方大特钢是细分特钢寡头、区域长材龙头，这应该在很大程度上造就了方大特钢区别于华菱钢铁的盈利表现。

　　现在我们假设方大特钢的市场地位是造成方大特钢长期盈利表现大幅度超越华菱钢铁的主要原因，并且我们继续假设方大特钢的市场地位将在未来十年内维持强势，华菱钢铁的市场地位在未来十年内维持现状。那么我们可以预见的是：方大特钢在未来十年内的总体盈利表现，大概率依然会大幅度超越华菱钢铁。如果我们通过深入研究，验证了我们的假设是成立的，那么，这就是我们通过简单的模型分析可以捕捉到的相对确定性。

（数据来源：估算自华菱钢铁、方大特钢财务报表）

　　确定性是相对的，也是主观的。模型是帮助我们减少主观成分的重要工具之一。

7.3　价值投资具备的确定性

　　确定性是相对的，有了对比，就可以释放魅力。

7.3.1　数星星 VS 数月亮

　　无论何种投资策略，自身都附带一定的风险系数。在某种程度上来说，每一种投资策略都是一种"对赌"。

　　价值投资瞄准的是"月亮"：仅仅关注存在的那少数几家长期基本面表现优

异且具有商业"护城河"的公司。

非价值投资（投机）瞄准的是"满天繁星"：看中的是基本面在短期内不会坍塌、基本面短期内实现反转、市场走势符合预期、热点资金走向符合预期、短期股价波动符合预期等。这类投资标的为数众多，且市场或者投资标的的基本面都处于相对快速的变化之中。

我们来做一个逆向思考：什么情况下价值投资策略不再奏效？什么情况下非价值投资策略不再奏效？价值投资不再奏效的情况只有一种，那就是整个国家经济体系出现糟糕的情形。非价值投资不奏效的情况则可能有很多种，例如：公司基本面坍塌，没有成功择时卖出，短线交易被动炒成长期股东，K线相关参考指标接连失灵，行业面临危机，错判热点资金走向，商誉大规模减值，应收账款大规模减值，固定资产大规模减值，存货大规模减值，存货"跑路"，股权质押导致管理层失去控制权，竞争对手强势挤压市场份额，周期拐头向下，经营丑闻曝光，资金链断裂，巨额研发费用"打水漂"，巨额不明关联交易，巨额新建工厂及设备闲置，公司面临巨额索赔，公司对外巨额投资失利等。非价值投资，要想长期取得成功，这其中往往需要足够好、足够多的运气作为辅助。

7.3.2　当下 VS 未来

注册制，让我们联想到美国资本市场。从1996年开始，在美国上市的美国公司越来越少，退市的美国公司越来越多。2012年美国上市公司数量相比1996年减少了约50%，相比1975年减少了约14%。美国资本市场长期来看退市数量如此之众，主要是退市制度完善吗？我的回答是否定的。如果你对比过美股、A股的退市制度（包括新旧两个版本的退市制度），你会发现两者大体上差别不大。个人主观推测，如果我们照搬A股退市制度到美股去，美国资本市场长期退市数量很可能依然会如此之众；如果照搬美股退市制度到A股来，中国资本市场长期退市数量很可能依然会如此之少。既然退市制度总体上没有本质差别，那么为什么中国资本市场长期退市数量如此之少？导致这种现象的根本原因不在于退市制度，而在于其他方面。

1. 融资渠道多样化

1996年，美国出台了《全国性证券市场促进法》推动私募股权融资发展：降低私募股权投资成本，允许更多投资人参与。私募股权行业募资金额占GDP的比值从1996年的0.5%增长到2007年时的巅峰值近6%。这使得创业企业融资、出让股权的需求在一级市场就获得了较大的满足。

2. 维持上市所需费用高企

更加严厉的监管法规如《公平监管法》《萨班斯-奥克斯利法》《弗兰克-多德法》都使得上市公司为符合新监管支付的成本大大增加。2002年之后，美国公司IPO的平均费用为250万美元，而上市后为满足合规和信息披露要求，公司每年平均的费用为150万美元。这就使得每个行业和不同规模企业的上市意愿进一步降低。与此同时，不堪重负、主动寻求退市的企业增多。

3. 并购浪潮

在2000年、2007年和2015年，美国相继出现三次发生在上市公司之间的并购浪潮。"并购"导致上市公司数量减少。

4. 投资者结构

美股以机构为主，A股以散户为主。

根据上述1~3条，猜想一下，A股在什么情况下会加速"垃圾股"的退市步伐：

（1）融资渠道多样化。这个也是我国资本市场正在发生的事，并且也可能成为一个未来的长期趋势。

（2）大幅度增加上市公司维持上市所需费用。这一点，在我们A股暂时看不到发生的苗头，但在未来具有发生的可能性。

（3）推进投资主体"机构化"、专业化。这个也是我国资本市场正在发生的事，并且也可能成为一个未来的长期趋势。

其中，第1、3条可能是趋势。第2条，也是非常关键的一条，暂时没有发生。但在未来，大幅度增加上市公司维持上市所需费用，这个是有发生的可能性的，并不是必然不会发生。而一旦这个可能发生的事件成为现实，影响将是巨大的：大大增加"垃圾股"主动寻求退市的动机，大大减小基本面缺乏支撑的公司寻求上市的意愿。所以这个潜在重大影响因素，给我们带来了较大的不确定性。不确定性意味着风险：部分散户投资者们曾经热衷于投资的"垃圾股"，在未来政策发生变化后，会不会主动寻求退市？这是一个悬在我们头上的大问号。

当然，"大幅度增加上市公司维持上市所需费用"这条潜在的、可能实施的政策目前还没有成为现实的苗头。也正是因为这个重大潜在影响因素没有成为现实，我们看到在注册制推进的当下，在IPO门槛相对降低的当下，大量公司正在积极地排着队寻求IPO。以下面统计的数据为例：

1990—2020年：A股历年IPO数量及融资规模。

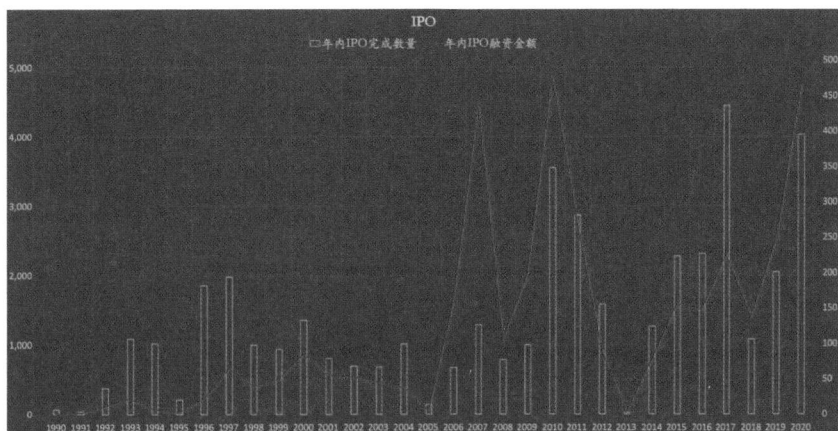

（数据来源：整理自网络信息、主观粗略估计）

普华永道发布的2020年IPO市场相关数据显示，2020年，A股IPO数量和融资金额均比上一年同期大幅增长。其中，2020年A股共有395只新股上市，融资总额为4 719亿元，创下自2011年以来IPO融资额的新高，IPO数量和融资额同比分别增长97%和86%。

另一方面，注册制推进的当下，退市数量仍然偏少：

据统计，2018至2020年A股退市数量分别为8、18、16。退市数量在近年来创下了历史新高，但退市数量的绝对值仍然处于非常低的水平。对比美股，1980至2017年，美股年均退市数量多达565家。尽管A股退市制度本质上与美股没有本质上的差别，融资渠道多样化正在成为趋势，投资主体"机构化"正在改进。但在"大幅度增加上市公司维持上市所需费用"这条潜在的、可能实施的、影响重大的政策没有成为现实的现阶段，退市数量在短期几年内上升到类似美国股市年均退市500多家的概率几乎为零。

大量非上市公司仍然具有强烈的上市愿望，退市数量仍然明显偏低，这就是注册制推进下的A股现状。但现状并不必然代表未来。参照美国资本市场，在未来，基本面较差但非上市公司寻求A股上市的意愿减退，基本面较差的上市公司寻求主动退市的意愿增强的这类情况也是可能发生的。这其中蕴含的不确定性，对于我们普通的非价值投资者来说就是潜在风险。

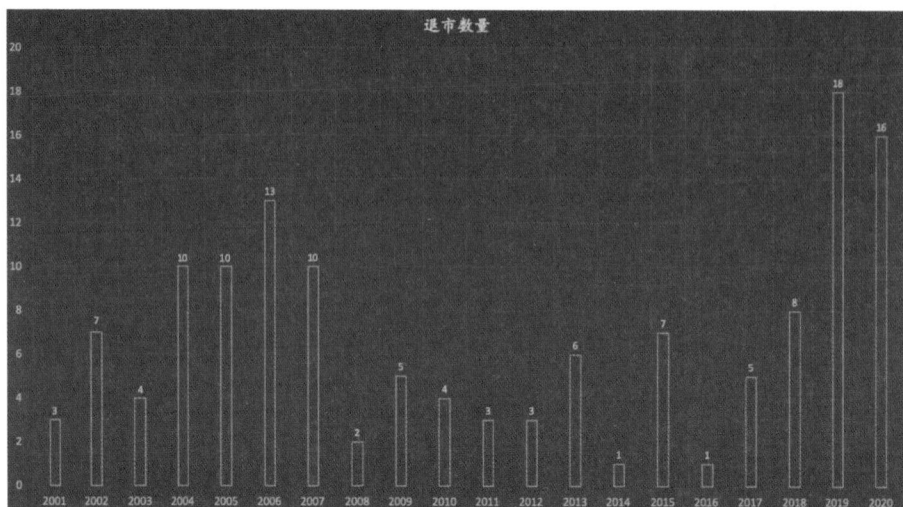

（数据来源：整理自网络信息、主观粗略估计）

注册制以及未来可能实施的监管政策，对于价值投资者来说，几乎没有任何影响：该干什么干什么。这就是价值投资策略所具备的确定性。

7.3.3　高ROE VS 低ROE

查理·芒格说，长期而言，一只股票的长期年化收益率约等于其ROE。

沃伦·巴菲特说，如果只看一个指标，那就是ROE。

价值投资所具备的确定性，只能在长周期中体现出来。

以白酒为例，虽然属于同一个行业，但每家公司长期扣非ROE表现有所不同。现在我们选择七家相对来说上市比较早的白酒公司进行对比。

从图中我们还是可以看出来明显差异的。

长期平均扣非ROE，由高到低分别为：贵州茅台27.6%、泸州老窖20.3%、五粮液19%、山西汾酒17.8%、古井贡酒11.6%、伊力特11.3%、舍得酒业4.5%。

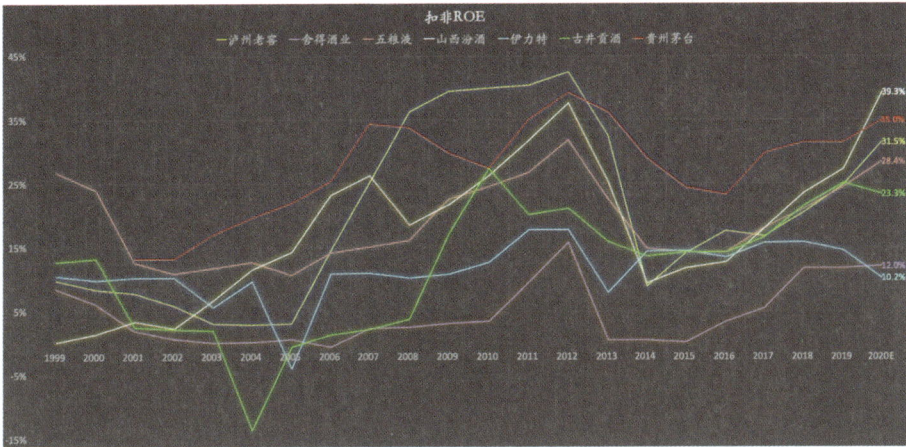

（数据来源：估算自相关上市白酒公司财务报表）

如果我们长期持有这七家白酒公司的股票，会分别取得怎样的收益率呢？2005年5月、2018年12月，看起来似乎都属于熊市末期。因此，下面我们以2005年5月至2018年12月作为统计周期，计算各家白酒公司股票的长期持有收益率（考虑分红、扩股后）：

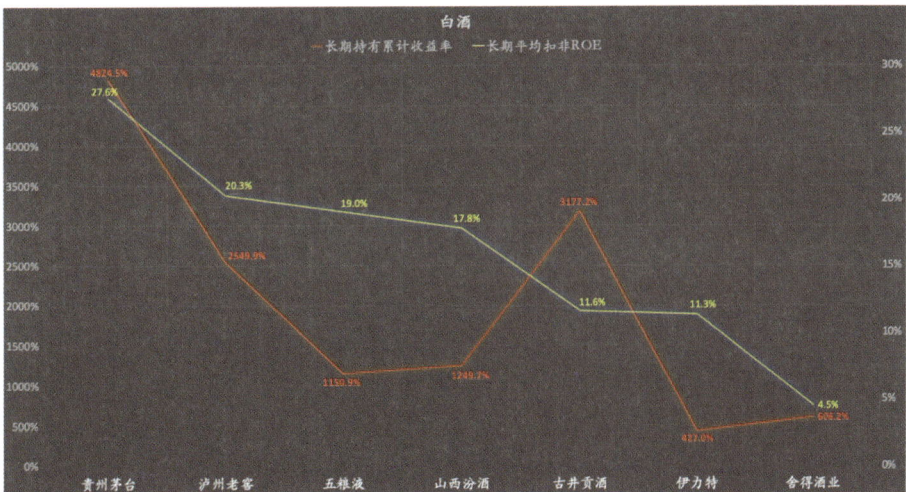

（数据来源：主观粗略估计，不保证数据准确性）

通过统计我们发现，除了古井贡酒，这七家白酒企业的长期平均扣非ROE与长期持有这七家白酒企业的累计收益率呈现出明显的正相关关系：长期平均扣非ROE越高，往往长期持有取得的累计收益率越高。这种长期表现出来的正相关关系，就是价值投资所具备的确定性的部分体现。

但现在有个问题就非常有趣了：是什么因素导致长期持有古井贡酒的收益率表现如此出众？这个问题不难回答，来自企业内在价值增长是已知的：贵州茅台大幅度高于古井贡酒。来自企业内生性价值增长所带来的阿尔法收益，贵州茅台必然是大幅度高于古井贡酒的。所以，长期持有古井贡酒能够取得这么高累计收益率，主要原因只可能来自于市场给予的贝塔收益。

梳理一下古井贡酒的贝塔收益来自何处：

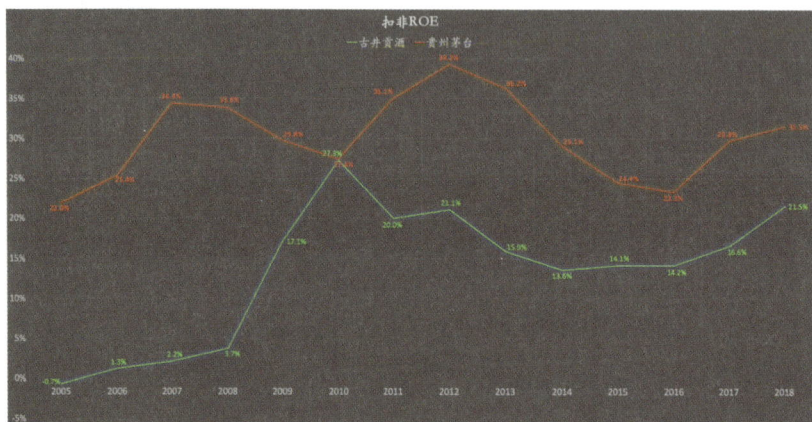

（数据来源：估算自相关上市白酒公司财务报表）

这是贵州茅台、古井贡酒2005至2018年长期扣非ROE的走势。贵州茅台长期扣非ROE走势相对平稳，古井贡酒扣非ROE波动幅度较大，曾经一度由2005年的−0.7%大幅度上升至2010年的27.3%。一般来说，总体上来看，市场先生会给高ROE匹配高PB、低ROE匹配低PB。事实果真如此吗？见下图：

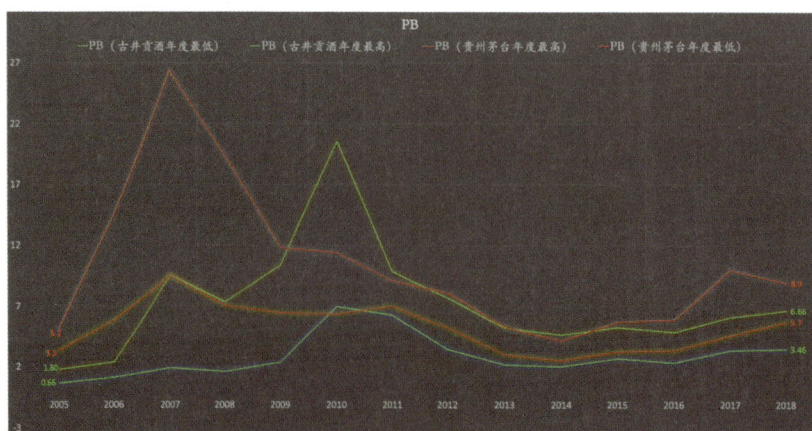

（数据来源：主观粗略估计，不保证数据准确性）

总体上来看，贵州茅台长期PB表现的确是好于古井贡酒的。

现在我们来揭开市场给予古井贡酒的"秘密"贝塔收益来自何处：

（1）2005年5月，贵州茅台、古井贡酒月底收盘价对应PB值分别为：3.44、1.02；

（2）2018年12月，贵州茅台、古井贡酒月底收盘价对应PB值分别为：6.57、3.57；

（3）2005年5月至2018年12月，贵州茅台PB由3.44提升到6.57。理论上，对应市场给予的贝塔收益为6.57/3.44-1=91%；

（4）2005年5月至2018年12月，古井贡酒PB由1.02提升到3.57。理论上，对应市场给予的贝塔收益为3.57/1.02-1=250%。

一般来说，总体上来看，市场先生会给高ROE匹配高PB、低ROE匹配低PB。市场仅仅给予贵州茅台91%的贝塔收益，因为贵州茅台扣非ROE的波动相对来说并不大。市场给予古井贡酒高达250%的贝塔收益，因为古井贡酒扣非ROE由2005年的负值大幅度转正（2003、2004年古井贡酒扣非ROE分别为-4%、-6.6%），并且在2010至2018年古井贡酒扣非ROE长期稳定在两位数百分比。这是一个典型的"困境反转"，并且基于古井贡酒基本面的大幅度改善，市场给予了古井贡酒的投资者超额贝塔收益。

一般来说，总体上来看，市场先生会给高ROE匹配高PB、低ROE匹配低PB。这一点，我们从古井贡酒2010年PB表现明显超越贵州茅台也可以间接看出：2010年古井贡酒扣非ROE高达27.3%，市场给予了古井贡酒明显的短期相对估值溢价，并且还给得过头了。

上面说过：除了古井贡酒，这七家白酒企业的长期平均扣非ROE与长期持有这七家白酒企业的累计收益率呈现出明显的正相关关系。通过进一步分析，我们发现古井贡酒是个"困境反转"的特例：由"破产标的"华丽转身为"白马一匹"。并且，如果我们将统计周期拉长到五十年、一百年、无限长（A股还很年轻，条件有限，我们以上采用的统计周期无法拉到这么长），古井贡酒这个所谓的特例也并不会成为特例。古井贡酒这个特例并不影响我们的结论：总体上，长期平均扣非ROE与长期持有累计收益率呈现出明显的正相关关系。这个结论，在一定程度上体现了价值投资所具备的确定性。

价值投资并非仅仅查看历史ROE这么简单，历史表现并不必然代表未来，我们要做的，就是去寻找那些能够在未来尽可能长的时间内长期维持高ROE表现的投资标的：寻找"护城河"。

ROE也并非"万能钥匙"，缺少优秀自由现金流表现的ROE是没有"灵魂"的。在整个行业欣欣向荣的大周期中，企业自由现金流表现方面所具有的差异，未必会明显而直观地体现出来。但在行业出现困难、经营遇见瓶颈、产业开始滑坡的时候，谁在"裸泳"，就一目了然了。

ROE+自由现金流，也并不等于价值投资。价值投资涉及方方面面，需要我们静下心来慢慢沉淀。价值投资者，大致都会经历这样一个过程：我不知道我自己不知道，我知道自己不知道，我以为我自己全都知道，我知道我自己仅仅知道一些，我知道我需要竭尽全力知道更多。

价值投资策略具有相对较高的确定性。但在一知半解的情况下，任何投资策略对我们来说，都是不确定的。

7.4 周期投资具备的确定性

确定性是相对的。相对于价值投资，周期投资具有较高的不确定性。正是因为周期投资具有相对较高的不确定性，我们才特别需要在周期投资的过程中尽量抓取一些相对具有确定性的东西。

7.4.1 确定性来自安全边际

一般来说，总体上来看，市场先生会给高ROE匹配高PB、低ROE匹配低PB。周期性特征明显的股票，业绩弹性相对较大，市场先生在不同周期阶段给予周期票的估值也相差较大。在业绩低迷时，市场先生可能会给予"破产"估值，因为市场先生不知道这家公司到底会不会破产；在业绩辉煌时，市场先生可能会给予"伟大"估值，因为市场先生眼中的一切都是美好的。

以典型的周期票中信证券为例，市场先生酣畅淋漓的情绪宣泄展露无遗：

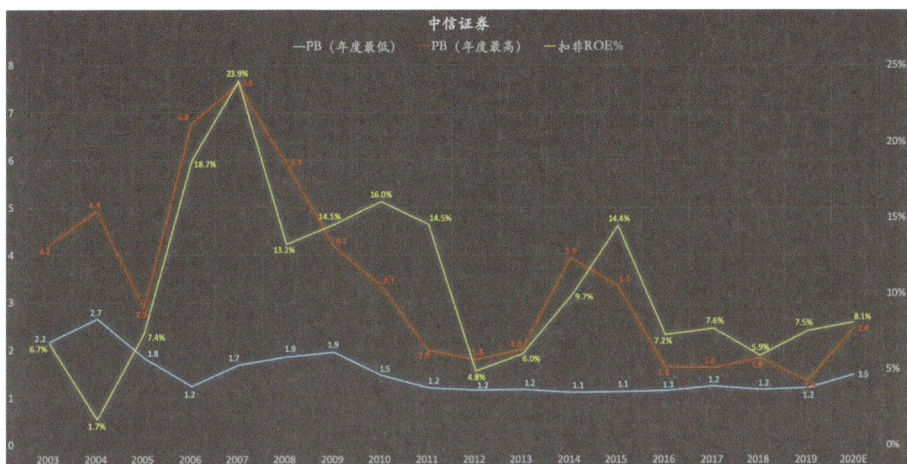

（数据来源：主观粗略估计）

我们以"后视镜"来看，"绝佳买点"在哪里：

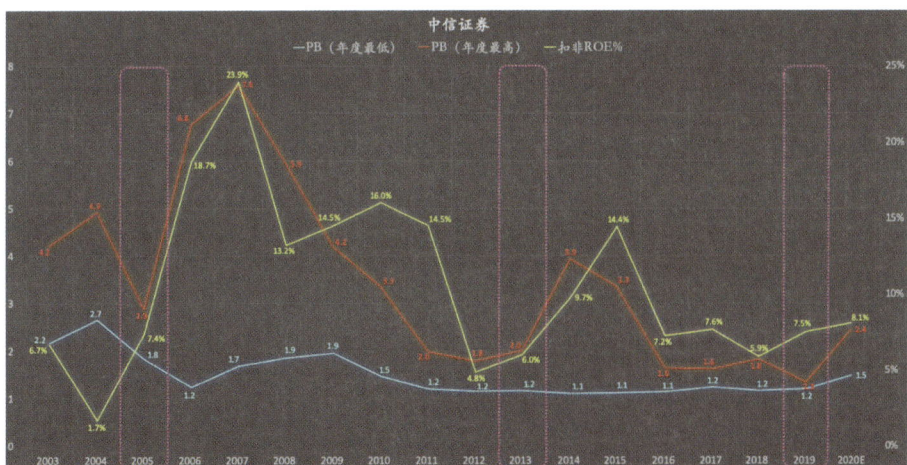

2005、2013、2019年（图中粉红色虚线方框）看起来似乎都出现了不错的买点。周期票的"最佳买点"通常出现在行业持续萎靡数年后，这个时候市场上投资者对于行业的悲观看法越来越多并且市场给予的估值水平也通常会越来越低。"绝望"业绩带来"绝望"估值，"绝望"估值带来安全边际，安全边际带来一定的确定性。

然后，我们以"后视镜"来看，"绝佳卖点"在哪里：

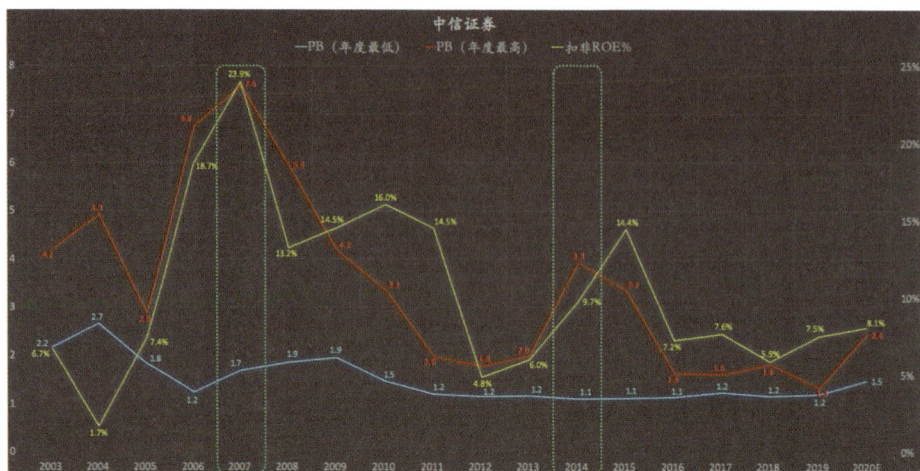

2007、2014年（图中亮绿色虚线方框）看起来似乎都出现了不错的卖点。周期票的"最佳卖点"通常出现在行业景气周期的鼎盛时期，这个时候市场上投资者对于行业的非理性乐观看法快速增多并且市场给予的估值水平也通常会越来越高。"辉煌"业绩带来"疯狂"估值，"疯狂"估值带来巨大风险，带来极大的不确定性。

但是，能够在"最佳买点"附近介入、在"最佳卖点"附近退出的投资者非常稀有。为什么？因为人性。人的本能都是趋利避害的。在股价长期持续下跌或者横盘震荡的过程中，我们本能系统中的预警机制开启，肾上腺素让我们感受恐惧，本能驱使我们避之不及。

在股价持续快速上涨的过程中，我们本能系统中的娱乐机制开启，多巴胺让我们对上涨感到"上瘾"，本能驱使我们再等等看："也许还有更多的愉快上涨等待我去尽情享受。"这就是为什么"低买高卖"这么一目了然的操作，很少有人能够真正做到。再者，几乎可以肯定的是，没人能够买在一轮周期的最低点、卖在该轮周期的最高点。所谓的安全边际是一个明显低估的区间范围带来的，而不是一个最低买点带来的。我们只能大致估计：贵还是便宜。

当我们认为便宜的时候买入，现实发生的情况往往是，还有更便宜的价格在等着我们，并且还有可能便宜得极其离谱。从这个便宜的价格持续下跌至便宜得离谱的价格的漫长过程中，在这个恐惧情绪本能地蔓延的绝望体验中，有多少人能够坦然承受？所谓的在泡沫中卖出也仅仅是一种主观判断：有泡沫吗？泡沫到底大不大? 泡沫到底有多大? 这些都很难判断。快速上涨的愉悦感会严重影响判断, 自利性偏差会影响判断("我认为泡沫还能更大, 我的判断肯定是对的"), 盲目攀比(嫉妒)的心理会影响判断, 市场上充斥的利好消息会影响判断, 周围朋友的乐观情绪会影响判断。这么多因素都可能导致错判, 怎么办? 做到一点就可以大幅度降低风险: 意识到多巴胺的存在, 永远不要奢望卖在最高点。

周期博弈, 如果不能在相对估值处于低位时克服恐惧买入, 则会缺乏安全边际, 面临不小的风险; 如果不能在估值修复到一定程度时克服贪婪择时卖出, 则可能面临巨大的风险。然而, 周期博弈最大的潜在风险并不来自这两个方面, 而是来自基本面。周期票, 仿佛就像一个时而财大气粗, 时而穷困潦倒的人, 我们难以预知的是他在这一次穷困潦倒的时候能否实现下一个神奇逆转。

7.4.2　确定性来自基本面

我们在买入的那一瞬间, 就开启了承受风险之旅。所谓的安全边际是一个明显低估的区间范围带来的, 而不是一个最低买点带来的。我们只能大致估计: 贵还是便宜。没有人能够在每次买入后股价都立即出现明显大幅上涨。试想, 如果我们在买入后的持有过程中, 公司基本面出现严重坍塌、濒临退市, 我们将如何面对自己? 即使我们买入的价格非常便宜, 基本面较差的周期票, 对于我们普通投资者来说宛如一颗"定时炸弹"。大部分周期票不同于价值票, 相比之下, 周期票的长期投资价值并不是那么明显, 这就是不确定性。要尝试解决这个问题, 那就只能尽量抓取其中的相对确定性了。

以具有周期性的有色金属行业板块为例。有色金属板块的股票数量众多。据不完全统计, 在2005年以前上市的有色金属股票大概有43家, 其中29家在2005年至今这段期间基本面发生过重大变化(重大资产重组、实际控制人变更、主营业务变更、巨亏、退市等), 这给了我一种"风雨飘摇"的感觉。在这29家从2005年至今基本面发生过重大变化的股票中, 已经退市的大概有2家, 当前被ST的大概有3家。

现在我们将目光聚焦到这14家在2005年之前上市, 且在2005年至今基本面没有发生过重大变化的股票: 江西铜业、南山铝业、中金黄金、厦门钨业、驰宏锌锗、锡业股份、云铝股份、宝钛股份、中金岭南、中色股份、贵研铂业、焦作万方、西藏矿业、新疆众和。

这14家公司的长期扣非ROE走势如下：

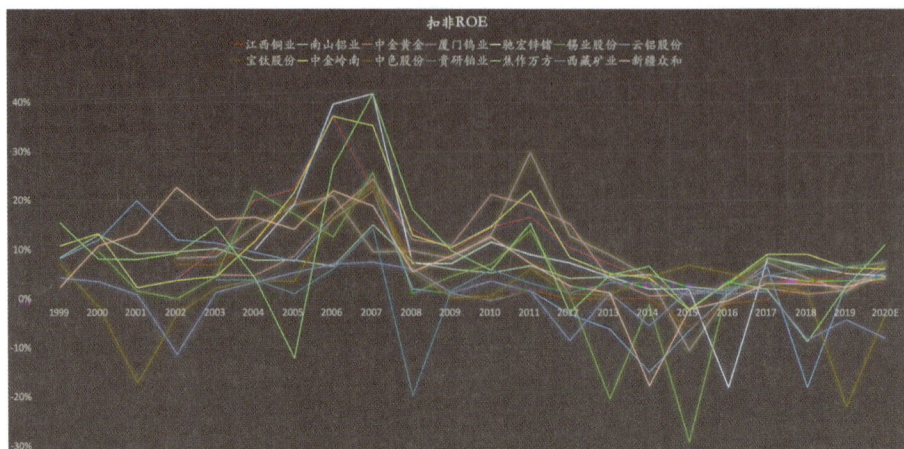

（数据来源：估算自相关有色金属上市公司财务报表）

一团乱麻的即视感。我们可以从中看出一定的周期波动趋同性，虽然这种趋同性不明显。

这14家有色金属上市公司，长期平均扣非ROE由高到低排列，如下：

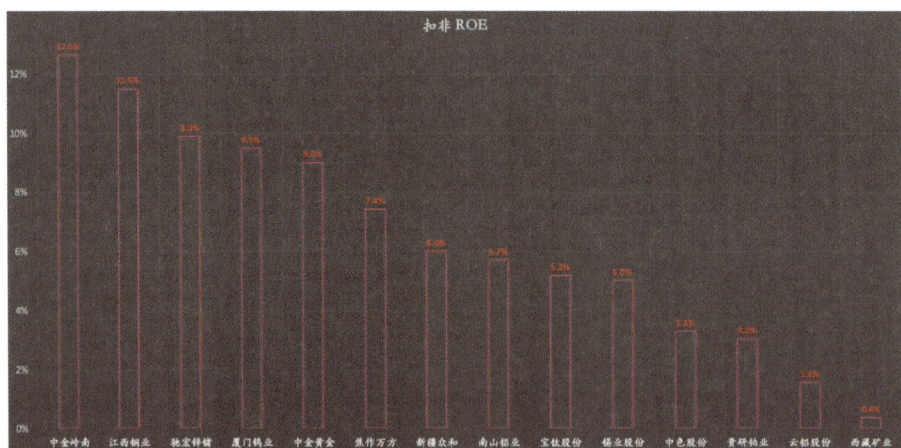

2004—2020年平均扣非ROE由高到低，分别约为：中金岭南12.6%、江西铜业11.5%、驰宏锌锗9.9%、厦门钨业9.5%、中金黄金9%、焦作万方7.4%、新疆众和6%、南山铝业5.7%、宝钛股份5.2%、锡业股份5%、中色股份3.3%、贵研铂业3%、云铝股份1.6%、西藏矿业0.4%。

在这43家2005年之前上市的有色金属股票中，2005至今基本面没有发生过重大变化且长期平均扣非ROE高于10%的仅仅只有2家：中金岭南12.6%、江西铜业11.5%。这无疑是一个非常艰难的行业。行业越是艰难，我们越要寻找行业的龙头企业，以尽量规避风险。扣非ROE是一个非常片面的指标，但扣非ROE的长期表现可以在很大程度上反映一些潜在问题：成熟期的公司长期挤不出净利润，是一个危险的信号。

将镜头拉近，2016—2020年平均扣非ROE由高到低排列，如下：

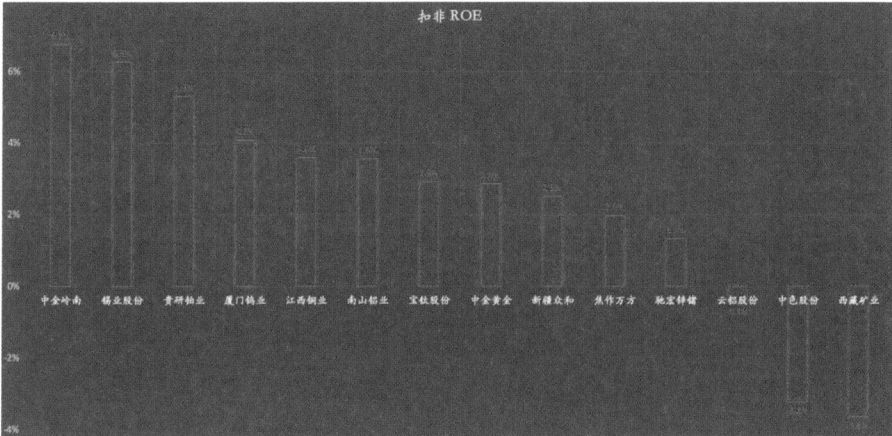

扣非 ROE

2016—2020年平均扣非ROE由高到低，分别约为：中金岭南6.8%、锡业股份6.3%、贵研铂业5.3%、厦门钨业4.1%、江西铜业3.6%、南山铝业3.6%、宝钛股份2.9%、中金黄金2.9%、新疆众和2.5%、焦作万方2%、驰宏锌锗1.3%、云铝股份−0.4%、中色股份−3.2%、西藏矿业−3.6%。

对比2004—2020年平均扣非ROE，2016—2020年平均扣非ROE，可以发现中金岭南、江西铜业、厦门钨业这三家公司均排在前五名之内。而中金岭南无论2004—2020年平均扣非ROE，还是2016—2020年平均扣非ROE，均排在第一。所以，从长期盈利能力这个角度来看，中金岭南的确定性相对较高。

现在我们进一步缩小视线范围，仅仅关注2004—2020年平均扣非ROE排名前五的公司：中金岭南12.6%、江西铜业11.5%、驰宏锌锗9.9%、厦门钨业9.5%、中金黄金9%。将这五家公司进行以下简单对比。

1. 销售毛利率

2004—2020年平均毛利率由高到低，分别约为：厦门钨业22.4%、驰宏锌锗21.3%、中金岭南16.5%、中金黄金10.9%、江西铜业9.8%。

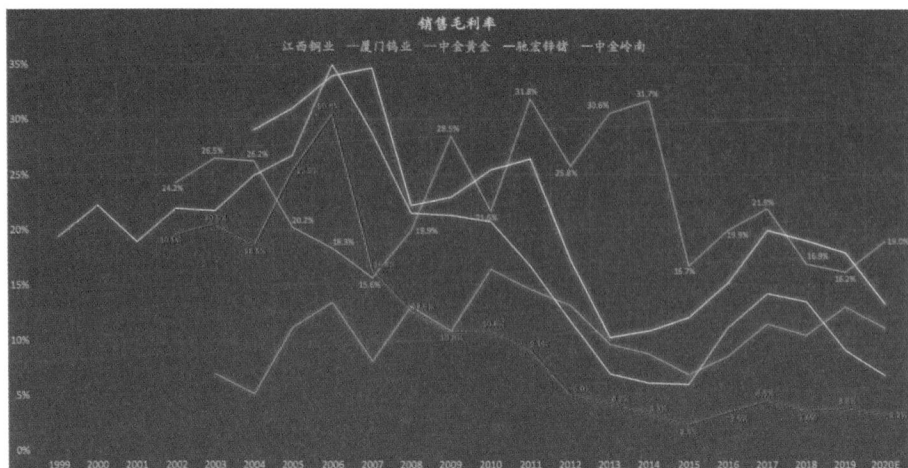

（数据来源：估算自相关有色金属上市公司财务报表）

发现一个有趣的现象：江西铜业近九年的平均毛利率仅为3.7%左右，但近九年江西铜业没有任何一年出现过扣非净利润亏损。怎么做到的？答案就在江西铜业极低的三项费用占比里边：费用率低于毛利率。对比云南铜业、铜陵有色，就会发现，江西铜业这类极低毛利率、极低三项费用占比看起来似乎并不算那么特别。进一步看江西铜业、云南铜业、铜陵有色的收入结构以及有色金属制造业务的毛利率，会感觉江西铜业的毛利率表现似乎是正常的。以2019年为例江西铜业的工业收入、商业收入大致各占一半，工业毛利率为7.1%、商业毛利率为0.4%。仅仅对比江西铜业、云南铜业、铜陵有色的工业毛利率的话，江西铜业并不算一个另类。但毫无疑问的是，极低的毛利率本身，就具有明显的脆弱性。

2. 三项费用占比

江西铜业三项费用占比最低，低到让我感到不安的程度，这就是江西铜业在极低毛利率的情况下没有出现亏损的主要原因之一。

3. 收入增速

可以看出有色金属在历史上的景气周期中收入增长所具有的爆发性。

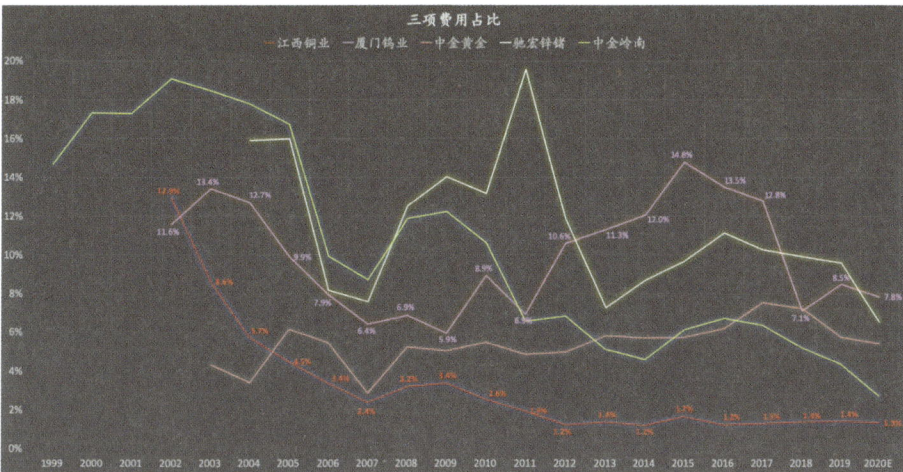

（数据来源：新浪财经、主观粗略估计）

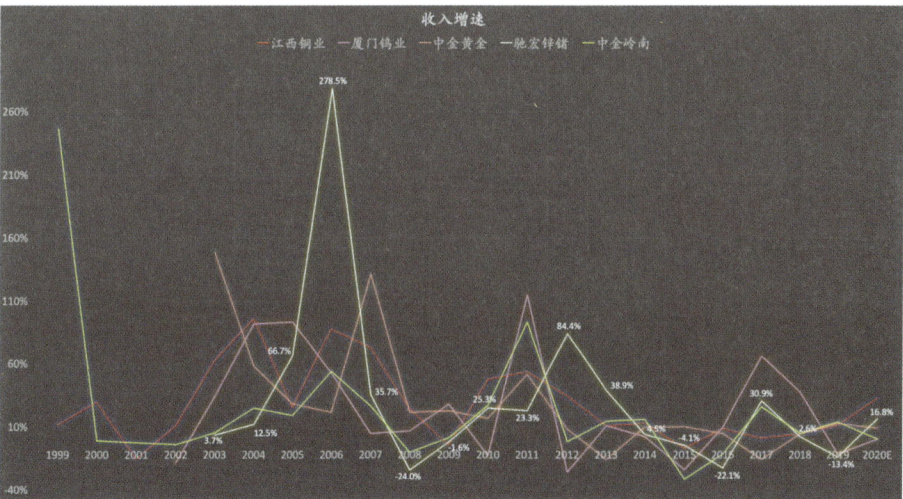

（数据来源：估算自相关有色金属上市公司财务报表）

重点观察驰宏锌锗2006、2012年的收入增速：278.5%、84.4%。

4. 在建工程占收入比

驰宏锌锗在历史上大致有两波大修工程的高潮：2004、2011年。结合驰宏锌锗2005—2006年的收入增速来看，2004年大修工程似乎说得过去。但驰宏锌锗在2011年大修工程则让我感到困惑，因为厦门钨业在2011年收入增速与驰宏锌锗在2012年的收入增速大致相当，却只有驰宏锌锗在大修工程。所以，继江西铜业低毛利率让我感到不安之后，驰宏锌锗的在建工程让我望而却步。

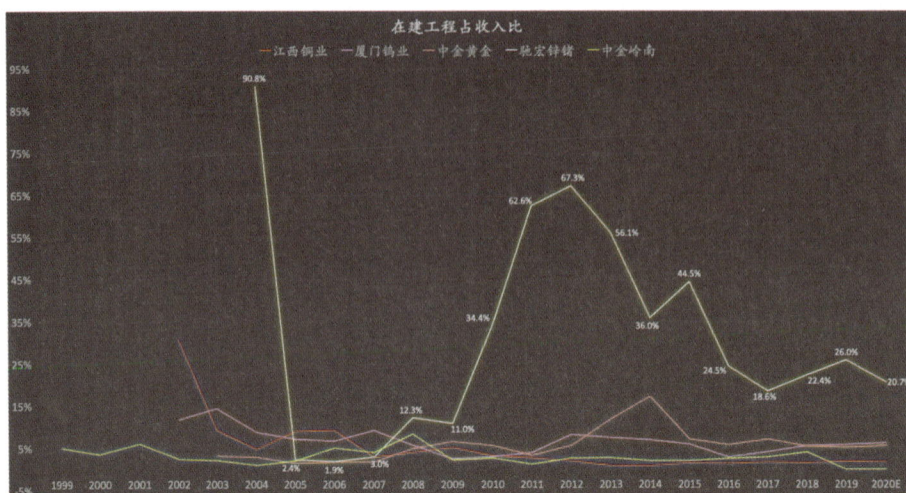

（数据来源：估算自相关有色金属上市公司财务报表）

5. 存货占收入比

厦门钨业在2007—2010年期间表现出了明显偏高的存货占收入比。翻看厦门钨业的财务报表，厦门钨业存货水平大幅走高，或与房地产相关业务有关。多元化带来一定的不确定性。

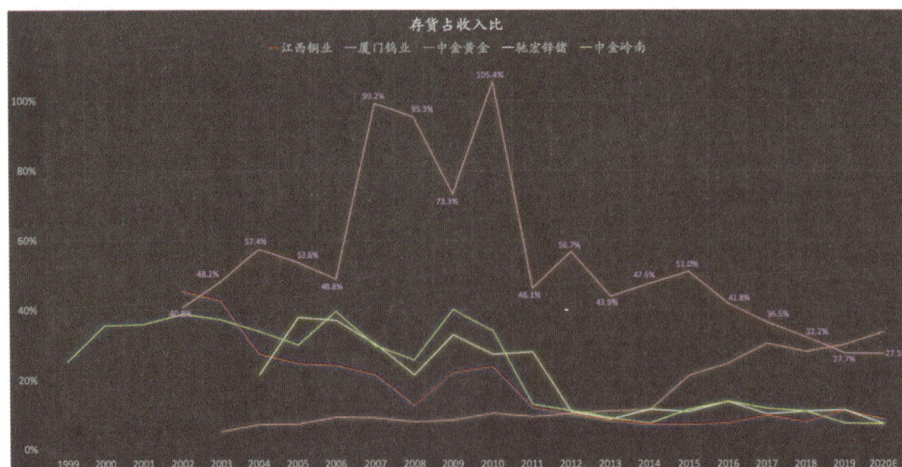

（数据来源：估算自相关有色金属上市公司财务报表）

继江西铜业低毛利率让我感到不安，驰宏锌锗的在建工程让我望而却步之后，厦门钨业偶尔表现出的业务多元化让我敬而远之，目前我的视线中仅仅只剩下中金岭南、中金黄金。也就是说，仅仅经过几轮简单分析，我们前期"优选"的这五家长期平均扣非ROE表现相对较好的有色金属公司,就已经在主观上被我"淘汰"了三家。这个行业看起来的确有些艰难。

6. 其他

其他的如资产负债率、商誉占收入比、应收账款占收入比等,我暂时没有看到什么特别的。

综上1~6条,结合长期扣非ROE表现来看,如果全世界只剩下有色金属这个板块,并且我必须将我的资金投出去,同时我还只能选择2005年以前上市的公司(注意了,我说的是"如果",这仅仅是一种假设),那么我应该会将"赌注"押在中金岭南身上。这就是我个人在不确定性较高的行业板块中寻找确定性最高潜在投资标的的一个大致过程。这仅仅是前期的简单筛选思路而已,不排除在后期进一步深入思考和分析之后将中金岭南也舍弃掉的可能性。我寻找的这种相对确定性,或许可以在某种程度上帮助我规避如吉恩退、华泽退、ST中孚、ST鑫科、ST荣华这类遭遇退市或者被ST的命运。

7.4.3　确定性来自对行业的深入了解

以有色金属行业为例,我们至少需要掌握的是:公司对上游矿产资源是否有储备,储备规模有多大,大宗矿产资源的全球供需是什么格局,供需格局对矿产资源价格走势影响几何,公司下游需求主要来自什么行业,下游需求处于上升还是下降周期,下游市场需求在未来上升的空间有多大,宏观政策对短期下游需求走势的影响几何,宏观经济形势对下游需求的影响几何,公司主营业务是否存在被监管的风险,公司的核心竞争力是什么,公司的产品是否具有不可替代性,公司的管理层是否具有较高的风险控制意识等。

相比简单地看看财务数据,这并不是一件容易的事,却又是一件非做不可的事。相比价值投资,周期投资所具备的不确定性已经非常之大了,我们只有尽可能全面地掌握行业属性、行业特征、行业走向,才能够更好地识别这场博弈的"赔率",进而才能勉强地承受持有股票过程中的股价波动。

与价值投资相比,周期投资并非易事。周期投资在表面上看起来比价值投资更加有趣:业绩弹性通常较大、股价波动幅度通常较大。在没有风控意识和风控措施的情况下,任何投资策略看起来似乎都是容易成功的,但在没有风控意识和风控措施的情况下,参与的任何交易所取得的收益都与"火中取栗"没有本质上的差别。投资的本质，就是在拥有足够强悍的风控意识和风控措施的情况下，取得有限的收益。

7.5　投资就是寻找确定性

确定性越高，投资决策的胜率越大。当确定性低到一定程度，"投资"就演变成了"投机"。投资就是寻找确定性，知道自己在做什么，要比侥幸取得短期收益重要得多。

7.5.1　概　　率

格雷厄姆说："在你投资之前，你必须确保你已经现实地评估了你正确的概率，以及你将如何应对错误的后果。"

巴菲特说："我们根据对最有利可图的概率组合的评估做出投资决策。"

投资，是一门平衡风险与收益的艺术。投资的本质，就是寻找极致的确定性。确定性是相对的，确定性的背后是对大概率的追求，这个概率未必是100%。

1. 假如我们的胜率是51%，这也是一种大概率

假设我们投资100个企业，其中51个能够在未来十年取得20%的长期复合年化收益率，其中49个企业让我们在未来十年亏完本金。那么十年之后，我们的总收益率为216%，对应十年复合年化收益率为12.2%。即便是51%这种边缘性质的大概率，我们似乎仍然能够取得盈利。

2. 假设我们的胜率是60%

假设我们投资100个企业，其中60个能够在未来十年取得20%的长期复合年化收益率，其中40个企业让我们在未来十年亏完本金。那么十年之后，我们的总收益率为272%，对应十年复合年化收益率为14%。

3. 假设我们的胜率是70%

假设我们投资100个企业，其中70个能够在未来十年取得20%的长期复合年化收益率，其中30个企业让我们在未来十年亏完本金。那么十年之后，我们的总收益率为333%，对应十年复合年化收益率为15.8%。

4. 假设我们的胜率是80%

假设我们投资100个企业，其中80个能够在未来十年取得20%的长期复合年化收益率，其中20个企业让我们在未来十年亏完本金。那么十年之后，我们的总收益率为395%，对应十年复合年化收益率为17.4%。

5. 假设我们的胜率是90%

假设我们投资100个企业，其中90个能够在未来十年取得20%的长期复合年化收益率，其中10个企业让我们在未来十年亏完本金。那么十年之后，我们的总收益率为457%，对应十年复合年化收益率为18.7%。

在胜率为51%、60%、70%、80%、90%的情况下，十年长期复合年化收益率分别为12.2%、14%、15.8%、17.4%、18.7%。随着胜率提升，复合年化收益率在逐步提升。即便是51%的胜率，在此假设下，也能取得长期年化12.2%的收益率，其背后的主要原因之一就是高达20%的复利假设条件。

超长周期来看，投资一家企业，我们的长期投资复合年化收益率基本上等于企业的长期平均ROE表现。而长期平均ROE高于20%的企业，在我们A股市场上是能够找到的。我们所要做的就是通过各个维度的高确定性，去提升我们投资决策的胜率，进而提升我们的长期复合年化收益率。在资本市场上，各种各样的"没想到""爆雷"都可能降低我们投资决策的胜率。

所以，我们迫切需要积极地去寻找投资标的所具备的确定性，以提升我们投资决策的胜率。成功的投资，就是成功地寻找到了投资标的所具备的各种确定性。

7.5.2 寻找确定性

1. 确定公司的核心竞争力

以盖可保险为例，公司的核心竞争力主要就是1936年公司创立之初所设计的产品定位和营销方式：仅向低风险驾驶员提供保险（保单总体出险率更低），销售方式为直接邮寄（减少10%~25%的中介费用）。

1973年公司管理层放弃了核心竞争力之一：仅向低风险驾驶员提供保险（保

单总体出险率更低），公司便出现了重大经营危机。1976年公司新的管理层将投保人群重新锁定为低风险驾驶者，公司基本面出现了重大逆转。1995年，巴菲特对盖可保险进行了全资收购，这实际上直接增大了盖可保险未来长期基本面的确定性，因为巴菲特再也不用担心盖可保险在未来某年突然上任一位糊涂的CEO了。

以美国运通为例，美国运通自1958年推出首张运通卡以来长达30余年里一直致力于打造和维护高端品牌形象，在精神层面的消费市场中占据了难以撼动的市场地位，因而得以在1990—1994年与VISA和MasterCard的激烈竞争中强势生存下来。

以可口可乐为例，公司的核心竞争力就是其在悠久的经营历史上建立起的强大的品牌地位、快销品的重复消费属性、对消费者的"黏性"、强悍的成本控制能力所建立的新进入者竞争壁垒等。

以美国纽柯钢铁为例，尽管整个美国钢铁行业在西欧、日本、中国等钢铁工业的竞争之下走向了衰败，纽柯钢铁自1972年起至今已经连续48年（抛开2009年来看）保持盈利，并且在2005—2020年平均ROE依然高达14.6%，创造了全球钢铁企业经营史上的"神话"。纽柯钢铁"基业长青"的"秘密"就在于其长期坚持低成本、高效率、低风险、以人为本、员工利益至上等经营理念。

以富国银行为例，富国银行是美国唯一获得AAA评级的银行。其核心竞争力就是其独特的资产结构、主营业务结构、风控意识、管理层的稳定性等。正是富国银行的商业模式具有独特性，富国银行才得以在1990年美国西海岸房地产危机中得以生存并逐步恢复盈利，在2008年金融危机中几乎毫发无伤并将美联银行收入囊中。

富国银行的理念是"以客户为中心，而不是以产品为中心"，然而富国银行似乎从2016年之前就开始偏离了"航向"。富国银行在2016年爆出了"在并不告知客户和未经客户授权的情况下，富国银行员工私自开设了200余万个账户"的丑闻。

换句话说，富国银行爆"丑闻"，而这个丑闻背后深层次的意义是管理层已经失去了对于银行业来说最重要的东西（富国银行曾经的核心竞争力之一）：风控意识。基于富国银行长久以来稳健而优秀的经营历史，巴菲特选择再给富国银行几年的时间进行整改，看管理层是否具有足够高的觉悟对公司的奖励制度进行根本性整改、提升风控力度、重新将富国银行这匹"野马"拉回正轨、重新拾起作为核心竞争力之一的风控意识。然而，5年过去了，富国银行的管理层似乎仍然毫无彻底整改的意思，富国银行似乎已经不再是当年的富国银行了。如果继续持有下去，富国银行无异于一颗"定时炸弹"，于是巴菲特选择了卖出。

2. 确定行业发展空间

主观上感觉：除非行业发生颠覆性的变革，与公司自身所具备的独特核心竞争力相比，行业的发展空间相对来说并没有那么重要。

我的这个主观感觉也是有依据的。在我国A股钢铁行业公司普遍长期盈利表现较差的情况下，偏偏方大特钢的盈利表现非常强劲；在我国白酒行业规模逐步明显下滑的情况下，偏偏龙头高端白酒企业的营业收入依然维持稳定增长；在我国白酒企业普遍具有周期性的情况下，偏偏贵州茅台长期业绩表现趋于相对稳定；在我国制造业普遍盈利水平欠佳的情况下，偏偏格力电器、福耀玻璃长期盈利表现强劲且稳定……

所以，选对赛道固然重要，但远比赛道重要的是公司自身所具备的核心竞争力。公司自身所具备的核心竞争力，从本质上决定了公司未来的生命周期长度，公司长期取得盈利水平的高度，公司在危机之下反脆弱性的强度。行业发展空间决定的是未来这个市场的"饼"有多大，而公司的核心竞争力决定的是公司能够在未来市场这个"大饼"中分到多少份额。而某些情况下，在市场竞争"强者恒强"的规律下，竞争力相对欠缺的企业在超长周期时间跨度中能够分到的市场份额是微乎其微的。

但另一方面，在行业发生颠覆性的变革的时候，行业未来的发展空间也是至关重要的，它决定的是整个行业的"生死"。例如，互联网媒体对传统纸质传媒行业造成的冲击就不可小觑。进一步，以博瑞传播为例。

2009年，百度百科对博瑞传播旗下的成都博瑞传播股份有限公司印务分公司的部分描述为："主营新闻纸印刷和商业印刷。公司承印了成都市日均发行量达60万份的《成都商报》以及《人民日报海外版》《证券时报》等省内外二十余种报刊、各类DM单及高端期刊印刷业务。"

2019年7月，博瑞传播将经营范围中的"信息传播服务（不含国家限制项目）、报刊投递服务、出版物印刷（限分公司经营）销售纸张和印刷器材"等进行了剔除或变更。似乎博瑞传播已经准备彻底退出传统纸质传媒相关业务。

博瑞传播2007—2019年印刷相关业务收入（亿元）、印刷相关收入占总收入比例：

博瑞传播

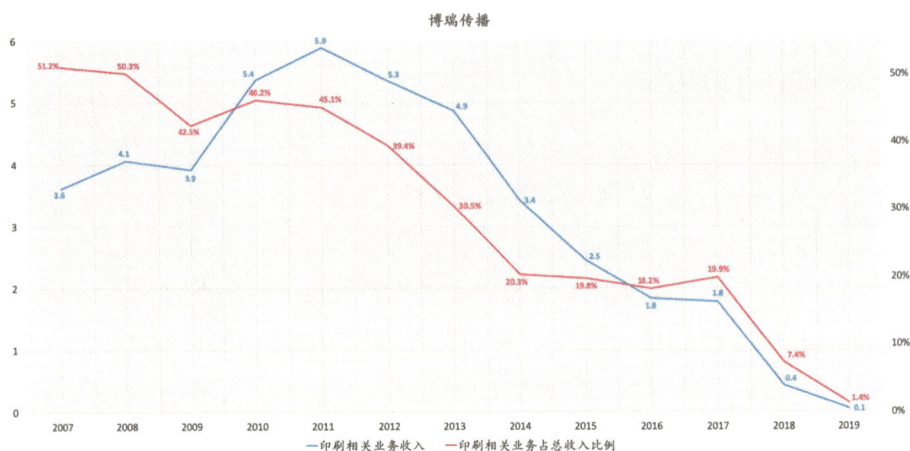

（数据来源：估算自博瑞传播财务报表）

2011—2019年，博瑞传播印刷相关业务收入由5.9亿元"断崖式"下降至0.1亿元。2007—2019年，博瑞传播印刷相关业务占总收入比例由51.2%大幅下降至1.4%这个接近零的水平。

受到印刷业务大幅萎缩明显影响的还有博瑞传播的营业总收入、扣非ROE：

博瑞传播

（数据来源：博瑞传播财务报表）

2014—2019年，博瑞传播营业总收入由16.9亿元"断崖式"下滑至4.3亿元。2010—2019年，博瑞传播扣非ROE整体上呈现出逐步下滑态势，并且于2018年出现了大幅亏损。博瑞传播运营的《成都商报》，曾经在四川地区是具有一定的区域垄断性特征的，如今却在经历大的行业变革。基本面大幅度走衰的博瑞传播并非个例，仅仅是许多纸质传媒相关行业的一个缩影而已。

每一次行业面临颠覆性的变革，对于被变革的行业来说可能都是一场危机。例如，在经济全球化的大环境下，巴菲特当年投资的德克斯特鞋业就遭遇了来自海外廉价劳动力的重大冲击；在"页岩气革命"的影响下，巴菲特曾经投资的康菲石油就不太成功；在汽车出现后，马车逐步消失在人们的视线中；新能源汽车的量产，也开始逐步冲击燃油车市场。

一个行业，往往并不会在短期几年甚至几十年出现颠覆性的革命。所以我们刚刚谈及的是行业面临的特殊情况。那么在非特殊情况下、在行业一如既往地运行的阶段，如何预估行业未来发展空间呢？精准地测算行业未来发展空间是不可能的。但我们可以综合全球各国经济发展与行业发展历史，基于我国经济发展与行业发展的现状来大致预估相关行业的未来发展空间。还可以基于我国相关产业政策与产业规划、近些年行业规模增速表现、结合上下游产业链、参照产业相关量化指标等对行业的未来发展空间进行大致预估。

3. 确定公司的价值

没有任何一种或几种估值方法是万能的。公司到底价值几何，这个不可避免地含有主观成分。但可以确定的一点是，我们的知识储备（并不单指投资领域相关知识）越丰富，我们对公司的价值判断就越精准。

相比对公司价值几何一无所知的情况来说，对公司长期价值大致有个初步合理的判断会极大地提升我们投资决策的胜率。

对于那些在未来长期几乎不怎么盈利或者其至长期出现亏损的非创业型公司，我认为，我的任何出价可能都是偏高的。因为这类公司长期并不创造什么价值，它们最缺乏的就是确定性。

对于那些在未来长期能够维持竞争优势，企业生命周期长达百年，收入和盈利稳定且以相对较高的速度持续增长，自由现金流充沛，企业管理文化优秀……的企业，我认为，即便我以略微偏高的相对估值买入，我的出价可能都是便宜的。因为这类公司可以在未来长期创造极大的价值，它们具有极高的确定性。

而通过各种努力去尽量判断一家公司的长期价值，我们可以知道我们到底买的是什么、我们买入的价格是否合理。这就是对一家公司进行估值所带给我们的确定性。

4. 确定公司管理文化

除非公司的创始人一直作为实际控制人在位，否则公司可能就要面临CEO等重要管理岗位的交接问题。这个时候，公司是否建立了优秀的管理文化，就起到了至关重要的作用，它直接能够在很大程度上决定下一任核心管理层是否能够传承并改进公司的文化，传承并维护公司的核心竞争力，让公司在正确的"航道"上持续保持竞争优势。

如果一家企业隔三岔五地更换核心管理层，那么继任核心管理层的能力是否足以让其胜任该职位，这就是一大不确定性。

如果一家企业隔三岔五地更换核心管理层，而企业的管理文化又直接或间接地鼓励核心管理层进行一些短视的决策，即便核心管理层的能力足以让其胜任甚至超越胜任的范畴，那么这家企业仍然容易在竞争中被逐步淘汰掉。

如果一家企业因为某些特殊原因而隔三岔五地更换核心管理层，但企业的管理文化能够在很大程度上促使核心管理层继续传承甚至改进公司的管理文化、维持甚至提升公司的核心竞争力，那么这家企业大概率仍然能够在市场竞争中强势生存。

5. 确定公司的综合风险系数

风险可能来自四面八方，在不具备足够强悍的风险识别能力的情况下，我们可能面临的情况就是四面楚歌。所以我们需要四面出击，积极地补充我们的"检查清单"。

6. 确定自己承受股价波动的能力

如果仅仅因为股价上涨（下跌），我就更加看好（看衰）某个公司，那么，显然，我是承受不了股价波动的，并且很可能"追涨杀跌"，遭遇亏损。

我们对股价波动的承受能力主要取决于我们在这家公司身上看到的确定性到底有多大。说得具体一点，就是我们对这家公司的主观估值结果（这家公司到底值多少钱）把握有多大。再说得文艺一点，就是我们在多大程度上可以去判断：到底是市场先生"发了疯"，还是公司价值"失了踪"。

投资入门必备：海量知识储备。

7.5.3　我的不确定

关于本书，我需要强调的一点就是：我所表述的所有观点都可能存在错误，我所列举的所有投资案例也都可能是以偏概全的，我所统计的所有数据也都可能存在偏差。本书仅仅表述的是我作为一个普通旁观者所观察到的资本市场，这个视角带有浓厚的主观色彩。因此，本书的本质属性是个人日志，切勿作为任何投资依据或公司评价依据。